革命文獻與民國時期文獻
保護計劃

成 果

革命文献与民国时期文献保护计划成果

民国时期

重庆电力股份有限公司档案汇编

第8辑

重庆市档案馆◎编

唐润明◎主编

學苑出版社

目录

四、生产经营

目录

目录

五、计划总结

四、生产经营

成渝铁路工程局与重庆电力股份有限公司订立购用、供给电流合同（一九三六年九月十四日） 0219-2-319

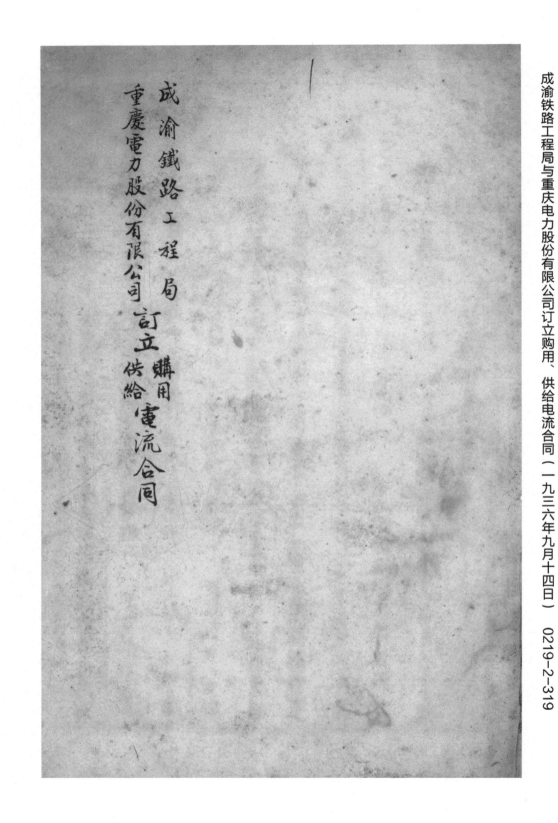

成渝鐵路工程局
重慶電力股份有限公司 訂立 購用 供給 電流合同

7

成渝鐵路工程局
重慶電力股份有限公司 訂立躉用供給電流合同

一 本合同各條雙方各稱以甲乙兩字簡稱代表之

二 本合同商訂一切手續甲乙兩方除照訂定各條逐項有效辦理外其餘悉照乙方現行營業章程辦理

三 本合同商訂由乙方供給甲方烘圖機（電熱）晒圖機（煤精燈）之電流乙方除因修理機器變壓器線路等事或甲方有違背本合同條件行爲得停止供電外在本合同有效期中乙方應予照常供電不得無故停止致妨甲方工作

四 本合同由雙方商定其有效期暫定爲叁個月從雙方簽定開始供電之日起如甲乙兩方任何一方認爲本合同有繼續性或修改及

2-1

解約等情形時得由雙方在未滿期十日前互取同意提出協同商辦
非此時期内雙方之任何一方均不得變更或解約
五 供電設備從電表起以外之供電設備由乙方供給如超出規定外照章
應收補助費
六 本合同經雙方商定乙方供給甲方電流除煤精燈電價每度照特訂電價
國幣貳角結算外電熱電價則照乙方營業章程第二十九條丙項之
規定從一度起至二千度止每度電價國幣洋玖分結算如超出二千零一度
以上每度則以國幣捌分結算
七 本合同商定甲方每日耗用電熱煤精燈之電度若干於每月月終由雙
方派員會同當場抄表結算清楚但甲方須按月依照本合同第七

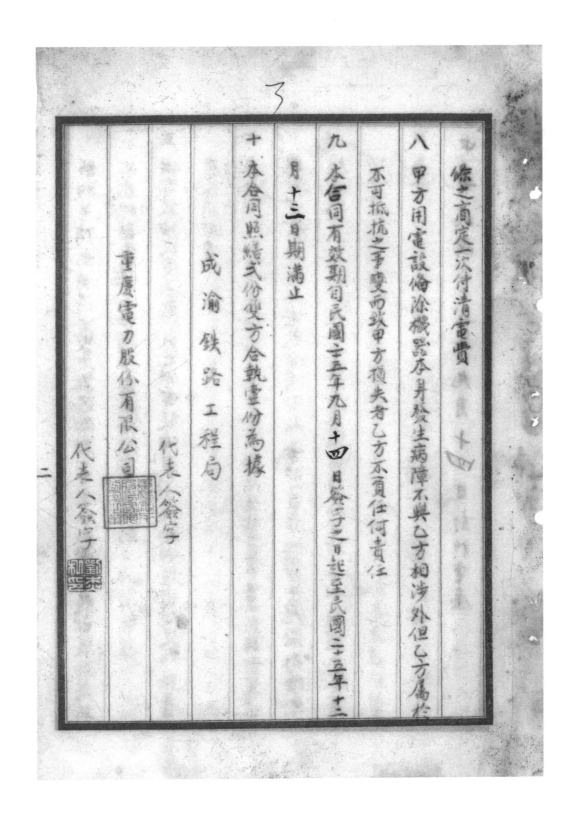

3

條之商定一次付清電費

八 甲方用電設備除機器本身發生病障不與乙方相涉外但乙方屬於
不可抵抗之事變而致甲方損失者乙方不負任何責任

九 本合同有效期自民國二十五年九月十四日簽字之日起至民國二十五年十二
月十三日期滿止

十 本合同照繕式份雙方合執壹份為據

成渝鐵路工程局
代表人簽字

重慶電力股份有限公司
代表人簽字

二

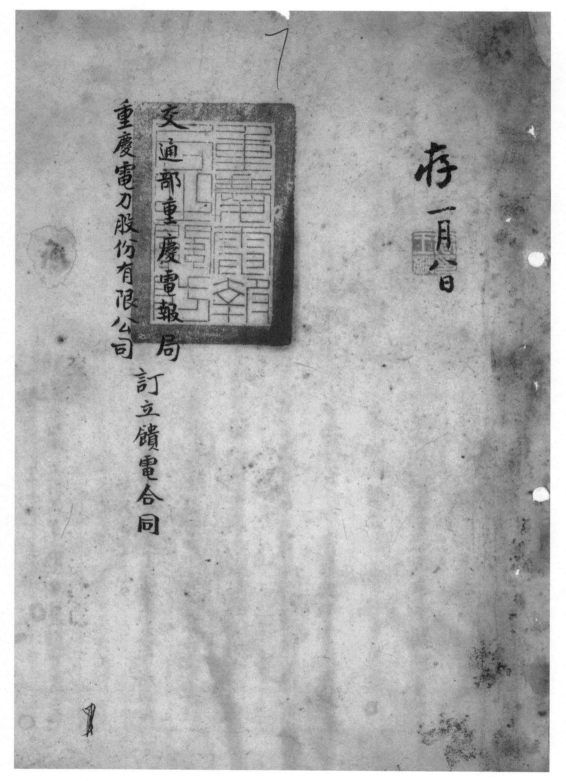

交通部重庆电报局与重庆电力股份有限公司订立馈电合同（一九三七年十月一日） 0219-2-319

存

一月 日

交通部重慶電報局

重慶電力股份有限公司

訂立饋電合同

8

饋電合同

立合同人 交通部重慶電報局（以下簡稱甲方）
重慶電力股份有限公司（以下簡稱乙方） 今甲方願向乙方購用電流、乙方願供給電流，雙方協議訂立合同如左：

第一條 甲方在沙坪壩晒光坪、浮圖關七牌坊，所設無線電收發話台由乙方負責施放專線，供給甲方全部電流之用。

第二條 專線及變壓器等全部工程（即自電度表起至電廠之機件及線路在電廠方面之設備）、發話台方面規定由乙方於二十六年十一月底前，負責裝置完竣供電，收話台方面至遲于本年十一月底以前裝竣供電。

第三條 乙方供電方式為交流五十週波、三相或單相，電壓規定為二百

1

8-1

二十伏一種，電壓調整之上下相差數，各不得超過規定電壓百分之五。

第四條 甲方所用之電流，無論電力、電熱所用，因其數量頗大，乙方為優待公用事業起見，每一啟羅華特時（KWH）（以下簡稱為度）電價照陸分計算。

第五條 乙方應在甲方發話台，設置一百開維愛低壓電壓為三相二百二十伏之變壓器一只，並在收話台應設十開維愛低壓電壓為單相二百二十伏脫之變壓器一只，及電表一切應需設備。變壓器等之保養修理，由乙方負擔。惟變壓器所與電度表等裝置之地位，應由雙方會勘擇定甲方電台房屋之適當處，裝置之。

9

第六條 甲方發話台上之一切設備，悉歸甲方自置設備，乙方概不負担。

第七條 乙方之高壓電線、電纜，及各種設備與電表等，無論何時發生障礙，或失竊時，例如保險絲爆斷等，應由甲方通知乙方，乙方接到通知於四小時內，派員工查明修復。否則甲方因停電超過規定時間所受之損失，乙方應照第十三條之規定，負責賠償。但所派員工，如因人力所不能避免之特別事故，在途阻碍致誤時間，乙方即不負賠償之責。

第八條 甲方所裝電力、電熱設備（包括直接市電之線路機械），須按照乙方所訂規章，並須由乙方工程師加以檢驗，認可後方能供電。認為欠妥時，乙方得通知甲方更改，更改後，再經乙方複驗之。以後如

9-1

有更改及增添，直接使用市電部份之設備，甲方須通知乙方檢驗。
平時乙方亦得檢視甲方一切電力電熱設備，甲方應予以便利。
第九條 甲方按月消耗之電流，其電費憑乙方所裝於收發話台兩處各電表所記電度，每月合併照第四條規定電價計算之，並於每月抄錄電度時，應由乙方通知甲方負責人員眼同對抄。
第十條 乙方所裝電度表，規定每年校驗一次，如甲方對於乙方電度表是否準確發生疑問時，得要求乙方將電表會同校驗，校驗結果，如顯示電表記錄動率快慢已超過百分之二，應即以校驗所得之準確相差成數核算校準日以前之本月份電費，並應由乙方修整或掉換電表，免付校驗費。如電表校驗結果，並不超過準

10

確之規定者（即百分之三），則原裝電表繼續使用，用戶須付校驗費每表五元。

第十二條

（一）保証金 甲方應於簽訂合同時，交付保證金，計國幣大洋伍百元。此項保証金於本合同期滿停止供電時，無欠費、或賠償等情，如數交還甲方，但不計利息。

（二）基本電費 甲方每月用電，不滿壹千度時，須付給乙方基本電度壹千度電費，但超過壹千度時，照實用抄現度數計費。

（三）付款手續 甲方每月付給乙方電費，於接到乙方實用電度証明單後，乙方派員到局收費，甲方須於十天內付清。如逾期不付，經由乙方寄

10-1

發掛號催費通知單一次，限於寄發之時起（以郵局戳記或甲方收條為憑），十日内甲方未聲明理由，仍未付清欠費時，乙方得停止供電，乙方不負任何責任，但甲方欠費結清時，乙方應立即供電。

第十一條 乙方遇有修理或清理機械、變壓器、線路等，須停止電流以使工作時，應於事先五日將停電時間及原因通知甲方，商得同意後實行，但停電時間以十小時為限，倘遇臨時發生意外障礙，不及通知者，亦應由乙方於四小時内修復之，如超過四小時，應照第十三條規定賠償損失。

甲方如於本合同未滿期前，未得乙方同意，終止用電，電廠得酌量情形，將保證金抵償損失。

甲方如遇天災、人禍、或特別事故、及其他不得已情事，甲方得於
十日前，書面通知乙方，取得同意後，停止供電。如停電繼續在一
個月以上者，在停電期內，甲方不付基本電費，乙方不負供電責
任。甲方恢復用電時，須於三日前，書面通知乙方辦理。
第十三條　在本合同有效期內，無論何時，除天災、人禍、罷工、以及其他
乙方所不能預防之原因，或事先已得甲方之同意，暨第七及十二條
所規定者不論外。如遇有無故停電情事，乙方應賠償甲方之
損失，以停電每經過一小時，賠償損失伍元正。
第十四條　本合同饋電期限為五年，自民國廿六年十月三十一日起，
至民國三十一年十月三十日止。饋電期滿，倘有一方不欲繼續合同，或須

另行商訂，得由雙方會商決議之。

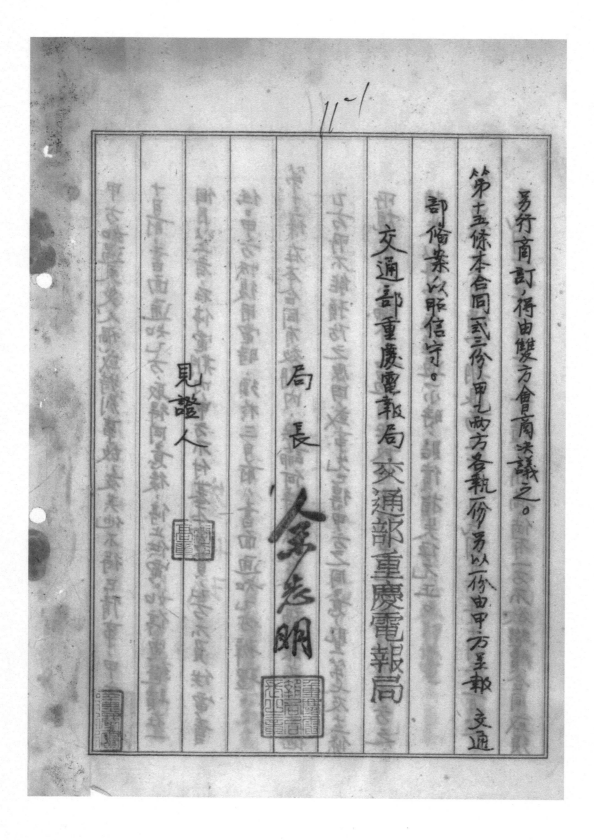

第十五條 本合同共三份，甲乙兩方各執一份，另以一份由甲方呈報交通部備案，以昭信守。

交通部重慶電報局

交通部重慶電報局

局長 余志明

見證人

12

重慶電力股份有限公司

總經理 劉航琛

見證人

12-1

中華民國二十六年十月一日訂於重慶

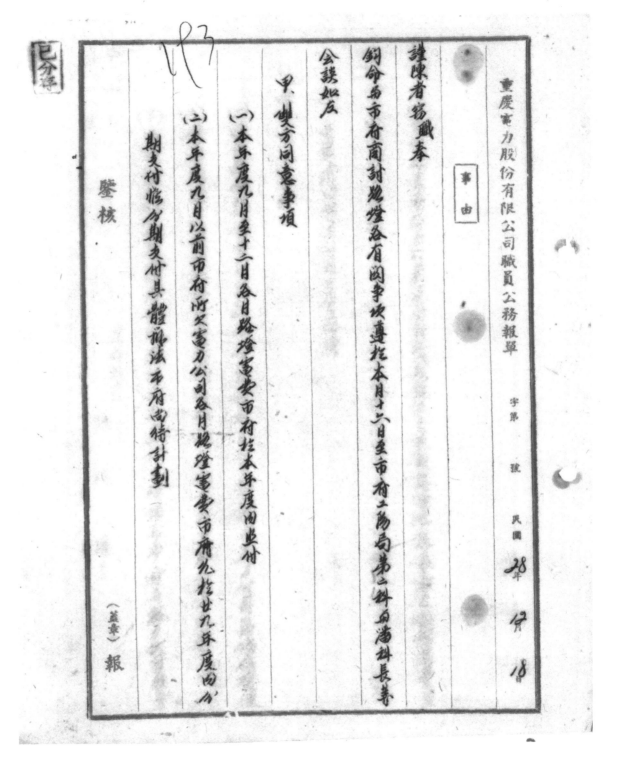

张玠关于商讨路灯有关事项上重庆电力股份有限公司的呈（一九三九年十二月十八日） 0219-2-191

已分存

183

重慶電力股份有限公司職員公務報單

字第 號 民國28年12月18日

事由

謹陳者竊職奉

鈞命與市府商討路燈各有關事項遵於本月十六日至市府工務局第二科與潘科長等

会議如左

甲、雙方同意事項

（一）本年度九月至十二月各月路燈電費市府於本年度內照付

（二）本年度九月以前市府所欠電力公司各月路燈電費市府允於廿九年度內分期支付惟分期支付具體辦法市府尚待計劃

鑒核

（蓋章）報

重慶電力股份有限公司職員公務報單　字第　號　民國28 4 18

事由

(三)雙方派負責人員於最近会同清理現在已裝設路燈盞數及每燈容量並分别由市府核定应安装不应安装者由電力公司剪线撤燈其私人自請安裝者由電力公司自行辦理

乙、尚待商討事項

(一)路灯桿綫架設費用問题市府要持本月五日動議由電力公司無條件架設

(二)儲奇门海棠溪兩碼头路灯桿线根據一項原則市府要求最近务速架設

(三)市府計劃廿九年度增設各路灯所应架設之桿线應市府與電力公司双方

鑒核　（蓋章）　報

185

重慶電力股份有限公司職員公務報單

字第　號　民國28年4月18

事由

關於路燈供電契約未根本解決前先商訂臨時辦法（辦法未議）

（四）關於路燈電費，公司認為最低應按成本實價，標表燈制以電度為計算標準，包燈制以燈泡參量為計算標準，市府堅持現行辦法不計燈泡參量，一律以每盞一、二元計算

今將商討各情報請

鑒核 謹呈 甲項應全部照辦 乙項關於路燈線由本公司設備及燈費情形應再商討，務須照此辦法由公司設備燈泡即照路燈燈頭計算，設備應由市府[illegible]再由

總經理
協理　鑒
[illegible]

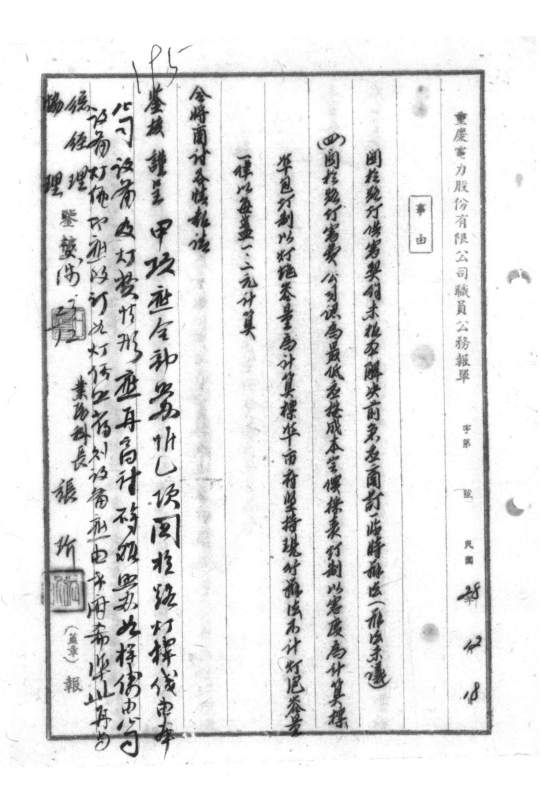

業務科長張[illegible]（蓋章）報

张玠关于商讨重庆市用电事宜上重庆电力股份有限公司的呈（一九三九年十二月十八日） 0219-2-191

重慶電力股份有限公司職員公務報單

字第　號　民國28年12月18日

事由

謹陳者准　秘書室通知接市政府工務局來函約至該局第二科商談用電事宜當於本月五日前往該局第二科會同該科潘科長梁主任工程師等商談各項如左

（一）（市府動議）關於電價成本計算法電力公司應盡先提出充分資料以便市政府向經濟部會商準電費增價事得已早日解决

（答）電價成本計算法公司似已函呈經濟部及市府

（二）（市府動議）關於市區路燈線路設備在公司依本原則下希望雙方訂契約使利公用（路燈管理所與電力公司所訂路燈契約市府無案卷希望電力公司將

鑒核　（蓋章）報

重慶電力股份有限公司職員公務報單

字第　　號　民國 28 年 4 月 18 日

再行訂
契約意。
四日詳
批另文

由新訂
契約內
商訂

事由

該項契約提供市府參考如果雙方契約均無(卷可查擬另商訂新約)

(叁)對於路燈管理所由電力公司有無契約尚待查閱公司案卷訂立架設

路燈線路契約市府既有擬議於於當時期雙方可以協商

(三)(市府動議)城區各街巷(特別繁鬧各街巷)繁市區一部份重要街巷江岸

各碼頭(最高水位以上)各公園(連公園外門口)之路燈桿線由電力公司按最

近各先辦理接燈線料燈罩燈泡等項市府負責如果路燈桿線電力公司不

能架設則市府將擬撥應付公司路燈電費自行架設

鑒核

(蓋章)報

178 呈閱

項總理 日晉

重慶電力股份有限公司職員公務報單　字第　號　民國28年9月18日

事由

（簽）是項事件不能當場負責商討當將市府意見報告公司

（四）市府動議兩浮公路北區幹路成渝公路至磁器口南岸海棠溪江北松湖各

火巷等地路燈線路市府計劃均應由電力公司於廿九年度分別架設

（簽）當將市府計劃報告公司

（五）市府動議因抗戰電力公司資產之損失希望公司將損失情形於最近速

達市府以備參考

（簽）當報告公司辦理

鑒核　（蓋章）報

重慶電力股份有限公司職員公務報單

字第 號

民國28年9月18日

事由

查[illegible]

(六)(市府動議)取締竊電事 電力公司如何具體進行

(答)公司正在籌商辦法

其他一般關係事項以業務科長因公未能出席未談 茲將商談各情報請

鑒核 謹呈

總經理

協理 鑒核

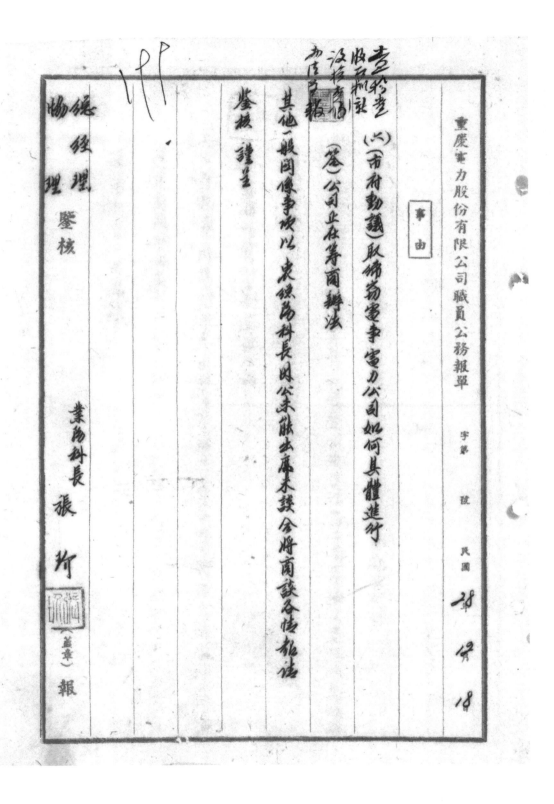

業務科長 張珩 (蓋章) 報

张玠与市政府商谈电气营业及取缔事宜上重庆电力股份有限公司的呈（一九三九年十二月二十二日） 0219-2-191

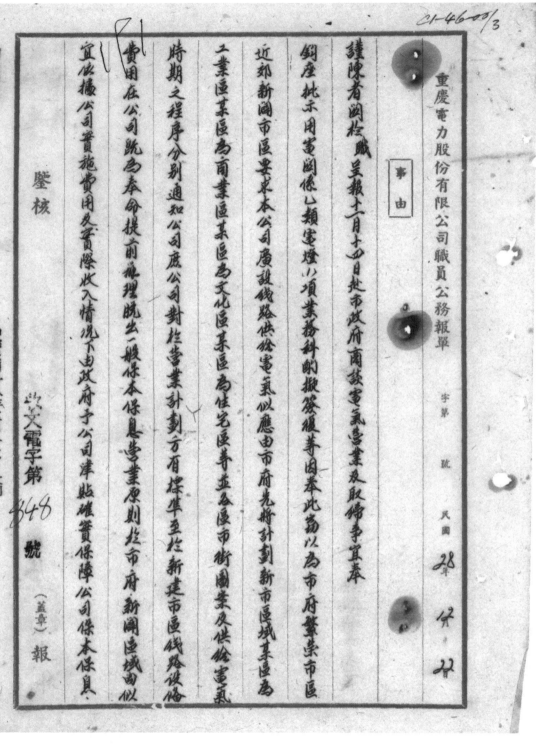

C1-46-00/3

重慶電力股份有限公司職員公務報單

字第　號　民國28年12月22日

事由

謹陳者窃於 職 呈報十二月十四日赴市政府商談電氣營業及取締事宜奉
鈞座批示用電困係以類電燈以項業務科酌擬簽複等因奉此竊以為市府繁榮市區近郊新闢市區要求本公司廣設綫路供給電氣似應由市府先將計劃新市區域某區為工業區某區為商業區某區為文化區某區為住宅區等並各區市街圖案及供給電氣時期之程序分別通知公司庶公司對於營業計劃方有標準至於新建市區綫路設備費用在公司既為奉命提前辦理既出一般保本保息營業原則於市府新闢區域由似宜依據公司實施費用及實際收入情況下由政府予公司津貼確實保障公司保本保息

鑒核

文電字第848號

（蓋章）報

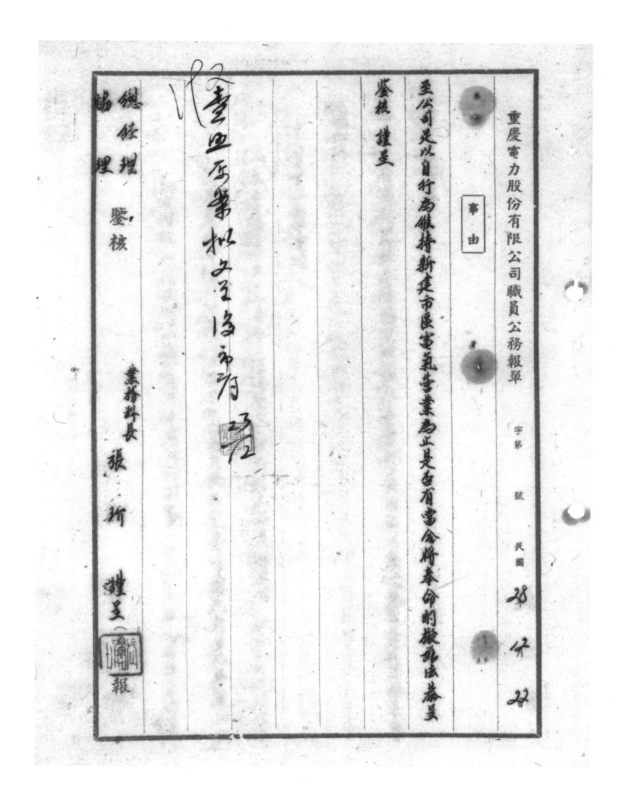

重慶電力股份有限公司職員公務報單

字第　號　民國28年4月22日

事由

至公司足以自行為維持新建市區電氣營業為止是否有當合將奉命的擬辦法恭呈
鑒核　謹呈

遵照原案擬文呈復市府　23/4

總經理
協理　鑒核

業務科長　張　珩　謹呈

報

经济部关于再发取缔强用电流布告给重庆电力股份有限公司的批（一九四二年一月十九日） 0219-2-310

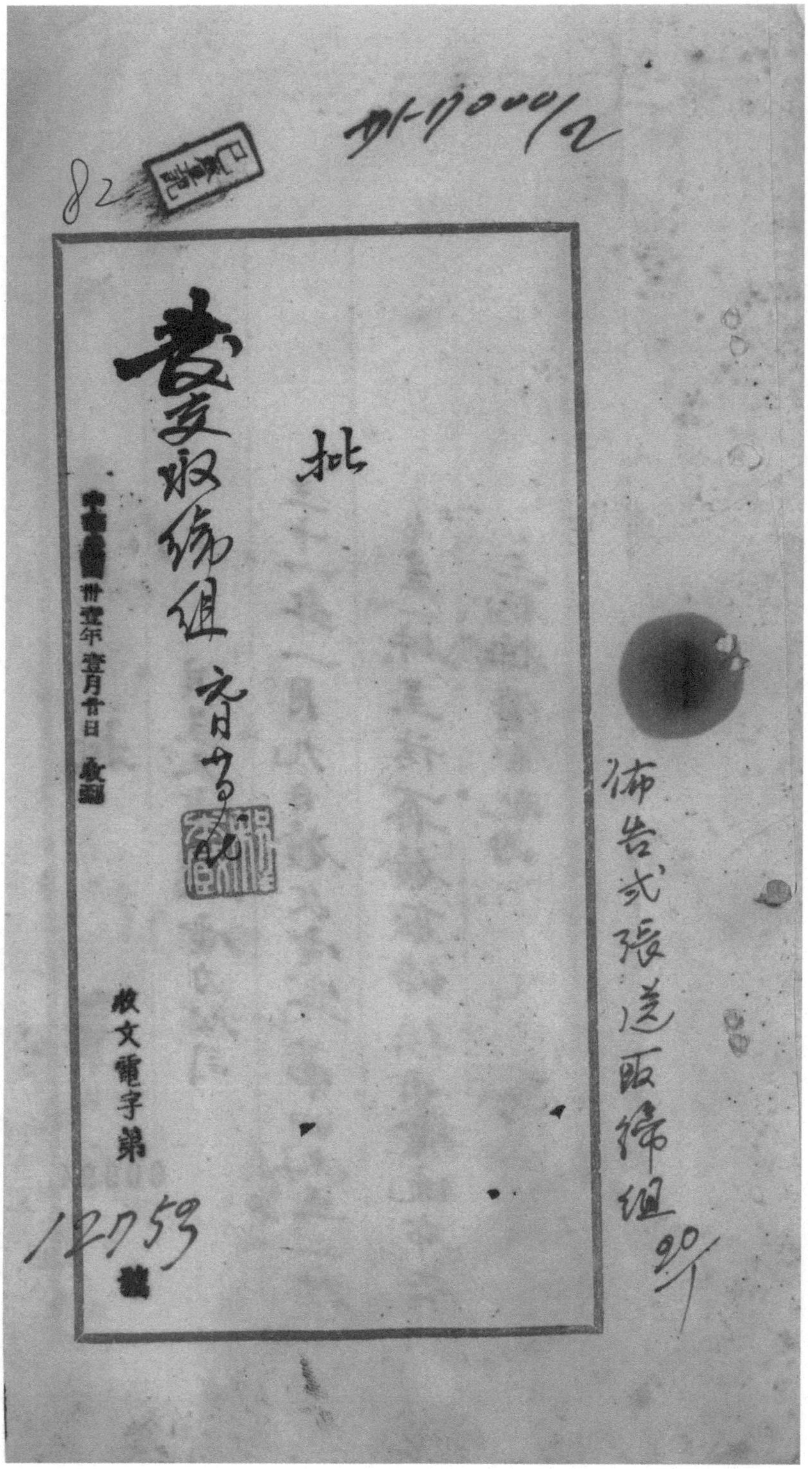
批

發文取締組

中華民國卅壹年壹月廿日

收文電字第 12753 號

佈告式張送取締組 20/1

經濟部批　(卅一)電字第00994號

具呈人重慶電力公司

三十一年一月九日發文電字第四九五一號

呈一件呈請再發取締強用電流布告

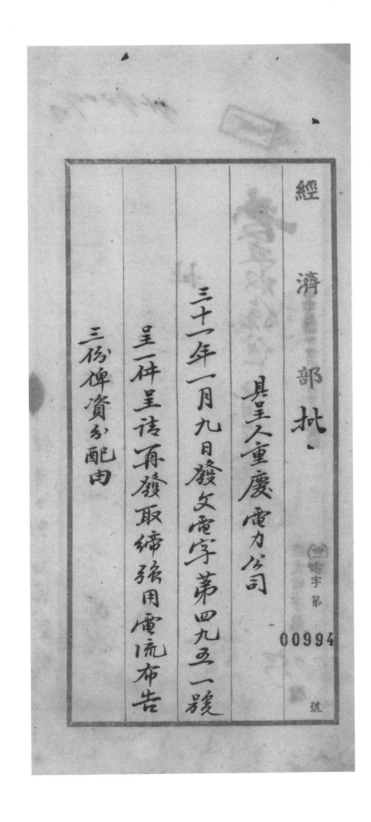

三份俾資分配由

83

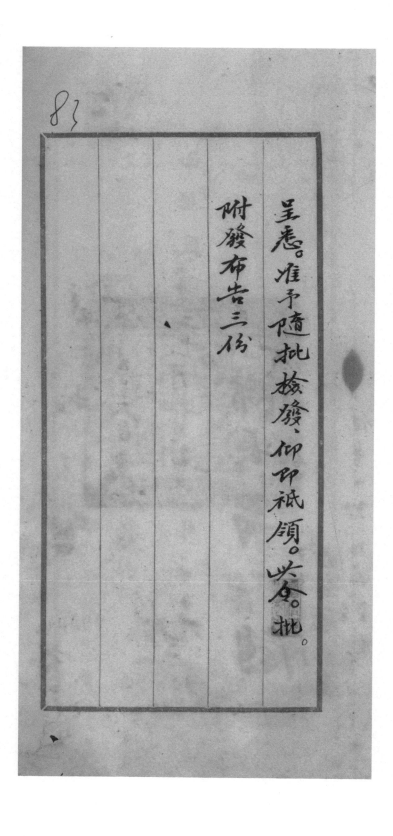

呈悉。准予隨批檢發、仰即祗領。此令。批。

附發布告三份

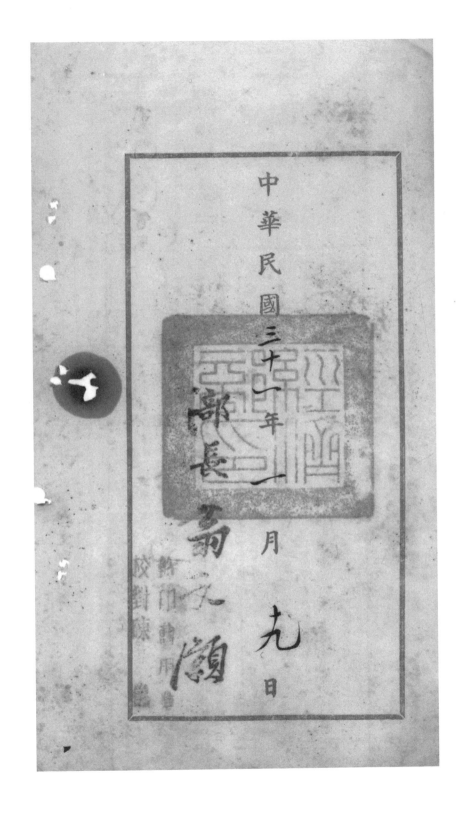

中華民國三十一年一月九日

部長 翁文灝

繕印[illegible]
校對[illegible]

经济部核定重庆电力公司电价表等（一九四三年八月） 0219-2-185

經濟部核定重慶電力公司電價表

三十二年八月

（甲）電價

（一）電燈

1. 普通電燈 按電表安培數及每月抄見度數電價分級合併計算

級別	每安培每月用電度數	電價（國幣）
第一級	一〇度以下	每度一〇元
第二級	超過一〇度	其超過度數每度一五元

2. 特價電燈（軍警部隊照特價計算）

級別	每安培每月用電度數	電價（國幣）
第一級	一〇度以下	每度八元
第二級	超過一〇度	其超過度數每度一二元

3. 路燈

瓦特數	每盞每月電價（國幣）
五〇	九〇元
七五	一三五元
一〇〇	一八〇元
其餘類推	

（二）電力

1. 電價　一律每度國幣五元

2, 煤價調整　以到廠平均煤價每公噸一，二五〇元為計算標準　如煤價變動不及一〇〇元時電價不改變動在一〇〇元以上時每變動一〇〇元電價每度隨之增減五分

（三）工業用電熱

電價及煤價調整辦法均與電力同

（乙）實行日期

本表所列各項電價自三十二年七月起實行

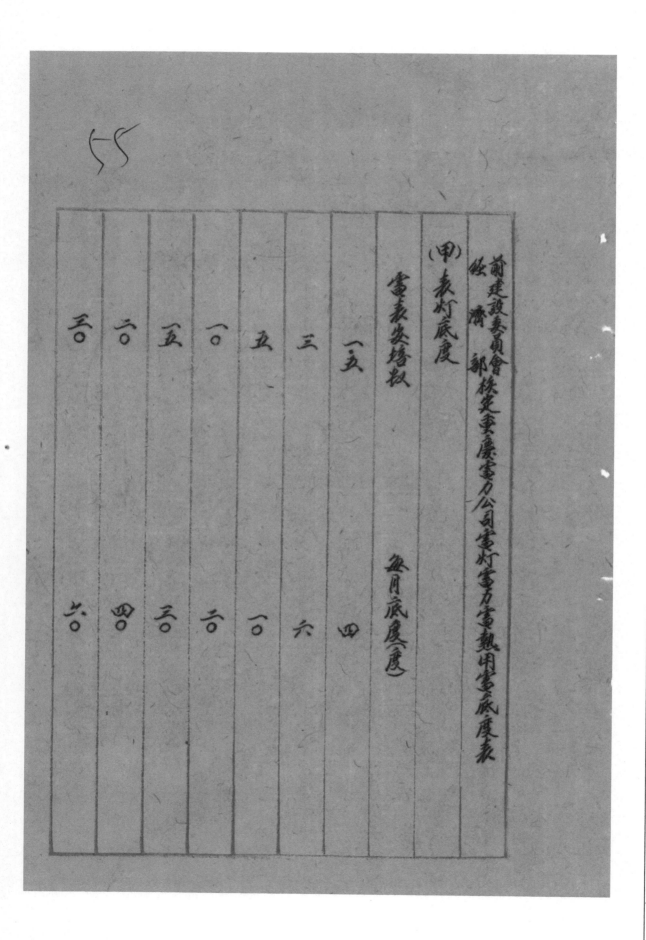

前建設委員會經濟部核定重慶電力公司電灯電力電熱用電底度表

(甲)表灯底度

電表安培數	每月底度(度)
一五	四
三	六
五	一〇
一〇	二〇
五	三〇
二〇	四〇
三〇	六〇

五〇　　一〇〇

一〇〇　　二〇〇

（乙）電力每月每馬力以二十五度為底度

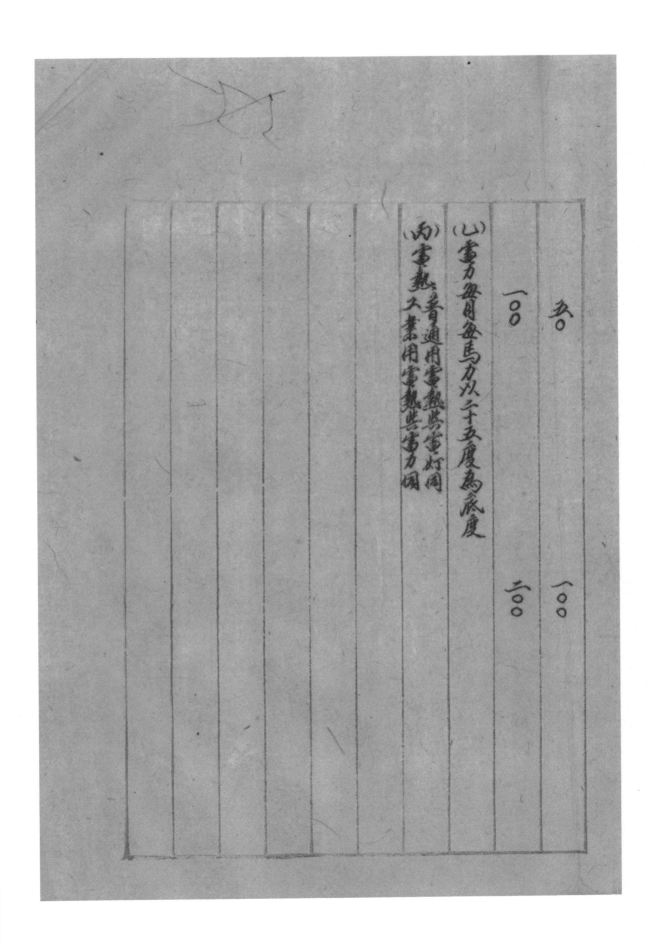

（丙）電熱：普通用電熱與電灯同
工業用電熱與電力同

經濟部核定重慶電力公司保證金賠償費及付收費表 卅二年七月

（甲）保證金及電表損失賠償費

（一）電表與電費保證金及電表損失賠償費照下列數收取

電表 相別	電表 安培	保證金（國幣元） 電表	保證金（國幣元） 電費	電表損失賠償費（國幣元）
單	15	六〇〇〇〇	按照每安培十度第一級普通表燈電價計算	照本市議價價款數賠償
〃	3	八〇〇〇〇		
〃	5	一〇〇〇〇〇		
〃	10	一三〇〇〇〇		
〃	15	一五〇〇〇〇		
〃	20	二〇〇〇〇〇		
〃	30	二五〇〇〇〇		
〃	50	三〇〇〇〇〇		
〃	50超過	另議		

電表 相別	電表 安培	保證金（國幣元） 電表	保證金（國幣元） 電費	電表損失賠償費（國幣元）
三	5	三〇〇〇〇〇	按每裝見馬力一百度之電力電價計算凡超過上項計算數目時按以前三個月平均電費調整之	照本市議價價款數賠償
〃	10	四〇〇〇〇〇		
〃	15	五〇〇〇〇〇		
〃	20	六〇〇〇〇〇		
〃	30	七〇〇〇〇〇		
〃	50	八〇〇〇〇〇		
〃	75	九〇〇〇〇〇		
〃	100	一〇〇〇〇〇〇		
〃	100超過	另議		

(二)電表保証金數額除舊優待用戶(軍警部隊)舊行政機関用戶舊學校用戶及舊住宅用戶得繳足百分之五十外其他新舊用戶一律照數繳足(舊用戶可分三個月補足)

電費保証金無論新舊用戶一律照數繳足公司認為必要時並得向用戶取具鋪保

(乙)雜項收費

(一)接電費單相每戶五〇元三相每戶一〇〇元所需接戶材料全數向用戶收取凡距離線遠添置桿線者按照所用物料工資按數百分之七十向用戶收取

(二)校表費換表費驗表費復電費單相每次每具五〇元三相每次每具一〇〇元

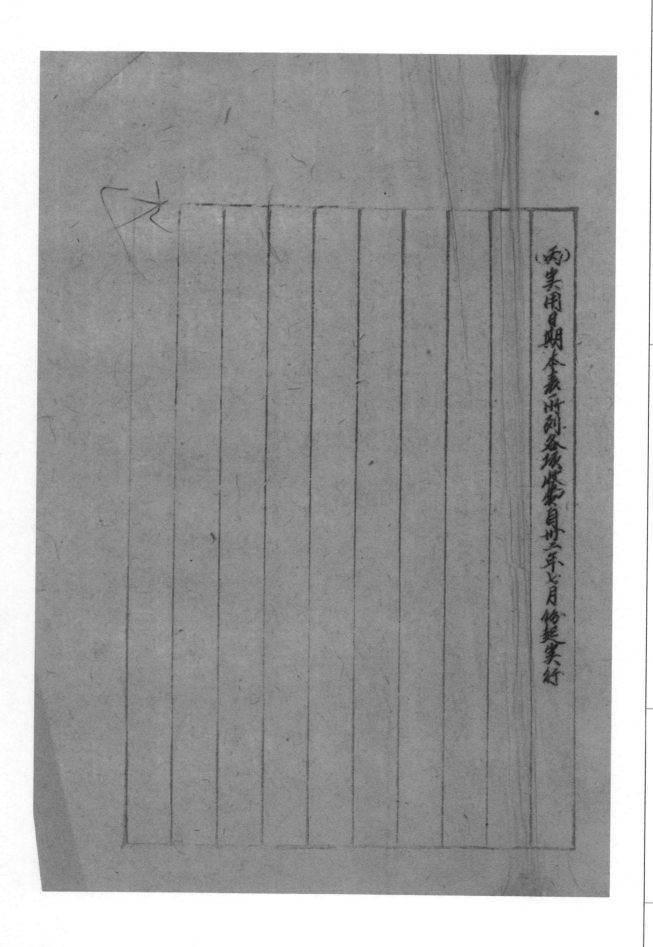

（丙）实用日期 本表所列各项收费自卅二年七月份起实行

重庆电力股份有限公司煤量收发存卸报告表（一九四三年九月九日） 0219-2-245

一、煤量 燃管處核給本公司炉煤按月均在一萬零四百吨左右三廠每月耗用平均約八千五百吨如核准數量支足尚可有餘但實源公司各月均須少交千三四百吨重（以運輸受天存支配每月亦須短交五六百吨故實際每月到達各廠煤觔總量恒在八千噸上下故各廠存煤均不充足各礦对於轉江三廠均不甚顧故三廠存煤更少常有斷煤之危險

二、煤質 煤質甚壞已詳管理困难欵内

6

重慶電力股份有限公司煤量收發存卸報告表

民國 32年 9月 9日星期4

第1廠 282號

煤別	煤				棧			
	昨日結存噸數		今日收入噸數		今日耗用噸數		今日結存噸數	
寶源	546	979	36	120	42	467	540	632
天府	1,637	447	127	020	45	734	1,718	733
寶一	534	043			7	866	526	177
撥煤	34	066					34	066
合計	2,752	535	163	140	96	067	2,819	608

煤別	河						邊					
	昨日結存			今日起卸			今日到儎			今日結存		
	船支	噸	數	船支	噸	數	船支	噸	數	船支	噸	數
寶源					36	120		36	120			
天府	12	698	000	4	330	460	1	75	460	9	543	000
寶一	1	50	000							1	50	000
嘉陵	1	25	000							1	25	000
合計	14	773	000	4	266	580	1	111	580	11	618	000
附記	本日天府撥轉二隻(249吨)至二廠備用											

附註：一，此表每日由各廠燃料管理員填寫四份一份送總務科長呈經理室轉燃料管理處一份送工務科一份送燃料股一份存查

二，此表應於翌日上午送達經理室

總協理　　總務科長　　燃料管理員

7

重慶電力股份有限公司煤量收發存卸報告表

民國 32 年 9 月 9 日星期 4

第 2 廠 267 號

煤別	煤棧			
	昨日結存噸數	今日收入噸數	今日耗用噸數	今日結存噸數
電一	362.000			362.000
天府	478.991		26.080	452.911
寶源	85.000	53.820	13.820	125.000
合計	925.991	53.820	39.900	939.911

煤別	河邊							
	昨日結存		今日起卸		今日到儎		今日結存	
	船支	噸數	船支	噸數	船支	噸數	船支	噸數
寶源	1	57.000	1	57.000				
天府	1	72.000			4	204.000	5	276.000
合計	2	129.000	1	57.000	4	204.000	5	276.000

附記

附註：一，此表每日由各廠燃料管理員填寫四份一份送總務科長呈經理室轉燃料管理處一份送工務科一份送燃料股一份存查

二，此表應於翌日上午送達經理室

總協理　　總務科長　　燃料管理員

重慶電力股份有限公司煤量收發存卸報告表

民國 35年 9月 9日 星期4

第3廠 329號

煤別	煤				棧			
	昨日結存噸數		今日收入噸數		今日耗用噸數		今日結存噸數	
寶源	81	156	110	438	56	688	134	906
天府	229	814	110	938	68	313	272	439
寶一	49	938					49	938
合計	360	908	221	376	125	001	457	283

煤別	河			邊								
	昨日結存			今日起卸			今日到廠			今日結存		
	船支	噸數		船支	噸數		船支	噸數		船支	噸數	
寶源	2	125	000	2	125	000	2	145	000	2	145	000
天府	3	194	000	2	118	000				1	76	000
合計	5	319	000	4	243	000	2	145	000	3	221	000
附記												

附註：一、此表每日由各廠燃料管理員填寫四份一份送總務科長呈經理室轉燃料管理處一份送工務科一份送燃料股一份存查

二、此表應於翌日上午送達經理室

總協理　　總務科長　　燃料管理員

重庆電力公司第三發電廠每瓩時燃煤數量統計表　民国卅二年度

	平均每千瓦小時燃煤數量（公斤）	最高每千瓦時燃煤數量（公斤）	最低每千瓦時燃煤數量（公斤）	備註
一月	1.56	1.69	1.40	
二月	1.61	2.00	1.60	
三月	1.61	1.79	1.44	
四月	1.61	1.75	1.53	
五月	1.69	1.90	1.47	
六月	1.62	1.71	1.55	
七月一日至十八日	1.90	2.16	1.42	
七月十九日至卅一日	1.38	1.71	1.58	
八月	1.69	2.10	1.45	
九月一日至十九日	1.50	1.96	1.41	
九月廿日至卅日	1.51	1.65	1.45	
十月	1.53	1.62	1.42	
十一月	1.49	1.88	1.43	
十二月	1.40	1.57	1.33	
備註		以八日計算	以八日計算	

重庆电力股份有限公司第一、二、三发电厂每千瓦时燃煤数量统计表（附存卷）（一九四三年）　0219-2-151

重慶電力公司第二發電廠每仟瓦時燃煤數量統計表　民國卅二年度

	平均每仟瓦時燃煤數量（公斤）	最高每仟瓦時燃煤數量（公斤）	最低每仟瓦時燃煤數量（公斤）	備考
一月	2.44	3.39	2.13	
二月	2.60	3.06	2.04	
三月	2.26	2.76	1.96	
四月	2.56	3.41	2.08	
五月	2.34	2.91	2.13	
六月	2.63	3.27	0.75	
七月一日至十八日	3.21	3.94	2.53	
七月十九日至卅一日	2.50	3.07	2.27	
八月	2.33	2.88	0.41	
九月一日至十九日	2.24	2.30	2.00	
九月廿日至卅日	2.25	2.40	2.10	
十月	2.43	2.91	1.99	
十一月	2.62	3.22	2.14	
十二月	2.40	3.06	1.96	
備註		以日計標	以日計標	

重慶電力公司第三發電廠每瓩時燃煤數量統計表　民國卅二年度

	平均每瓩時燃煤數量（公斤）	最高每瓩時燃煤數量（公斤）	最低每瓩時燃煤數量（公斤）	備註
一月	1.77	2.08	0.56	
二月	1.52	1.75	1.33	
三月	1.51	2.20	1.31	
四月	1.50	2.06	1.60	
五月	1.58	2.10	1.42	
六月	1.55	1.86	1.30	
七月一日至十八日	1.59	1.69	1.44	
七月十九日至卅一日	1.72	2.08	1.50	
八月	1.63	2.14	1.26	
九月一日至十九日	1.56	1.94	1.17	
九月廿日至卅日	1.63	2.12	1.47	
十月	1.56	1.86	1.44	
十一月	1.44	1.50	1.34	
十二月	1.44	2.87	1.32	
備註		以日計標	以日計標	

132

重庆电力公司第二发电厂每瓩时燃煤数量统计表　民国卅二年度

	平均每千瓦日(时)燃煤数量(公斤)	最高每千瓦时燃煤数量(公斤)	最低每瓩时燃煤数量(公斤)	备注
一月	1.56	1.69	1.40	
二月	1.61	2.00	1.40	
三月	1.61	1.79	1.44	
四月	1.61	1.75	1.53	
五月	1.69	1.90	1.47	
六月	1.62	1.71	1.55	
七月一日至十八日	1.90	2.16	1.42	
七月十九日至卅一日	1.38	1.71	1.58	
八月	1.69	2.10	1.45	
九月一日至十九日	1.50	1.96	1.41	
九月廿日至卅日	1.51	1.65	1.45	
十月	1.53	1.62	1.42	
十一月	1.49	1.88	1.43	
十二月	1.40	1.57	1.33	
备注		以日计算	以日计算	

133

存查

壹厂

重慶電力公司第二發電廠每瓩時燃煤數量統計表　民國卅二年度

	平均每千瓩日時燃煤數量（公斤）	最高每千瓩時燃煤數量（公斤）	最低每瓩時燃煤數量（公斤）	備註
一月	2.44	3.39	2.13	
二月	2.60	3.06	2.04	
三月	2.26	2.76	1.96	
四月	2.56	3.41	2.08	
五月	2.34	2.91	2.13	
六月	2.63	3.27	0.75	
七月一日至十八日	3.21	3.94	2.53	
七月十九日至卅一日	2.52	3.07	2.27	
八月	2.33	2.88	0.41	
九月一日至十九日	2.24	2.30	2.00	
九月廿日至卅日	2.35	2.40	2.10	
十月	2.43	2.91	1.99	
十一月	2.62	3.22	2.14	
十二月	2.40	3.06	1.96	
備註		以日計算	以日計算	

重庆电力公司第三发电厂每瓩时燃煤数量统计表　民国卅二年度

	平均每瓩时燃煤数量（公斤）	最高每瓩时燃煤数量（公斤）	最低每瓩时燃煤数量（公斤）	备注
一月	1.77	2.08	0.56	
二月	1.52	1.75	1.33	
三月	1.51	2.20	1.31	
四月	1.58	3.04	1.40	
五月	1.58	2.10	1.42	
六月	1.55	1.86	1.30	
七月一日至十八日	1.59	1.69	1.44	
七月十九日至卅一日	1.72	2.08	1.50	
八月	1.63	2.14	1.26	
九月一日至十九日	1.56	1.94	1.17	
九月廿日至卅日	1.63	2.12	1.47	
十月	1.56	1.86	1.44	
十一月	1.44	1.50	1.34	
十二月	1.44	2.87	1.32	
备注		以日计祘	以日计祘	

135

三厂

文書股存

60

重慶電力公司　電力價格報告表（33年5月）

1. 核定調整電價辦法：

甲. 以到廠每公吨燃料 1250 元為計算標準

乙. 燃料每公吨價变動 10 元電價每度隨之增減 5 分

2. 現在到廠燃料實際價格

煤價	1760.73	元/公吨
力運過江費	321.13	
北碚地方補助費	12.00	

3. 應加調整電價　4.20元/度

4. 原核定電力電價　5.00元/度

5. 現在實際電力電價　9.20元/度

經理　　股長　　製表員

重庆电力股份有限公司一九四四年五月电力价格报告表（一九四四年五月）　0219-2-151

重庆电力股份有限公司关于检送第二厂和第三厂发电月报、周报及电力价格表致经济部的代电

（一九四四年十二月三十日） 0219-2-198

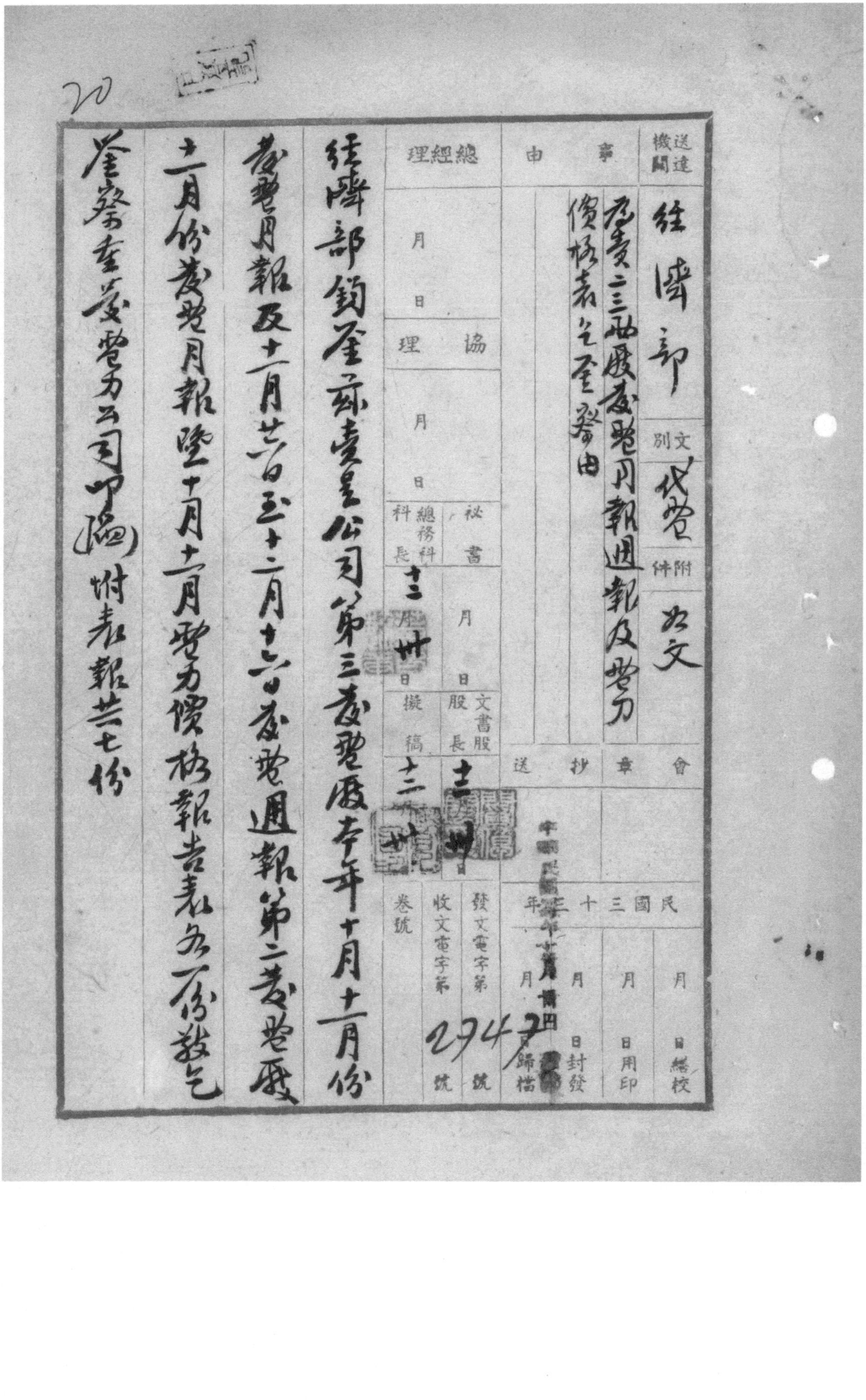

送達機關：經濟部

文別：代電

附件：如文

事由：檢送二三兩廠發電月報週報及電力價格表乞查照由

經濟部鈞鑒：茲呈送本公司第三發電廠本年十月十一月份發電月報及十一月廿日至十二月十六日發電週報第二發電廠十月份發電月報暨十月十一月電力價格報告表各一份敬乞鑒察。重慶電力公司叩（□） 附表報共七份

總經理 月 日

協理 月 日

秘書 月 日

總務科科長 十二月卅日

文書股股長 月 日

擬稿 十二月卅日

會章 抄送

民國三十 年 月 日

校繕 月 日

用印 月 日

封發 月 日

歸檔 月 日

發文電字第2747號

收文電字第 號

卷號

21

送工務司

十一月電力分析報告表四份

三一厂十二月二十六日至十二月十五日負荷曲線二份、

三厂十二月二十五日至十二月廿六日電壓曲線二份、

三厂十二月份月報二份、

二厂十二月份月報二份

三一厂十二月二十六日至十二月二十五日週報二份、

二一厂十二月二十九日至十二月二日週報二份

二一厂八月五日至九月三十日週報二份

一一厂十二月九日至十二月十五日週報二份

三一厂十二月廿六日至蓉電厂障礙報告二份、

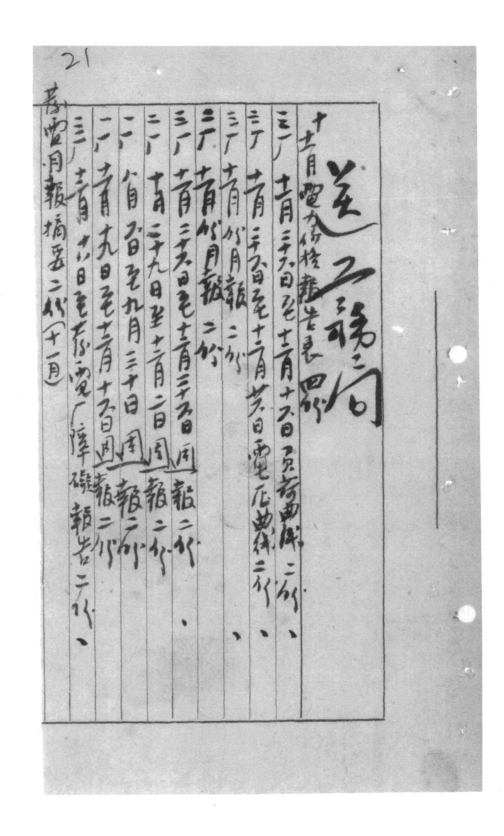

蓉電月報摘要二份（十一月）

22

送经济部电业司

三厂十一月份月报一份

二厂十一月份月报一份

二厂十一月二十六日至十二月十二日周报一份

三厂十一月份月报一份

二厂十一月二十六日至十二月十六日负荷曲线一份

十、十一月电力价格报告表二份

重庆电力股份有限公司关于检送一九四四年度发电、购电输出抄见及损失度数统计表致战时生产局、经济部、重庆市工务局的代电（附表）

（一九四五年一月三十一日）　0219-2-198

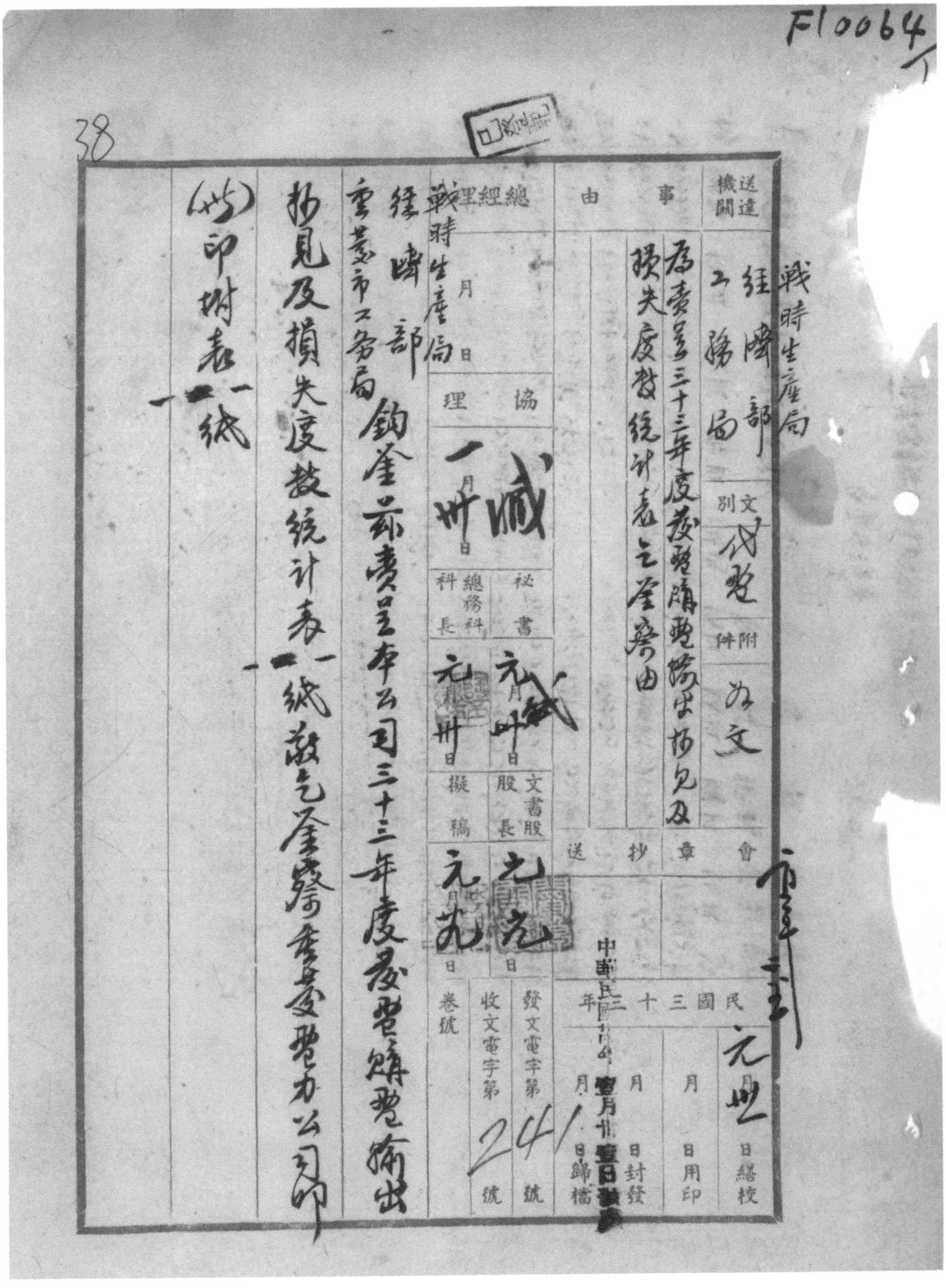
F10064

送達機關：戰時生產局、經濟部、工務局

事由：為賣呈三十三年度發電購電輸出抄見及損失度數統計表一紙呈鑒察由

文別：代電

附件：如文

戰時生產局、經濟部、重慶市工務局鈞鑒：茲賣呈本公司三十三年度發電購電輸出抄見及損失度數統計表一紙，敬乞鑒察。重慶電力公司（印）

（附）印附表一紙

中華民國三十四年

241

發電購電輸[illegible]抄見及損失度數統計表

民國卅三年度

摘要存

月份	發電度數 KW hr	輸電度數 KW hr	購入度數 KW hr	輸電總度數 KW hr	抄見度數 力 KW hr	抄見度數 熱 KV hr	抄見度數 灯 KV hr	抄見度數 總計 KW hr	損失度數 KW hr	損失百數 %
一月	5,877,345	5,732,818	454,418.00	6,187,236	2,540,834.88	181,414.40	1,466,905.32	4,179,154.60	2,008,081.40	32.46
二月	4,986,357	4,863,651	453,692.00	5,317,343	2,178,494.68	164,888.90	1,409,454.66	3,752,838.24	1,564,504.76	29.43
三月	5,715,693	5,573,978	547,414.00	6,121,392	2,371,363.57	184,918.15	1,925,702.83	3,801,984.55	2,319,407.45	37.89
四月	5,166,577	5,035,703	510,399.60	5,546,102.6	2,324,704.49	130,075.80	1,266,166.10	3,720,946.37	1,825,156.23	32.91
五月	5,528,590	5,388,026	572,939.40	5,960,965.4	2,913,124.07	216,047.57	1,171,684.09	4,300,856.03	1,660,109.37	27.85
六月	5,245,406	5,141,622	582,574.60	5,724,196.6	2,540,699.37	207,218.10	1,250,409.32	3,998,326.79	1,725,869.81	30.15
七月	4,971,922	4,846,985	508,732.20	5,355,717.2	2,474,415.23	110,472.00	1,162,248.93	3,907,136.16	1,435,581.04	26.80
八月	5,451,814	5,354,681	446,478.00	5,801,159	2,672,400.89	345,941.10	1,152,243.38	4,170,585.35	1,630,573.65	28.11
九月	5,561,257	5,441,644	338,404.64	5,780,048.64	2,540,657.39	164,995.50	1,208,183.55	3,913,836.44	1,866,212.20	32.29
十月	6,602,103	6,467,493	520,013.1	6,988,006.1	2,775,707.22	265,833.00	1,462,354.80	4,493,935.02	2,494,071.08	35.69
十一月	6,406,029	6,275,641	337,005.00	6,612,646	2,438,794.59	159,199.30	1,785,713.28	4,383,707.17	2,228,938.83	33.71
十二月	6,470,316	6,336,918	220,751.40	6,557,669.4	2,361,413.82	197,103.50	1,776,205.14	4,334,722.40	2,222,946.94	33.90
總計	67,983,389	66,459,160	5,492,821.94	71,952,981.94	30,305,210.14	2,328,147.63	16,337,227.40	48,971,029.18	22,981,452.16	31.94

重庆电力股份有限公司关于检送第一厂、第二厂和第三厂发电周报、月报等致经济部电业司、重庆市工务局的代电（附表）

（一九四五年六月十四日）　0219-2-198

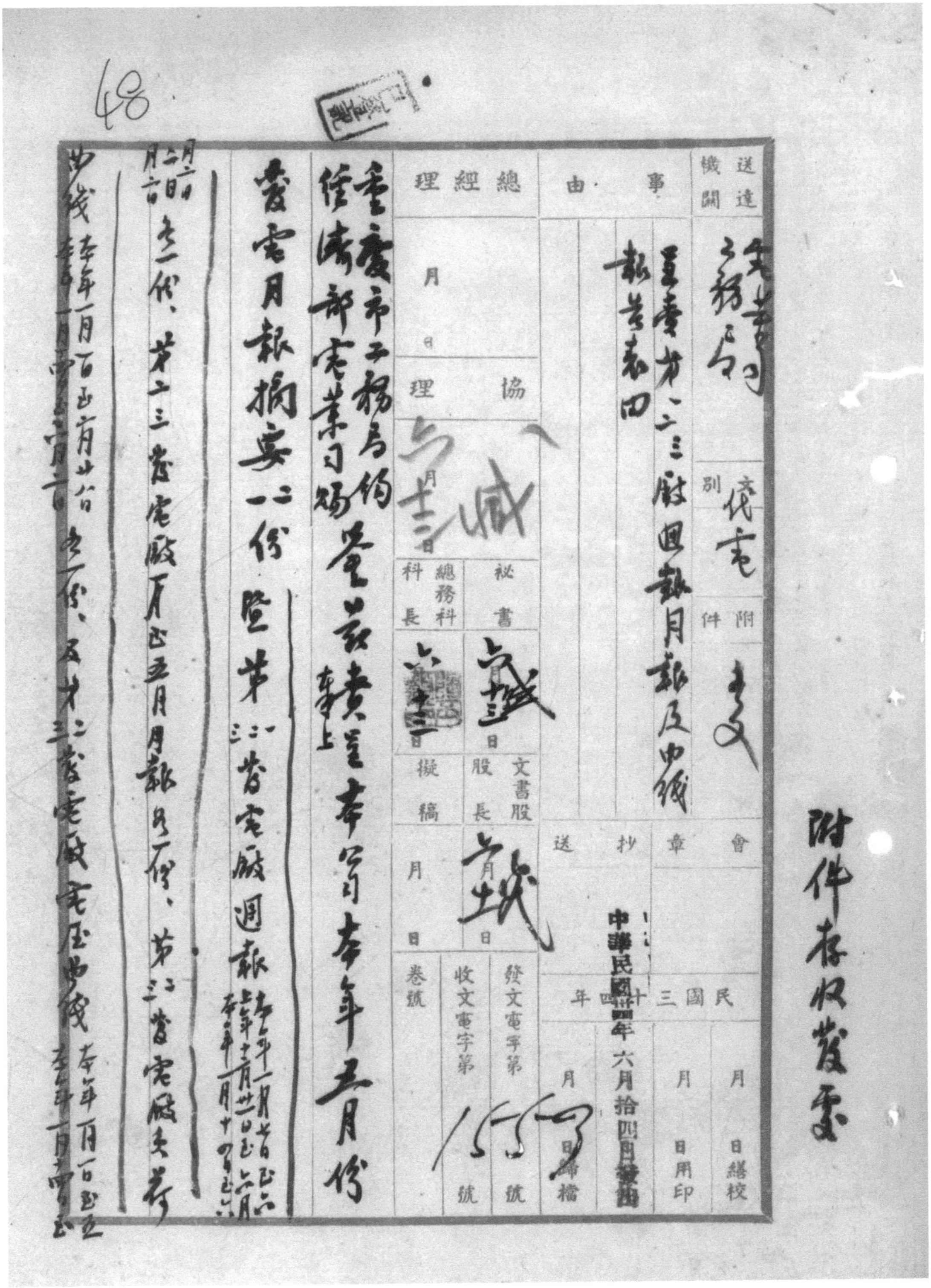

49

敝會[illegible]家重慶電力公司即函　附件如文

月廿日
[illegible]存一份

50

Total Connecting Load

	裝見馬力	實用度數
第一厂	6,856.75	581,253
第二厂	2,560.4	469,982
第三厂	13,360.35	1,045,813
總計	22,777.5	2,097,048

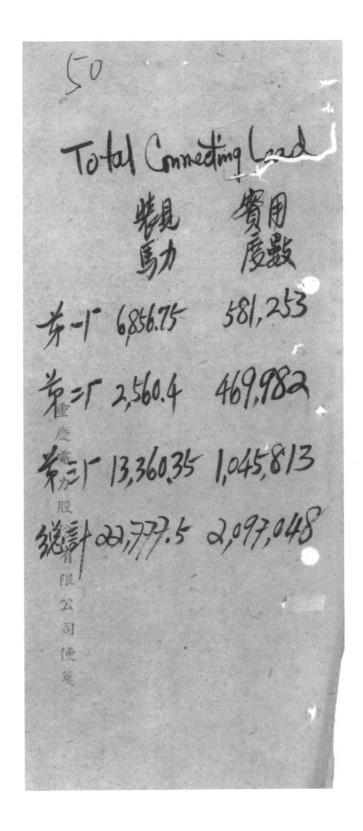

重慶電力股份有限公司便箋

A 組

廠類別	第一廠		第二廠		第三廠		總計	
	裝見馬力 H.P.	實用度數 KWH	裝見馬力 H.P.	實用度數 KWH	裝見馬力 H.P.	實用度數 KWH	裝見馬力 H.P.	實用度數 KWH
兵工廠			104	10,246	2,318	304,950	2422	315,196
麵粉廠					426	116,078	426	116,078
紡織廠	40	540	1038.5	353,662	3,078.4	93,976	4156.9	501,039
煉油廠					132	9,120	132	9,120
鋼鐵廠					1,452	119,659	1452	119,659
電器廠					45	3,375	45	3,375
機器廠					62	3,350	62	3,350
化学工廠					355	103,863	355	103,863
印刷廠	(185.5)	53,929	18	964			203.5	54,893
自來水廠	1680	177,090					1680	177,090
電台	(6.5)	30,451	107	264	(457.5)	41,222	571	71,937
軍事機關	(82)	5,346	1	529	47	2,919	130	8,794
機關	35.5	20,323			233	31,980	268.5	52,303
醫院					46	1,842	46	1,842
其他	10	611					10	611
總計	2,039.5	288,290	1,268.5	365,665	8,051.9	832,334	10,959.9	1486,[illegible]

B 組

廠類別	第一廠		第二廠		第三廠		總計	
	裝具馬力 H.P.	實用度數 KWH	裝具馬力 H.P.	實用度數 KWH	裝具馬力 H.P.	實用度數 KWH	裝具馬力 H.P.	實用度數 KWH
兵工廠	2400	148,775			1152	8660	3552	157,435
麵粉廠	40	138	66	13,268	60	19,890	166	33,296
紡織廠	42.5	2,320	43.5	3,726	78.25	8,990	164.25	15,036
染整廠	6	147	61	3575	74	3,356	141	7,078
煉油廠	8	4,704			50.5	1,265	58.5	5,969
鋼鉄廠	20.5	873			57.75	6,384	78.25	7,257
電器廠	51.5	5,688	125.5	8575	171	19,500	348	33,743
電鍍廠	18	1213			25	946	43	2,159
機器廠	742.5	53,050	325.9	35,337	1170.7	44,447	2,239.1	132,834
鉄工廠	64.5	2,787	58.5	3655	67.5	2,709	190.5	9,151
翻砂廠	43	1,246	37.5	2224	20	906	100.5	4,376
皮革廠	2.5	4	15	480	88	870	105.5	1,354
汽車零件製造廠	8.5	833			253	22,688	261.5	23,521
造船廠	51	4,289	38.5	1533			89.5	5,822
化學工廠	15	930	59	7168	236.5	[illegible]	310.5	16,063
搪瓷廠	5	858					5	858
印刷廠	8.5	667	27	2744	89	4,962	124.5	8,373
文具廠	35	173	20	162			55	335
膠廠			12.5	264	85	4,800	97.5	5,064
製藥廠			21	169	12	440	33	609
食品工廠	8.5	354			15.5	253	24	607
日用品製造廠			11.5	520	10	293	21.5	813
軍事機關			3	15	37	2,328	40	2,343
機關	17	3479	2	33	217.5	10,884	236.5	14,396
銀行	32	788					32	788
書局	19	1277	49.5	1878	16.5	1262	85	4,417
其他	27	2184			208.75	8311	235.75	10,495
總計	3665.5	236,757	976.9	85,326	4195.45	182,109	8837.85	504,192

C 組

廠類别	第一廠		第二廠		第三廠		總計	
	裝見馬力 H.P.	實用度數 KWH	裝見馬力 H.P.	實用度數 KWH	裝見馬力 H.P.	實用度數 KWH	裝見馬力 H.P.	實用度數 KWH
電器廠					5	366	5	366
化學工廠					3	117	3	117
印刷廠		105						105
食品工廠			3	57			3	57
日用品製造廠	37.5	2,590	48	2,106			85.5	4,696
肥皂廠	10	306	13.5	153			23.5	459
鋸木廠	87.5	3,553					87.5	3,553
冷藏廠	74	4,344					74	4,344
碾米廠	879.5	41,327	220.5	13,890	212.5	17,316	1,312.5	72,533
機關					121	10,271	121	10,271
烟草公司	27	960	30	2,785			57	3,745
其他	36.25	3,021			171.5	3,300	207.75	6,321
總計	1,151.75	56,206	315	18,991	513	31,370	1,979.75	106,567

F10064/1

重庆电力公司各发电厂馈电线负荷表

第一厂

线路	P.M. 5:00—P.M. 11:00	P.M. 11:00—A.M. 7:00	A.M. 7:00—P.M. 5:00	Remarks.
11	3300	1200	1700	中区马路
12	3000	900	1700	[illegible]家花园
13	100	1000	1700	江北
14	20	650	650	自来水厂
15	120	120	120	本厂

第二厂

线路	5:00—11:00	11:00—700	7:00—5:00	Remarks.
21	480	309	375	野猫溪玄坛庙
22	670	618	675	大佛寺军纺厂
23	1250	773	950	中纺厂等处
24	60	60	60	本厂

第三厂

线路	5:00—11:00	11:00—7:00	7:00—5:00	Remarks.
31	2612	2263	1920	沙坪坝小龙坎
32	2498	1929	1700	化龙桥牛角沱
33	725	872	240	第一兵工厂
34	120	120	120	本厂

重庆电力股份有限公司与宝源煤矿公司订购锅炉用精选煤交货付款办法（一九四六年十一月） 0219-2-182

A40241/1

正本

54

立合約人 甲 重慶電力公司
乙 寶源煤礦公司（以下簡稱甲方乙方）茲議定甲方向乙方訂購鍋爐用精選煤所有交貨付款等辦法分條列下

（一）品名 寶源精選煤以適合甲方鍋爐燒用并保證其耗量低於天府粒煤百分之十六為標準如其上項標準不符甲方得拒絕收卸

（二）噸量 總額約四千公噸

（三）交貨地點 大溪溝一千五百公噸彈子石一千公噸鵝公岩一千五百公噸

（四）單價 大溪溝交貨每噸三萬三千九百六十元彈子石交貨每噸另加轉江費三百五十元鵝公岩交貨每噸另加轉江費六千二百元整

（五）交貨期限　自本月一日起陸續在大溪溝彈子石鵝公岩三地交煤每三日平均交足四百噸至月底交足四千噸

（六）付款辦法　甲方於月中付出全部貨款之半數於月底補付其餘貨款但乙方在月中并未交足二千噸時甲方應付貨款亦照比例核減

（七）囤費規定　煤船到達甲方收貨地點報到後自第四日起甲方應付給延卸囤費每日每噸國幣一百元惟交卸鵝公岩煤船凡在甲方第一廠繫傍者則自在第一廠報到之第四日起計算囤費

（八）意外責任　凡煤船到達甲方地點并辦理報到手續後七十二小時內如

55

過水火風險或其他人力不可抗拒之損害以致船及煤遭受損失時概由乙方自理但自報到七十二小時後遇有上述損失則由甲方負責賠償

(九)附記 本約一式四份甲乙方執正副頁各一份

甲方 重慶電力股份有限公司

代表人 經理 程本臧

乙方 寶源鑛業股份有限公司

代表人 協理

中華民國三十五年十一月　日訂

重庆电力股份有限公司关于检送第一、二、三厂发电月报、周报致经济部电力公司的电、函（附表）

（一九四七年七月十七日）　0219-2-198

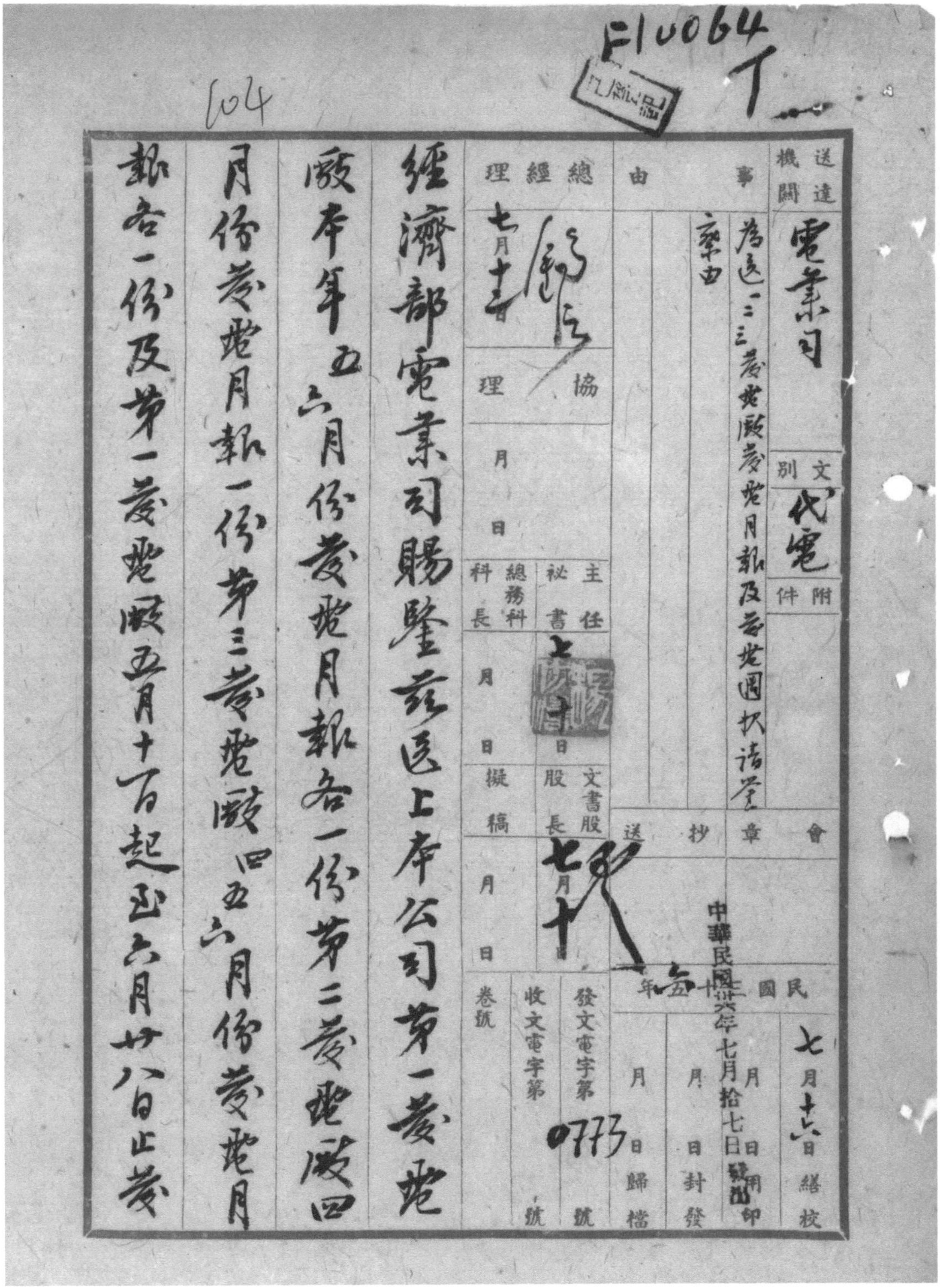

送達機關：電業司

文別：代電

事由：為送一二三發電廠發電月報及發電週報請鑒查由

經濟部電業司賜鑒茲送上本公司第一發電廠本年五六月份發電月報各一份第二發電廠四五六月份發電月報一份第三發電廠四五六月份發電月報各一份及第一發電廠五月十一日起至六月廿八日止發

中華民國三十六年七月拾七日

105

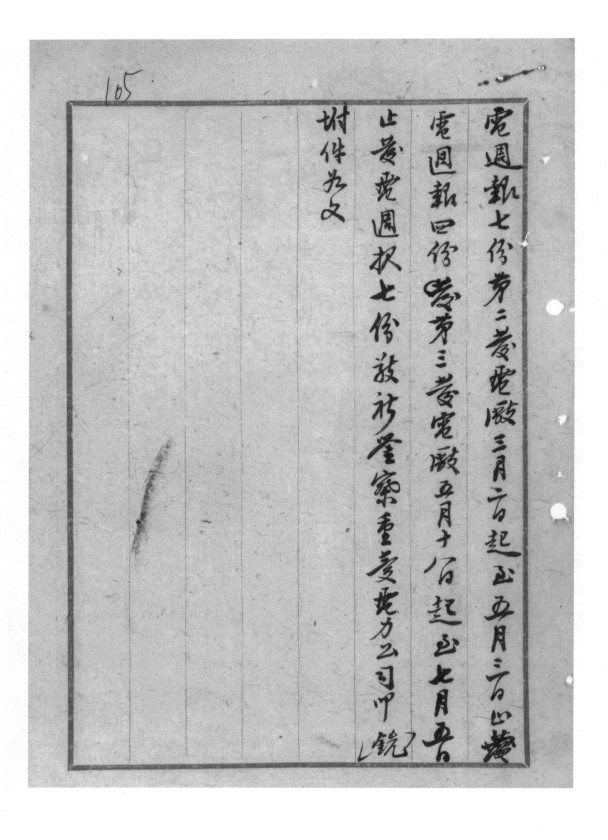

電週報七份第二發電廠三月二日起至五月三日止發
電週報四份第三發電廠五月十八日起至七月五日
止發電週報七份敬祈鉴察重慶電力公司叩銑
附件如文

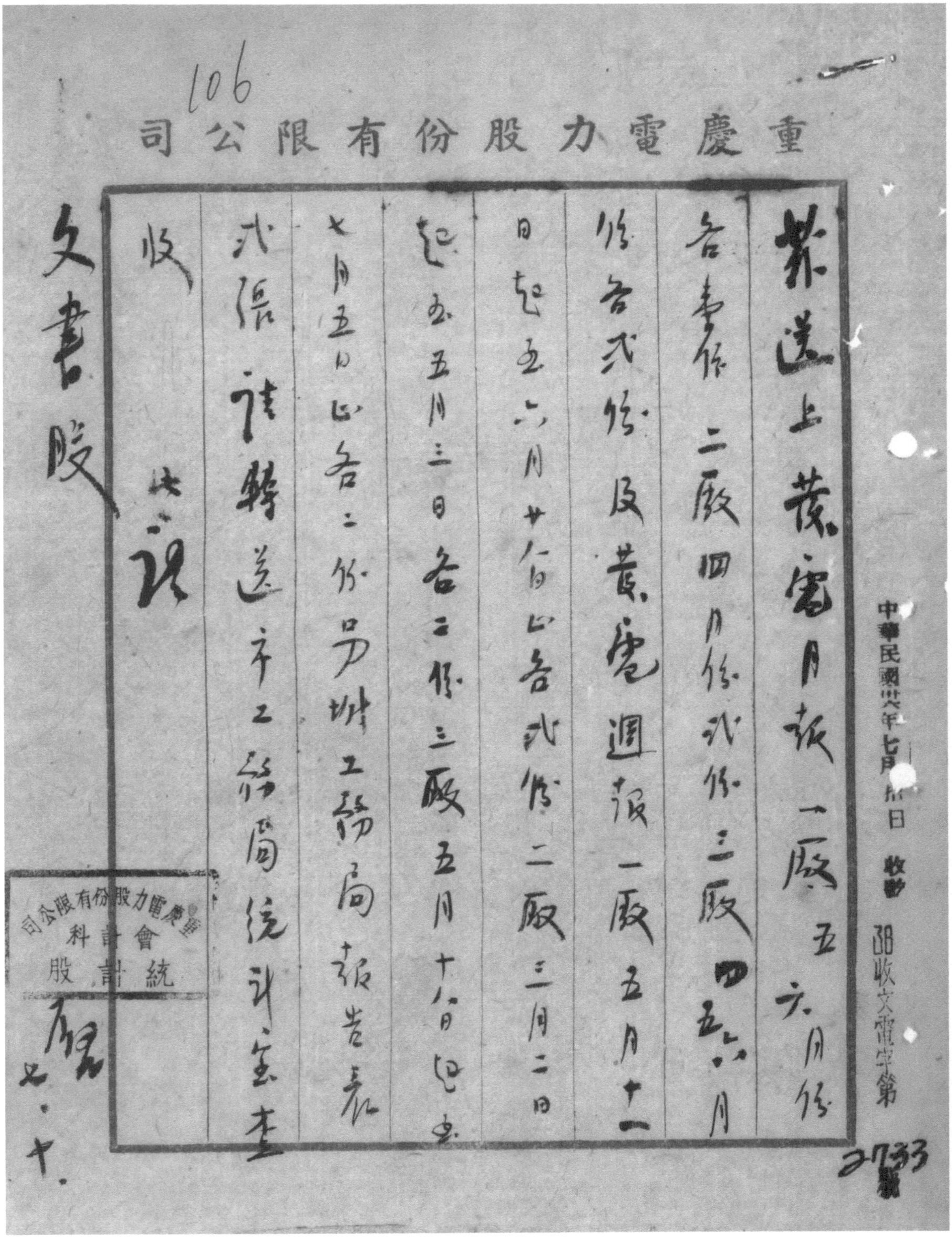

106

重慶電力股份有限公司

茲送上黃電月報一廠五、六月份各壹份，二廠四月份貳份，三廠四五六月份各貳份，及黃電週報一廠五月十一日起至六月廿八日止各貳份，二廠三月二日起至五月三日各二份，三廠五月十八日起至七月五日止各二份，另附工務局報告表貳張，請轉送市工務局統計室查收。

此致

文書股

重慶電力股份有限公司
會計科
統計股

七.十.

中華民國卅六年七月十日收

邵收文電字第2783號

107

電廠月報

第08號

卅七年四月一日至四月卅日

第二發電廠

108

重慶電力股份有限公司
第二發電廠

發電月報

M： 36年4月 日 星期

日期	最高負荷	總度數 發電額	總度數 輸出額	用煤總數		煤之總值	蒸汽總量	每度代價 煤耗	每度代價 汽耗	每度代價 合洋	負荷因數	總效率
	KW	KWH	KWH	TON	KGS	$	LBS	KGS	LBS	$	%	%
1	1480	24848	25108	66	250			2.62			68.1	4.08
2	1460	24219	23601	68	150			2.83			69.1	3.65
3	1620	25222	24468	63	900			2.54			64.8	4.05
4	1620	26181	24944	58	100			2.28			65.4	4.52
5	1440	24781	23990	57	950			2.34			71.4	4.40
6	1560	23819	23187	62	500			2.62			62.3	3.94
7	1280	20946	20210	57	300			2.74			68.1	3.76
8	920	18210	17508	56	600			3.11			82.3	3.31
9	880	18360	17444	57	050			3.11			86.8	3.31
10	920	18224	17698	59	200			3.21			82.3	3.21
11	900	19268	18647	59	250			3.07			89.1	3.35
12	910	18428	18077	56	900			3.04			85.7	3.29
13	900	18886	17899	52	300			2.83			[illegible]	[illegible]
14	1260	19166	18586	58	750			3.07			63.3	3.35
15	1400	19419	18748	57	850			2.98			57.7	3.45
16	1560	23860	23058	71	500			3.00			64.4	3.44
17	1480	24066	23328	71	800			2.99			67.7	3.44
18	1500	23854	22044	73	750			3.05			66.1	3.33
19	1500	24076	23465	72	650			3.02			66.8	3.41
20	1400	22891	22170	70	750			3.10			68.0	3.32
21	1500	25602	24640	75	200			2.60			69.4	3.67
22	1460	23442	22015	78	500			2.83			75.1	3.63
23	1460	25291	26600	78	750			2.89			71.8	3.46
24	1600	26033	22786	77	800			2.78			72.0	3.70
25	1560	28446	25863	78	250			2.74			76.0	3.85
26	1500	29063	28229	77	450			3.67			80.6	3.85
27	1480	28262	27495	78	400			2.78			79.5	3.70
28	1640	29394	28946	75	850			2.55			75.6	4.04
29	1440	28680	27963	76	200			2.66			82.9	3.87
30	1480	28419	28146	81	500			2.83			81.2	3.64
31												
平均	1620	24001	23297	67	500			2.81			73.6	3.66
總數		720042	698919	2024	400							

總工程師		主任		工程師		製表	

109

重慶電力股份有限公司 第二發電廠	一 月 曲 線	M3	36年4月

用煤量及煤耗曲線

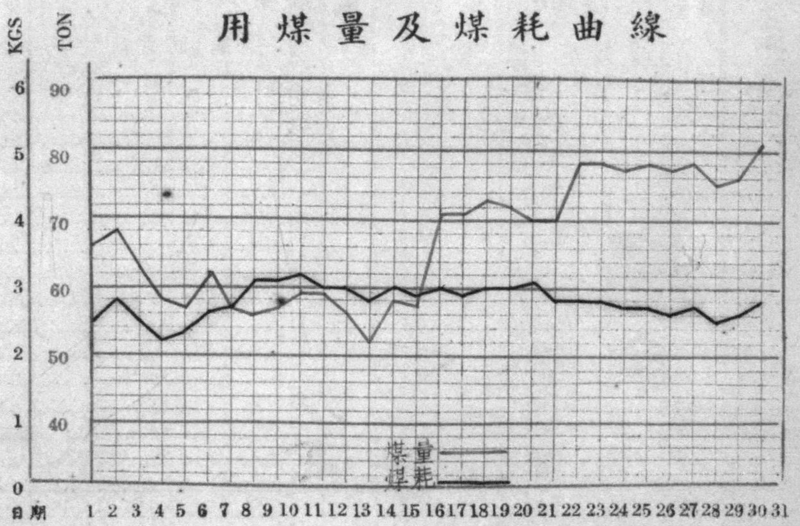

最高負荷及負荷因數曲線

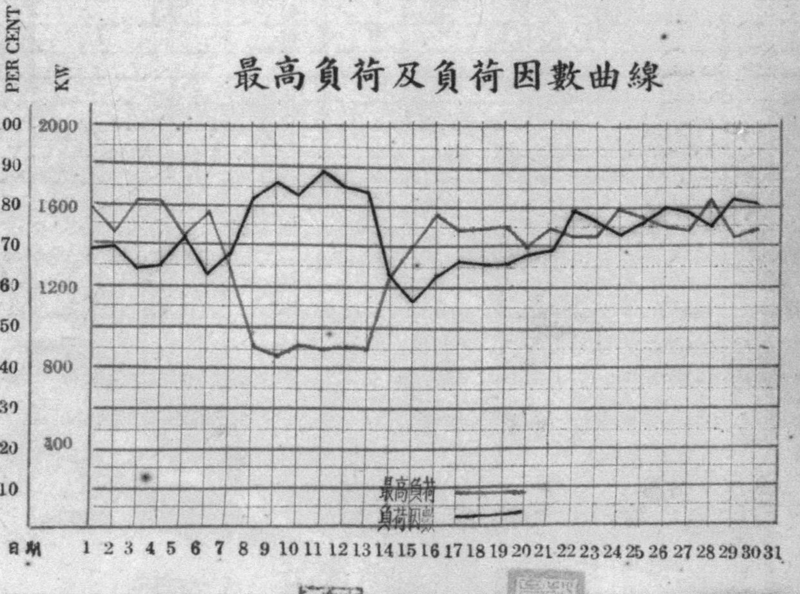

總工程師		主任		工程師		製圖	

110

重慶電力股份有限公司 第弍發電廠	一　月　曲　線	M4	36年4月

完全效率曲線

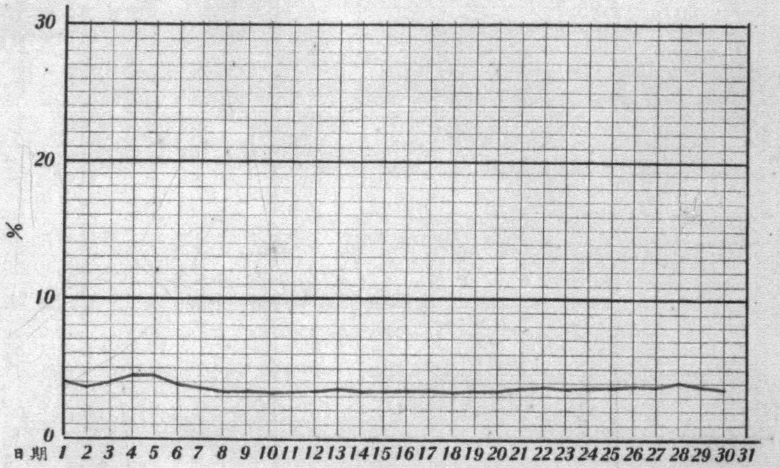

發電總度曲線

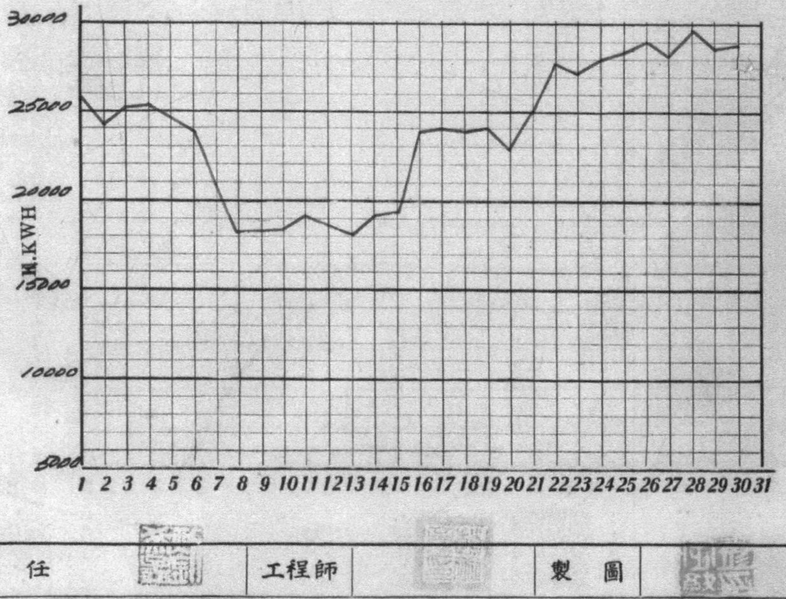

主　任		工程師		製　圖	

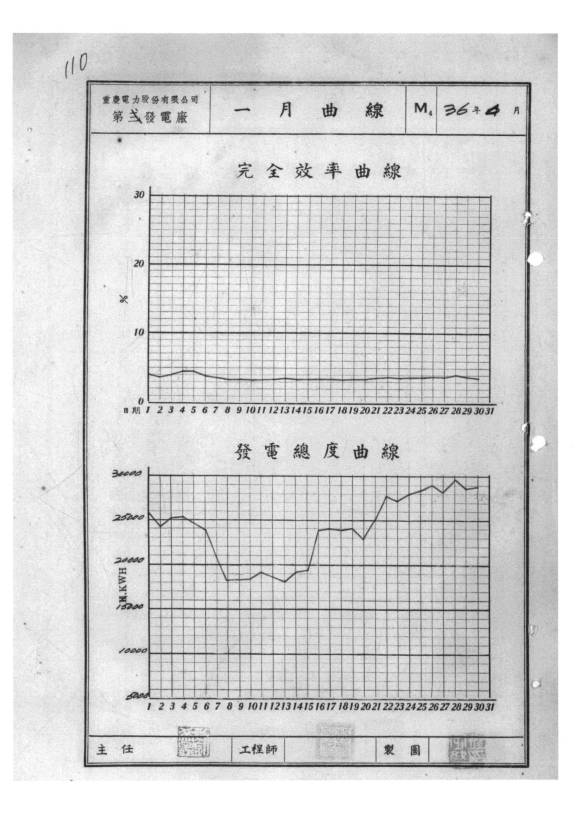

111

重慶電力股份有限公司
第三發電廠

發電月報

M1

36年4月　日
星期

日期	最高負荷 KW	總度數 發電額 KWH	總度數 輸出額 KWH	用煤總數 TON	用煤總數 LBS	煤之總值 $	蒸汽總量 LBS	每度代價 煤耗 LBS KG	每度代價 汽耗 LBS	每度代價 合洋 CTS	負荷因數 %	總效率 %
1	4033	83680	81860	142.750				1.68			89.2	7.56
2	4000	83980	82337	142.188				1.69			87.5	7.81
3	3900	83010	81208	143.188				1.72			88.6	7.67
4	3900	82520	80828	143.062				1.73			88.2	7.63
5	3900	82490	80615	145.688				1.76			88.1	7.50
6	3900	80630	79001	143.500				1.78			86.1	7.42
7	3850	81280	79726	147.625				1.82			88.0	7.25
8	3900	84300	82579	152.188				1.80			90.0	7.35
9	3800	78880	77425	152.188				1.93			86.5	6.84
10	3750	79580	78059	148.812				1.86			88.4	7.10
11	3750	73530	72130	144.000				1.96			81.7	6.73
12	3700	76890	75518	148.762				1.93			86.5	6.84
13	3700	75790	74324	148.438				1.96			85.3	6.73
14	3750	76660	75104	144.188				1.88			85.3	7.00
15	3600	73370	72086	142.787				1.94			84.9	6.50
16	3600	72290	70844	146.812				2.03			83.6	6.50
17	3500	69200	67744	156.562				1.98			82.4	6.66
18	3600	76210	74712	146.250				1.91			88.2	6.91
19	3600	24100	23090	65.562				2.64			44.6	5.50
20												
21												
22												
23												
24	4050	38500	37695	77.375				2.01			72.9	6.56
25	4100	71220	69771	110.375				1.55			72.4	8.63
26	4000	81390	79875	131.875				1.61			84.8	8.20
27	4050	84760	83117	134.687				1.58			87.2	8.55
28	4000	85850	86118	137.101				1.56			91.5	8.46
29	3900	85070	83427	137.269				1.60			86.2	8.25
30	3950	72890	71303	129.030				1.77			76.8	7.46
平均								1.84			83.6	7.29
總數		1960020	1920296	5559.212								

總工程師　　廠務主任　　製表

112

重慶電力股份有限公司 第三發電廠	一　月　曲　線	M_3	年　　月

用煤量及煤耗曲線

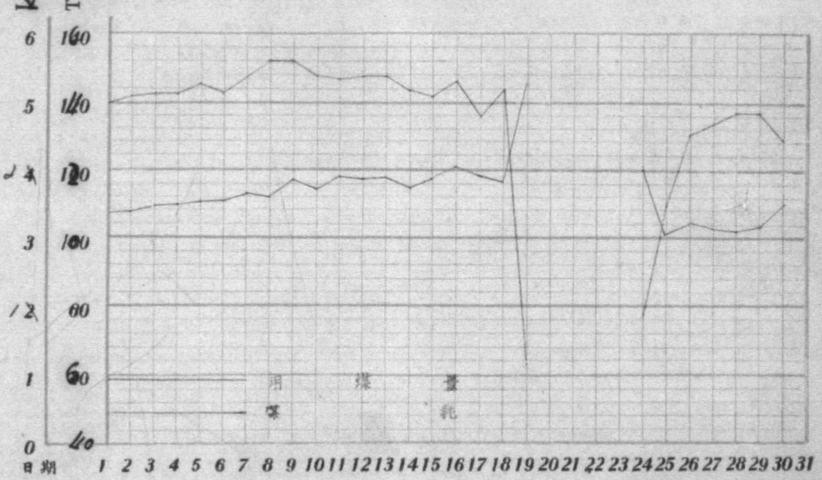

最高負荷及負荷因數曲線

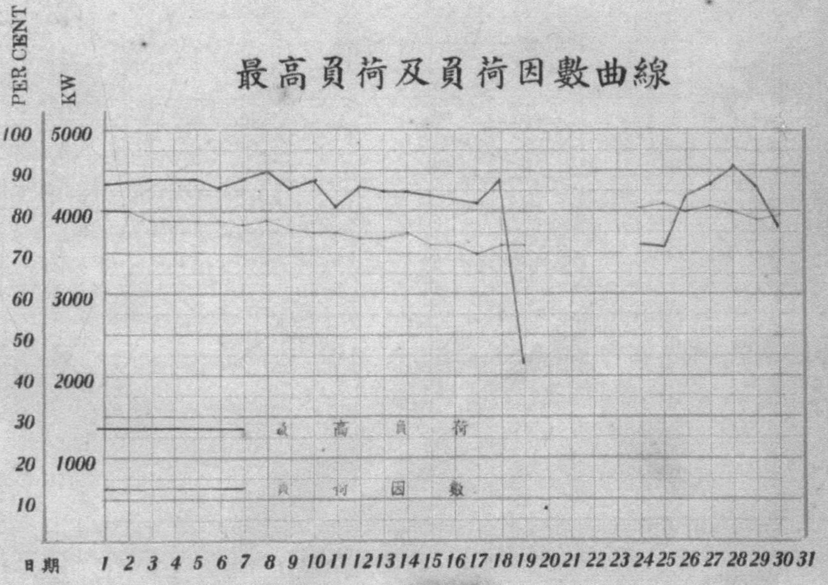

總工程師	級工程師	製圖

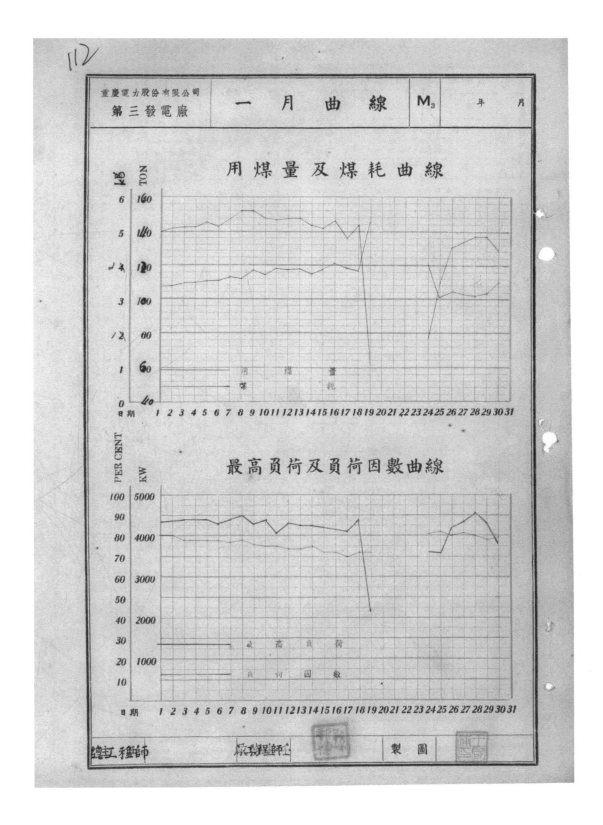

113

重慶電力股份有限公司 第三發電廠	一 月 曲 線	M_4	36 年 6 月

完全效率曲線

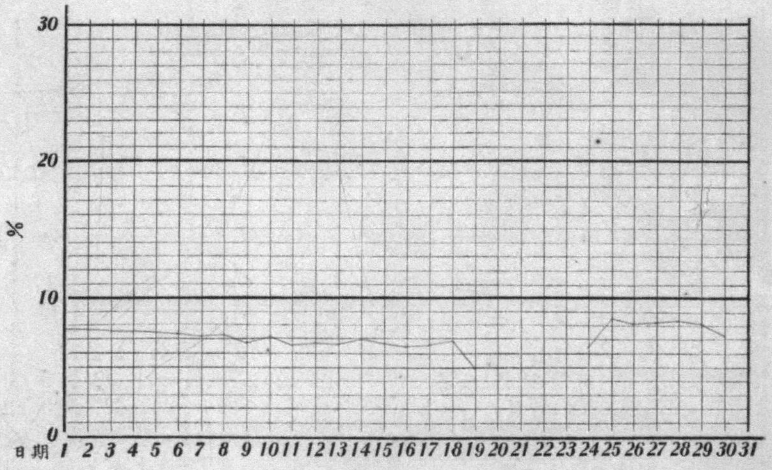

發電總度曲線

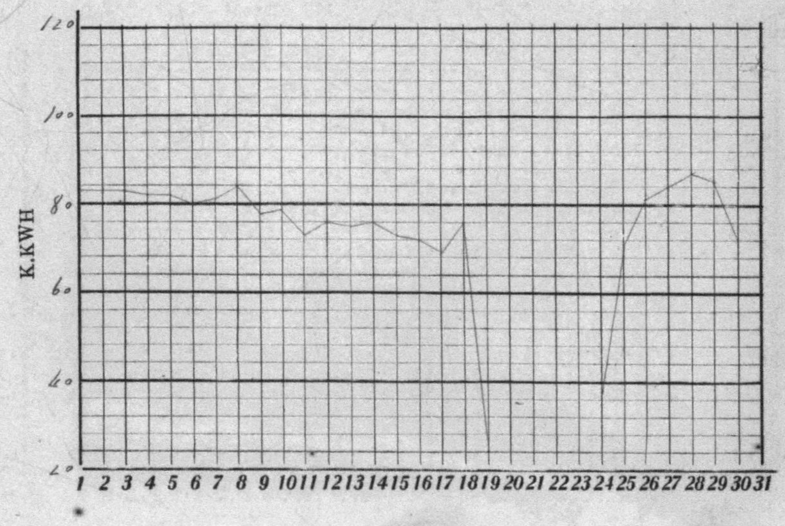

總工程師	廠工程師	製圖

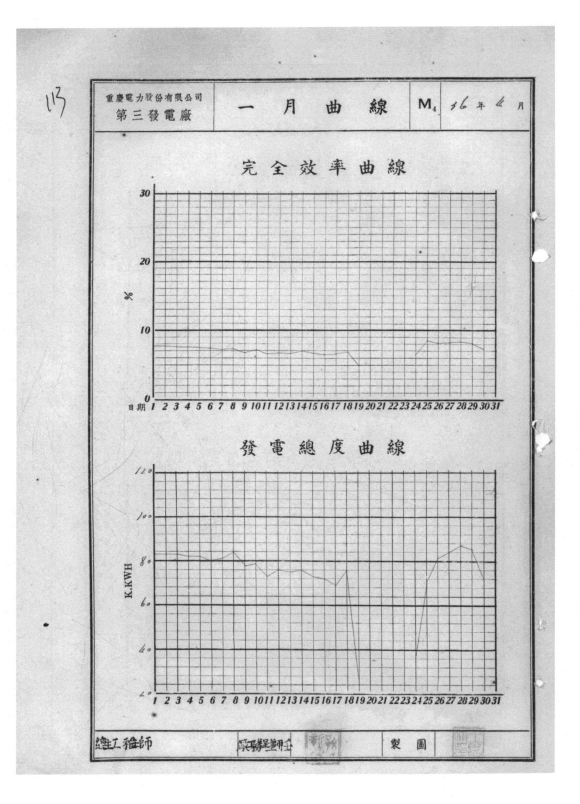

114

重慶電力股份有限公司
第三發電廠

發電月報

M1

36年5月 日
星期

日期	最高負荷	總度數 發電額	總度數 輸出額	用煤總數		煤之總值	蒸汽總量	每度代價 煤耗	每度代價 汽耗	每度代價 合洋	負荷因數	總效率
	KW	KWH	KWH	TON	LBS	$	LBS	~~LBS~~ KG	LBS	CTS	%	%
1	3950	77640	75980	125.687				1.62			81.8	8.15
2	4000	83690	82015	130.750				1.56			87.2	8.46
3	3900	84760	83081	133.250				1.54			90.5	8.57
4	3900	81910	80185	131.187				1.53			87.4	8.63
5	4000	85000	83409	137.187				1.61			88.5	8.20
6	4000	84590	82911	136.687				1.61			88.1	8.20
7	4000	85310	83572	139.937				1.62			88.9	8.15
8	3950	84690	82796	140.937				1.66			89.3	7.95
9	3900	84550	82882	142.687				1.69			90.3	7.81
10	4000	75200	73599	128.312				1.72			78.3	7.67
11	3950	83520	81784	137.000				1.64			88.1	8.00
12	3800	83080	81379	143.062				1.72			91.0	7.67
13	3800	51390	49985	104.875				2.26			56.3	5.84
14	3800	82890	81138	140.625				1.69			90.8	7.81
15	3800	80120	78596	135.937				1.69			87.8	7.81
16	3550	75580	73925	137.500				1.82			88.7	7.25
17	3600	76980	75395	138.312				1.80			89.0	7.33
18	3600	66830	65162	120.562				1.80			77.3	7.33
19	3400	71090	69387	129.562				1.82			87.1	7.25
20	3500	68410	66717	128.937				1.88			81.4	7.00
21	3500	31910	30721	80.375				2.52			50.6	5.24
22	3500	64570	63222	113.187				1.74			75.8	7.58
23	3650	74450	72579	125.687				1.67			85.0	7.90
24	3750	76670	75062	140.187				1.80			85.2	7.33
25	3650	74330	72940	131.500				1.76			84.7	7.50
26	3500	76100	74848	145.562				1.88			90.6	7.00
27	3600	68780	67086	128.625				1.86			79.6	7.10
28	3600	73720	72120	135.312				1.83			85.5	7.20
29	3650	71700	70090	133.395				1.86			86.6	7.10
30	3650	76500	74850	138.812				1.81			87.3	7.29
31	3400	67900	66316	135.624				1.99			83.0	6.63
平均								1.77			82.9	7.51
總數		2323840	2273602	4071.469								

總工程師		廠務主任		製表	

15

重慶電力股份有限公司 第三發電廠	一 月 曲 線	M_3	36 年 5 月

用煤量及煤耗曲線

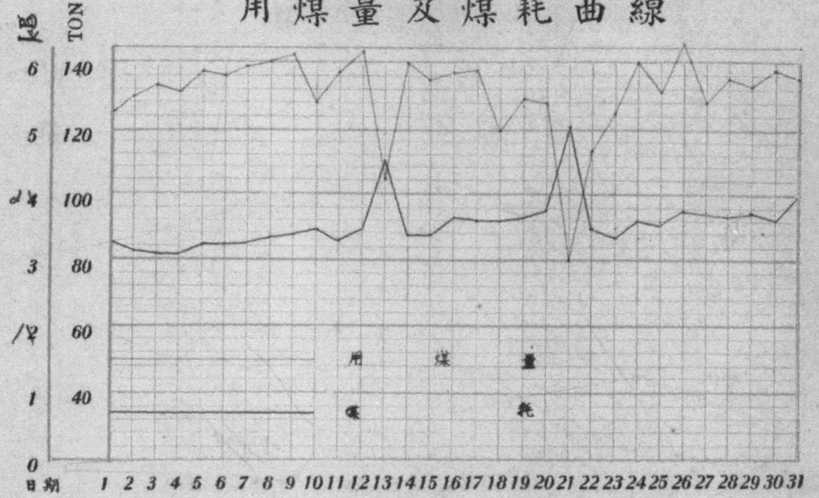

最高負荷及負荷因數曲線

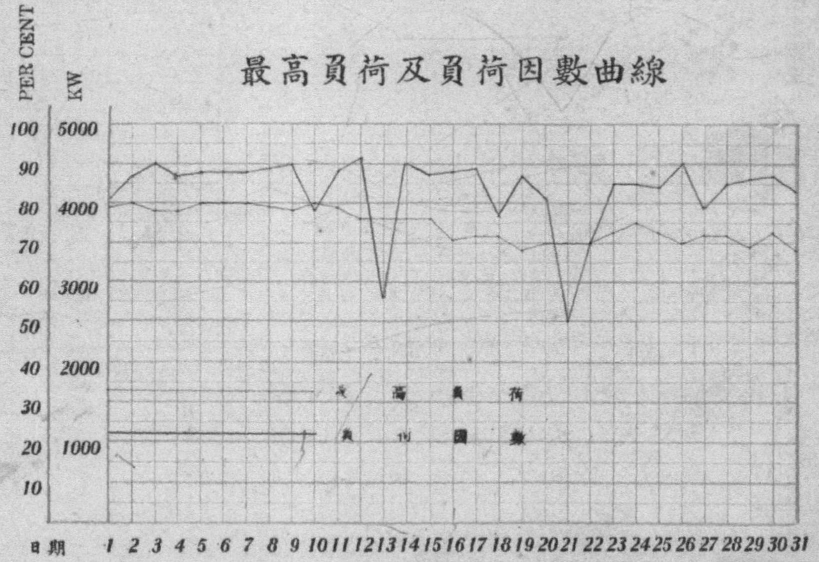

總主任工程師		股務主任		製 圖	

116

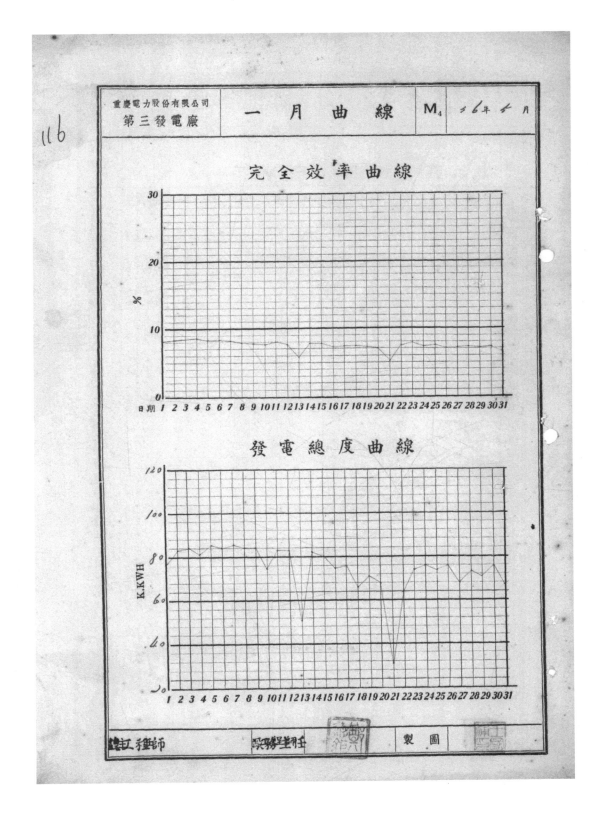

重慶電力股份有限公司 第三發電廠	一　月　曲　線	M_4	36年6月

完全效率曲線

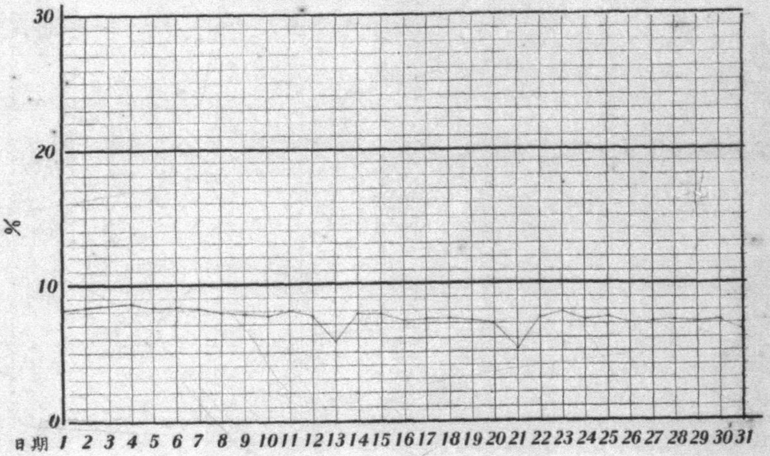

發電總度曲線

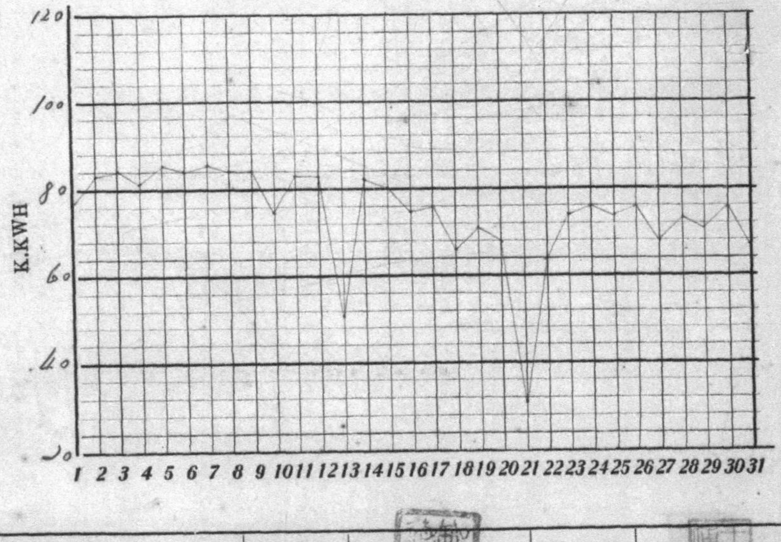

總工程師	主任工程師		製圖	

117

重慶電力股份有限公司
第三發電廠

發電月報

M1 36年6月 日
星期

日期	最高負荷	總度數 發電額	總度數 輸出額	用煤總數		煤之總值	蒸汽總量	每度代價 煤耗	每度代價 汽耗	每度代價 合洋	負荷因數	總效率
	KW	KWH	KWH	TON	LBS	$	LBS	~~LBS~~ KG	LBS	CTS	%	%
1	3500	66490	64926	122.697				1.84			79.2	7.17
2	3500	74870	73354	141.125				1.87			89.1	7.06
3	3450	74730	73153	145.502				1.80			90.2	7.33
4	3400	67550	66006	129.437				1.91			84.0	6.90
5												
6	3800	19670	18544	38.812				1.97			86.2	6.70
7	3900	79820	78220	125.467				1.57			85.2	8.40
8	4000	82000	80524	145.188				1.65			85.4	8.00
9	3900	84580	82887	151.937				1.56			90.5	8.46
10	3900	79700	78076	131.125				1.64			85.2	8.00
11	4050	80970	79313	150.812				1.62			83.3	8.15
12	3950	79460	77797	124.812				1.57			83.8	8.40
13	3950	83540	81643	142.812				1.57			88.1	8.40
14	3950	80950	79508	126.938				1.56			85.4	8.46
15	3900	60440	58829	101.625				1.68			64.6	7.86
16	3850	78970	77452	126.688				1.60			85.5	8.25
17	4050	79500	77909	127.375				1.60			81.8	8.25
18	4050	77890	76358	134.437				1.62			80.3	8.15
19	4000	85810	84213	141.125				1.64			79.4	8.00
20	4000	80200	78600	147.250				1.55			87.5	8.52
21	4000	78300	76725	134.000				1.68			81.5	7.86
22	4000	79380	77765	145.062				1.70			82.6	7.76
23	3700	70000	68541	119.625				1.71			78.8	7.72
24	3750	81780	80205	149.375				1.70			90.8	7.76
25	3400	73330	71691	134.000				1.82			89.8	7.25
26	3800	74570	72913	141.000				1.89			81.8	6.98
27	3700	76520	74876	143.188				1.73			86.2	7.63
28	3700	75980	73635	141.312				1.87			84.8	7.06
29	3850	71730	70409	139.062				1.95			77.6	6.76
30	3550	69910	68374	133.812				1.91			82.0	6.91
平均								1.72			83.6	7.73
總數		2169040	2122130	3708.571								

總工程師　　廠務主任　　製表

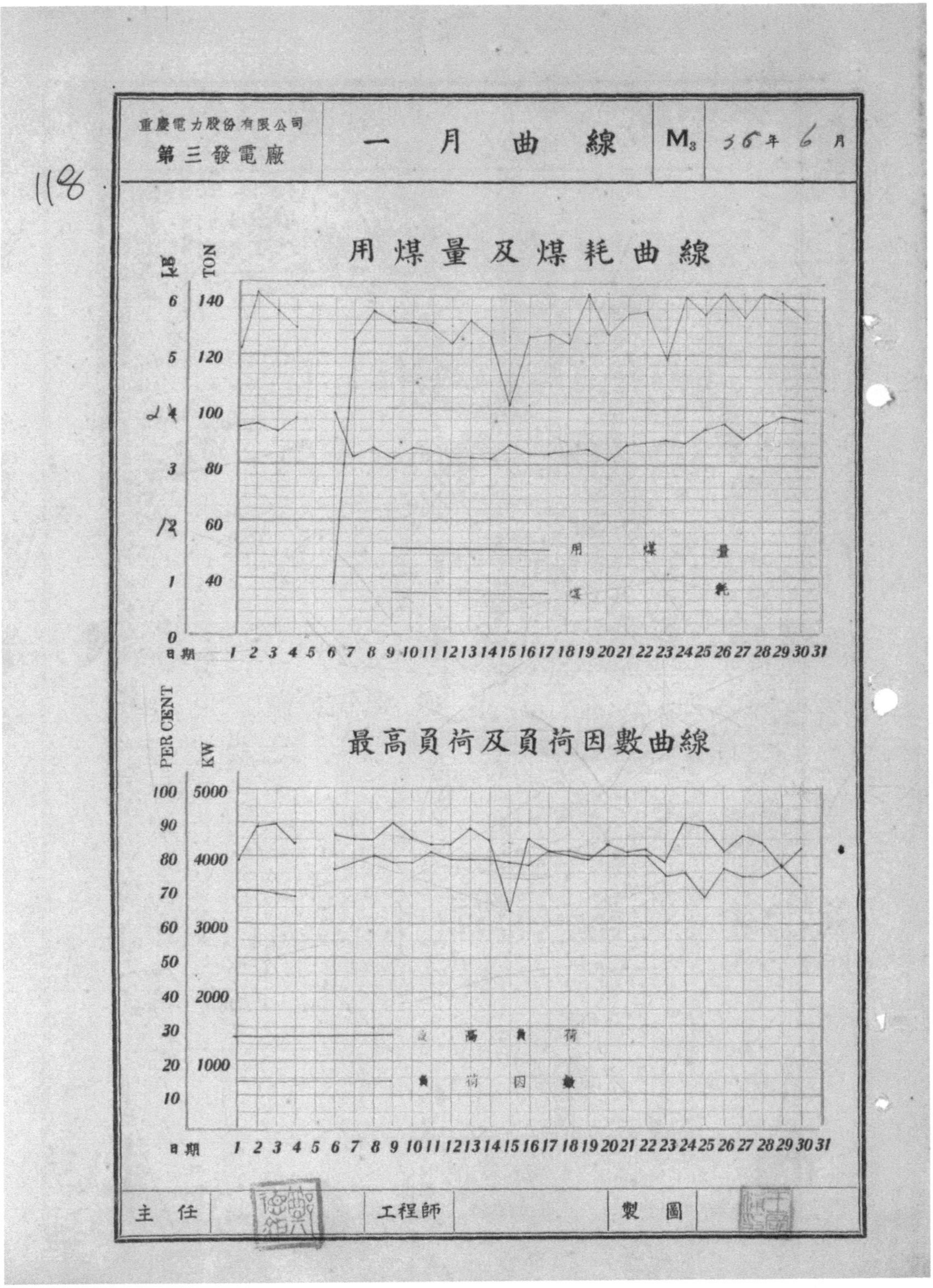
重慶電力股份有限公司
第三發電廠
一月曲線
M3
36年6月
118
用煤量及煤耗曲線
LB
TON
用煤量
煤耗
日期
最高負荷及負荷因數曲線
PER CENT
KW
最高負荷
負荷因數
日期
主任
工程師
製圖

119

重慶電力股份有限公司 第三發電廠	一　月　曲　線	M_4	36 年 6 月

完全效率曲線

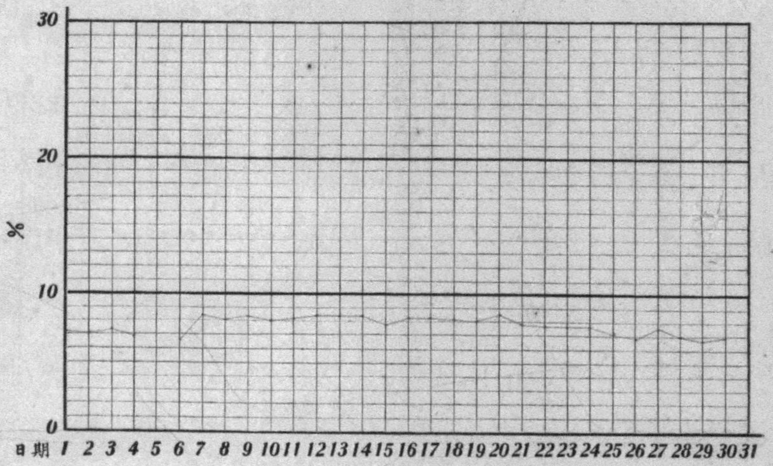

發電總度曲線

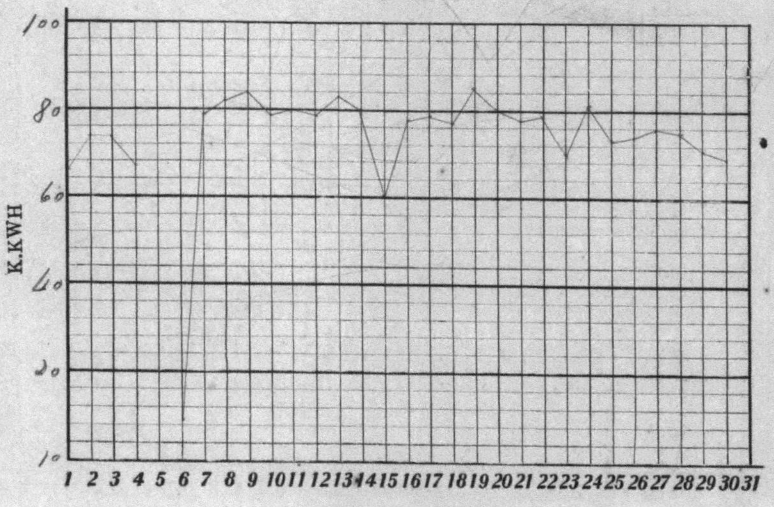

主　任		工程師		製　圖	

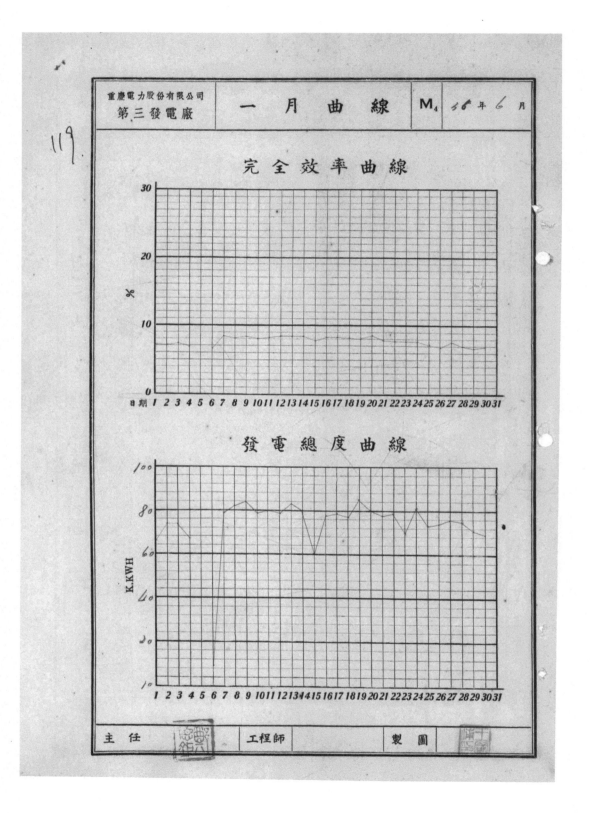

120

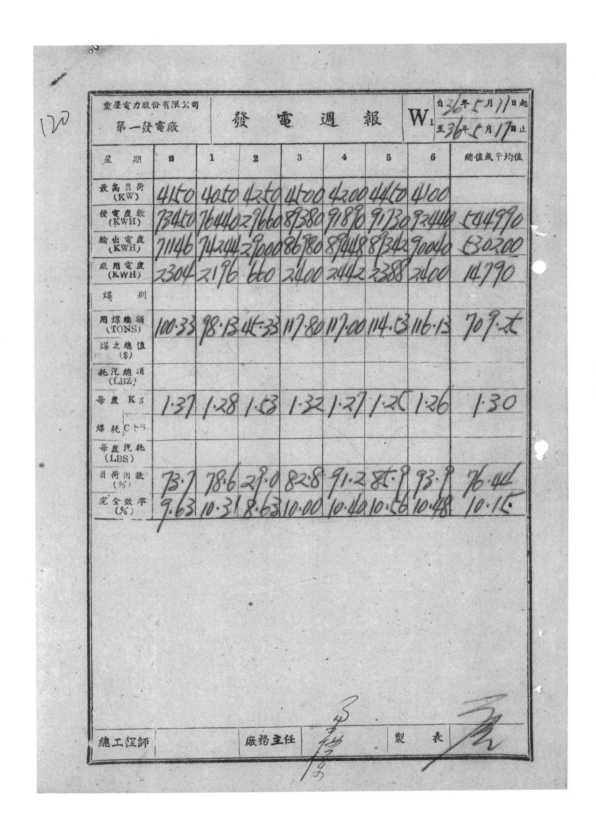

重慶電力股份有限公司
第一發電廠

發電週報

W1

自36年5月11日起
至36年5月17日止

星期	日	1	2	3	4	5	6	總值或平均值
最高負荷 (KW)	4150	4050	4250	4500	4200	4450	4100	
發電度數 (KWH)	73450	76440	29660	89380	91890	91730	92440	544990
輸出電度 (KWH)	71146	74244	29000	86780	89448	89342	90040	530200
廠用電度 (KWH)	2304	2196	660	2400	2442	2388	2400	14790
煤別								
用煤總額 (TONS)	100.33	98.13	45.33	117.80	117.00	114.13	116.13	709.[illegible]
煤之總值 ($)								
耗汽總額 (LBZ)								
每度煤耗 Kg	1.37	1.28	1.53	1.32	1.27	1.25	1.26	1.30
每度煤耗 CHS								
每度汽耗 (LBS)								
負荷因數 (%)	73.7	78.6	29.0	82.8	91.2	85.9	93.9	76.44
完全效率 (%)	9.63	10.31	8.63	10.00	10.40	10.56	10.48	10.15

總工程師　　廠務主任　　製表

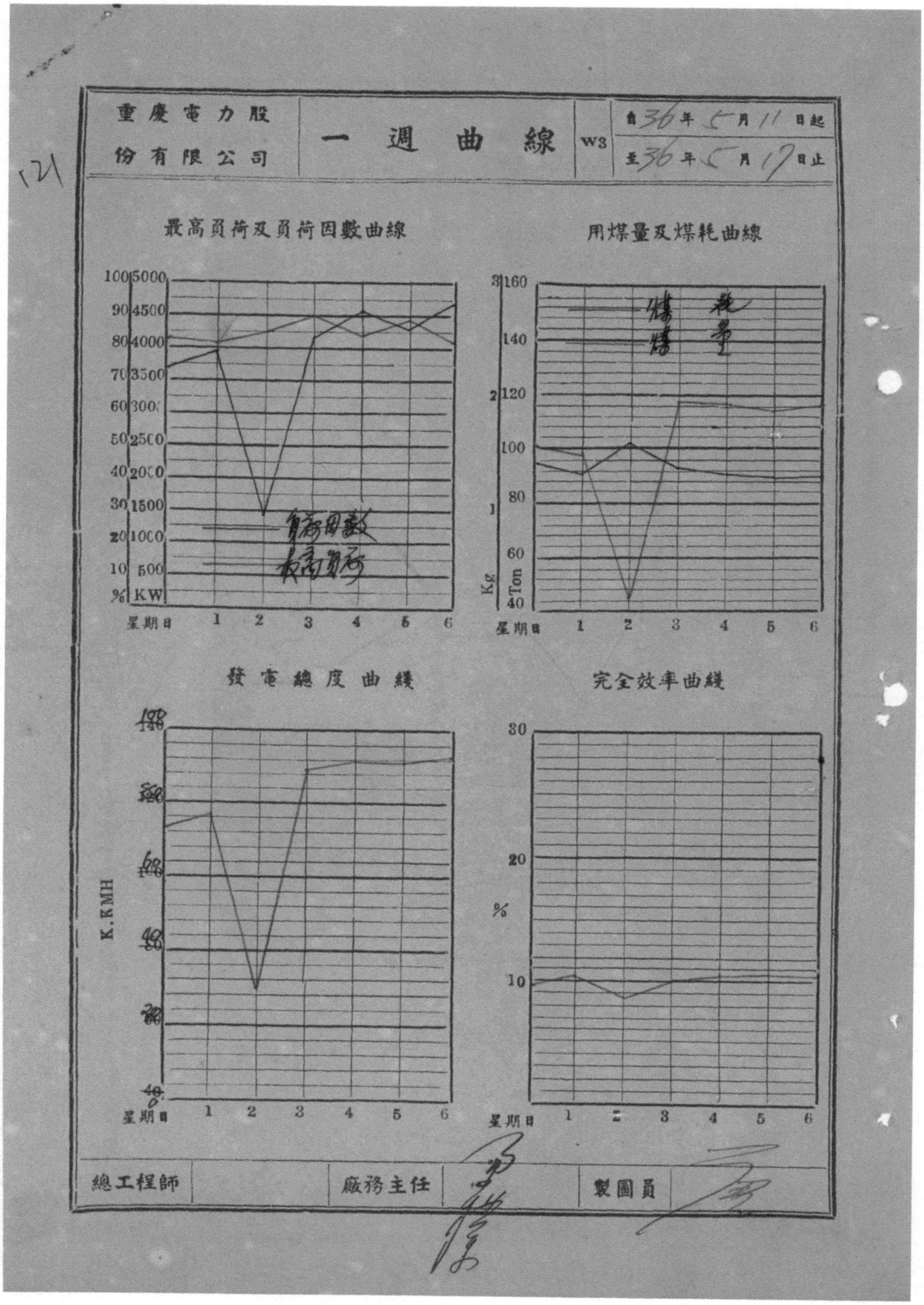

重慶電力股份有限公司	一週曲線	W3	自36年5月11日起 至36年5月17日止

總工程師		廠務主任		製圖員	

122

重慶電力股份有限公司
第一發電廠

發電週報

W1　自36年5月18日起　至36年5月24日止

星期	日	1	2	3	4	5	6	總值或平均值
最高負荷 (KW)	4050	4000	4100	4200	4200	4250	4250	
發電度數 (KWH)	84030	85000	89000	89210	90160	91700	88460	618640
輸出電度 (KWH)	82690	82606	86624	86890	87916	89012	86255	601993
廠用電度 (KWH)	2340	2394	2376	2400	2244	2688	2205	16647
煤別								
用煤總額 (TONS)	112.93	115.67	119.27	121.60	117.27	115.73	108.20	810.47
煤之總值 ($)								
耗汽總額 (LBZ)								
煤耗 每度 Kg	1.33	1.36	1.34	1.36	1.30	1.26	1.22	1.31
煤耗 C+S								
每度汽耗 (LBS)								
負荷因數 (%)	87.5	88.5	90.5	88.6	89.4	90.0	86.7	88.74
完全效率 (%)	9.92	9.70	9.85	9.70	10.15	10.48	10.82	10.08

總工程師　　廠務主任　　製表

重慶電力股份有限公司	一週曲線	W3	自36年5月18日起 至36年5月24日止

最高負荷及負荷因數曲線

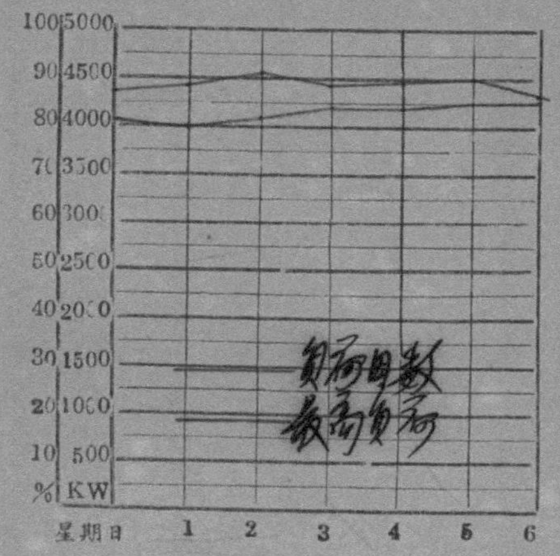

用煤量及煤耗曲線

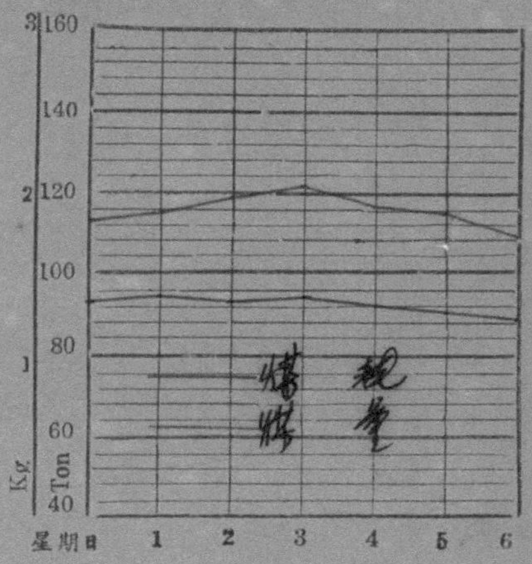

發電總度曲綫

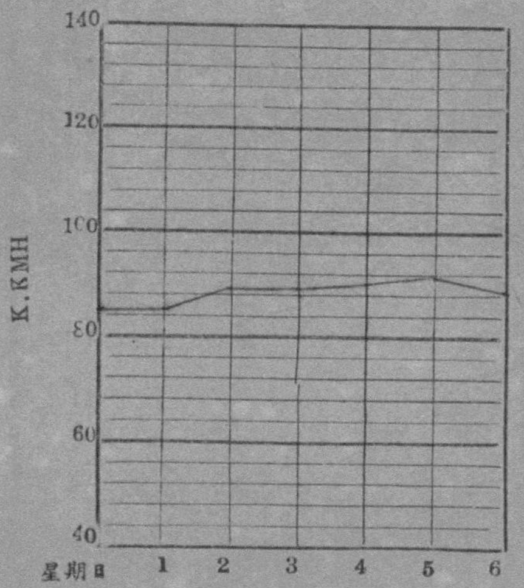

完全效率曲綫

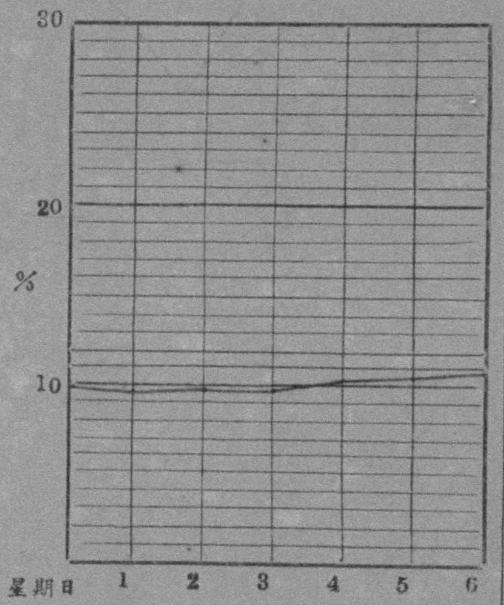

總工程師		廠務主任		製圖員	

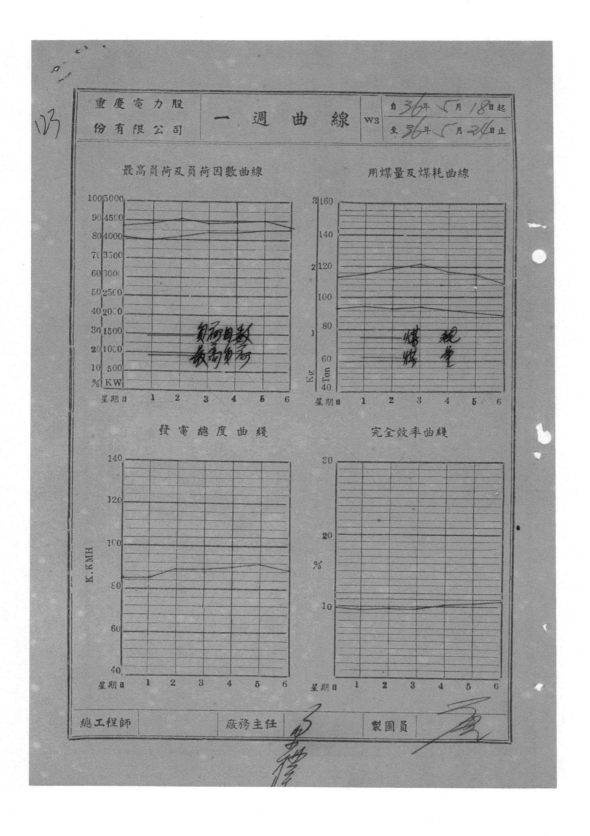

124

重慶電力股份有限公司 第一發電廠	發電週報	W1	自36年5月25日起 至36年5月31日止

星期	日	1	2	3	4	5	6	總值或平均值
最高負荷（KW）	3800	4350	4200	4100	4300	4350	4400	
發電度數（KWH）	76790	87550	81460	83340	92660	94220	93880	609900
輸出電度（KWH）	74489	85264	79207	81060	90305	91898	91558	593901
廠用電度（KWH）	2301	2286	2253	2280	2355	2322	2322	15999
煤別								
用煤總額（TONS）	99.40	107.00	107.53	101.93	117.87	119.27	119.60	772.60
煤之總值（$）								
耗汽總額（LBZ）								
每度煤耗 Kg	1.30	1.22	1.32	1.22	1.27	1.27	1.27	1.27
每度煤耗 C+S								
每度汽耗（LBS）								
負荷因數（%）	84.2	83.9	80.8	84.7	89.8	90.0	88.9	86.04
完全效率（%）	10.15	10.82	10.00	10.82	10.40	10.40	10.40	10.40

總工程師		廠務主任		製表	

125

重慶電力股份有限公司	一週曲線	W3	自36年5月25日起 至36年5月31日止

最高負荷及負荷因數曲線

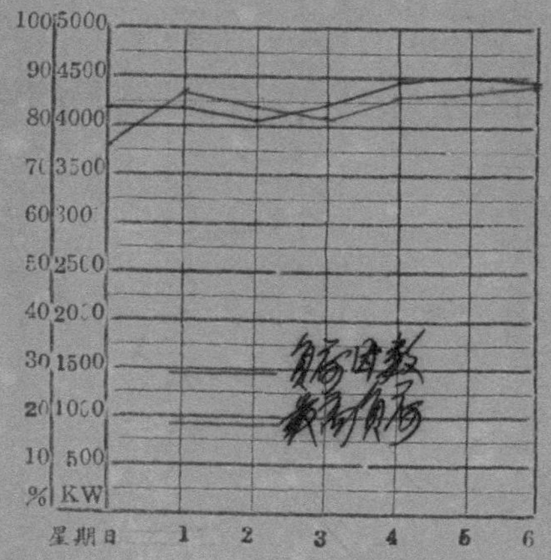

用煤量及煤耗曲線

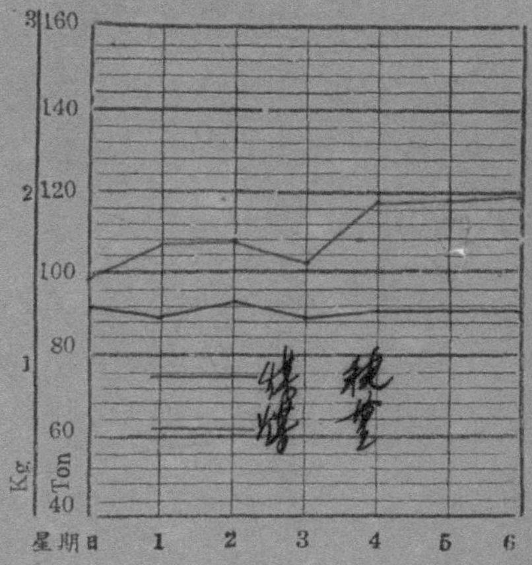

發電總度曲綫

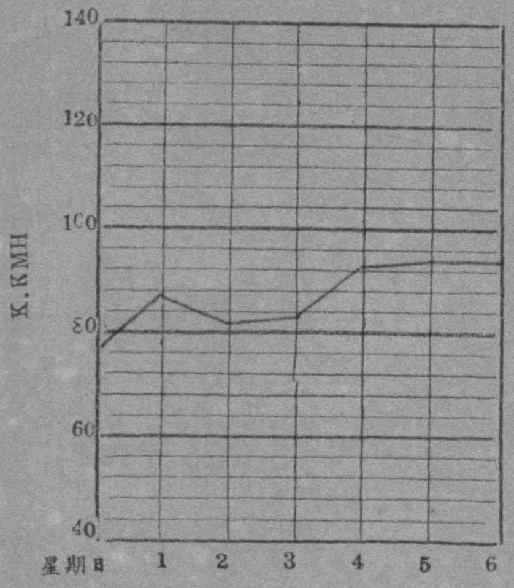

完全效率曲綫

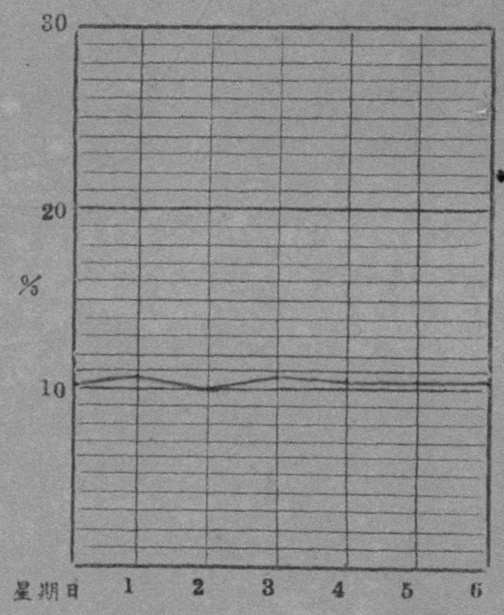

總工程師		廠務主任		製圖員	

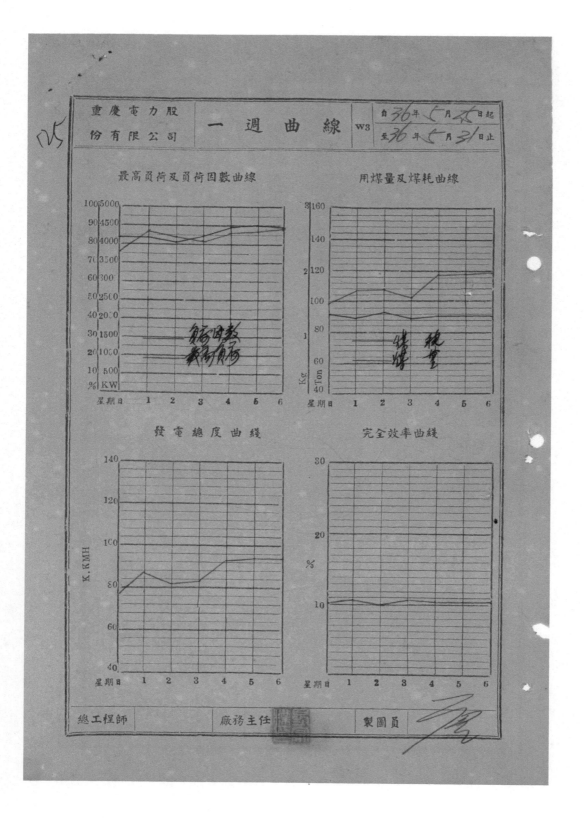

126

重慶電力股份有限公司 第一發電廠	發電週報				W1	自36年6月1日起 至36年6月7日止	
星期	日	1	2	3	4	5	6	總值或平均值
最高負荷 (KW)	4350	4350	4250	4100	4200	4150	4300	
發電度數 (KWH)	92360	90860	92870	91170	94700	93060	88000	643020
輸出電度 (KWH)	90020	88544	90460	88821	92399	90678	85633	626655
廠用電度 (KWH)	2340	2316	2310	2349	2301	2382	2367	16365
煤別								
用煤總額 (TONS)	108.73	113.27	119.27	116.00	121.93	117.80	110.73	807.73
煤之總值 ($)								
耗汽總須 (LBZ)								
煤耗 每度 Kg	1.18	1.25	1.28	1.27	1.29	1.27	1.27	1.26
煤耗 C+S								
每度汽耗 (LBS)								
負荷因數 (%)	88.5	87.0	91.0	92.7	93.9	93.4	85.3	90.27
完全效率 (%)	11.20	10.56	10.31	10.40	10.23	10.40	10.40	10.48

總工程師		廠務主任		製表	

(12)

重慶電力股份有限公司	一週曲線	W3	自36年6月1日起 至36年6月7日止

最高負荷及負荷因數曲線

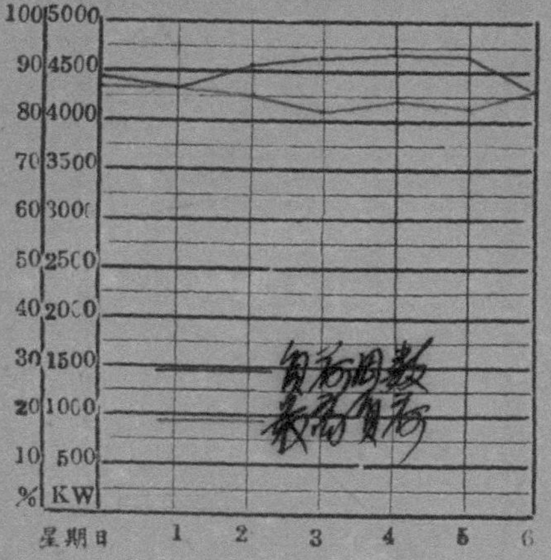

用煤量及煤耗曲線

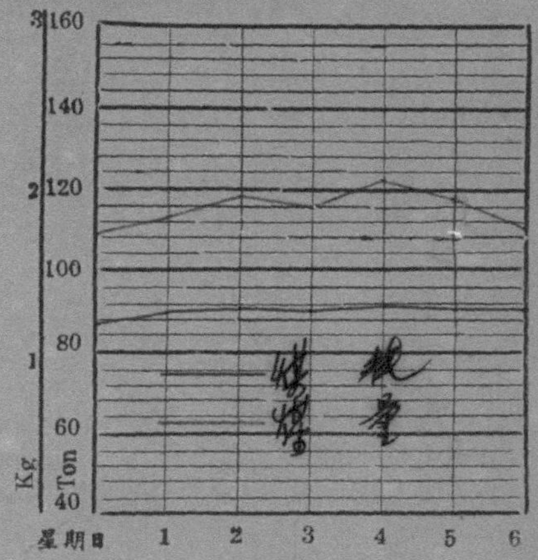

發電總度曲綫

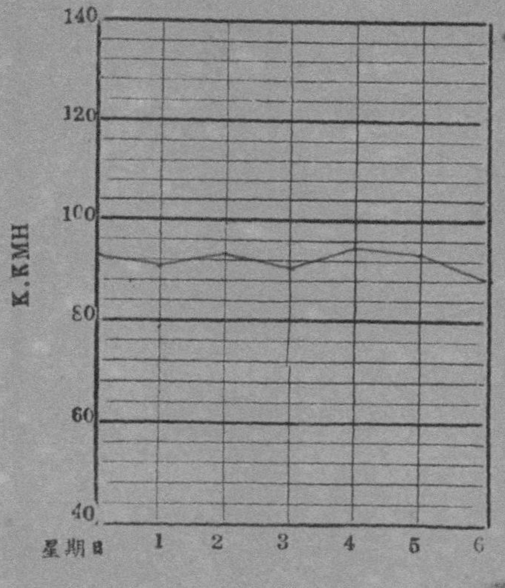

完全效率曲綫

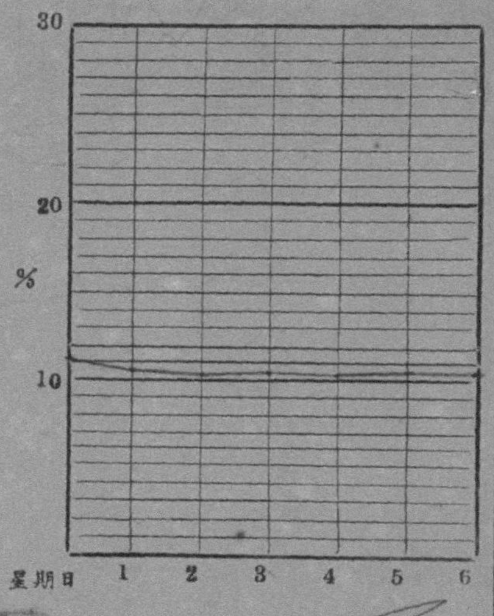

總工程師		廠務主任		製圖員	

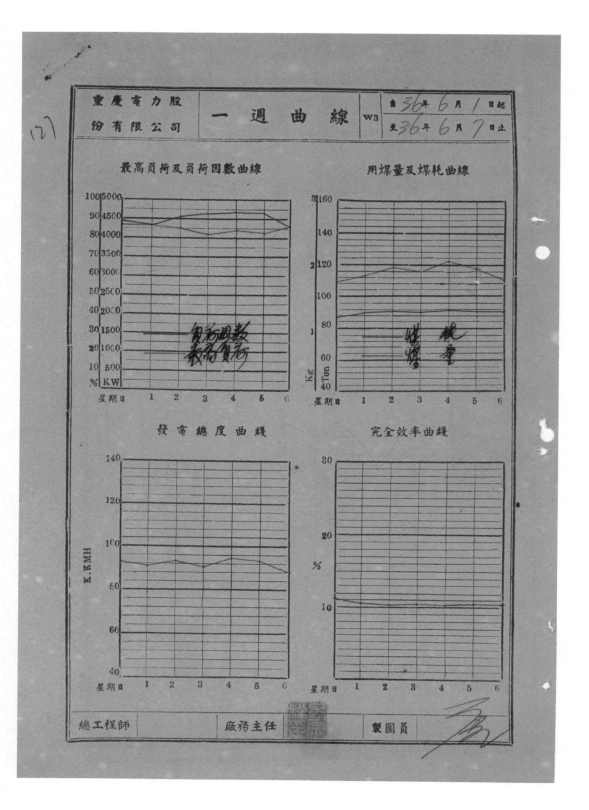

128

重慶電力股份有限公司
第一發電廠

發電週報

W1　自36年6月8日起　至36年6月14日止

星期	日	1	2	3	4	5	6	總值或平均值
最高負荷（KW）	3900	4000	4000	4000	4250	4350	4150	
發電度數（KWH）	77440	85130	88430	88860	93980	97440	93680	624960
輸出電度（KWH）	75169	82832	86048	86556	91610	95094	91331	608640
廠用電度（KWH）	2271	2298	2382	2304	2370	2346	2349	16320
煤別								
用煤總額（TONS）	97.00	107.73	117.07	108.53	116.60	115.80	122.53	785.26
煤之總值（$）								
耗汽總額（LBZ）								
煤耗 每度 Kg	1.25	1.27	1.32	1.22	1.24	1.19	1.31	1.26
煤耗 C+S								
每度汽耗（LBS）								
負荷因數（%）	82.7	88.7	92.1	92.6	92.1	93.3	94.0	90.8
完全效率（%）	10.56	10.40	10.00	10.82	10.65	11.09	10.08	10.48

總工程師　　廠務主任　　製表

(29)

重慶電力股份有限公司	一週曲線	W3	自 36 年 6 月 8 日起 至 36 年 6 月 14 日止

最高負荷及負荷因數曲線

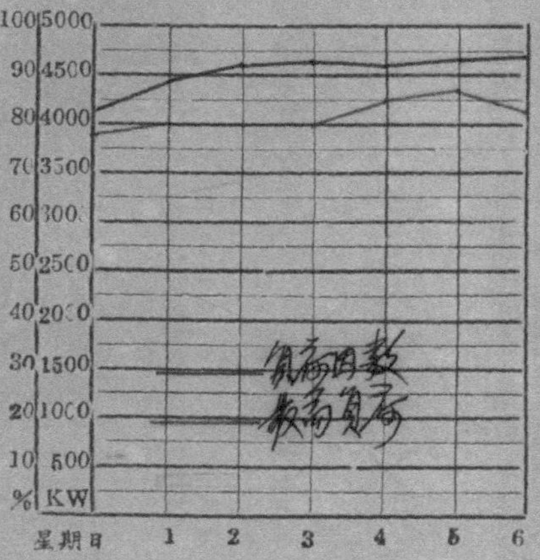

用煤量及煤耗曲線

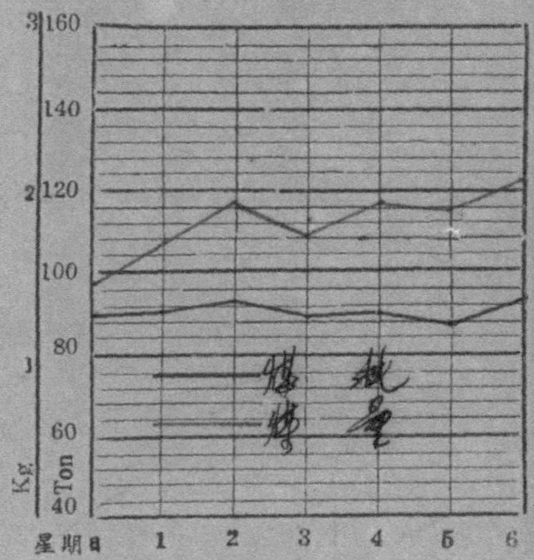

發電總度曲綫

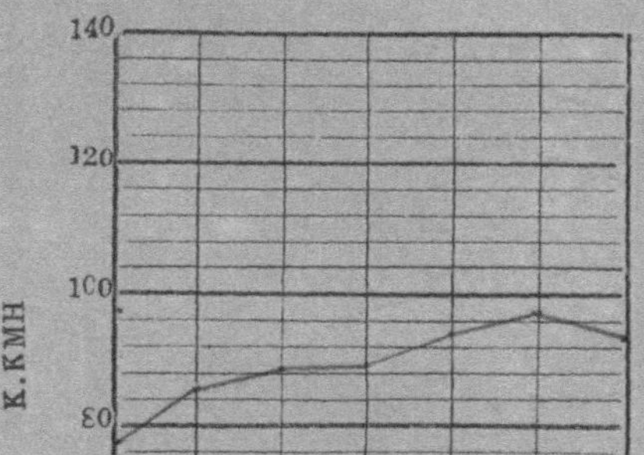

完全效率曲綫

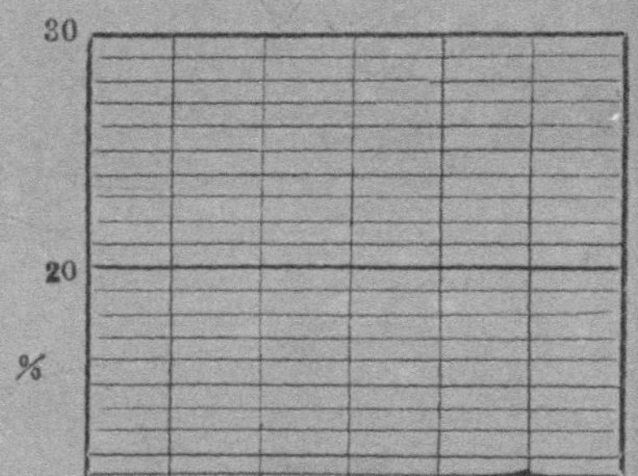

總工程師		廠務主任		製圖員	

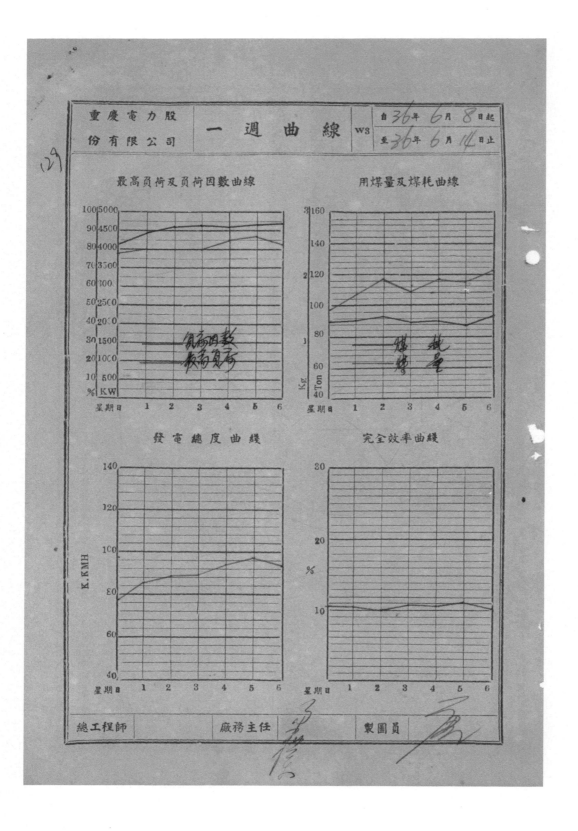

1320

重慶電力股份有限公司 第二發電廠	發電週報	W1	自36年6月15日起 至36年6月21日止

星期	日	1	2	3	4	5	6	總值或平均值
最高負荷 (KW)	4250	4150	4200	4200	4300	4100	4150	
發電度數 (KWH)	92430	88130	83520	79230	86630	85550	89230	604720
輸出電度 (KWH)	90075	85790	81204	75908	83344	85240	86911	588472
廠用電度 (KWH)	2355	2340	2316	2322	2286	2310	2319	16248
煤別								
用煤總額 (TONS)	116.87	119.40	118.53	111.47	120.80	125.07	125.67	832.81
煤之總值 ($)								
耗汽總額 (LBZ)								
煤耗 每度 Kg	1.26	1.35	1.36	1.43	1.41	1.43	1.41	1.38
煤耗 C+S								
每度汽耗 (LBS)								
負荷因數 (%)	90.6	88.5	82.9	77.5	83.0	89.0	90.0	85.9
完全效率 (%)	10.48	9.78	9.70	9.23	9.36	9.23	9.36	9.66

總工程師		廠務主任		製表	

131

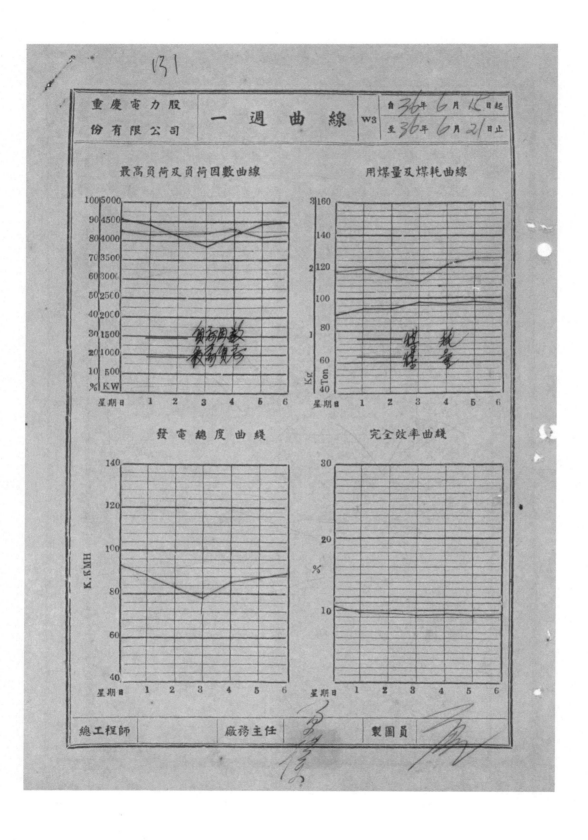

重慶電力股份有限公司	一週曲線	W3	自36年6月15日起 至36年6月21日止

最高負荷及負荷因數曲線

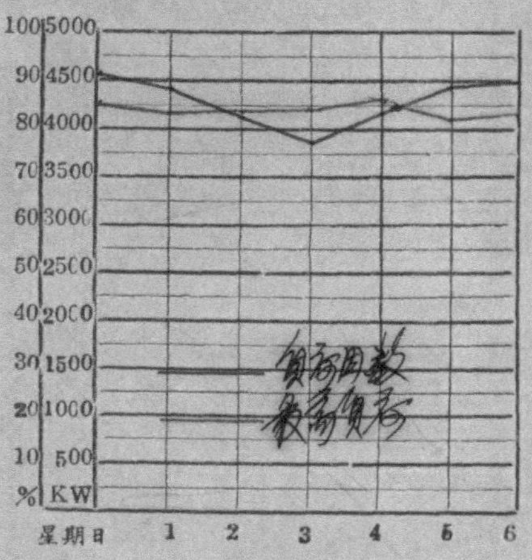

用煤量及煤耗曲線

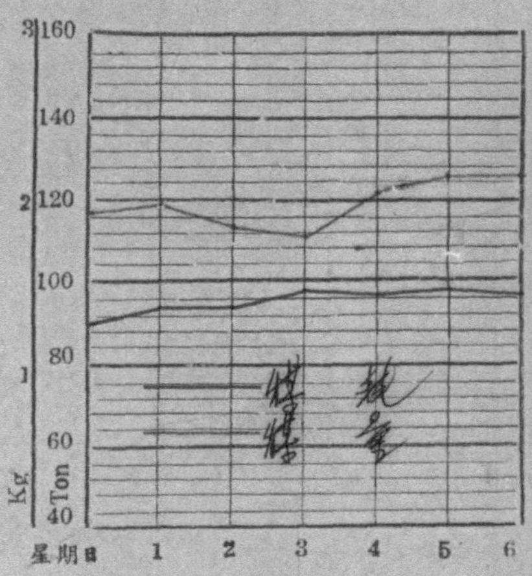

發電總度曲綫

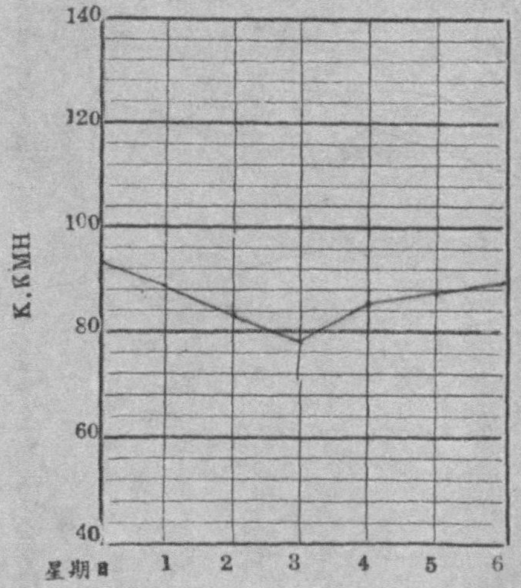

完全效率曲綫

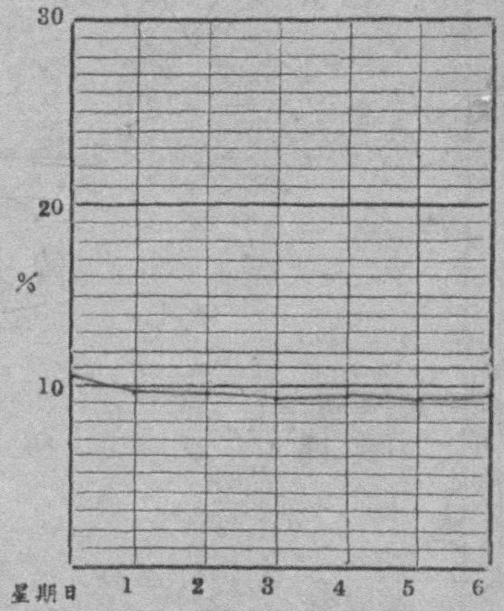

總工程師		廠務主任		製圖員	

132

重慶電力股份有限公司 第一發電廠	發電週報	W1	自36年6月22日起 至36年6月28日止

星期	日	1	2	3	4	5	6	總值或平均值
最高負荷 (KW)	4300	3900	3800	4000	4050	3950	3850	
發電度數 (KWH)	86290	73670	82360	81200	79000	87240	85300	575060
輸出電度 (KWH)	83881	71378	80050	78890	76660	84940	82960	558749
廠用電度 (KWH)	2409	2292	2310	2310	2340	2310	2340	16311
煤別								
用煤總額 (TONS)	116.67	109.73	124.20	127.93	126.33	131.73	125.33	861.92
煤之總值 ($)								
耗汽總額 (LBZ)								
每度煤耗 Kg	1.35	1.49	1.51	1.58	1.60	1.51	1.47	1.50
每度煤耗 C.I.S								
每度汽耗 (LBS)								
負荷因數 (%)	83.6	78.7	90.3	84.0	81.3	92.0	92.3	86.0
完全效率 (%)	9.78	8.86	8.74	8.35	8.25	8.74	8.98	8.80

總工程師		廠務主任	[stamp]	製表	[signature]

133

重慶電力股份有限公司	一週曲線	W3	自36年6月22日起 至36年6月28日止

最高負荷及負荷因數曲線

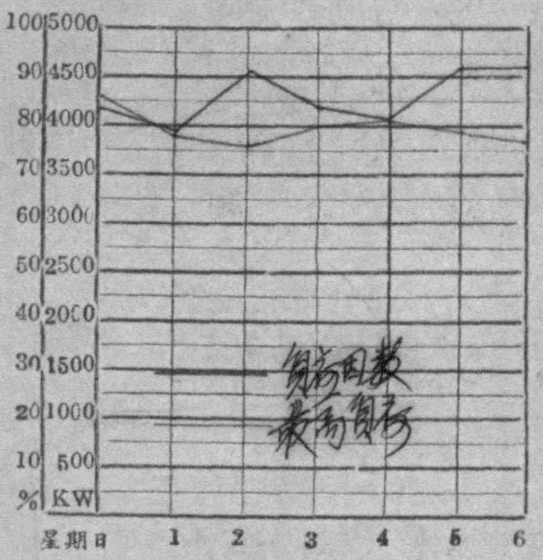

用煤量及煤耗曲線

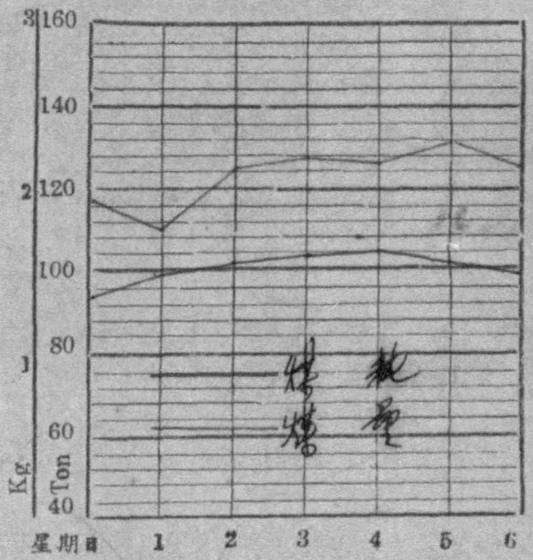

發電總度曲綫

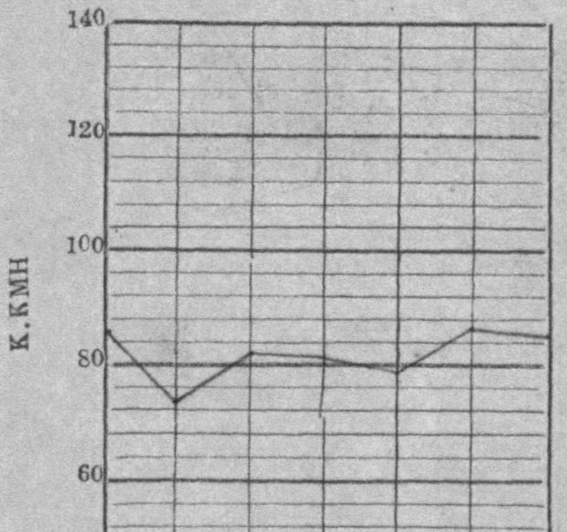

完全效率曲綫

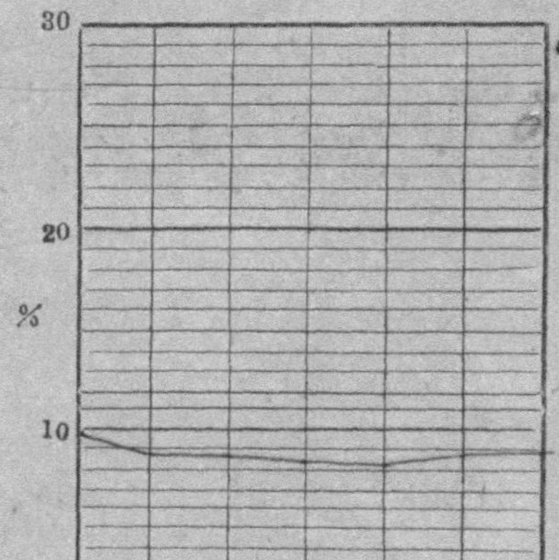

總工程師		廠務主任		製圖員	

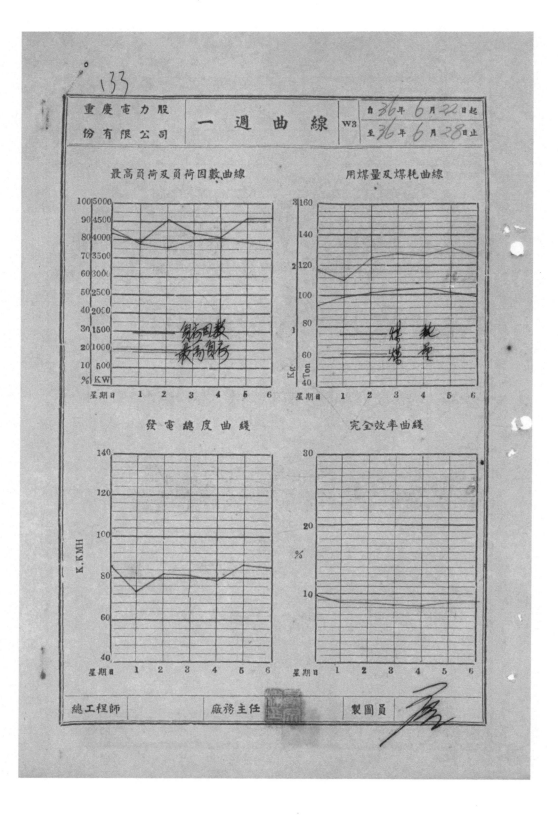

134

電廠週報

第167號

卅六年 自三月二日起 至三月廿九日止

一

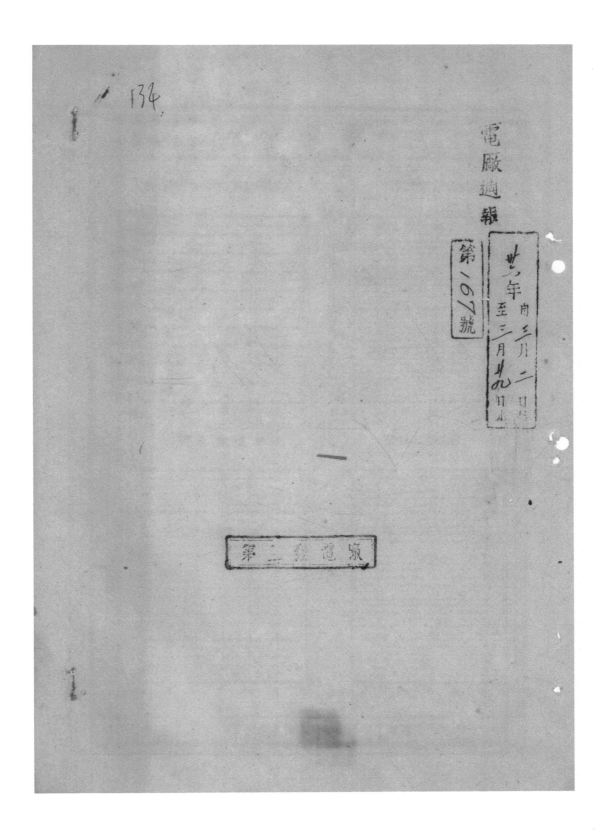

第二發電廠

161

重慶電力股份有限公司 第二發電廠	發電週報	W_1	自36年3月2日起 至36年3月8日止

星期	日	1	2	3	4	5	6	總值或平均值
最高負荷 (KW)	780	760	800	960	900	830	900	960
發電度數 (KWH)	15243	14696	14729	9393	10982	11178	13052	89273
輸出電度 (KWH)	14603	14041	14105	8832	10322	10536	12448	84887
廠用電度 (KWH)	640	655	624	561	660	642	604	4386
煤別								
用煤總額 (TONS)	38100	45250	45800	33700	45000	44050	47350	299250
煤之總值 ($)								
耗汽總額 (LBS)								
每度煤耗 Kg	2.52	2.88	3.11	3.59	4.11	3.59	3.39	3.35
每度煤耗 ($)								
每度汽耗 (LBS)								
負荷因數 (%)	81.4	80.5	76.6	66.2	50.7	53.4	60.4	66.9
完全效率 (%)	4.08	3.57	3.31	2.87	2.51	2.58	2.72	3.07

總工程師		廠務主任	[stamp]	工程師	[stamp]	製表	[stamp]

162

重慶電力股份有限公司 第二發電廠	一週曲線	W 3	自36年3月2日起 至36年3月8日止

最高負荷及負荷因數曲線

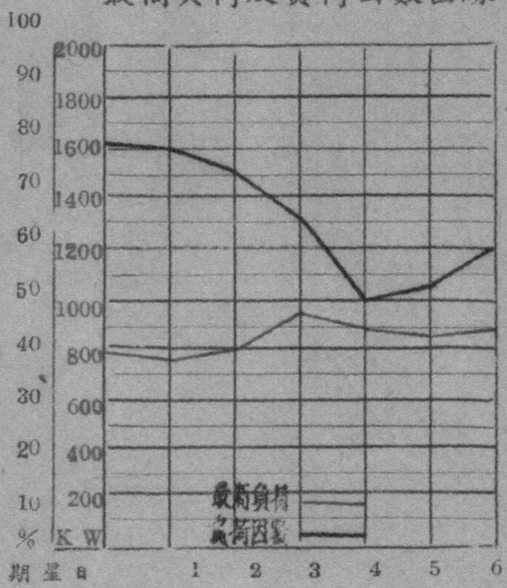

用煤量及煤耗曲線

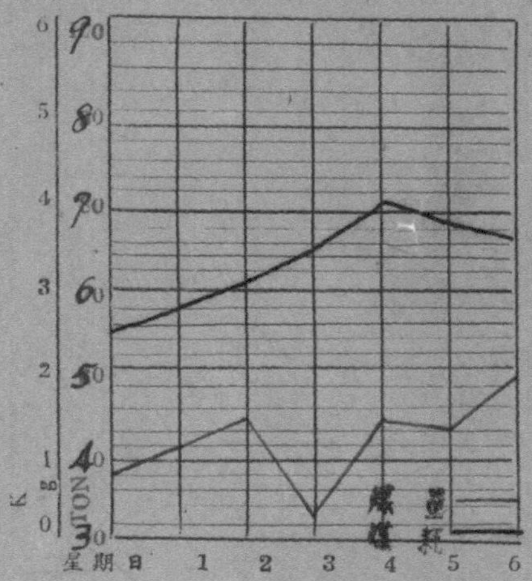

發電總度曲線

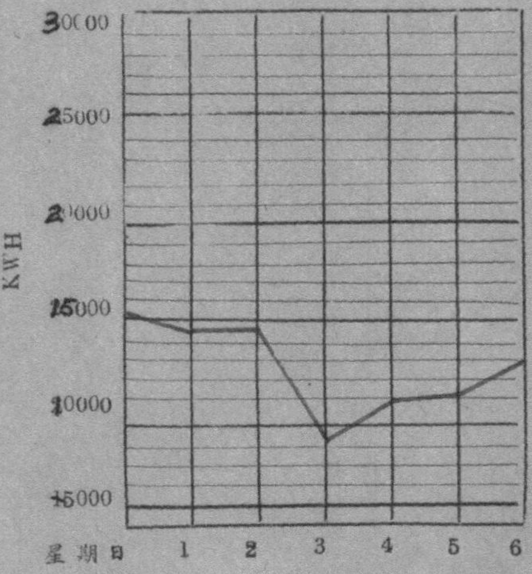

完全效率曲線

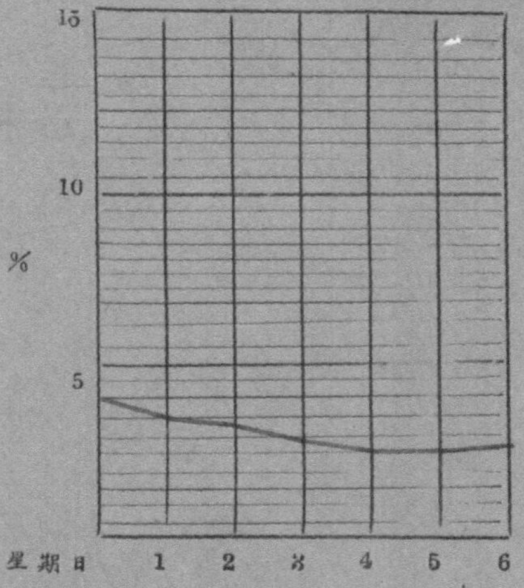

總工程師		廠主任		管理股長		製圖	

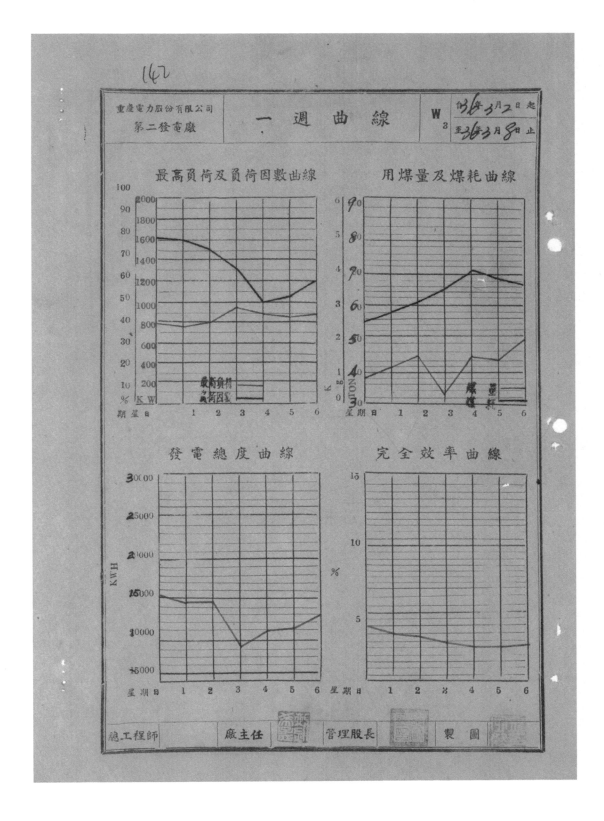

139

重慶電力股份有限公司 第二發電廠	發電週報					W1	自36年3月9日起 至36年3月15日止	
星期	日	1	2	3	4	5	6	總值或平均值
最高負荷 (KW)	1480	1320	1280	920	950	920	930	1480
發電度數 (KWH)	15252	18692	12762	11005	15444	17029	14701	104885
輸出電度 (KWH)	14441	18104	12092	10431	14849	16414	14092	100123
廠用電度 (KWH)	811	588	670	574	595	615	609	4462
煤別								
用煤總額 (TONS)	55.350	76.660	53.100	44.750	48.850	48.900	46.800	371.400
煤之總值 ($)								
耗汽總額 (LBS)								
每度煤耗 Kg	3.62	4.10	4.16	4.06	3.02	2.88	3.18	3.56
每度煤耗 ($)								
每度汽耗 (LBS)								
負荷因數 (%)	46.8	58.9	41.4	56.9	69.2	77.0	65.8	59.4
完全效率 (%)	2.84	2.51	2.47	2.54	3.41	3.57	3.24	2.89

總工程師		廠務主任		工程師		製表	

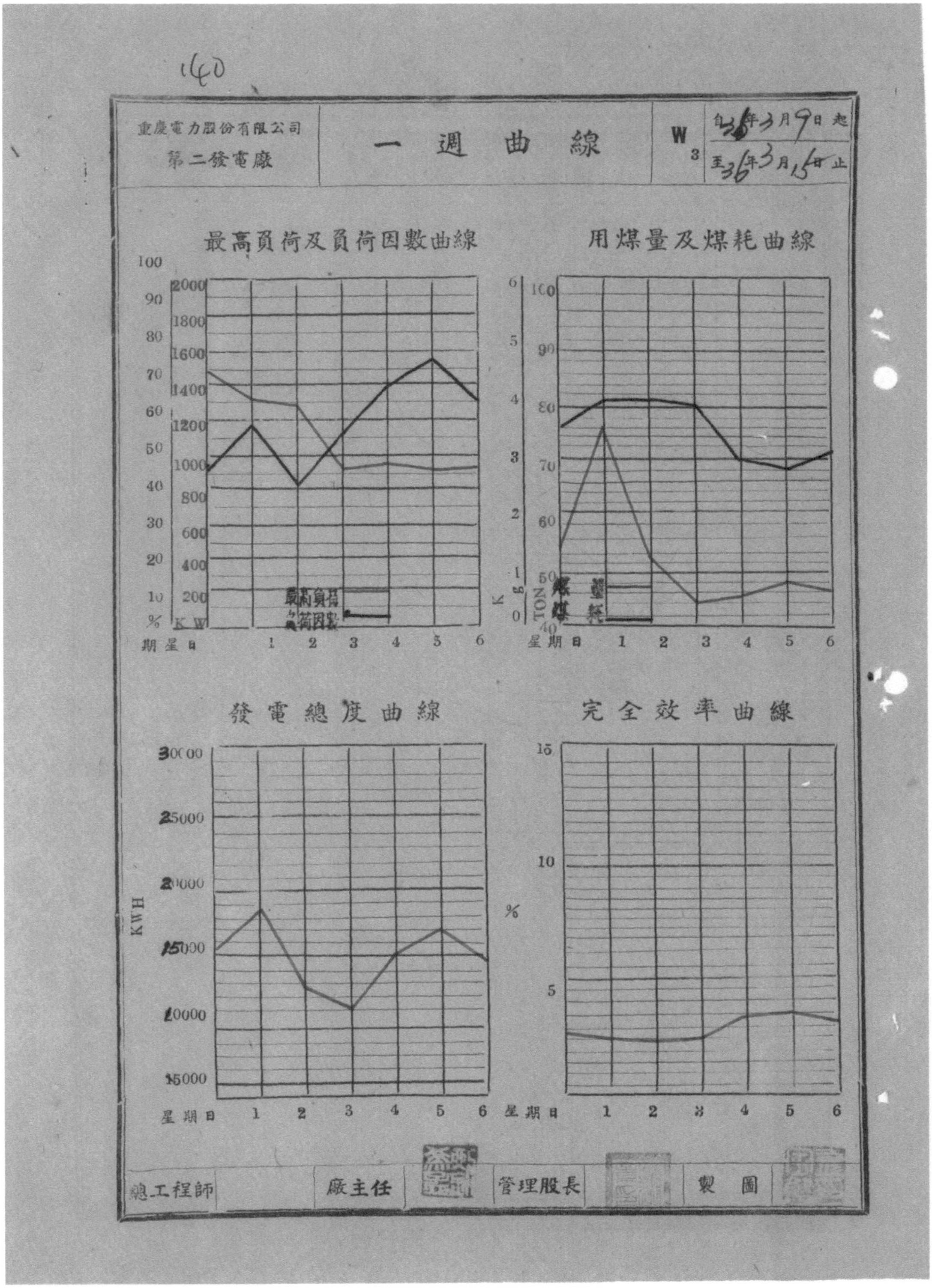
140
重慶電力股份有限公司
第二發電廠
一週曲線
W 3
自36年3月9日起
至36年3月15日止
最高負荷及負荷因數曲線
用煤量及煤耗曲線
發電總度曲線
完全效率曲線
最高負荷
負荷因數
KW
%
星期日 1 2 3 4 5 6
TON
KG
用煤量
煤耗
KWH
總工程師
廠主任
管理股長
製圖

137

重慶電力股份有限公司
第二發電廠

發電週報

W1 自36年3月16日起 至36年3月22日止

星期	日	1	2	3	4	5	6	總值或平均值
最高負荷 (KW)	760	930	900	850	920	920	940	940
發電度數 (KWH)	12775	16096	16708	16856	16963	17726	16479	113603
輸出電度 (KWH)	12147	15474	16047	16148	16323	17107	15852	109098
廠用電度 (KWH)	628	622	661	708	640	619	627	4505
煤別								
用煤總額 (TONS)	33100	37500	40900	54200	47050	48250	45250	306250
煤之總值 ($)								
耗汽總額 (LBS)								
每度煤耗 Kg	2.59	2.33	2.45	3.22	2.77	2.73	2.74	2.70
每度煤耗 ($)								
每度汽耗 (LBS)								
負荷因數 (%)	70.0	72.0	77.3	82.5	76.7	80.2	77.6	76.9
完全效率 (%)	3.97	4.42	4.20	3.19	3.72	3.77	3.76	3.81

總工程師		廠務主任	[stamp]	工程師	[stamp]	製表	[stamp]

138

重慶電力股份有限公司 第二發電廠	一週曲線	W 3	自36年3月16日起 至36年3月22日止

最高負荷及負荷因數曲線

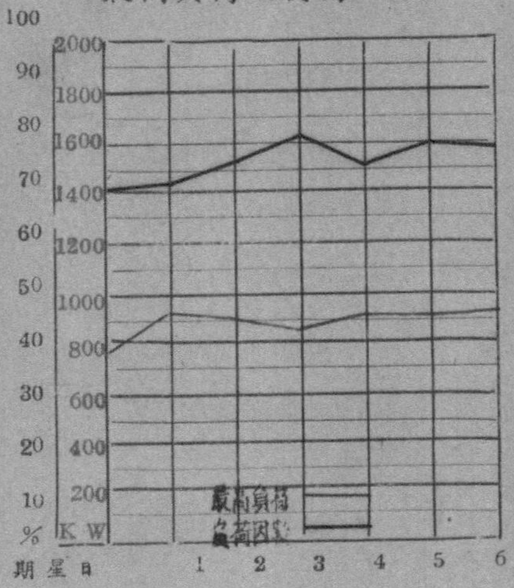

用煤量及煤耗曲線

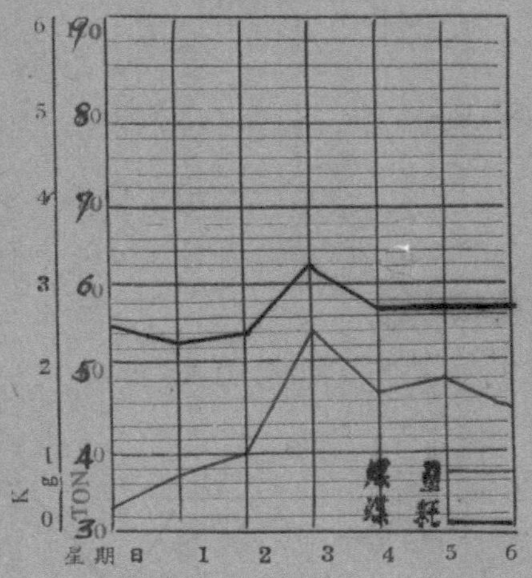

發電總度曲線

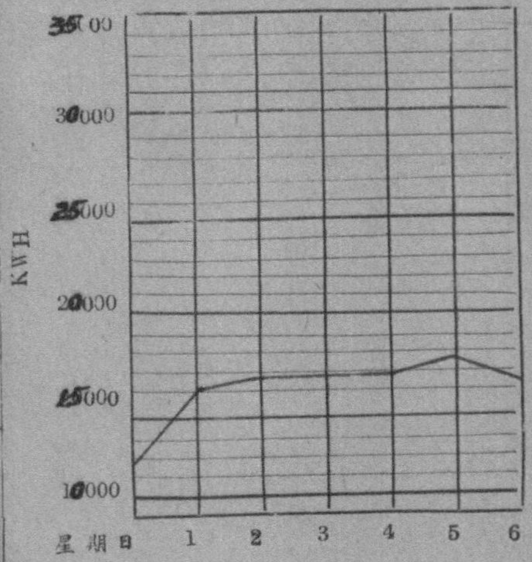

完全效率曲線

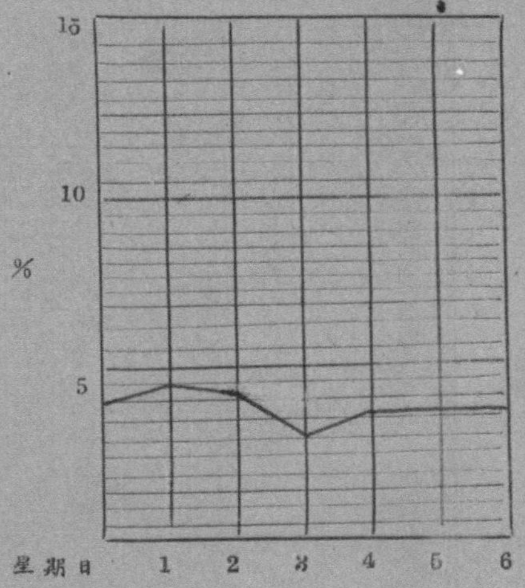

總工程師		廠主任		管理股長		製圖	

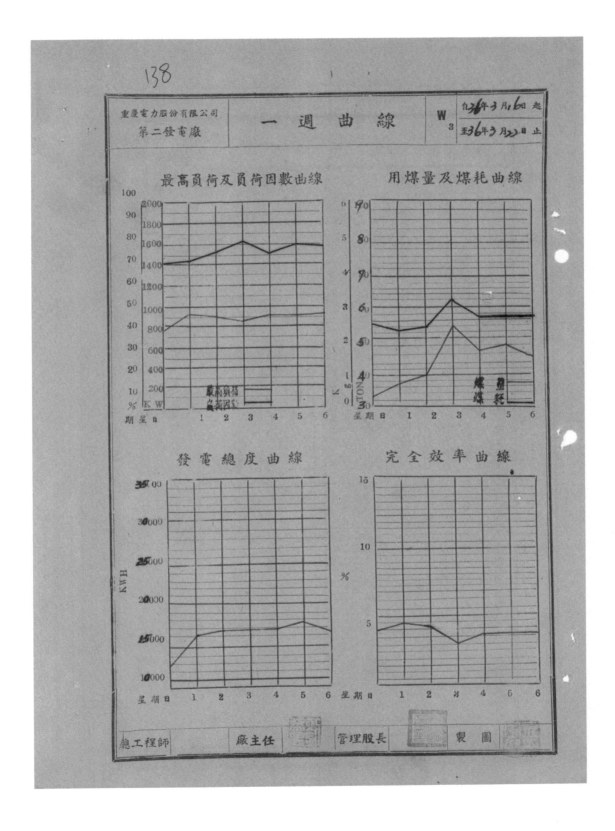

135

重慶電力股份有限公司 第二發電廠	發電週報	W_1	自36年3月23日起 至36年3月29日止

星期	日	1	2	3	4	5	6	總值或平均值
最高負荷 (KW)	900	890	880	880	860	860	830	900
發電度數 (KWH)	16868	17182	17667	16841	14892	15509	17116	116075
輸出電度 (KWH)	16222	16558	17037	16219	14249	14917	16542	111744
廠用電度 (KWH)	646	624	630	622	643	592	574	4331
煤別								
用煤總額 (TONS)	46,540	43,700	41,260	37,460	39,460	38,450	36,150	282,900
煤之總值 ($)								
耗汽總額 (LBS)								
每度煤耗 Kg	2.78	2.54	2.53	1.98	2.65	2.54	2.05	2.43
每度煤耗 ($)								
每度汽耗 (LBS)								
負荷因數 (%)	78.0	80.3	83.6	79.6	72.0	75.1	85.9	79.2
完全效率 (%)	3.70	4.05	4.07	4.18	3.88	4.05	5.01	4.23

總工程師		廠務主任		工程師		製表	

136

重慶電力股份有限公司 第二發電廠	一週曲線	W 3	自36年3月23日起 至36年3月29日止

最高負荷及負荷因數曲線

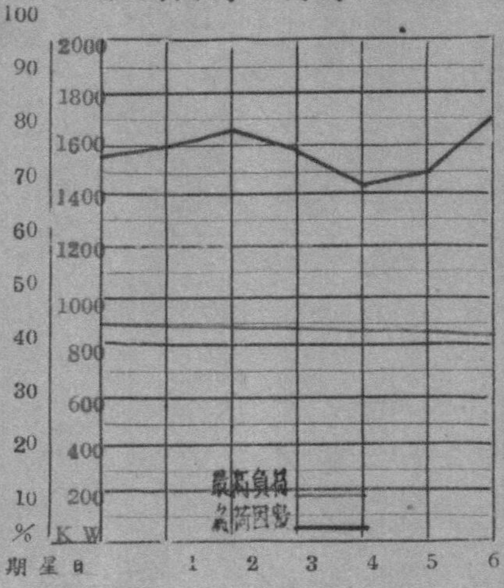

用煤量及煤耗曲線

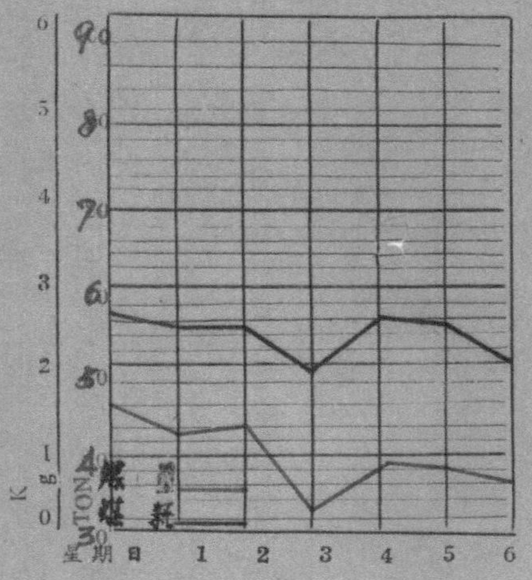

發電總度曲線

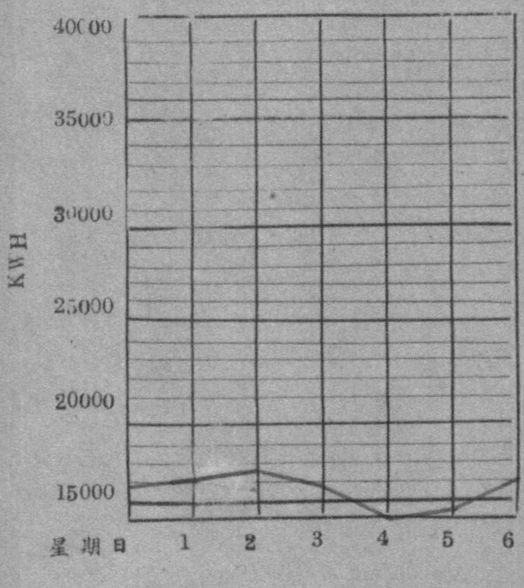

完全效率曲線

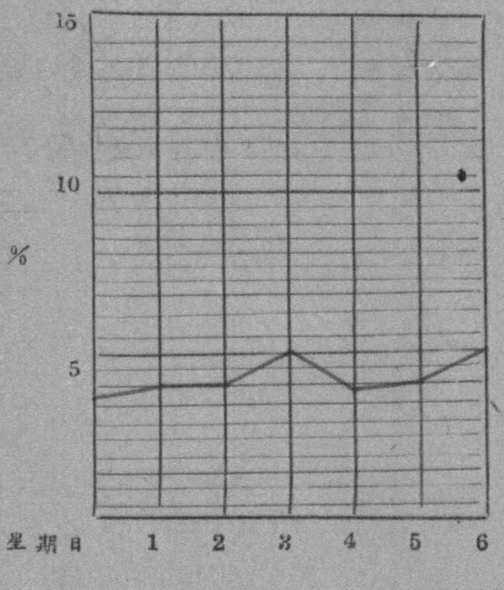

總工程師		廠主任		管理股長		製圖	

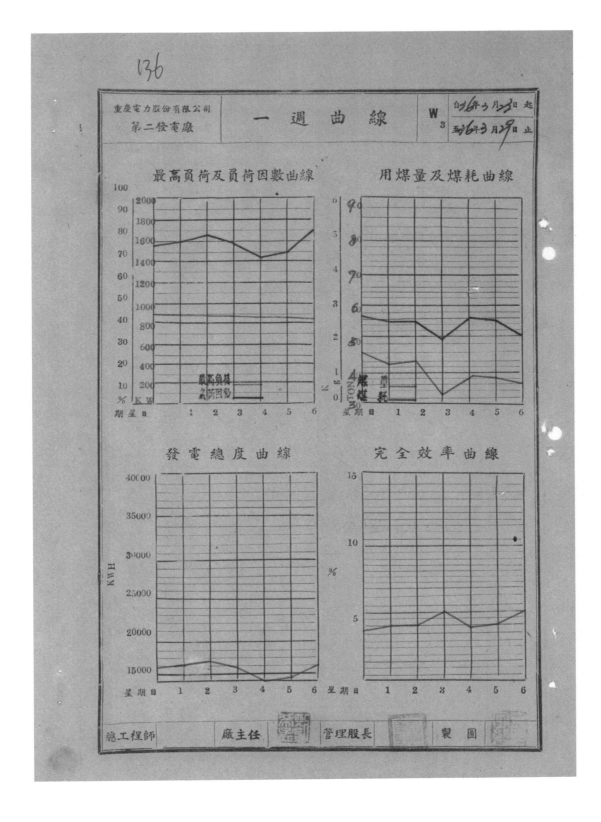

143

電廠週報

第168號

卅六年自三月卅日起
至五月三日止

第二發電廠

152

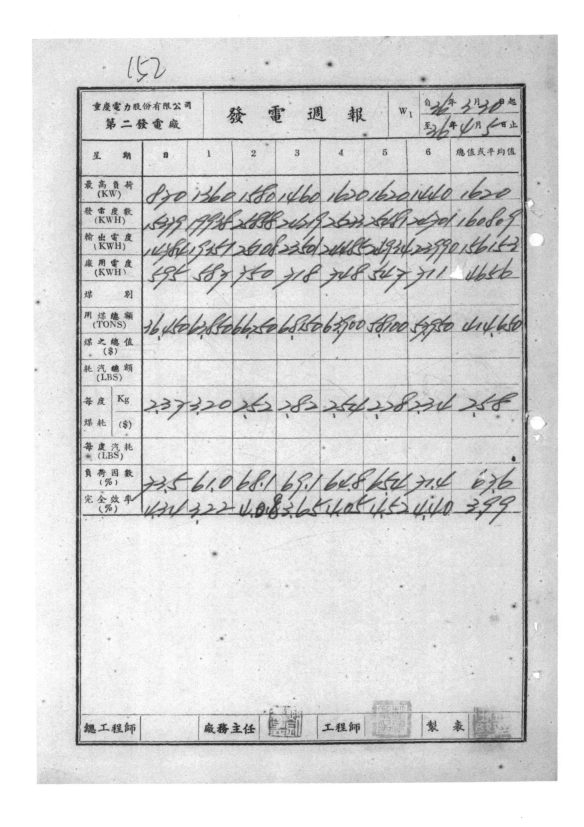

重慶電力股份有限公司 第二發電廠	發電週報				W1	自36年3月30日起 至36年4月5日止	
星期	日	1	2	3	4	5	6	總值或平均值

星期	日	1	2	3	4	5	6	總值或平均值
最高負荷 (KW)	870	1360	1580	1460	1620	1620	1440	1620
發電度數 (KWH)	15379	19938	25858	24619	25233	25481	24701	160809
輸出電度 (KWH)	14784	19351	25108	23901	24485	24934	23990	156153
廠用電度 (KWH)	595	587	750	718	748	547	711	4656
煤別								
用煤總額 (TONS)	36,450	63,850	66,250	68,250	63,800	58,100	57,950	414,650
煤之總值 ($)								
耗汽總額 (LBS)								
每度煤耗 Kg	2.37	3.20	2.52	2.82	2.54	2.28	2.34	2.58
每度煤耗 ($)								
每度汽耗 (LBS)								
負荷因數 (%)	73.5	61.0	68.1	65.1	64.8	65.4	71.4	67.6
完全效率 (%)	4.34	3.22	4.08	3.65	4.05	4.52	4.40	3.99

總工程師		廠務主任	[印]	工程師	[印]	製表	[印]

153

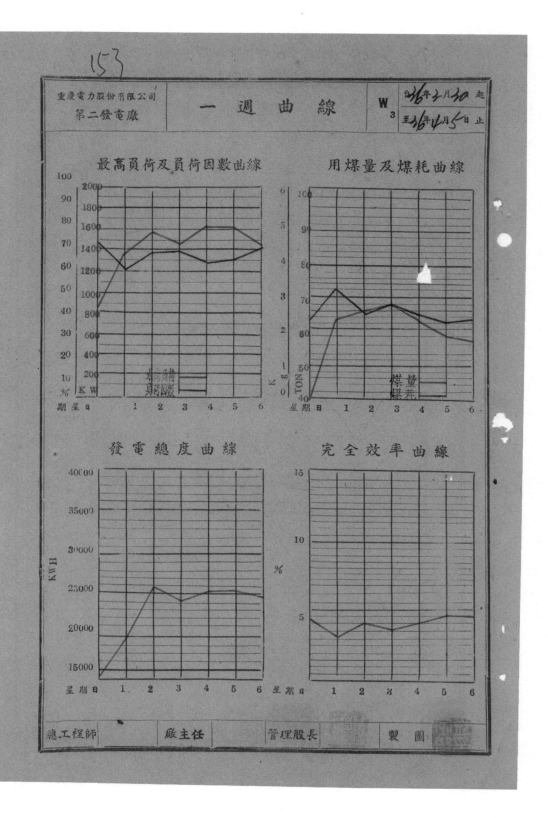

重慶電力股份有限公司 第二發電廠	一週曲線	W 3	自36年3月30起 至36年4月5日止

最高負荷及負荷因數曲線

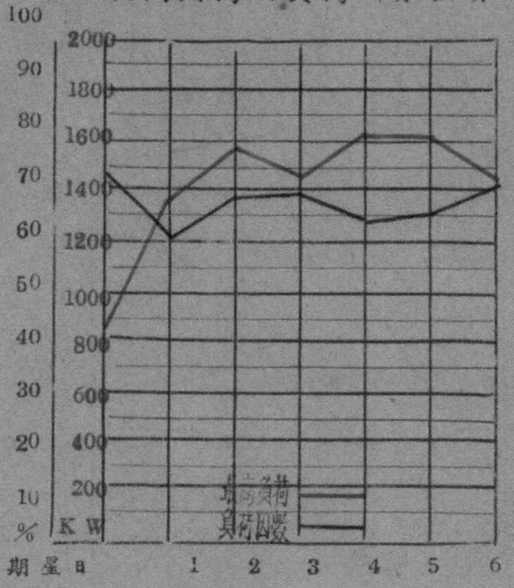

用煤量及煤耗曲線

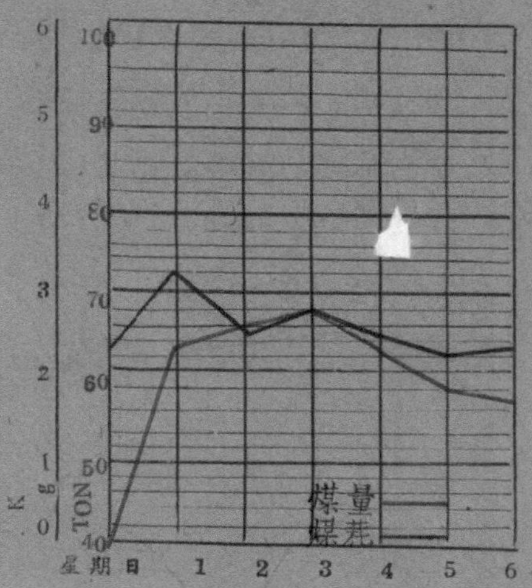

發電總度曲線

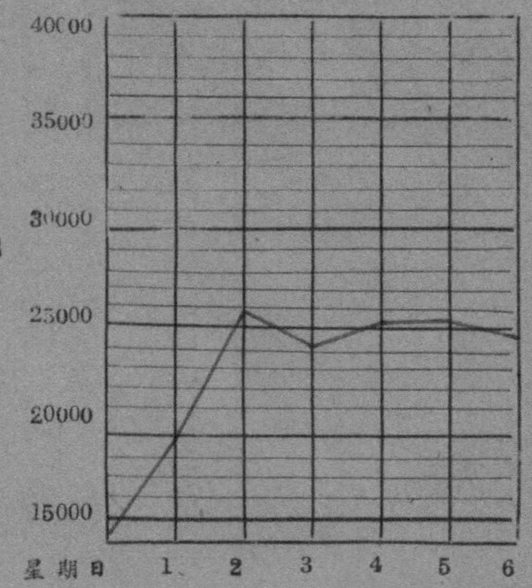

完全效率曲線

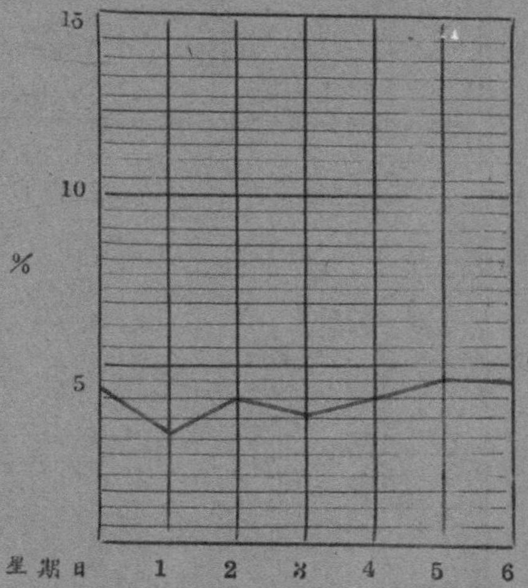

總工程師		廠主任		管理股長		製圖	

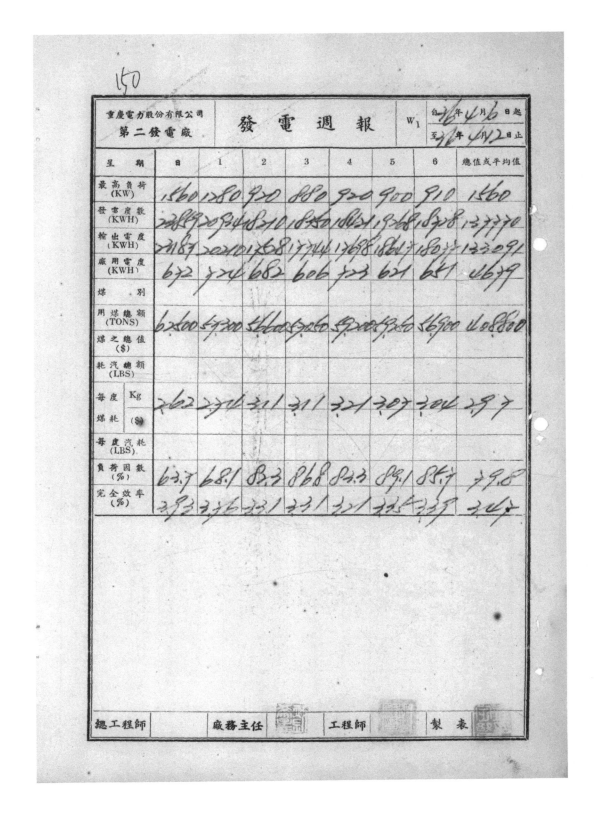

重慶電力股份有限公司 第二發電廠	發電週報	W_1	自36年4月6日起 至36年4月12日止				
星期	日	1	2	3	4	5	6	總值或平均值
最高負荷 (KW)	1560	1280	920	880	920	900	910	1560
發電度數 (KWH)	22859	20934	18210	18350	18421	19268	18728	136770
輸出電度 (KWH)	22187	20210	17528	17744	17698	18647	18077	132091
廠用電度 (KWH)	672	724	682	606	723	621	651	4679
煤別								
用煤總額 (TONS)	62500	57300	56600	57050	59200	59250	56900	408800
煤之總值 ($)								
耗汽總額 (LBS)								
每度煤耗 Kg	2.62	2.74	3.11	3.11	3.21	3.07	3.04	2.97
每度煤耗 ($)								
每度汽耗 (LBS)								
負荷因數 (%)	63.7	68.1	83.2	86.8	83.3	89.1	85.7	79.8
完全效率 (%)	3.93	3.96	3.31	3.31	3.21	4.05	3.37	3.47

總工程師		廠務主任		工程師		製表	

151

重慶電力股份有限公司 第二發電廠	一週曲線	W3	自36年4月6日起 至36年4月12日止

最高負荷及負荷因數曲線

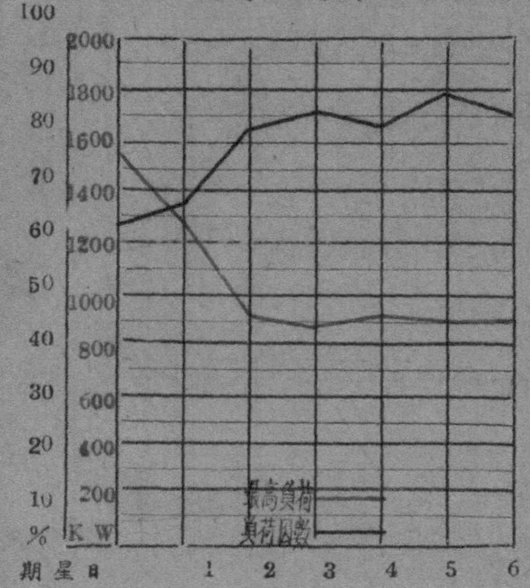

用煤量及煤耗曲線

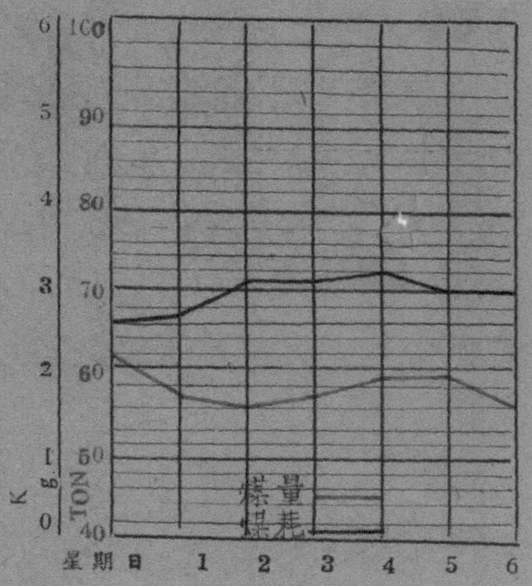

發電總度曲線

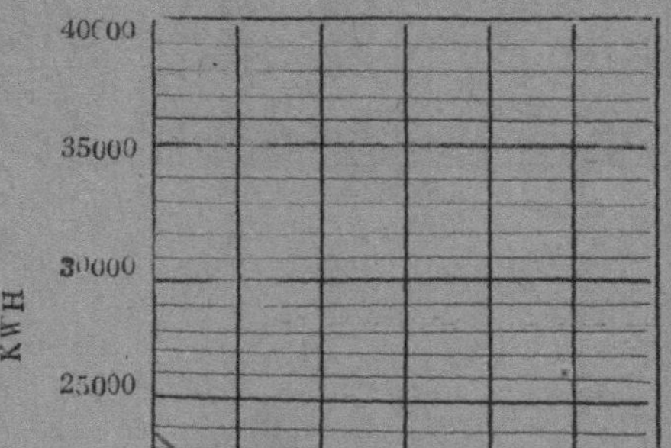

完全效率曲線

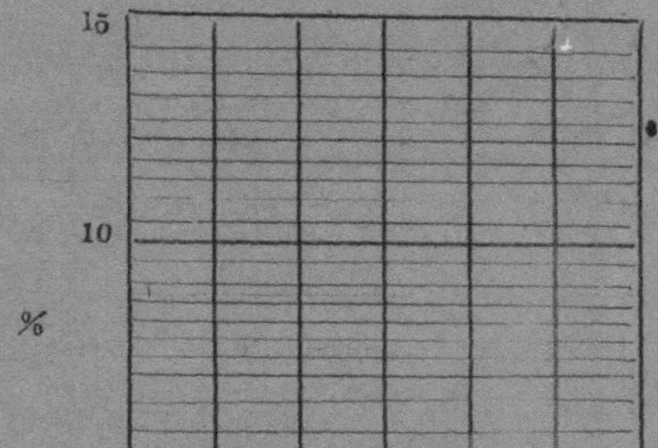

總工程師		廠主任		管理股長		製圖	

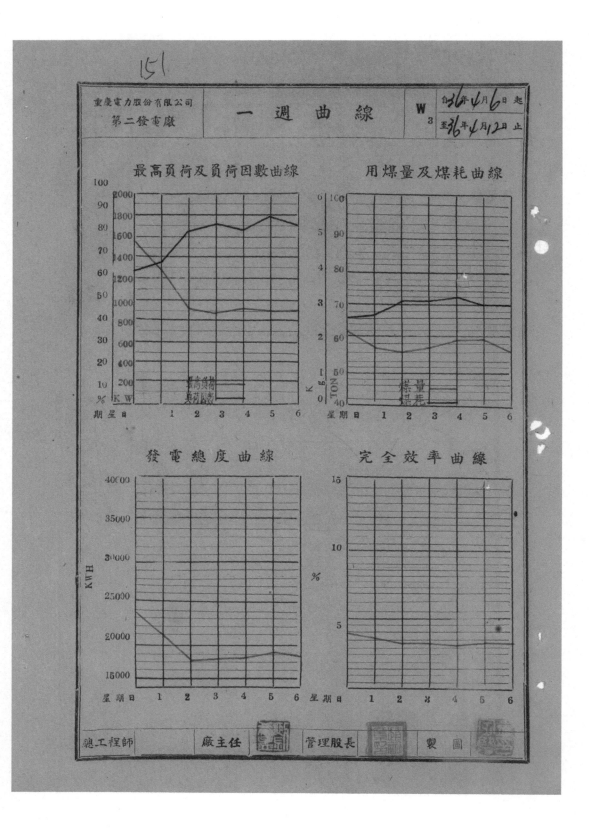

148

重慶電力股份有限公司 第二發電廠	發電週報	W_1	自36年4月13日起 至36年4月19日止

星期	日	1	2	3	4	5	6	總值或平均值
最高負荷 (KW)	900	1260	1400	1560	1480	1500	1500	1560
發電度數 (KWH)	18184	19156	19419	22860	[illegible]	[illegible]	[illegible]	[illegible]
輸出電度 (KWH)	17497	18426	18774	22088	[illegible]	[illegible]	[illegible]	[illegible]
廠用電度 (KWH)	687	730	645	735	728	580	733	4888
煤別								
用煤總額 (TONS)	5.200	[illegible]	5.850	7.500	7.800	[illegible]	[illegible]	48.600
煤之總值 ($)								
耗汽總額 (LBS)								
每度煤耗 Kg	289	307	298	300	299	309	302	300
每度煤耗 ($)								
每度汽耗 (LBS)								
負荷因數 (%)	84.1	63.3	57.7	63.7	67.7	66.1	66.8	67.0
完全效率 (%)	356	335	[illegible]	[illegible]	344	333	341	[illegible]

總工程師　　廠務主任　　工程師　　製表

169

重慶電力股份有限公司
第二發電廠

一週曲線

W 3 自36年4月13日起 至36年4月19日止

最高負荷及負荷因數曲線

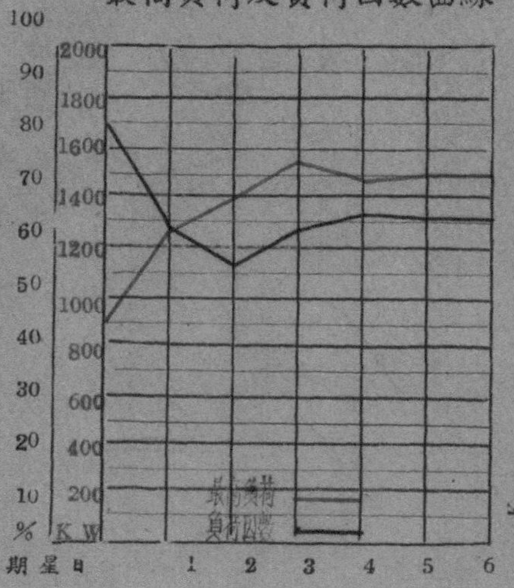

用煤量及煤耗曲線

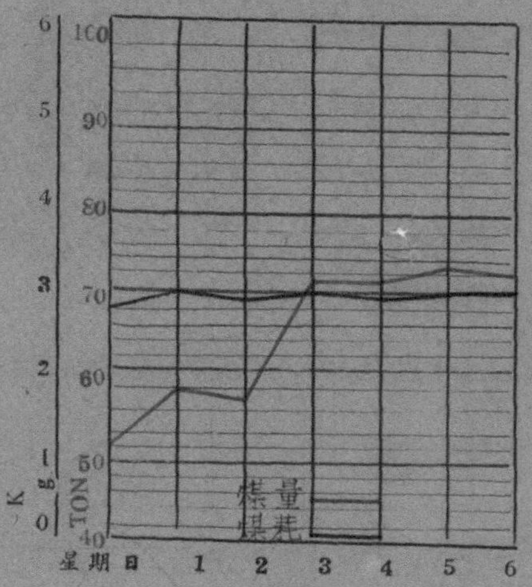

發電總度曲線

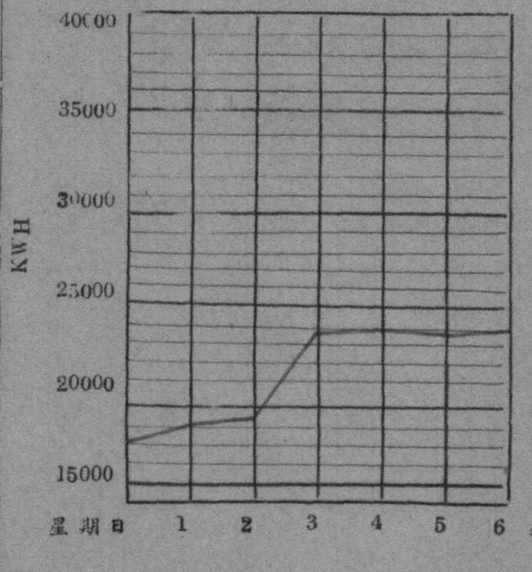

完全效率曲線

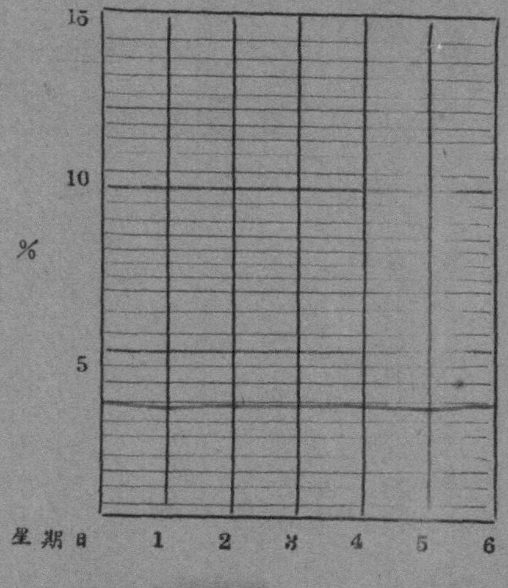

總工程師		廠主任		管理股長		製圖	

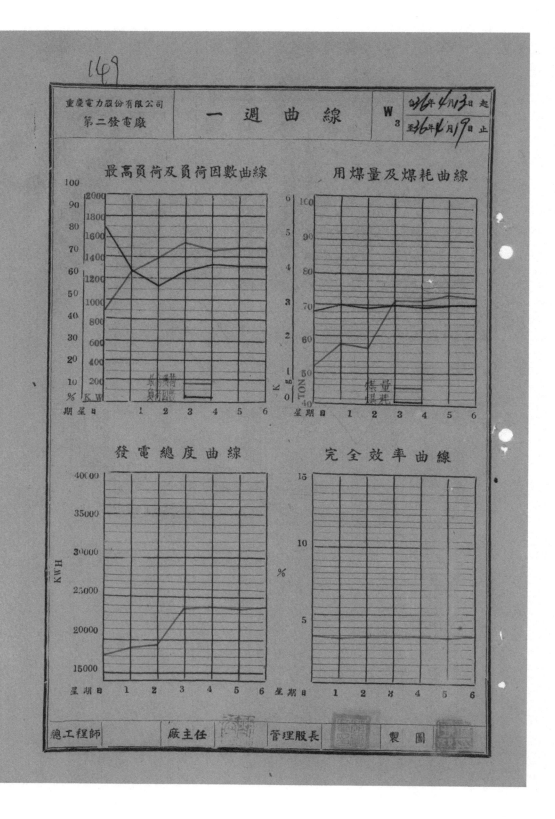

166

重慶電力股份有限公司 第二發電廠	發電週報	W_1	自36年4月20日起 至36年4月26日止

星期	日	1	2	3	4	5	6	總值或平均值
最高負荷 (KW)	1400	1500	1460	1460	1600	1560	1500	1600
發電度數 (KWH)	22891	25002	27742	27291	28074	28856	29053	188608
輸出電度 (KWH)	22170	24240	27013	26604	27387	28163	28329	183625
廠用電度 (KWH)	721	762	729	687	687	693	724	4983
煤別								
用煤總額 (TONS)	7,250	7,200	7,800	7,850	7,800	7,850	7,450	53,700
煤之總值 ($)								
耗汽總額 (LBS)								
每度煤耗 Kg	.310	.280	.283	.289	.278	.274	.267	.282
每度煤耗 ($)								
每度汽耗 (LBS)								
負荷因數 (%)	68.0	69.4	79.1	77.8	73.0	76.2	80.6	74.8
完全效率 (%)	13.2	13.67	13.63	13.56	13.40	13.45	13.85	13.65

總工程師		廠務主任		工程師		製表	

167

重慶電力股份有限公司 第二發電廠	一週曲線	W3	自36年4月20日起 至36年4月26日止

最高負荷及負荷因數曲線

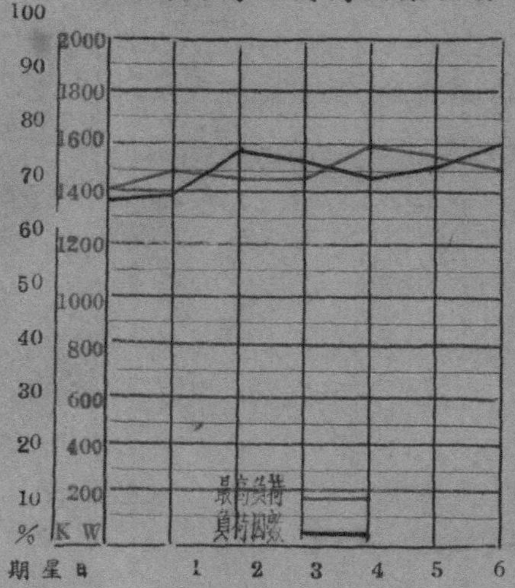

用煤量及煤耗曲線

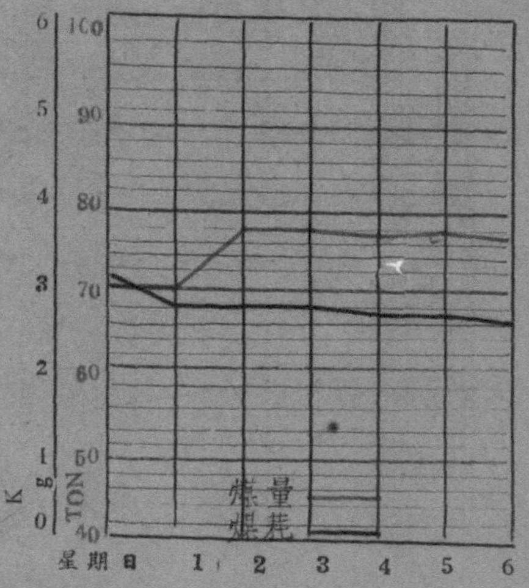

發電總度曲線

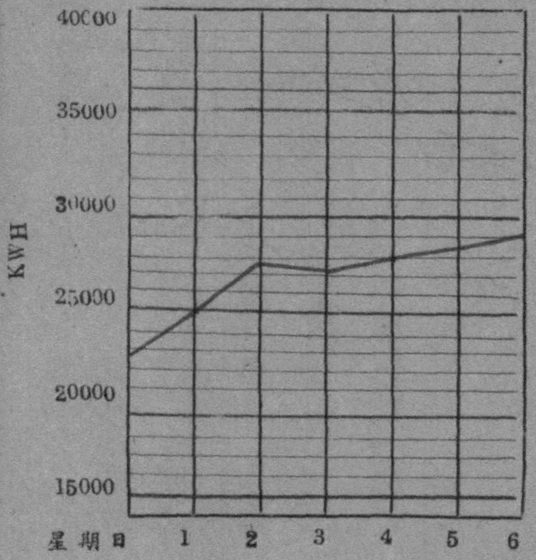

完全效率曲線

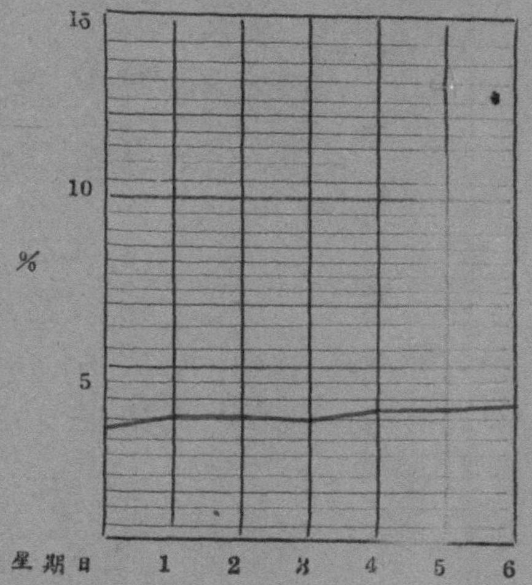

總工程師		廠主任		管理股長		製圖	

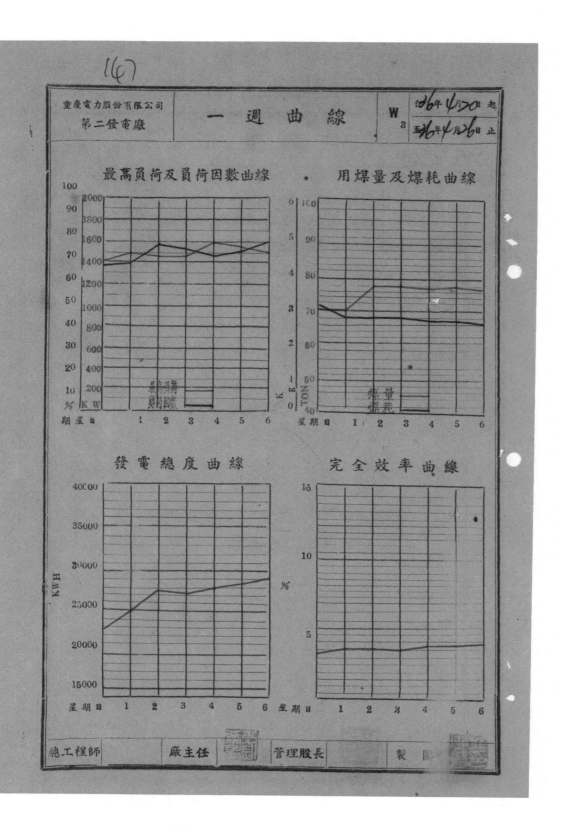

164

重慶電力股份有限公司
第二發電廠

發電週報

W1　自36年4月27日起　至36年5月3日止

星期	日	1	2	3	4	5	6	總值或平均值
最高負荷 (KW)	1480	1640	1440	1480	1580	1520	1480	1640
發電度數 (KWH)	28262	29794	28680	28849	27067	27915	28961	197332
輸出電度 (KWH)	27393	28984	27963	28146	26338	27200	28084	192066
廠用電度 (KWH)	865	810	777	703	729	715	777	5266
煤別								
用煤總額 (TONS)	78.400	78.850	76.200	81.500	77.250	79.150	78.650	547.000
煤之總值 ($)								
耗汽總額 (LBS)								
每度煤耗 Kg	2.78	2.55	2.66	2.83	2.86	2.83	2.74	2.75
每度煤耗 ($)								
每度汽耗 (LBS)								
負荷因數 (%)	79.5	75.6	82.9	81.2	71.3	76.5	80.9	78.2
完全效率 (%)	3.70	4.04	3.87	3.64	3.60	3.64	3.75	3.74

總工程師　　廠務主任　　工程師　　製表

145

重慶電力股份有限公司 第二發電廠	一週曲線	W_3	自36年4月27日起 至36年5月3日止

最高負荷及負荷因數曲線

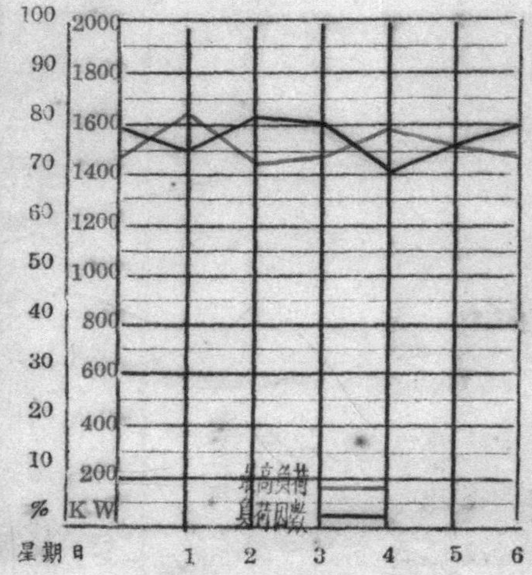

用煤量及煤耗曲線

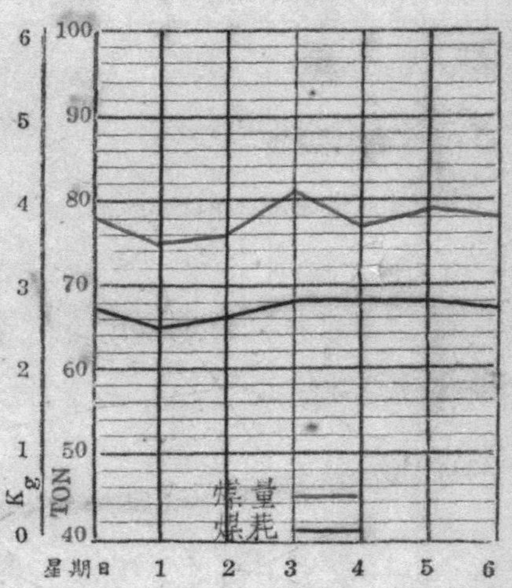

發電總度曲線

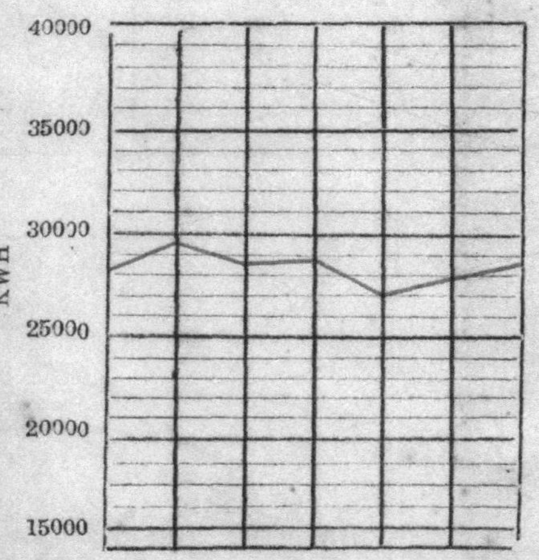

完全效率曲線

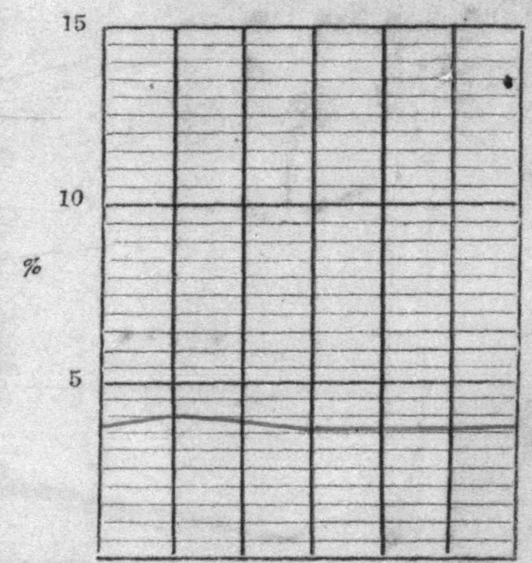

總工程師		廠主任		管理股長		製圖	

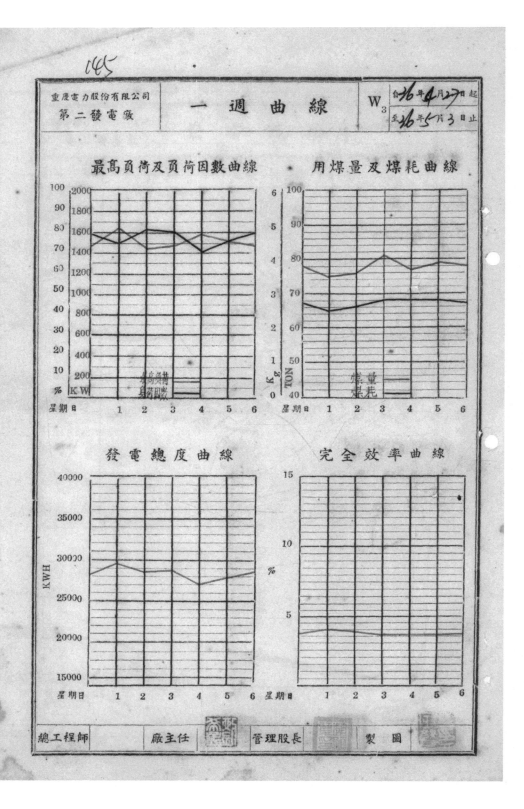

154

重慶電力股份有限公司 第三發電廠	報週電發	W 1	自36年5月18日起 至36年5月24日止

星期	日	1	2	3	4	5	6	總值或平均值
最高負荷 (KW)	3600	3400	3500	3500	3550	3650	3750	
發電度數 (KWH)	66830	71090	68410	31910	64570	74430	76670	453910
輸出電度 (KWH)	65162	69387	66717	30721	63222	72577	75062	442848
廠用電度 (KWH)	1668	1703	1693	1189	1348	1853	1608	11062
煤別								
用煤總額 (TONS)	120.562	129.562	128.937	80.575	113.187	125.687	140.187	838.697
煤之總值 ($)								
耗汔總額 (LBS)								
每度煤耗 KG.	1.80	1.82	1.88	2.52	1.74	1.67	1.80	1.89
每度煤耗 C+S								
每度汽耗 LBS								
負荷因數 (%)	77.5	87.1	81.4	50.6	75.8	85.0	85.2	77.5
完全效率 (%)	7.35	7.25	7.00	5.24	7.58	7.90	7.53	7.09

總工程師		廠務主任		製表	

155

重慶電力股份有限公司 第三發電廠	一週曲線	W 3	自36年5月18日起 至36年5月24日止

最高負荷及負荷因數曲線

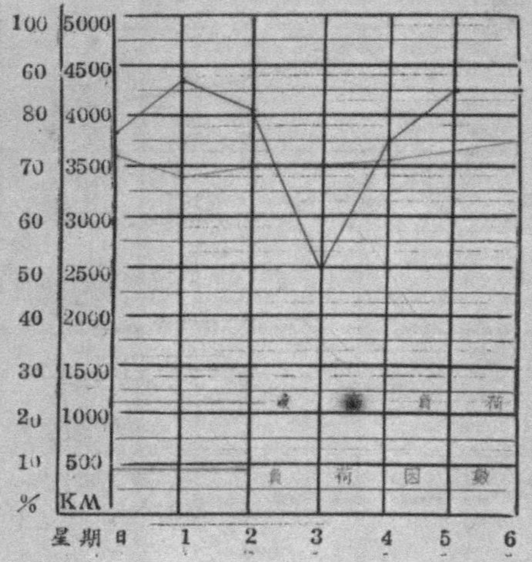

用煤量及煤耗曲線

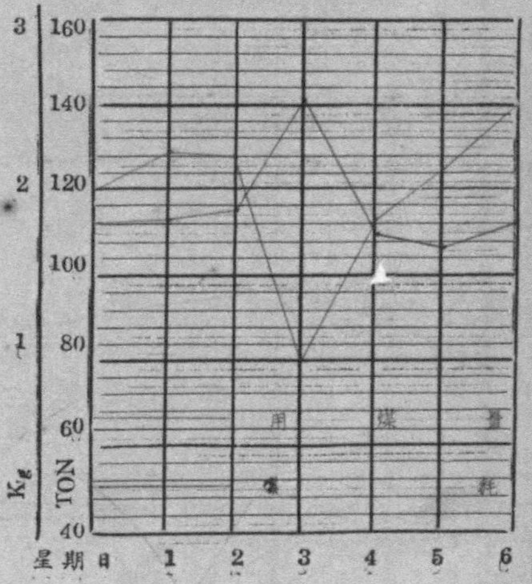

發電總度曲線

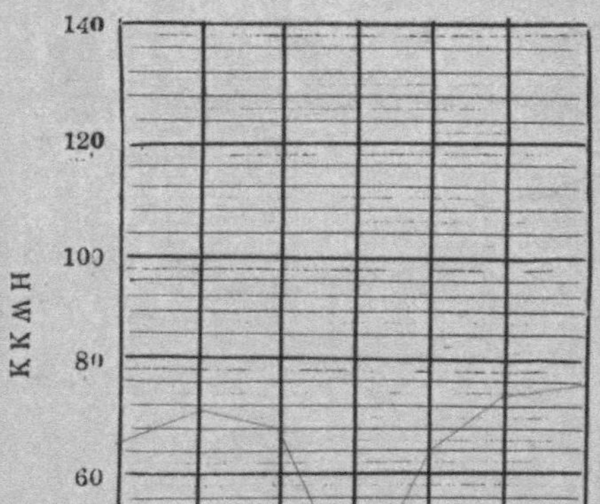

完全效率曲線

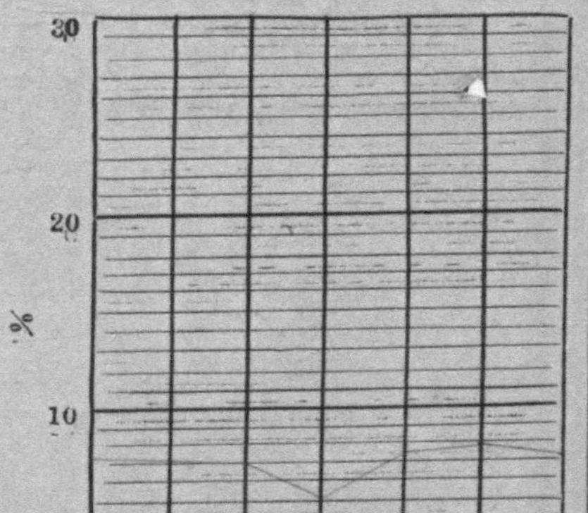

總工程師		廠務主任		製圖	

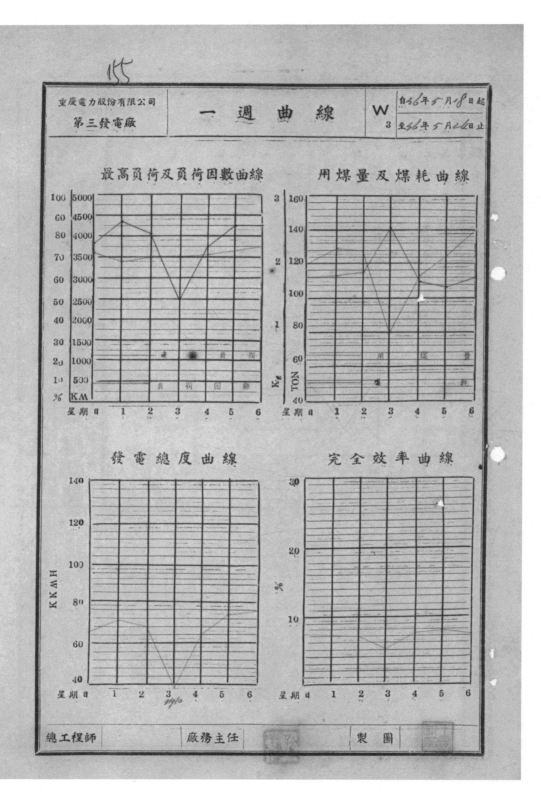

156

重慶電力股份有限公司 第三發電廠	發電週報				W 1	自36年5月25日起 至36年5月31日止	
星期	日	1	2	3	4	5	6	總值或平均值
最高負荷 (KW)	3650	3500	3600	3600	3650	3650	3600	
發電度數 (KWH)	74530	76100	68780	73720	71700	76500	67900	509030
輸出電度 (KWH)	72940	74848	67086	72120	70090	74850	66516	498250
廠用電度 (KWH)	1590	1252	1694	1600	1610	1650	1584	10780
煤別								
用煤總額 (TONS)	131.500	145.562	128.625	135.312	133.395	138.812	135.624	948.830
煤之總值 ($)								
耗汽總額 (LBS)								
每度煤耗 KG.	1.76	1.88	1.86	1.83	1.86	1.81	1.99	1.85
每度煤耗 C+S								
每度汽耗 LBS								
負荷因數 (%)	84.7	90.6	79.6	85.5	86.6	87.5	83.0	85.3
完全效率 (%)	7.50	7.00	7.10	7.20	7.10	7.29	6.63	7.12

總工程師　　廠務主任　　製表

157

重慶電力股份有限公司 第三發電廠	一週曲線	W 3	自36年5月25日起 至36年5月31日止

最高負荷及負荷因數曲線

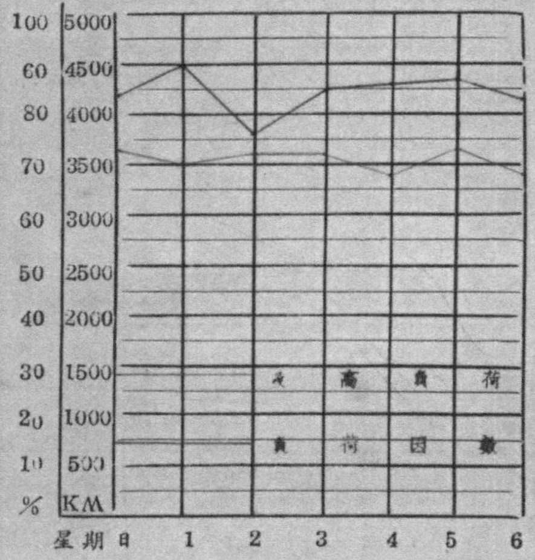

用煤量及煤耗曲線

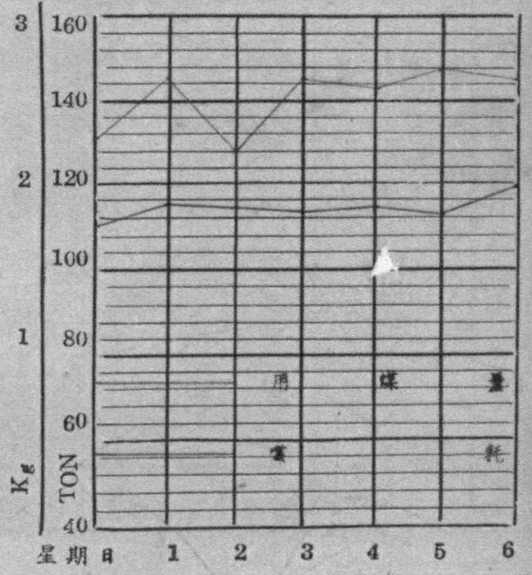

發電總度曲線

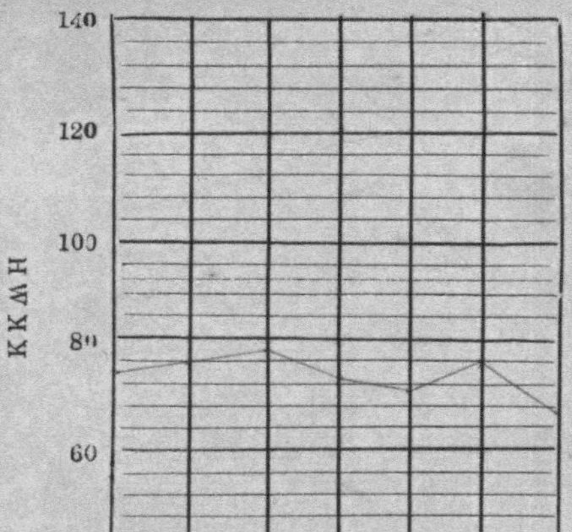

完全效率曲線

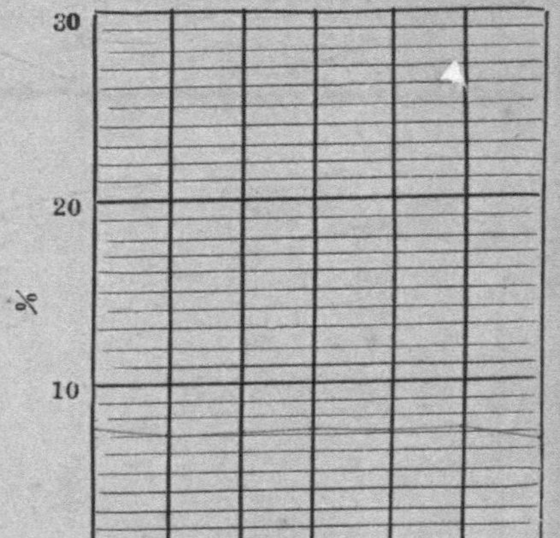

總工程師		廠務主任		製圖	

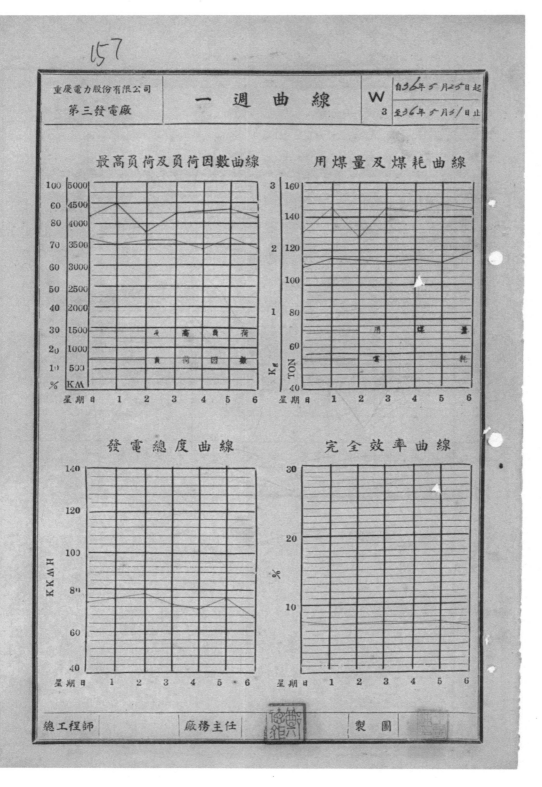

158

重慶電力股份有限公司 第三發電廠	發電週報	W_1	自36年6月1日起 至36年6月7日止

星期	日	1	2	3	4	5	6	總值或平均值
最高負荷 (KW)	3500	3500	3450	3400		3800	3900	
發電度數 (KWH)	66490	74870	74730	67550		19670	79820	383150
輸出電度 (KWH)	64924	73354	73155	66006		18544	78220	374201
廠用電度 (KWH)	1566	1516	1577	1544		1126	1600	8929
煤別								
用煤總額 (TONS)	122.697	161.125	135.502	129.437		38.812	125.437	693.010
煤之總值 ($)								
耗汽總額 (LBS)								
每度煤耗 KG.	1.84	1.87	1.80	1.91		1.97	1.57	1.82
每度煤耗 C+S								
(每度汽耗) LBS								
負荷因數 (%)	79.2	89.1	90.2	84.0		86.2	85.2	85.6
完全效率 (%)	7.17	7.06	7.33	6.90		6.70	8.40	7.26

總工程師		廠務主任		製表	

159

重慶電力股份有限公司 第三發電廠	一週曲線	W 3	自36年6月1日起 至36年6月7日止

最高負荷及負荷因數曲線

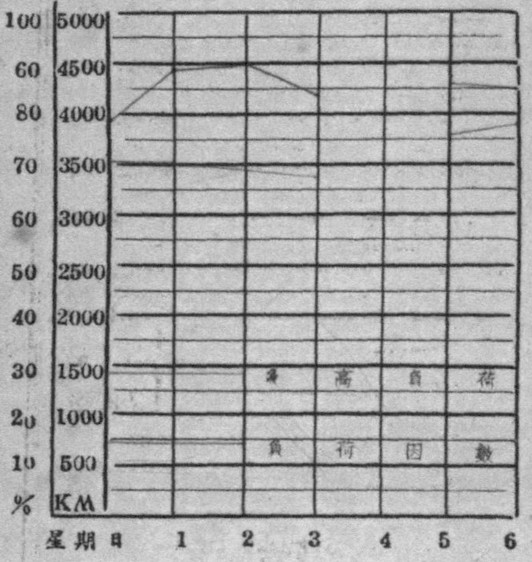

用煤量及煤耗曲線

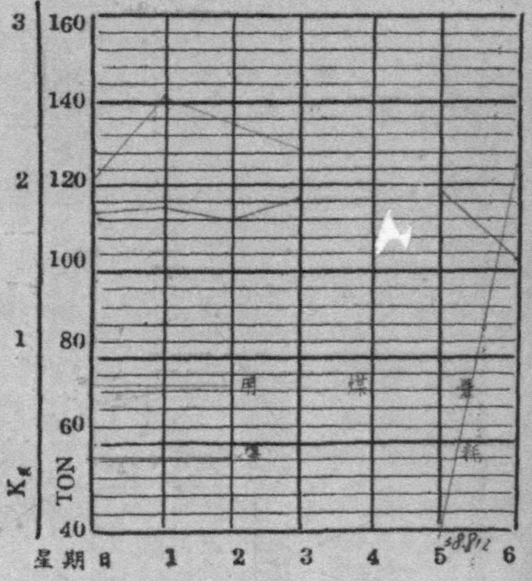

發電總度曲線

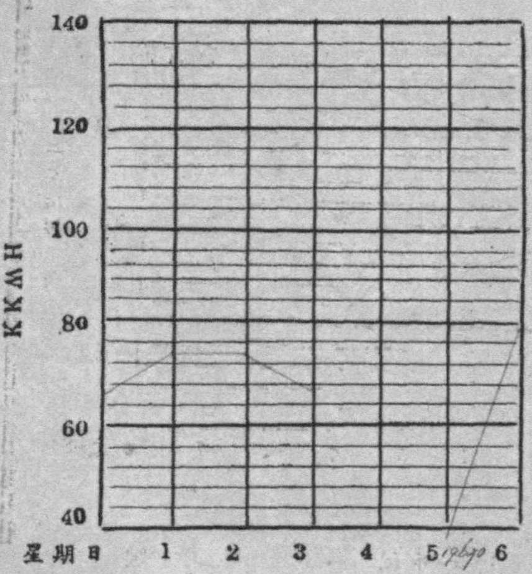

完全效率曲線

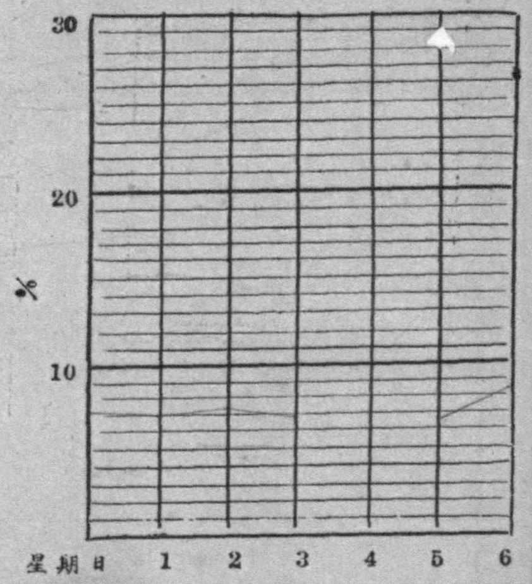

總工程師		廠務主任		製圖	

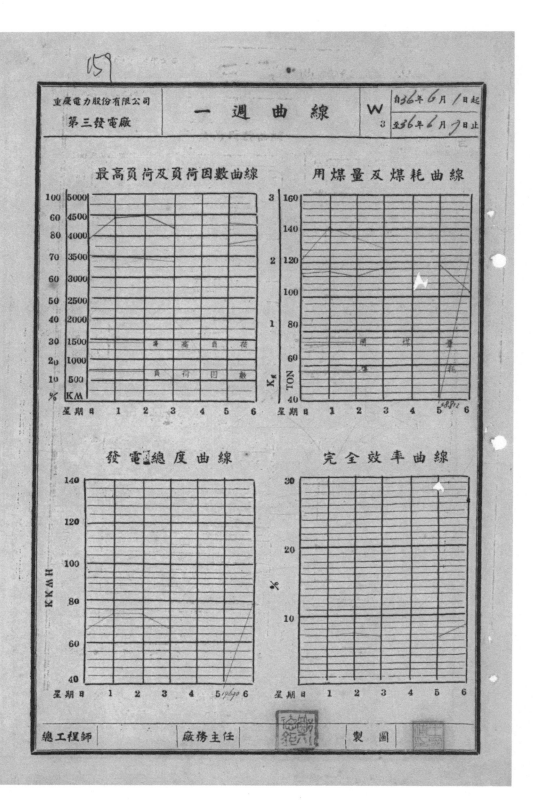

160

重慶電力股份有限公司 第三發電廠	發電週報				W 1	自36年6月8日起 至36年6月14日止		
星期	日	1	2	3	4	5	6	總值或平均值
最高負荷 (KW)	4000	3900	3900	4050	3950	3950	3950	
發電度數 (KWH)	82000	84580	79700	80970	79460	83540	80950	571200
輸出電度 (KWH)	80524	82887	78076	79313	77797	81633	79508	559738
廠用電度 (KWH)	1476	1693	1624	1657	1663	1907	1442	11462
煤別								
用煤總額 (TONS)	135.188	131.937	131.125	130.812	124.812	132.812	126.938	913.625
煤之總值 ($)								
耗汽總額 (LBS)								
每度煤耗 KG.	1.65	1.56	1.64	1.62	1.57	1.57	1.56	1.60
每度煤耗 C+S								
每度汽耗 LBS								
負荷因數 (%)	85.4	90.3	85.2	83.3	83.8	88.1	85.4	85.9
完全效率 (%)	8.00	8.46	8.00	8.15	8.40	8.40	8.46	8.26

總工程師　　廠務主任 [seal]　　製表 [seal]

161

重慶電力股份有限公司 第三發電廠	一週曲線	W 3	自36年6月8日起 至36年6月14日止

最高負荷及負荷因數曲線

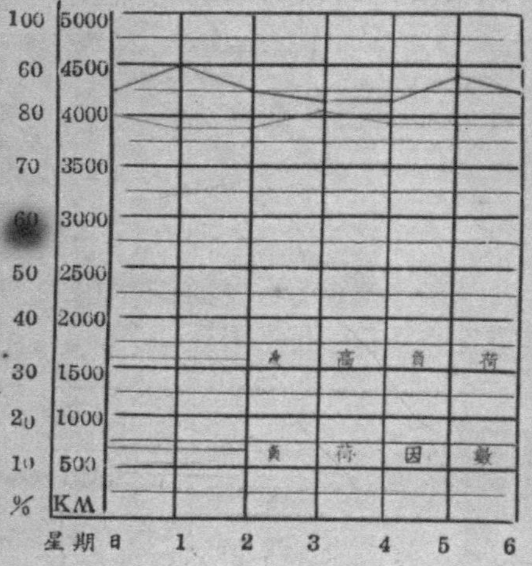

用煤量及煤耗曲線

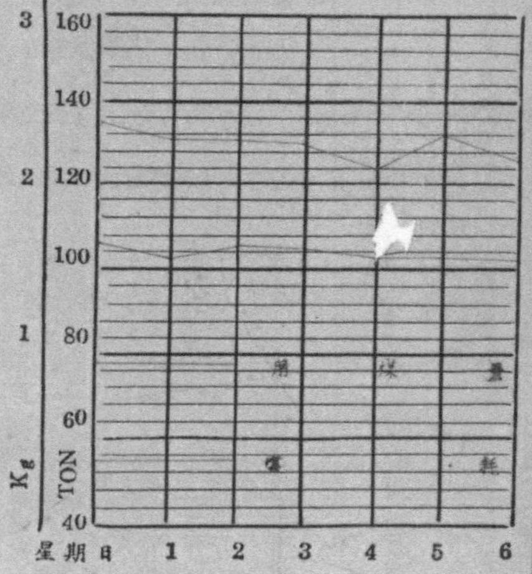

發電總度曲線

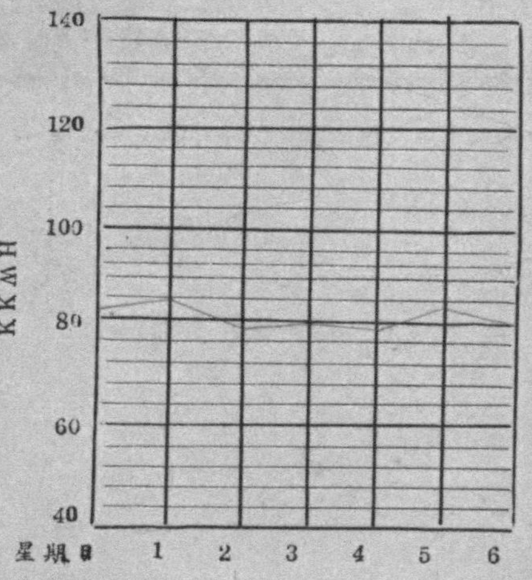

完全效率曲線

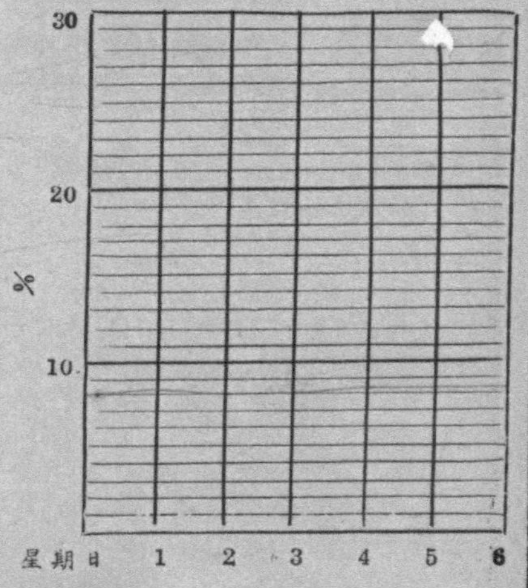

總工程師		廠務主任		製圖	

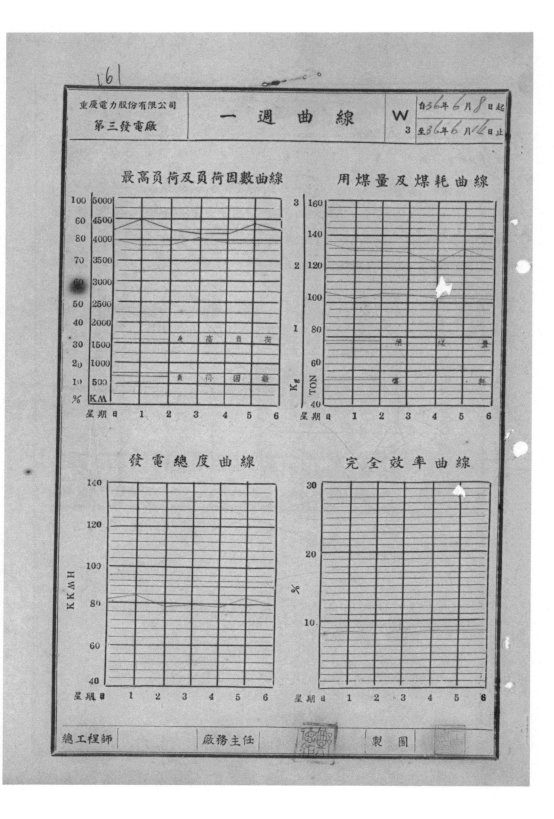

162

重慶電力股份有限公司
第三發電廠

發電週報

W 1

自　年6月15日起
至36年6月21日止

星期	日	1	2	3	4	5	6	總值或平均值
最高負荷 (KW)	3900	3850	4050	4050	4000	4000	4000	
發電度數 (KWH)	60440	78970	79500	77890	85810	80200	78300	541110
輸出電度 (KWH)	58829	77352	77909	76358	84213	78600	76725	529986
廠用電度 (KWH)	1611	1618	1591	1532	1597	1600	1575	11124
煤別								
用煤總額 (TONS)	101.625	126.635	127.375	126.637	161.125	127.250	134.000	854.500
煤之總值 ($)								
耗汽總額 (LBS)								
每度煤耗 KG.	1.68	1.60	1.60	1.62	1.64	1.55	1.68	1.62
每度煤耗 C+S								
每度汽耗 LBS								
負荷因數 (%)	64.6	85.5	81.8	80.5	79.4	83.5	81.5	79.5
完全效率 (%)	7.86	8.25	8.25	8.15	8.00	8.52	7.86	8.12

總工程師　　廠務主任　　製表

163

重慶電力股份有限公司 第三發電廠	一 週 曲 線	W 3	自36年6月15日起 至36年6月21日止

最高負荷及負荷因數曲線

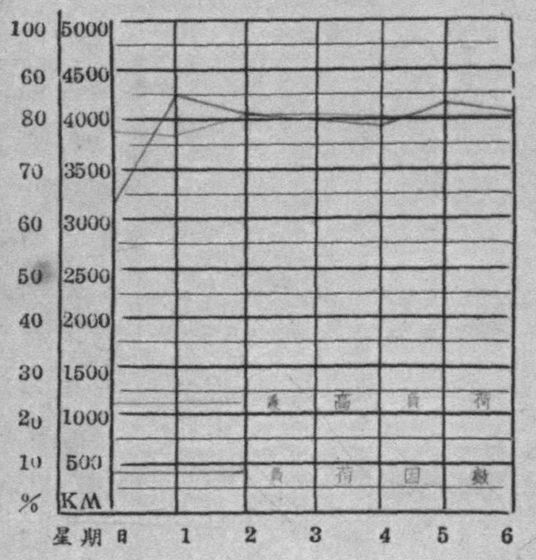

用煤量及煤耗曲線

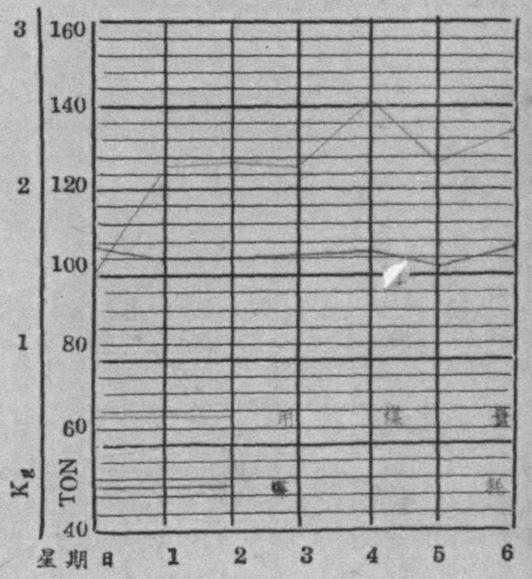

發電總度曲線

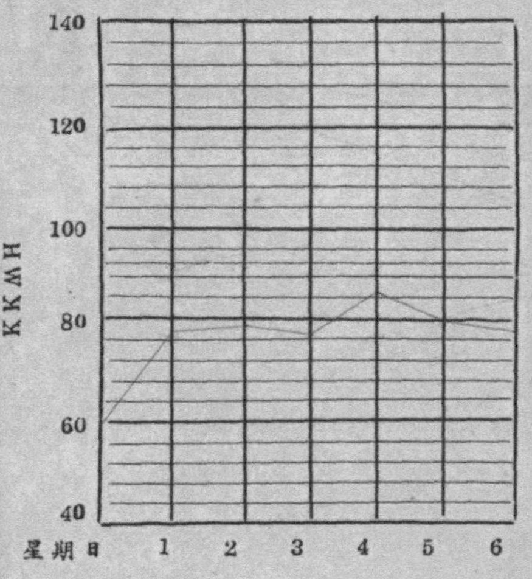

完全效率曲線

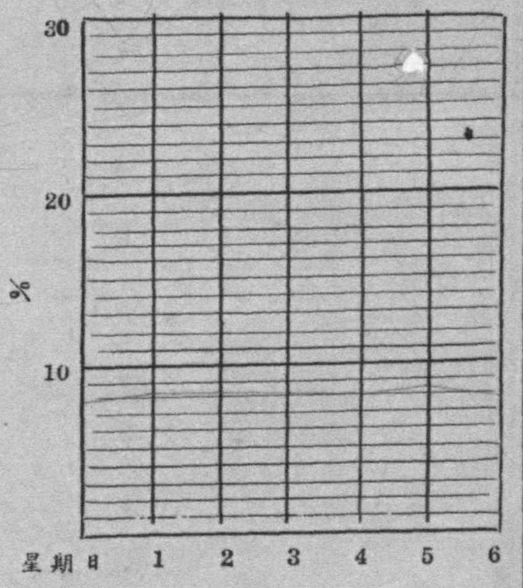

總工程師		廠務主任		製圖	

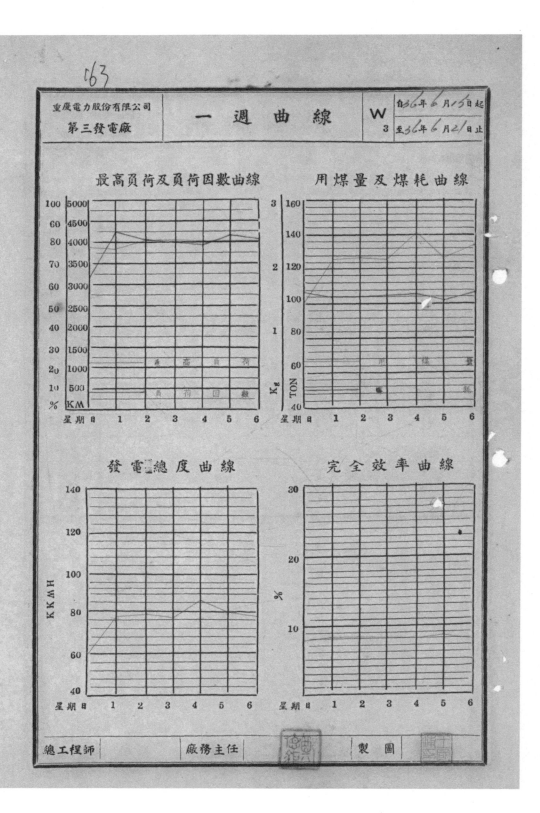

164

重慶電力股份有限公司 第三發電廠	發電週報	W 1	自36年6月22日起 至36年6月28日止

星期	日	1	2	3	4	5	6	總值或平均值
最高負荷 (KW)	4000	3700	3750	3400	3800	3700	3700	
發電度數 (KWH)	79380	70000	81780	75330	74570	76520	75380	550960
輸出電度 (KWH)	77365	68541	80205	71691	72913	74876	73655	519422
廠用電度 (KWH)	1617	1659	1577	1639	1657	1644	1745	11538
煤別								
用煤總額 (TONS)	135.062	119.625	140.375	134.000	141.000	135.188	141.512	944.562
煤之總值 ($)								
耗汽總額 (LBS)								
每度煤耗 KG.	1.70	1.71	1.70	1.82	1.89	1.73	1.87	1.77
每度煤耗 C+S								
每度汽耗 LBS								
負荷因數 (%)	82.6	78.8	90.8	89.8	81.8	86.2	84.8	84.9
完全效率 (%)	7.76	7.72	7.76	7.25	6.98	7.63	7.06	7.45

總工程師		廠務主任	[stamp]	製表	[stamp]

165

重慶電力股份有限公司 第三發電廠	一週曲線	W 3	自36年6月22日起 至36年6月28日止

最高負荷及負荷因數曲線

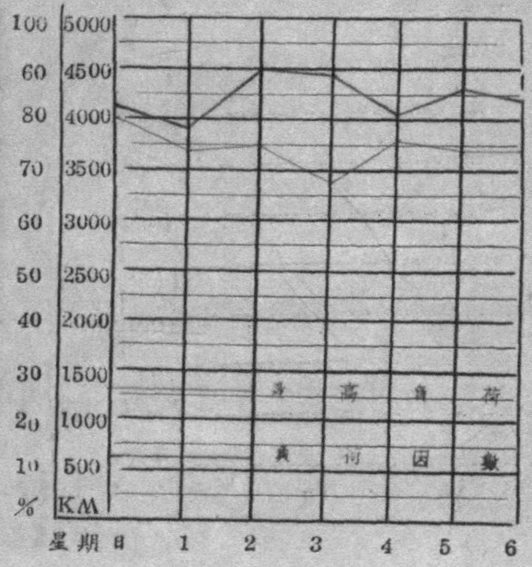

用煤量及煤耗曲線

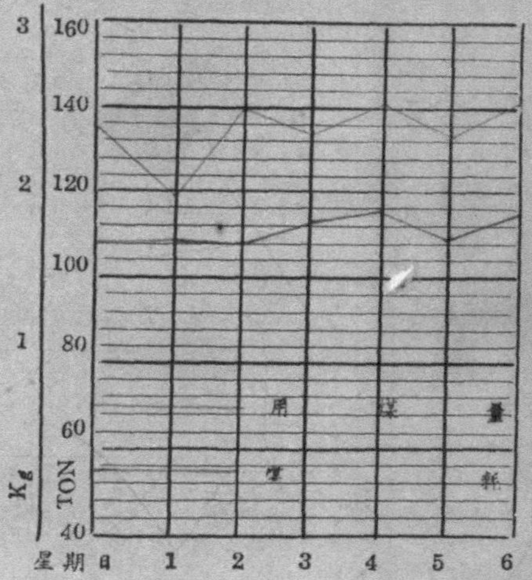

發電總度曲線

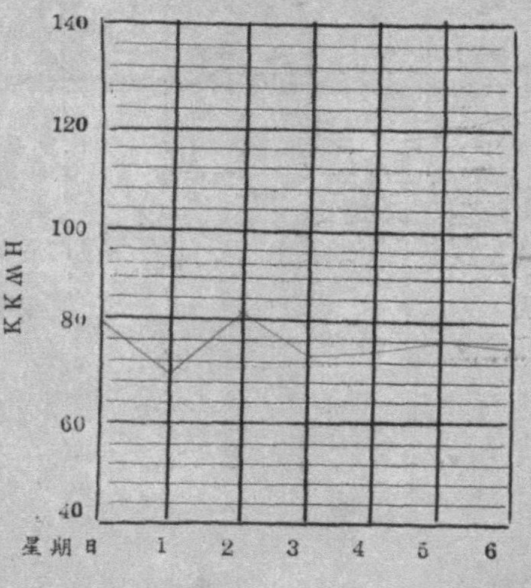

完全效率曲線

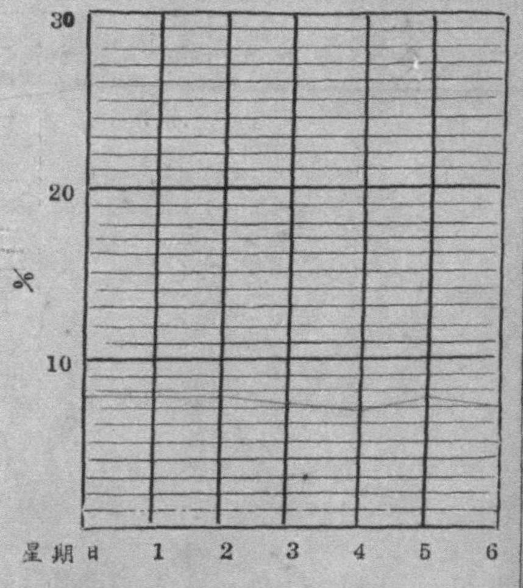

總工程師		廠務主任		製圖	

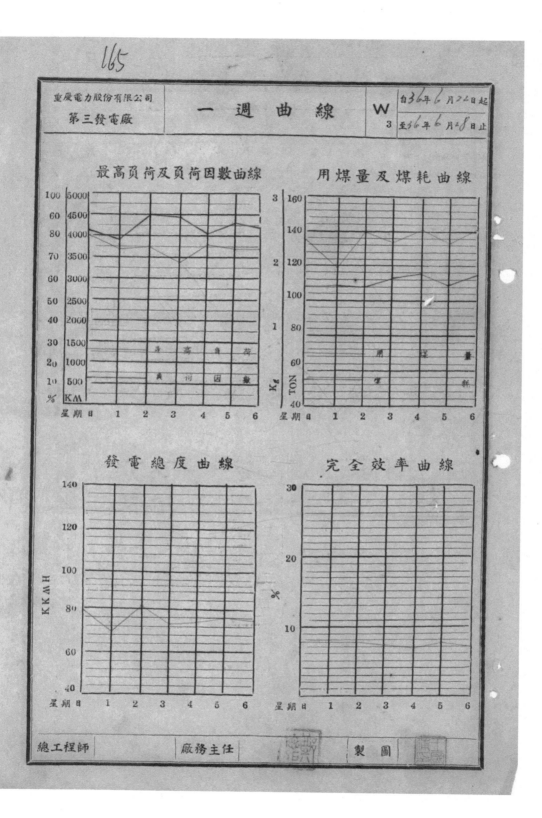

166

重慶電力股份有限公司 第三發電廠	發電週報	W1	自36年6月29日起 至36年7月5日止

星期	日	1	2	3	4	5	6	總值或平均值
最高負荷 (KW)	3850	3550	3500	3500	3500	3400		
發電度數 (KWH)	71750	69910	59090	69260	70340	67570		407700
輸出電度 (KWH)	70409	68574	57765	67805	68612	66167		399150
廠用電度 (KWH)	1521	1556	1525	1657	1728	1203		8570
煤別								
用煤總額 (TONS)	139.062	133.812	124.062	134.562	132.625	130.625		794.748
煤之總值 ($)								
耗汽總額 (LBS)								
每度煤耗 KG.	1.95	1.91	2.10	1.94	1.88	1.92		1.95
每度煤耗 C+S								
(每度汽耗) LBS								
負荷因數 (%)	77.6	82.0	70.5	82.4	83.7	82.5		79.8
完全效率 (%)	6.76	6.91	6.28	6.80	7.00	6.88		6.77

總工程師		廠務主任		製表	

167

重庆電力股份有限公司 第三發電廠	一週曲線	W 3	自36年6月29日起 至36年7月5日止

最高負荷及負荷因數曲線

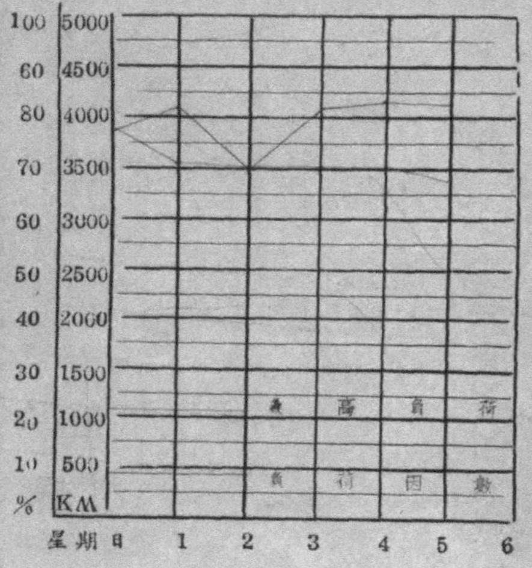

用煤量及煤耗曲線

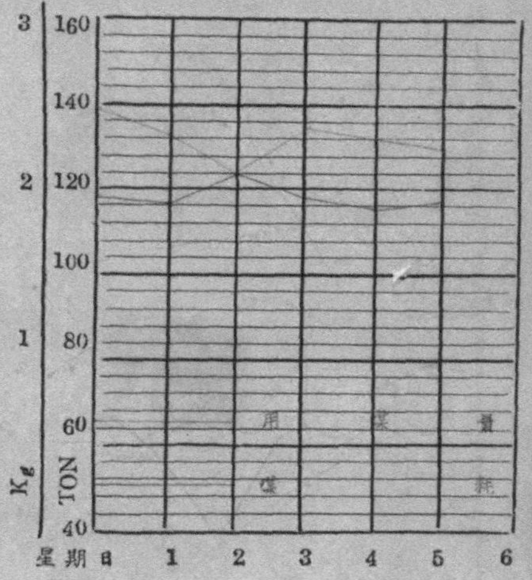

發電總度曲線

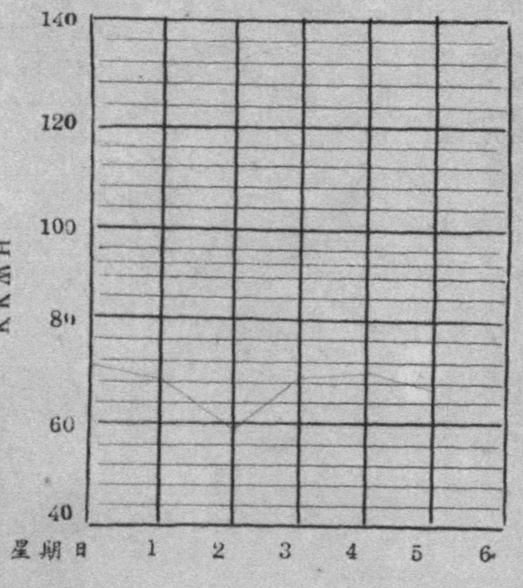

完全效率曲線

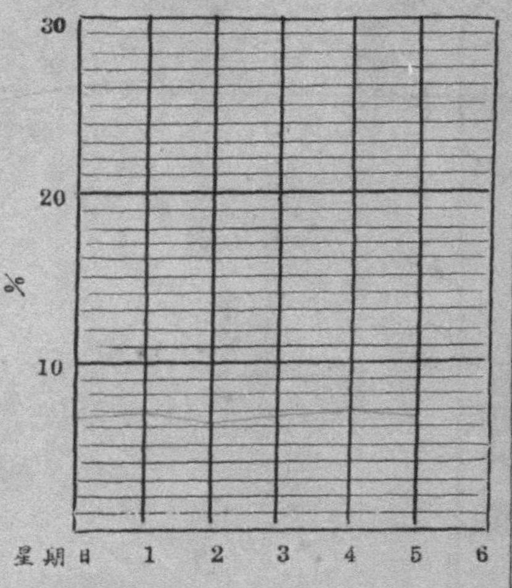

總工程師		廠務主任	[印]	製圖	[印]

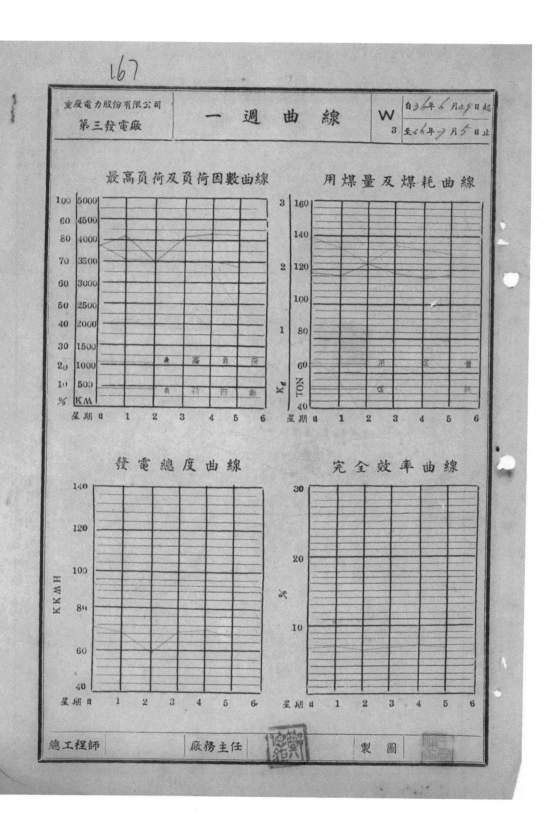

重庆电力股份有限公司关于检送第二厂发电月报及电气事业报告表致重庆市工务局统计室的函（附表）

（一九四七年七月三十一日）　0219-2-198

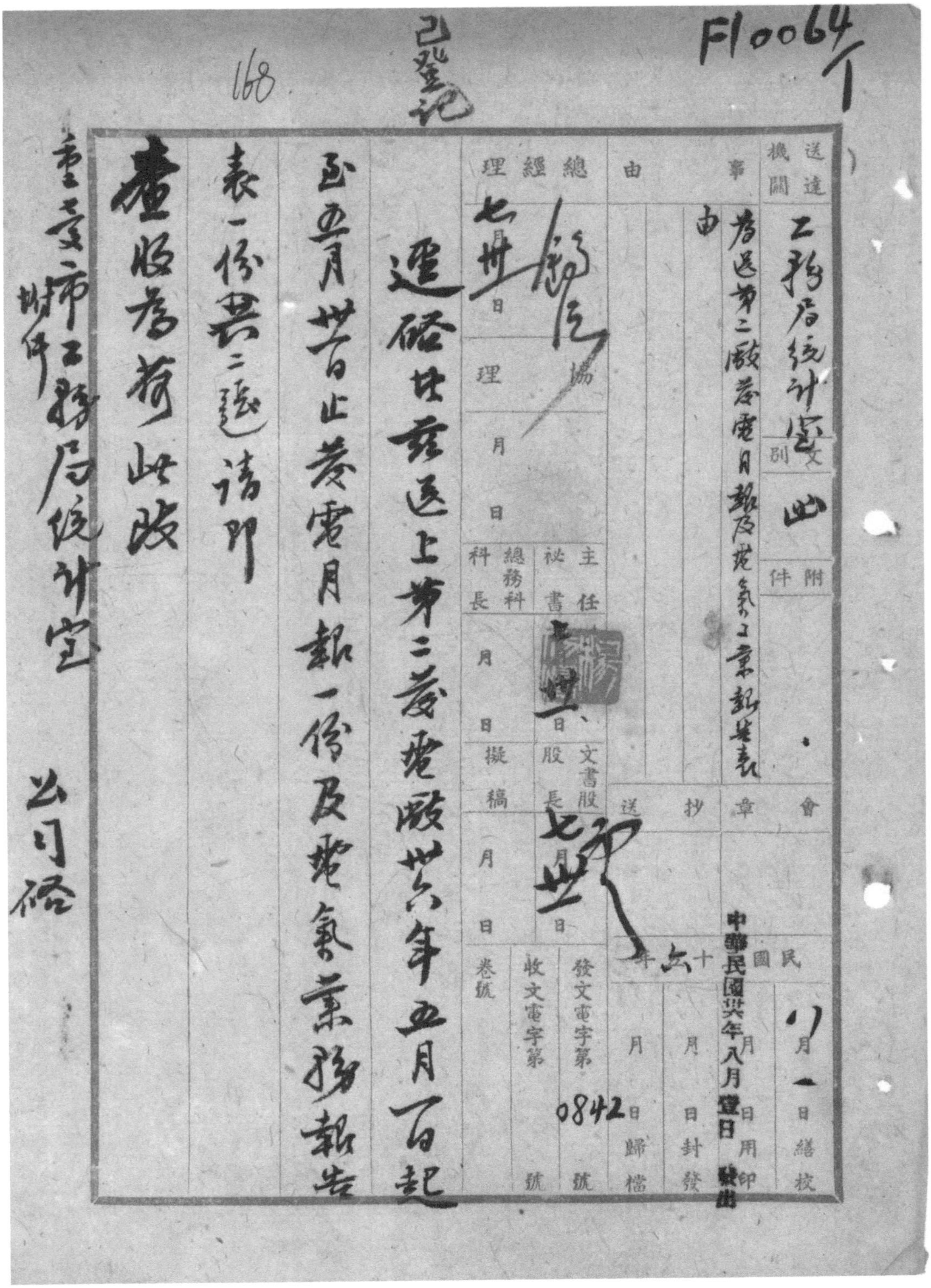
F10064/1

168

已登記

送達機關：工務局統計室

文別：函

事由：為送第二廠發電月報及電氣事業報告表

總經理　七月卅日

逕啓者：茲送上第二發電廠卅六年五月份起至六月廿日止發電月報一份及電氣事業報告表一份共二張，請即查收為荷。此致

重慶市工務局統計室

附件

公司啓

中華民國卅六年八月壹日發出

0842

169

径启者：兹送上黄宽月报及工务局报告表，请转送工务局统计室收。

业务股 启

中華民國卅六年七月卅一日收到

渝收文電字第 3053 號

重慶電力股份有限公司便箋

170

電廠月報

第8號

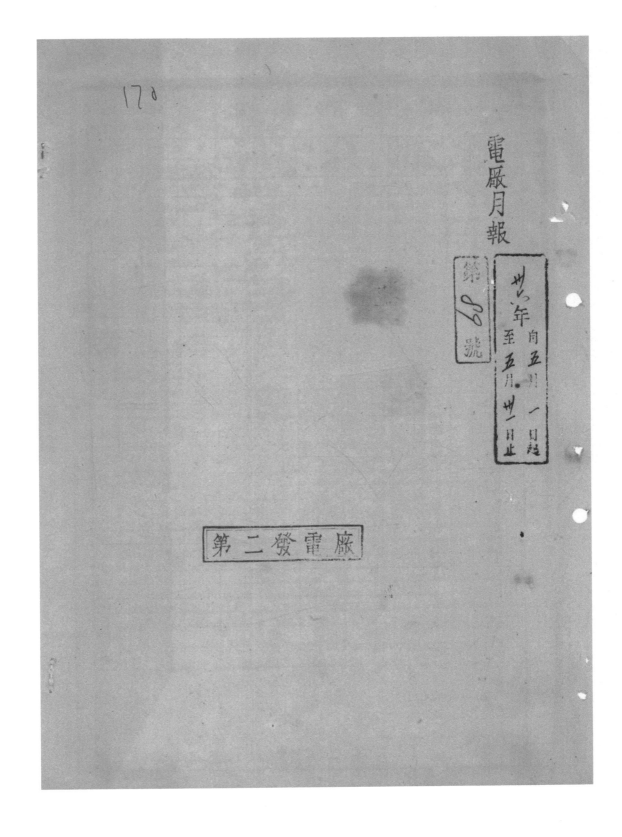

廿六年向五月一日起
至五月卅一日止

第二發電廠

171

重慶電力股份有限公司 第二發電廠	發電月報	M1	年 月 日 星期

日期	最高負荷	總度數 發電額	總度數 輸出額	用煤總數		煤之總值	蒸汽總量	每度代價 煤耗	每度代價 汽耗	每度代價 合洋	負荷因數	總效率
	KW	KWH	KWH	TON	KGS	$	LBS	KGS	LBS	$	%	%
1	1580	27065	26428	77	250	[illegible]		2.86		204.55	71.3	3.60
2	1520	24919	22200	79	150	[illegible]		2.83		203.19	76.5	3.64
3	1480	28161	25026	78	850	[illegible]		2.74		196.73	80.9	3.75
4	1420	26045	24481	68	400	[illegible]		2.64		201.25	53.8	3.82
5	1500	28649	24962	76	000	[illegible]		2.96		212.52	71.2	3.47
6	1640	28599	25048	71	300	[illegible]		2.76		198.03	64.2	3.72
7	1620	29966	29107	72	650	[illegible]		2.43		174.47	73.6	4.23
8	1500	33288	26672	74	150	[illegible]		2.41		170.48	76.0	3.75
9	1460	32791	27096	76	600	[illegible]		2.76		198.17	74.2	3.72
10	1640	29070	25272	75	950	[illegible]		2.62		188.11	74.8	3.92
11	1380	28235	17888	43	550	[illegible]		2.38		170.88	59.4	4.32
12	1460	20811	30172	64	200	[illegible]		3.08		221.14	59.4	3.34
13	1460	26319	26649	69	200	[illegible]		2.63		188.83	74.0	3.51
14	1500	21963	22261	63	600	[illegible]		2.90		208.22	60.9	3.55
15	1590	28858	26838	74	300	[illegible]		2.91		208.93	62.0	3.54
16	1560	24302	22597	72	450	[illegible]		2.98		214.56	64.8	3.45
17	1560	24435	23745	72	850	[illegible]		2.98		214.56	66.2	3.45
18	1500	26805	26088	76	850	[illegible]		2.86		205.55	74.4	3.60
19	1480	26600	25906	77	150	[illegible]		2.75		197.45	75.0	3.74
20	1640	26470	25298	76	050	[illegible]		2.88		206.18	67.2	3.57
21	1500	24468	20598	73	700	[illegible]		3.44		246.99	65.7	2.99
22	1500	27132	26489	76	100	[illegible]		2.81		201.75	75.3	3.66
23	1500	33216	26643	77	250	[illegible]		2.84		204.51	75.6	3.62
24	1480	26690	24481	75	850	[illegible]		2.92		209.65	74.4	3.52
25	1500	26329	24650	69	200	[illegible]		2.74		196.73	73.3	3.75
26	1460	27008	26218	73	600	[illegible]		2.73		196.01	73.1	3.77
27	1500	28484	26198	78	650	[illegible]		2.54		211.69	74.6	3.50
28	1350	27169	26505	76	400	[illegible]		2.82		202.67	65.0	3.65
29	1500	26129	25627	74	600	[illegible]		2.54		212.50	72.5	3.67
30	1500	27460	26670	77	350	[illegible]		2.83		203.62	75.9	3.64
31	1460	23340	22500	71	500	[illegible]		3.07		221.50	66.5	3.35
平均	1750	25552	24866	72	700	[illegible]		2.85		204.65	72.0	3.61
總數		792110	750695	2243	500	[illegible]						

註、本月份煤價每公噸$71800.00計算。

總工程師		主任		工程師		製表	

172

重慶電力股份有限公司 第弍發電廠	一月曲線	M_4	36年5月

完全效率曲線

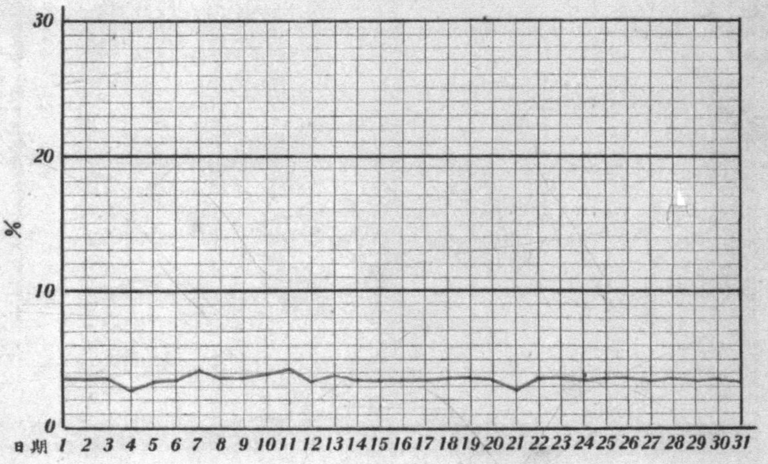

發電總度曲線

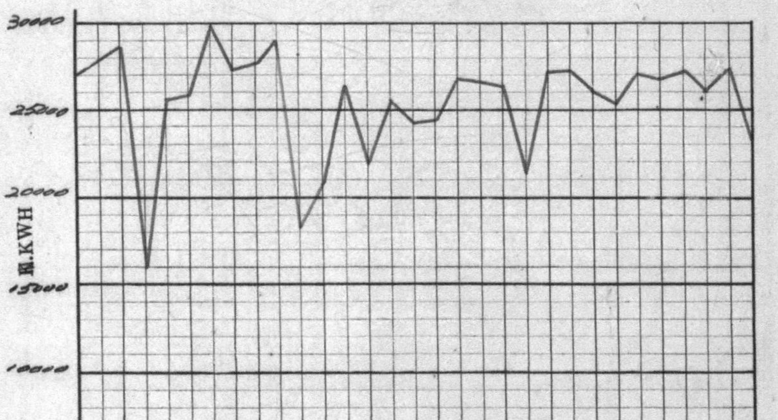

主任		工程師		製圖	

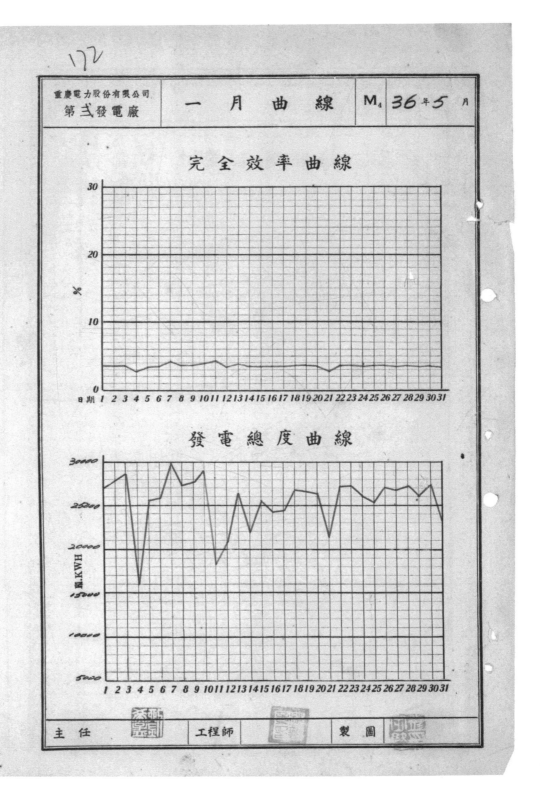

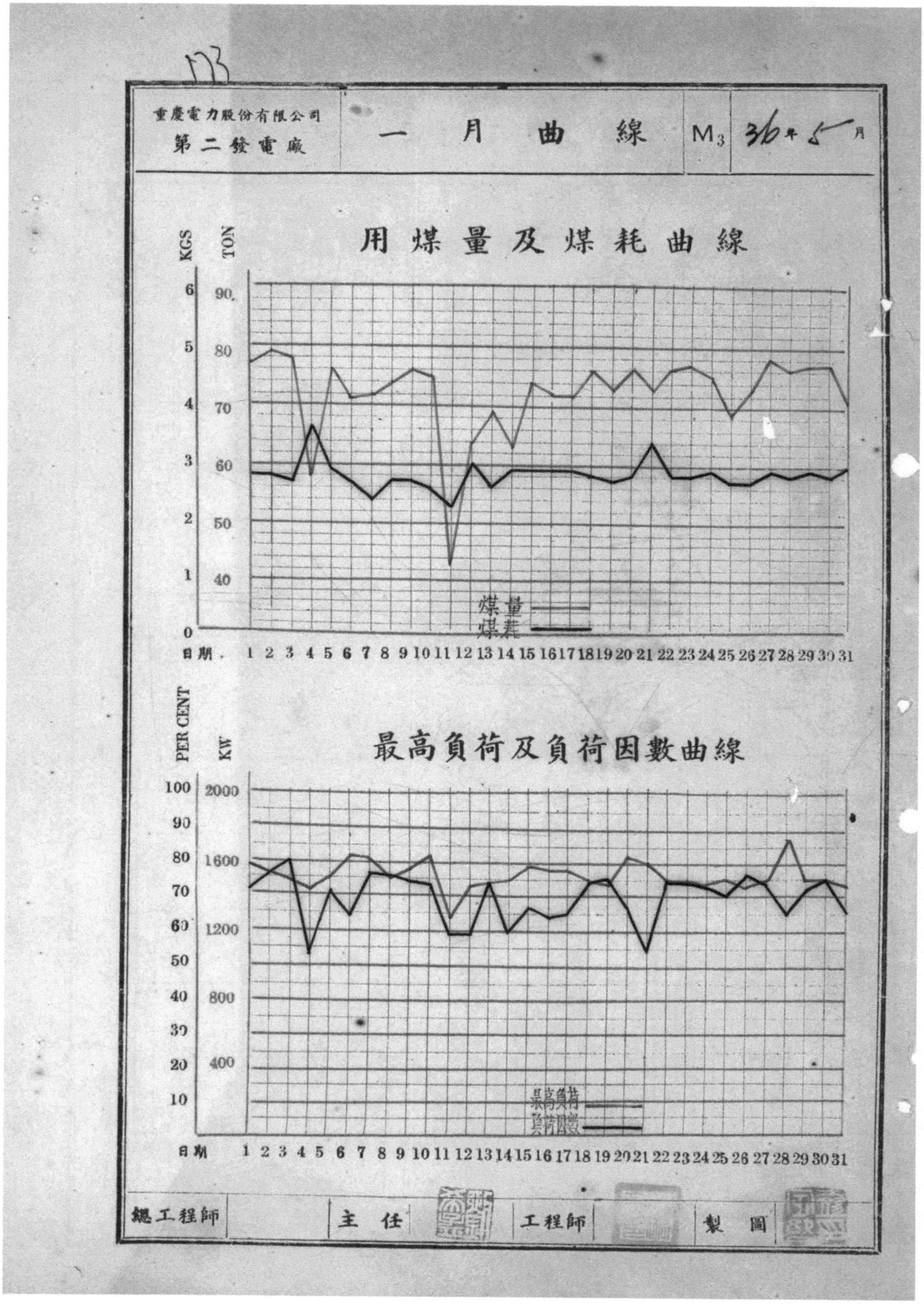
重慶電力股份有限公司
第二發電廠
一月曲線
M3
36年5月
用煤量及煤耗曲線
KGS
TON
煤量
煤耗
日期
最高負荷及負荷因數曲線
PER CENT
KW
最高負荷
負荷因數
日期
總工程師
主任
工程師
製圖

重庆电力股份有限公司第一厂和第三厂关于轮流停电办法致重庆电力股份有限公司秘书室的函（附轮流停电表）（一九四七年十二月十二日）　0219-2-242

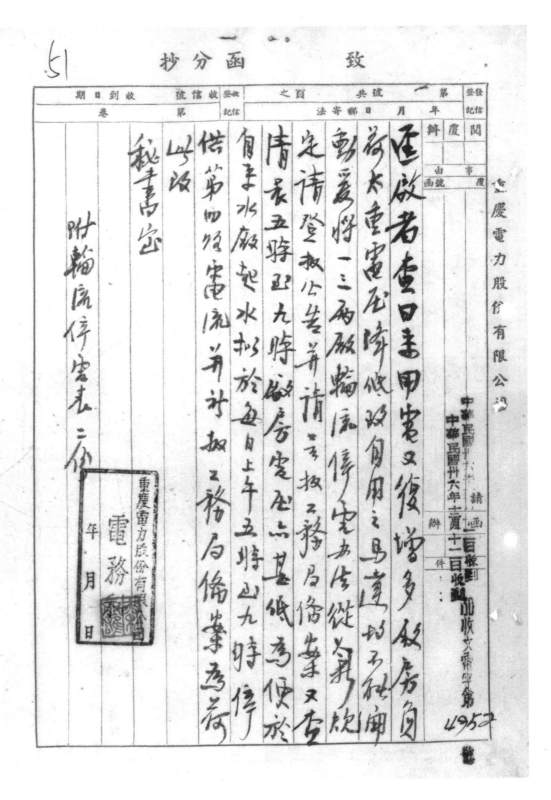

51

致　函　分　抄

重慶電力股份有限公司

逕啟者：查日來用電又復增多，致房負荷太重，電壓降低，致自用之馬達均不能開動。爰將一三兩廠輪流停電辦法從新規定，請登報公告，並請業務處備案。又查清晨五時至九時，廠房電壓亦甚低，為便於自來水廠起水，擬於每日上午五時至九時停供第四組電流，並請業務處備案為荷。此致

秘書室

附輪流停電表二份

重慶電力股份有限公司
電務
年　月　日

中華民國卅六年十二月十二日收到
收文字第4952號

52

致函分抄

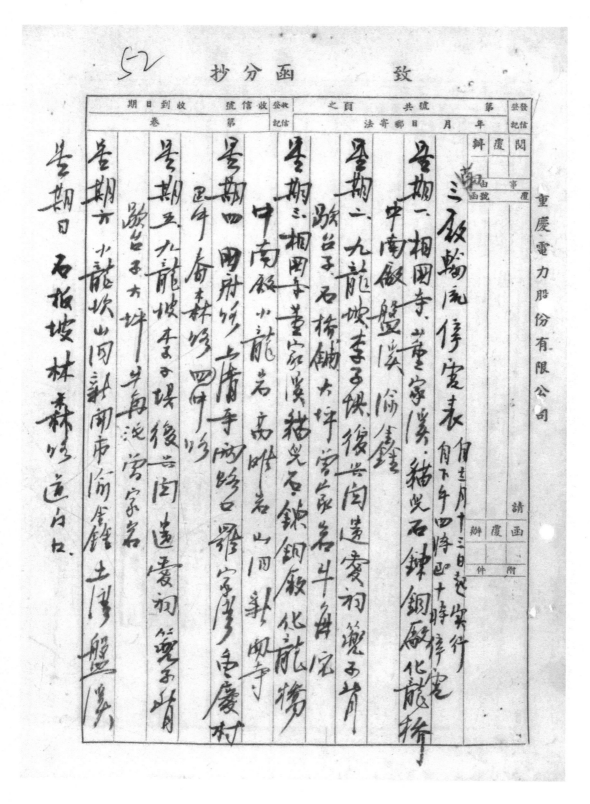

發信登記	第　號　共　頁之	收信登記	收信號	收到日期
	年　月　日　郵寄法		第	卷

閱 覆 辦

事由

覆函號

三廠輪流停電表 自本月十三日起實行

星期一 相國寺、董家溪、豬兒石、鍾銅廠、化龍橋 自下午四時至十時停電

中南廠 盤溪、渝鑫

星期二 九龍坡、李子壩、後岩閣、遺愛祠、篼子背

驗台子、石橋鋪、大坪、曾家岩、牛角沱

星期三 相國寺、董家溪、豬兒石、鍾銅廠、化龍橋

中南廠 小龍坎、高灘岩、山洞、新開寺

星期四 國府路、上清寺、兩路口、羅家灣、重慶村

正午春森路 四時修

星期五 九龍坡、李子壩、後岩閣、遺愛祠、篼子背

驗台子、大坪、牛角沱、曾家岩

星期六 小龍坎、山洞、新開市、渝鑫、土灣、盤溪

星期日 石板坡、林森路、道門口、

重慶電力股份有限公司

請函 覆 辦

附件

53

致 函分抄

重慶電力股份有限公司

第　號　共　頁之　

年　月　日郵寄法

收信號　收到日期

第　卷

閱　覆　辦

事由

覆函號

一廠供電區輪流停電表

一廠輪流停電採每日輪流一次，週而復始，自本月十三日起實行，每日自下午四時至十時止停電。

本月十三日　民族路、滄白路、小什字、分水街、過街樓、陝西路、打銅街、大樑子、神仙口

本月十四日　江北城內、臨江路、華一村、五四路、會仙橋、大溪溝、相國寺

本月十五日　上安樂洞、兩路口、中華街、四賢巷、較場口、向西街、都郵街、蒼平街、廣場

本月十六日、三元橋、張家花園、米亭子、凱旋、體育路、黃家埡口、華倫紙廠、通遠門、三[illegible]

容和平　修

本月十五日同十二日　[illegible]

請函　覆　辦

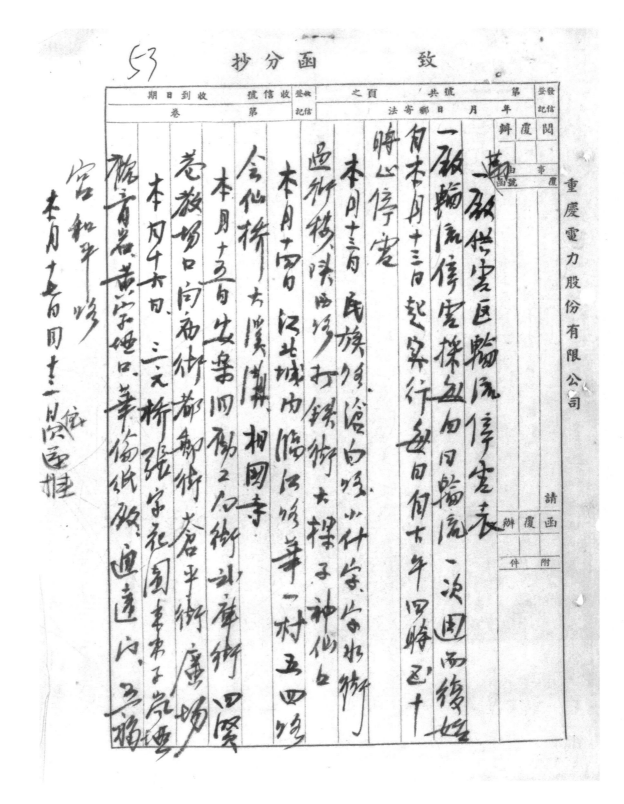

附件

重庆市工务局关于变更轮流停电办法与重庆电力股份有限公司往来函电（一九四七年十二月） 219-2-242

56

中華民國

重慶市工務局指令

(第)工二

附

中華民國卅六年十二月廿七日

5778

事由 擬辦 批示

令電力公司

卅六年十二月十二日電字第1426號代電一件均悉

收文 字第 號

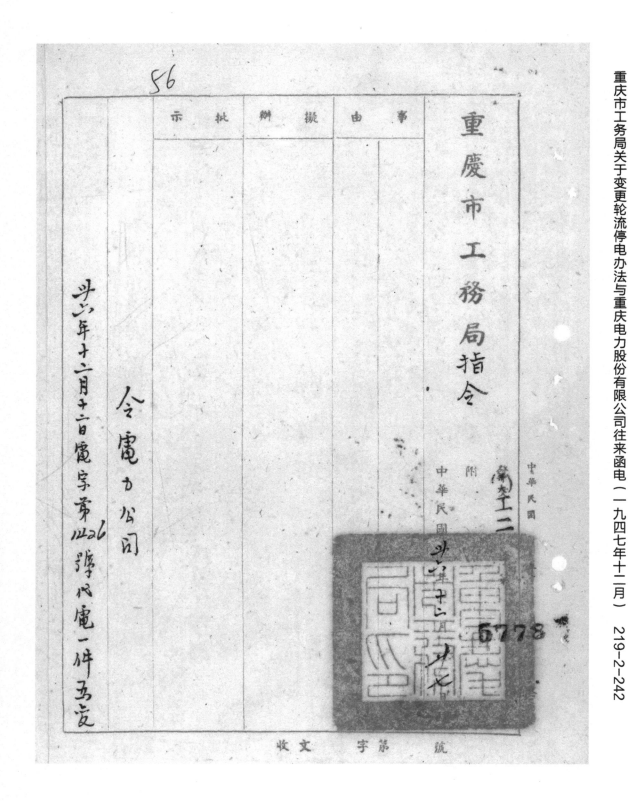

更輪流停電區域次序賫表呈請

鑒察由

侵代電暨附表均悉。查該公司變更輪流停電辦法

係市區照明及治安要點，且先應呈由本局審查核准後方可施行

此次該公司擅自改變殊屬不合，嗣後遇類似情形應切實注

意辦理報核為要

此令 件存

局長 吳華甫

監印 王實
校對 楊幼黎

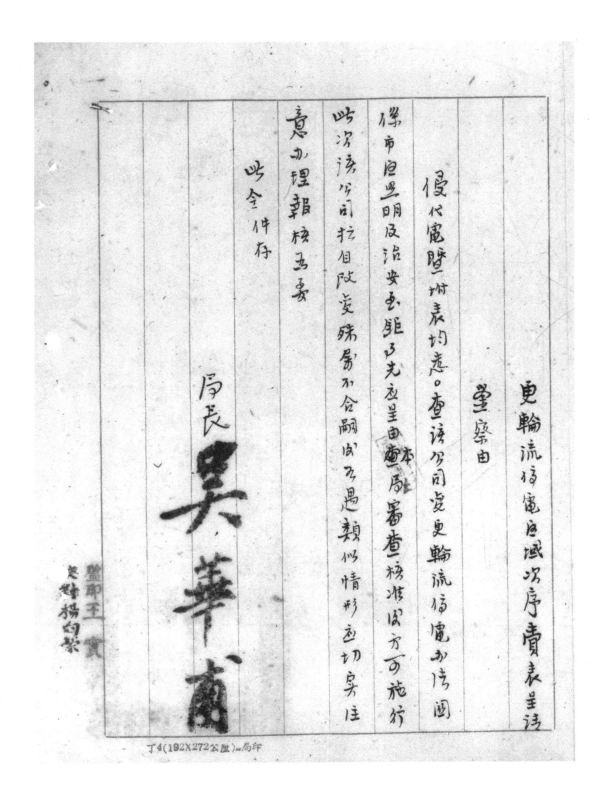

丁4(192X272公厘)□局印

指令一件

(市大)工二

5778

電力公司

重慶市工務局緘

地址：重慶通遠門內

57

E18200

58

送達機關：工務局

文別：代電

附件：

事由：爲奉飭改善江北供電一案電復分區輪流停電辦法業已改定今後供電當可改善由

總經理：十二月廿四日

協理：

主任秘書：

總務科長：

文書股長：十二月廿四日

擬稿：

會章抄：

民國卅六年十二月廿四日發出

發文電字第1481號

繕校：十二月廿四日

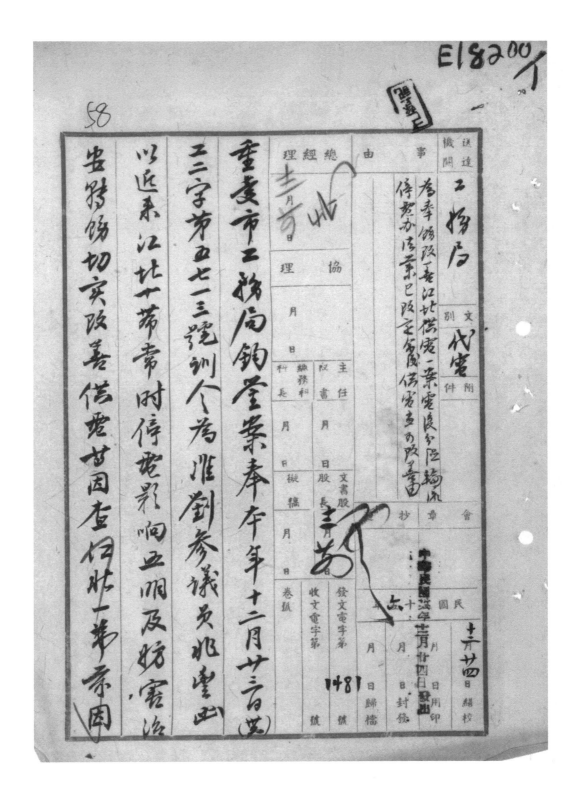

重慶市工務局鈞鑒：案奉本年十二月廿三日（[illegible]）工二字第五七一三號訓令，爲准劉參議員兆豐函以近來江北一帶常時停電影響照明及妨害治安，請飭切實改善供電等因。查江北一帶係因

59

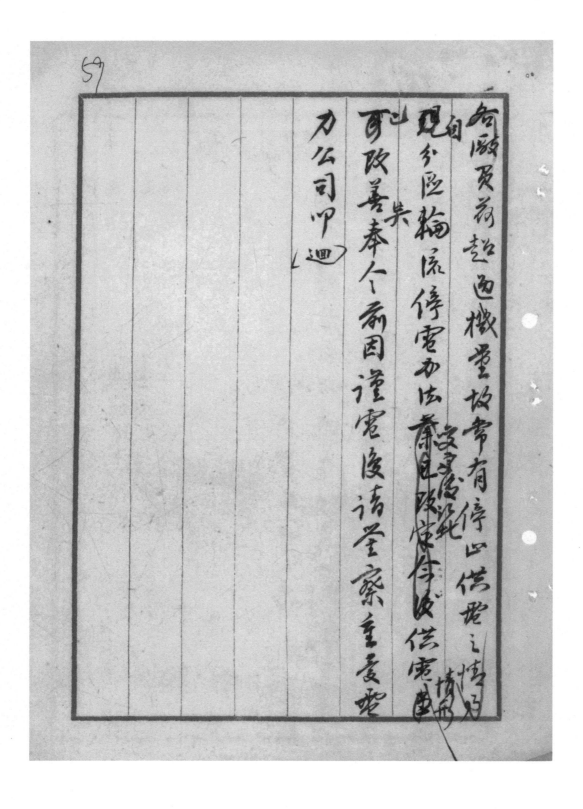

各廠負荷超過機量故常有停止供電之情形
自現分區輪流停電辦法實施以後供電情形
已可改善矣奉令前因謹電復請鑒察重慶電
力公司叩（迴）

60

業務科

重慶電力股份有限公司到文簽

收文電字第 5120 號

來處：工務局

二二三六字第五七一三號

中華民國卅六年十二月廿三日收到

事由：令切實改善江北供電由

附：

總經理

協理

關係各科室處組廠簽（意見）

江北自輪流停電後已可不再臨時停電矣 擬存查 文壽 十二、廿四

決定辦法

61

重慶市工務局訓令

發（卅六）工二

附

中華民國卅六年十二月廿三日

事由

擬辦

批示

令電力公司

案准刘参议员兆璧来函以近来江北一带时常

收文 字第 號

6713

停電影響市民工廠及妨害治安至鉅並由合行令仰
遵照希即切實改善供電為要
此令

局長 吳華甫

監印
校對 楊向榮

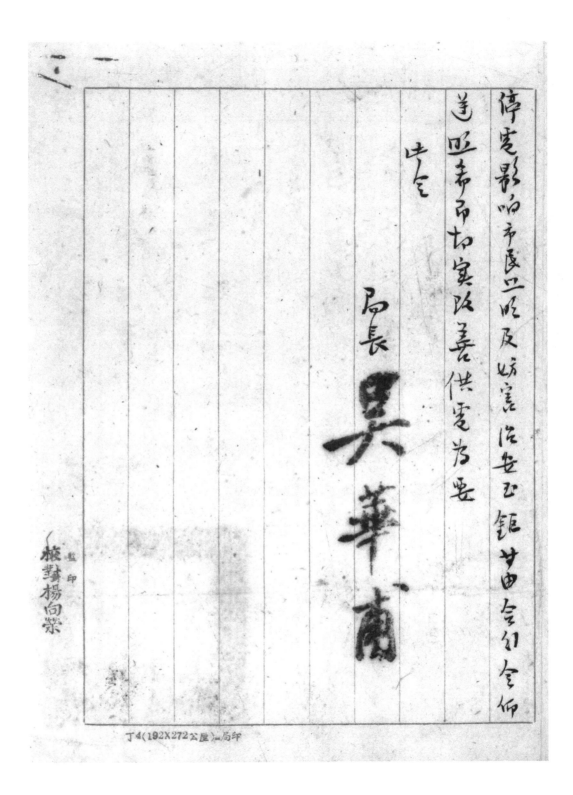

丁4(192X272公厘)…局印

重庆电力股份有限公司、国民政府主席重庆行辕关于拟具公私用电办法草案及包灯制章则的代电（附办法）

（一九四七年十二月二十九日）　0219-2-245

E18200

59

送達機關	重慶行轅
文別	代電
附件	
事由	为呈复实施包灯制流弊綦多请免予推行并奉令拟本市公私用电办法草案呈请鉴核由

總經理：（签字）

協理

主任秘書

秘書：十二月廿九日（签字）

文書股股長

擬稿

民國三十六年

發文電字第1510號

校繕：十二月廿九日

用印：十二月廿九日

國民政府主席重慶行轅鈞鑒：案奉鈞行轅三十六年十二月十五日篆字第五九六六號代電飭即擬具公私用電辦法草案及包燈制章則各一份以為根本解決竊電之有效辦法等因自

秘 36 12.16 / 9000

60

查包灯制虽能适用于少数不费电之商店，而费电之商店及重要用户

若照此办理，惟有实行包灯制，流弊甚大，而仍不能解决窃电问题，殊多困难

（1）用户一经取得包灯制后，认为取得权利，每

包灯用户之使用电灯者，每易私自增加灯数，用户亦私自调用，若证明增加盏数，用电器者，如

（2）用户一换装电表，实在与虎谋皮，决不可能，而民

（3）用户方面以包灯制之害：5、包灯制促使实行窃户

世界各地，包灯制因难且有不利之处，仍用上述设置电表，计费用户

（4）且对于窃电之设用电表，仍不回头，综上各节，实施

包灯用户所用之电灯，仍较他处……使

（5）如包灯制办法确属弊害太多，对于废制用电实施

实业部……

（6）再查公用户需用电表，本公司当向外订购

（7）三千余只，电表现在由沪运输途中，不日即可

（8）关于供应电表以后，问题包灯制拟似可……

再将包灯制……

61

并饬[illegible]订立，拟请准予免拟为本公司

对用户用电依照自订有关章程另行节电办

有加强处理节电办法，已属详尽，似无另订办法必要。钧府

前拟公私用电办法草案实有重看之处，本公司

尚不明悉，拟请钧府暂予搁置，市政府所拟办法尚乞

以凭尊拟后，仍继续本电前因，谨电呈覆，

敬祈鉴核示遵。重庆电力公司叩（鑒）

68

为解決窃電办法提供意見案

查窃電數字近月以來均達發電量佔數百分之三十以上機炉不勝負荷被迫停[illegible]輪流停電雖經公司登報公告説明情形但仍不常諒解用户等

國民政府主席重慶行轅令飭妥擬合理窃電「公私用電办法」同號章案存「包灯制等制」以布普遍供及解決窃電根本办法經詳加攷慮利弊兼之唯究應如何妥處之處謹將草擬「包灯制等程」及「臨時備小供電區域办法」利弊撮要臚陳敬祈

公决

(一)暂行包灯供电制章程

作用及其优点

1、免除用户一藉口无表时公用窃电

2、化窃电为正当用户增加电费收入

弊病与纠纷

1、用户可能藉包灯为名付少数费用掩护公用窃电引起更大损失

2、用户得包灯之利不能永不装表

3、无专线设备对用户在用电时间上限无法

63

控制又不能随时逐户查灯用户所用灯光更可任意变更为普遍之窃电

4、~~电源不敷供电时间太早纠纷太多~~

5、表册帐据均须多置人员亦须虚多开支加大~~问题未足解决~~

(二)临时缩小供电区域办法

作用和优点

1、以人口密集繁盛市区及有关军工民生工厂为供电对象

2、停供偏远及窃电过多地区减少供电损失

631

五、供電區域縮小後電力充足停電機會可以減少

六、供電區域縮小及節電減少可以節省人力與費用支出

缺點

一、停供區域中之用戶責難

二、停供區域之某種保護

64

重慶電力股份有限公司到文簽

收文電字第 4997 號

來文機關：重慶行轅

察字第五九六六號

中華民國卅六年十二月十五日收到

事由：電仰擬具公私用電办法草案及包燈制章則各一份報核由

附件

總經理

協理

關係各科室處組廠（簽意見）

決定辦法：

董秘書擬

臧 十二、十六

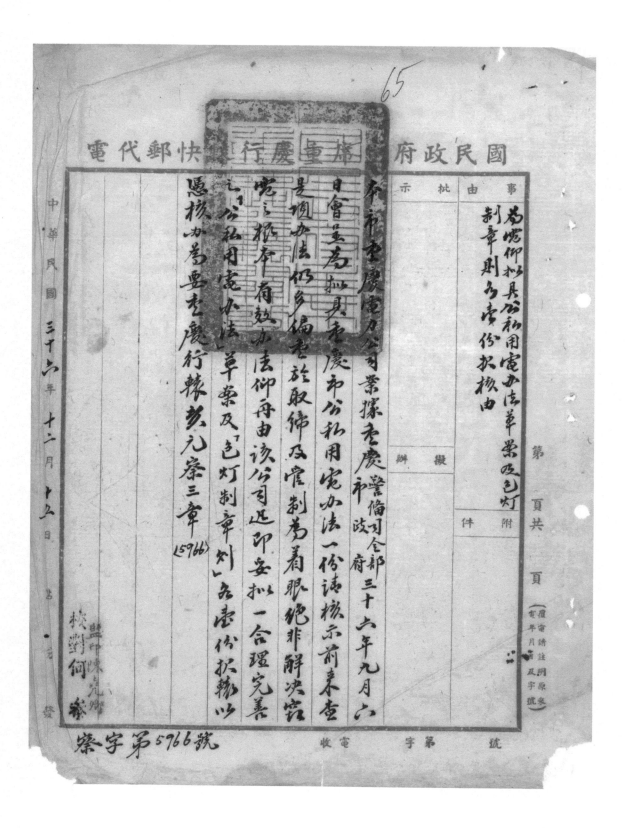

65

國民政府重慶行轅快郵代電

事由：為電仰擬具公私用電辦法草案及包灯制章則各壹份報核由

批示

擬辦

附件

第　頁共　頁

（覆電請註明原來電年月日及字號）

本市重慶電力公司：業據重慶警備司令部、市政府三十六年九月六日會呈為擬具重慶市公私用電辦法一份請核示前來。查是項辦法仍多偏重於取締及管制為着眼，絕非解決電荒之根本有效辦法，仰再由該公司迅即妥擬一合理完善之公私用電辦法草案及「包灯制章則」各壹份報轉，以憑核辦為要。重慶行轅。亥元。察三章〈5966〉

中華民國三十六年十二月十五日　時　分發

校對 何

監印 陳元卿

察字第5966號

收電　字第　號

70

擬請核定原則之改進交業務科電務科用電組作技術上之研討修正

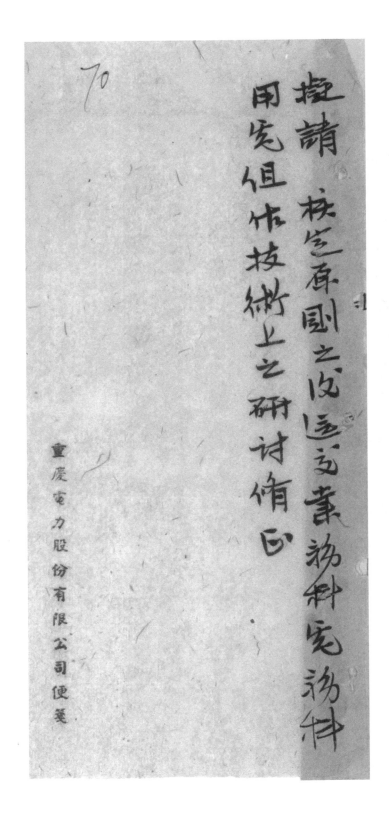

重慶電力股份有限公司便箋

重慶市公私用電辦法

一、本市無表用電之公私用户申請用電暫照本辦法辦理之

二、普通用户現時無表用電者應自本辦法公佈之日起在十天内自動申請裝表用電按照重慶電力公司營業章程之規定辦理

三、重慶電力公司對普通用户之申請裝表用電者應予接辦

四、普通用户在申請後未裝表前應停止用電否則照重慶市加强管理竊電辦法辦理

71-1

五、普通用戶在無表用電期間之耗用電度由重慶
電力公司按照申請電表安培容量及報裝
電燈數目按每安培以一月用電〇〇度或每
燈一盞按〇瓦一月用電〇〇度計算補收
兩個月電費不照實際電表辦理
六、機關學校用戶現時無表用電者應自本辦法
公佈後十天內自動向重慶電力公司申請裝表用
電
七、機關學校用戶申請裝表用電其應用之電表及
電器材料等之價格全照用戶等照重慶電

力公司營業章程之規定納足費用

八、機關學校用户申請裝表用電者，重慶電力公司應予提前辦理

九、機關學校用户在無表用電期間所耗電度，由重慶電力公司按照申請電表安培容量及點裝電燈數目按每安培以一月用電〇〇度或每燈一盞按〇九一月用電〇、度計算補收卅個月電費，仍照優待辦法付費

十、機關學校用户在申請用電未裝表前所用電度照第九項計算方法按實用日期計算，優待付費

72-1

十六、電表裝設於學校用户（非辦公地點宿舍及有營業性質者不在內）用電按水電整理方案所規定之優待辦法付費普通用户用電照核定電價付費

十七、重慶電力公司得視方棚負荷情形對公私用户之申請裝表用電予以適量限制

十八、學校用户普通用户無表用電在本辦法公佈十天後不自動申請裝表者一經查獲即照加倍處理竊電辦法及電氣用户局內電氣裝置取締規則取締之

上項取締執行由重慶警備司令部 重慶市工

73

務局重慶電力公司會同軍警督察組併檢查隊執行
辦理

十四、本辦法由　國民政府主席重慶行轅核准施行修正
廢止亦同

重庆市参议会关于借拨电机致重庆电力股份有限公司的代电（一九四八年四月十九日）　0219-2-265

16

重慶電力股份有限公司到文簽

收文電字第 37收文第1518號

來處	市參議會
	議壹字第一八三五號　中華民國卅七年四月十九日發
事由	復同意借撥電機兩部由
附件	
總經理	閱　存卷
協理	
關係各科室處組廠（簽意見）	
決定辦法	

17

重慶市參議會代電箋

事由：為准電請借撥電機使用案經會決議電復查照由

發電 年 月 日 時

代電 字 年 月 日 時

編號

檔號

會議字 1835

重慶電力公司公鑒：案准貴公司本年三月十九日電字第三二〇號代電為請函資源委員會將撥川電機借撥五千瓩者兩部與公司借用等由，業經提交本會第一屆第八次大會決議，贊同除電行政院請轉資源委員會借撥使用外，特電復查照。

重慶市參議會議長胡子昂、副議長周楙植 卯篠印

共 頁

監印 廖青雲

校對 孔繁瑩

18

卅五、五、廿二、

行政院院長。鈞鑒：查本市電力公司發電量為一萬一千瓩，購買各工廠餘電約三千五百瓩，合計供給市用者僅一萬四千餘瓩，而本市需要電量現在已逾一萬九千瓩，相差約五千瓩，雖予分區輪流停電，但所停究屬有限，而本市人口逐日增加，工廠又紛紛復工，需用電量益見增多，該公司原有鍋爐業已陳舊不堪負荷，又復隨時停電修理，影響於民生與社會秩序者尤為重大。該公司雖在去年三月向外國廠商訂購一萬瓩新機爐一部，但以外國廠商忙於本身復原，交貨期間約有壹年半，運出安裝計為在兩年半以後實

區域不滿急本市管轄西南地位重要時值戡亂
安定第一電力一項與地方治安關係密切亟使供求
相應庶少事端擬報資源委員會最近擬與四川省
宜賓樂山灌縣三地各五千瓩電機一部供其使用查
以該地工商業均不繁榮且樂山宜賓已各有千瓩
瓩之追加發電設備地位既不重要似不急需此項大型發
機擬用挽請鈞院體念本市地方需要及治安秩序有關社會安定秩序實屬
重要賜予財力資源委員會將撥給各該地之五千
瓩發電機組一部借與本市重慶電力公司安裝供
給本市用使社會秩序增進裨益本市不淺迫切公

只工及民生有關尤其工廠方面作加生產

並飭安定

19

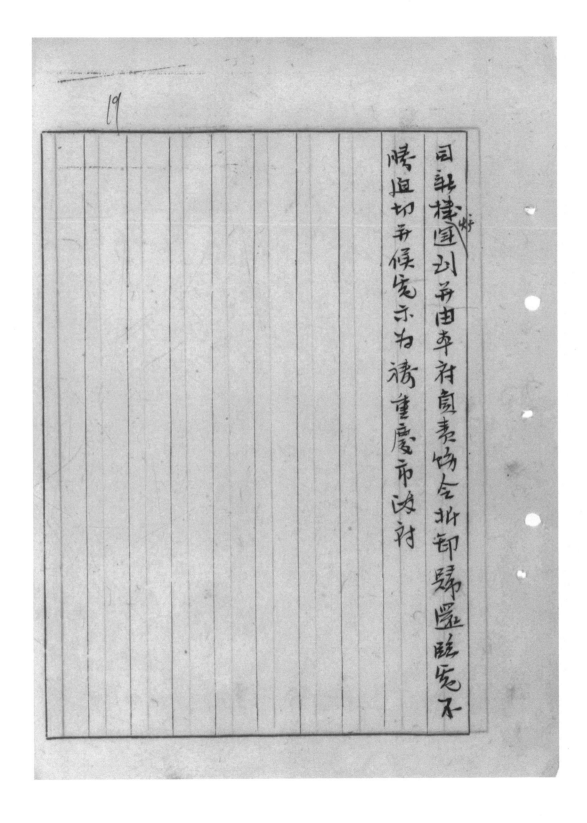

司新楼竣迁到并由本府負責饬令拆卸歸還臨電不勝迫切并候電示為禱 重慶市政府

20

田習之兄款今可收下週去京面詳臧

六月十二日下午四時發

即函程代總經理除接洽電係外並請交涉借
資委會五千電機二部以作三廠合併之用
待本公司新機到後即還
習之 六、十六

重慶電力股份有限公司便箋

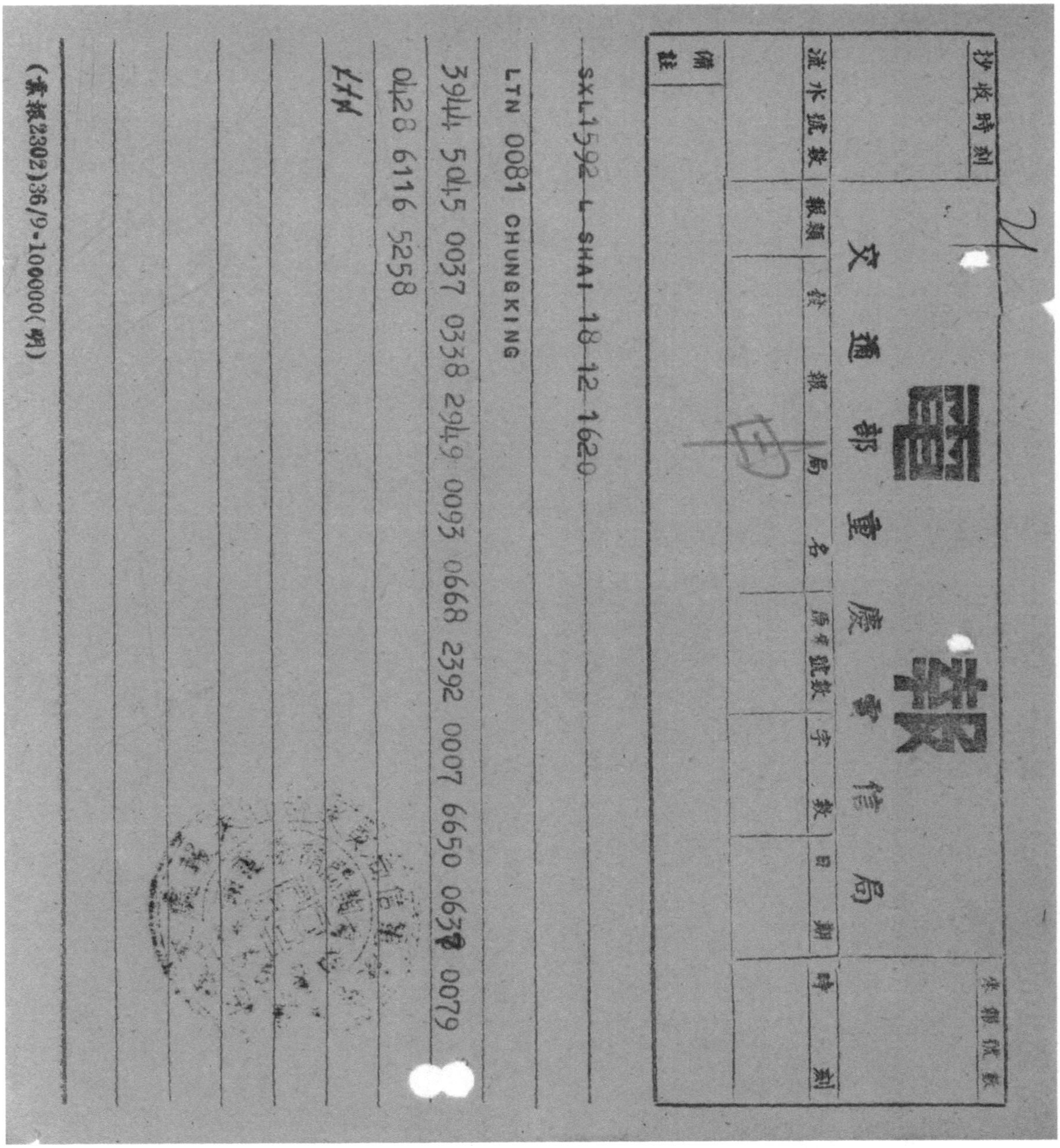

電報

交通部重慶電信局

抄收時刻	來報號數

流水號數	報類	發報局名	原來號數	字數	日期	時刻

備註

SXL1592 L SHAI 18 12 1620

LTN 0081 CHUNGKING

3944 5045 0037 0338 2949 0093 0668 2392 0007 6650 0637 0079

0428 6116 5258

(電報2302)36/9-100000(明)

SXL1592

L SHAI 18 12 1630

LTN 0081 CHG 3944 5045 0037 0338 2949 0093 0668

2392 0007 6650 0637 0079 0428 6116 5258,LTN CHG0081

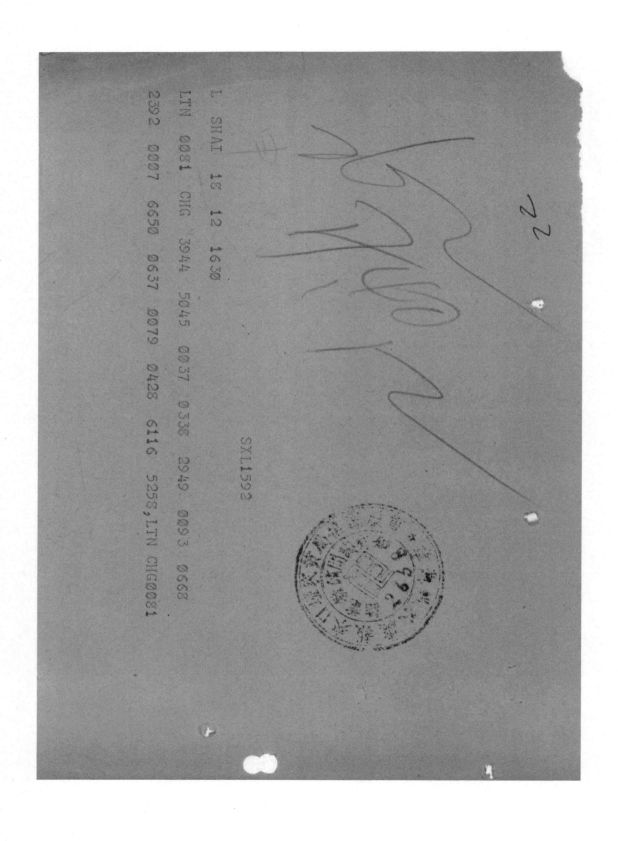

重庆电力股份有限公司关于答复读者提出解决窃电问题致大公报馆的函（一九四八年五月十日） 0219-2-245

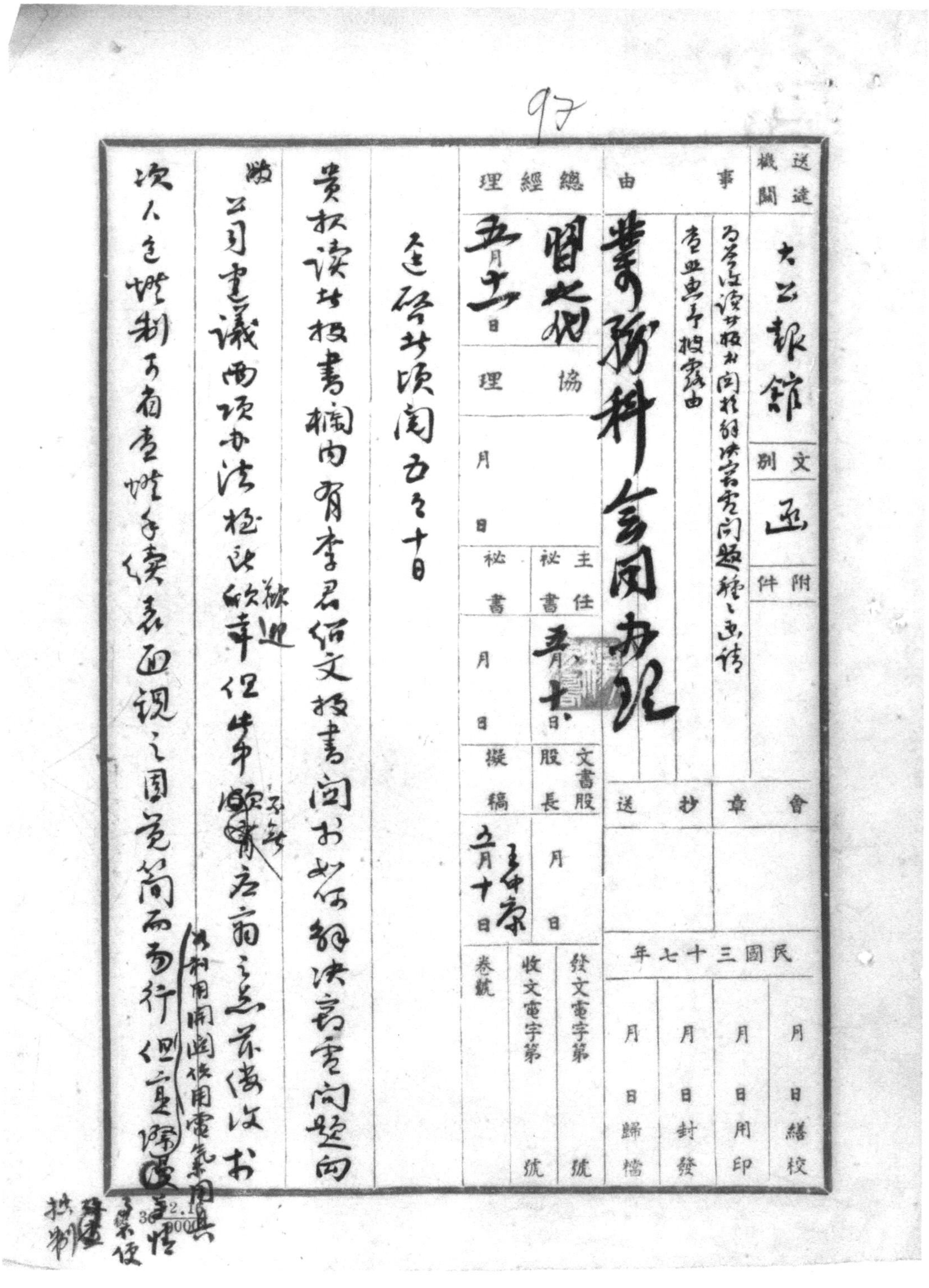

97

送達機關：大公報館

文別：函

附件：

事由：為答復讀者投書關於解決竊電問題擬之函請查照惠予披露由

業務科會同辦理

總經理：五月十二日

協理：月 日

主任秘書：五月十日

秘書：月 日

文書股股長：月 日

擬稿：五月十日

民國三十七年

發文電字第 號

收文電字第 號

卷號

逕啓者：頃閱五月十日

貴報讀者投書欄內有李君佑文投書關於如何解決竊電問題向

敝公司建議兩項辦法極欲歡迎，極表欣幸。但其中[illegible]前之意茲謹依次說明如次：

一、人之遷[illegible]制不用電燈手續表面視之固覺簡而易行，但[illegible]

93

故各大都市近来实行时刻分区制度，且电力电热尤须採用包用制度之商标电灯，流弊甚大，大量耗电，诚属可虞，此等以前市面〔尚〕中，敝公司曾呈请市政府为取缔，俾可减少市面电炉，并由敝公司令市场上电炉燃为不多，曾由商请市府继续取缔窃电，不得任意增加，而窃电又可压制。惟李公司甚为有利，市场遽用，敝公司刻正详细研究办理。综李君建议各项，除第一项包灯制困难太多，不易办到外，余如二三两项，敝公司在原则上完全接受，并以实行。

贵报立论平允，消息正确，特将敝公司对李君建议之意专函奉达，敬颂

94

登閱並賜予披露，曷勝感盛為荷

此致

大公報館

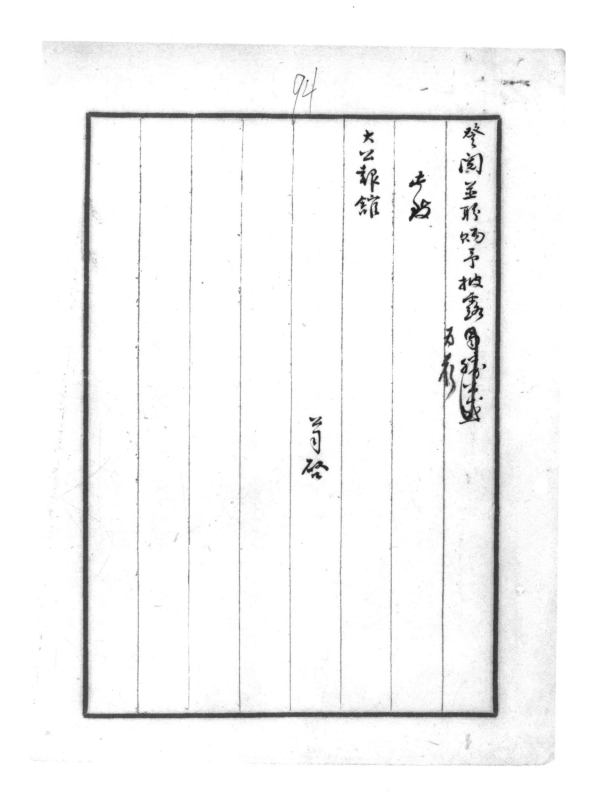

謹啓

重庆市加强管理用电暂行办法（一九四八年五月十五日） 0219-2-245

39

重慶市加强管理用電暫行辦法

民國卅七年五月十五日公佈

一、凡未裝表而已使用電流者無論機關團体私人統限於五月卅一日以前向重慶電力公司申請裝表

二、已通過鄰近電表而申請加裝分表者暫緩安裝以節物力

三、在五月卅一日以後未經向重慶電力公司申請裝表用電仍使用電流者無論機關團体私人均以竊電要予懲罰

四、凡有下列行為之一者即為竊電應予取締

(1)未經電力公司裝置電表而在公司所設之線路上私擅

自接電者

(2)繞越電度表及其他計電器者損壞或改動表外之線路

(3)損壞或改變電度表及其他計電器之構造或以其他方法使電度表及其他計電器失效或不準者

(4)故意損壞電度表及其他計電器之外殼或其他保護物者

(5)損壞或偽造公司所置封誌或封印者

(6)在電價較低之線路上私接電價較高之電器者

(7)其他以竊電為目的之行為者

五、為加強管理用電起見電力公司用電稽查組應經

常派员携带稽查证在营业区域内认真稽查

取缔窃电并得没收所装之电材屋内器材

六、各用户用电应加节省随开随关不得浪费

七、电力公司在其机器设备未完实以前上半夜电流只准供给电灯用不得供给电力用并严禁各工厂在上半夜使用电力

八、凡窃电者由电力公司窃电办法处理并报由市政府登报公告其姓名

九、承装商店或承装人代用户设法窃电者一经查获由市政府吊销其执照并送法院惩处之

十、自本办法施行后无论机关或个人有窃电行为一经查获

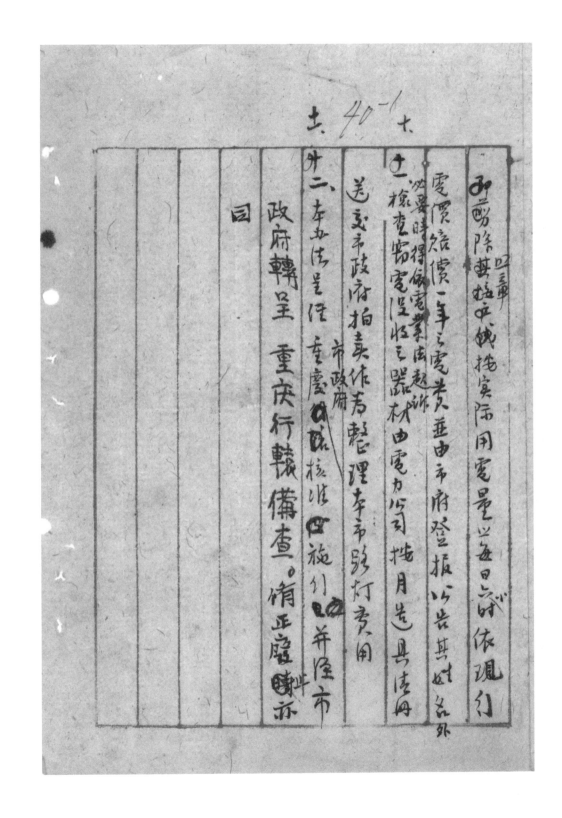

十六 40-1 十七

耗費除基本電錢按實際用電量以每日六小時依現行

電價賠償一年之電費並由市府登報以告其姓名外必要時得依電業法起訴

十一、檢查竊電没收之器材由電力公司按月造具清冊

送交市政府拍賣作爲整理本市路燈費用

廿二、本辦法呈經重慶市政府核准施行并經市

政府轉呈　重慶行轅備查。修正時亦

同

41

重慶市加强管理用電暫行辦法

民國三十七年五月十五日公佈

一、凡未裝表而已使用電流者無論機關團體私人統限於五月三十一日以前向重慶電力公司申請裝表

二、已通過鄰近電表而申請加裝分表者着暫緩安裝以節物力

三、在五月三十一日以後未經向重慶電力公司申請裝表用電仍使用電流者無論機關團體私人均照竊電嚴予懲罰

四、凡有下列行為之一者即為竊電應予取締

(1)未經電力公司裝置電表而在公司所設之線路上擅自接電者

(2)繞越電度表及其他計電器者損壞或改動表外之線路者

(3)損壞或改變電度表及其他計電器之構造或以其他方法使電度表及其他計電器失效或不準者

(4)故意損壞電度表及其他計電器之外殼或其他保護物者

(5)損壞或偽造公司所置封誌或封印者

(6)在電價較低之線路上私接電價較高之電器者

(7)其他以竊電為目的之行為者

五、為加強管理用電起見電力公司用電檢查組應經常派員攜帶檢查證在營業區域內認真檢查取締竊電并得沒收其屋内所裝之用電器材

六、各用電户應體諒本市電力供不應求注意節省白晝及下半夜萬勿開燈即用燈時亦當隨開隨關不得浪費

七、電力公司在其發電設備未充實以前用户不得使用電力燒水煑飯及取暖如經查獲應予沒收其器材上半夜電流只准供給電燈用不得供給電力用並嚴禁非兵工工廠在上半夜使用電力

八、承裝商店或承裝人代用户設法竊電者一經查獲由市政府吊銷其執照並送法院從嚴懲處之

九、自本辦法施行後無論機關或個人如有竊電行為一經查獲除照章按實際用電量照每日六小時依現行電價賠償一年之電費並由市府登報公告其姓名外必要時得依電業法起訴

十、檢查竊電沒收之器材由電力公司按月造具清册送交市政府拍賣作為整理本市路燈費用

十一、本辦法呈經重慶市政府核准施行并經市政府轉呈　重慶行轅備查修正廢止亦同

重庆电力股份有限公司关于答复读者提出解决窃电问题致大公报馆的函（一九四八年五月十七日） 0219-2-245

F000478/2

已登

85

送达机关	大公报馆
事由	为答复读者投书有关解决窃电问题请予披露由
文别	函
附件	
总经理	习之代 五月十七日
协理	月 日
主任秘书	五月十七日
秘书	五月十七日
文书股股长	月 日
拟稿	月 日
会章	铭
抄送	
民国三十七年	
缮校	五月十八日
用印	月 日
封发	中华民国卅七年五月拾八日发出
归档	月 日
发文电字第	634 号
收文电字第	号
卷号	

傅工程师 用电稽查组 业务科 会

逕启者：诵阅五月十日

贵报读者投书栏李君铭文投书阅于如何解

决窃电问题向敝公司建议两项办法极所欢迎

惟此中尚有应解释之点谨分答于次（一）包灯制

秘 36 12.16/9000

86

对于用电管理上有困难流弊之多，现在各大都市均未采用，其他小厂间有采取者亦已谋改用表灯办法，良以世风日下，社会道德日趋堕落，不敢保证不藉包灯为名，使用电器，浪费电力，因致大量消费电流，此本公司故未敢遽然接受。至于改善供应用户用电，本公司刻已与重庆市工务局设计研究，以副各方期待。已迄至因存表用尽，不得不请由用户自备电表，以为装置外，对于用户备表申请用电者，本公司极表欢迎。

87

無軒輊（三）取締商標用電兩年前經呈請由市政府社會局飭

取締在案故迄今市場上霓虹燈不多今後自當

繼續呈請取締（四）檢查竊電由電業當局一道進行實施

（五）用戶屬不逞之徒一經查獲取締[illegible]自所難免 依之

目前電力缺乏致供不應求乃屬主因本公司已向國外訂購

新機力謀增加電源解決此一重要問題本公司對李君所

項建議至感盛意並力謀改進外 貴報立論平允特

倘將該項事實報刊 特予披露藉昭公允是荷

大公報編輯先生

公司啓

88

径呈

李谕 字向 核示呈 拟于 报告 所列事 ，应试 呈
遵 照 福 此 謄 正 福 一 份 由本 所 送 核 技术 工程 处 取
请 公司 定 等 点 拟清 晨 ，晨 昆 阅 后 用 电 核 李 位
张 但 亦 加 具 之 为 见 或 ○ 五 十 二

迳启者 顷阅五月十日

商务日报读者投书栏内有李允锡君投书关于如何解决

电费问题向本公司建议办法极所钦佩但其中不无疵處

商榷之点兹谨复于次：（1）李君以制时计用电之管理

至为困难须繁琐复刻，本都市均未采用此种办

法，所以小电厂间有采取之区，课仍用表灯办法，且

以每日下不敢保人人皆有 [illegible] 偿心，如假它有不顾

公德之人终色灯用电每月按灯数若干计算，收其

额外多用或浪费电力，例如取暖烧水煮饭皆取给于

电力，公司为顾及本公司利益、本区当用户户之供应

此项办法……用户……

又如何能切實稽察取締，更無論實行色燈制供電用電尚有若干器材技術問題亦能輕易可能解決，一切條件不能完備之下勉強實行，更助長竊電之風，此已實行色燈制電廠虧墊拉課恢復表燈辦法之動機，而本公司不敢貿然實行此制之主因也（乙）因抗戰期間電表無來源，自卅九年起本公司實表即已告用罄，除卅五年十一月間曾儘其量向國內收購一批電表，勉為供應，仍不敷分配。為謀用電者安裝計，乃變通本法實行「用戶自備電表」方式，分兩種（A）以前凡用戶自備電表來公司申請用

89

費其電表由本公司直接向電表商收購給用戶以現金（B）現在一種自備表權屬於用戶到不用時附用戶可憑據向本公司退還其自備電表本公司不收取押金只收用電保證金自去年五月實行迄今並未間斷現有自備表用戶已占本公司全部用戶百分之二十強至於公股各請其主管機關同業為一致實業者本公司皆於供電無困難之條件下儘量勵力援助本公司係屬公用事業決不敢對用戶分大小等級有所抉擇（C）取締竊電易生糾紛最近下去總能常策本

公司亦深具同感，惟为维护本分之[redacted]正当

用户之供应不得不[redacted]敝公司欲令此附

於取缔方法方面再三考虑[redacted]使其完善

事业本当发展，敝公司亦至为感谢此事

顾虑

总之目前电[redacted]力供应不足，主因在电力不敷，敝公

司区内因外行窃新机，致损新机须在购买后

始能来沪，此后漫长之时日中，如无其他新机

增装，一切办法皆难解决，本公司电荒问题。敝公司

深信工程建设及供电因难，必得日俟堪除障碍之

90

以赴外尤赖爱护公用事业之协助也

李先生爱护敝公司之盛意至为感谢并承厥赐

贵报敝稿批露一作答覆倘蒙俯允不胜幸甚

此致

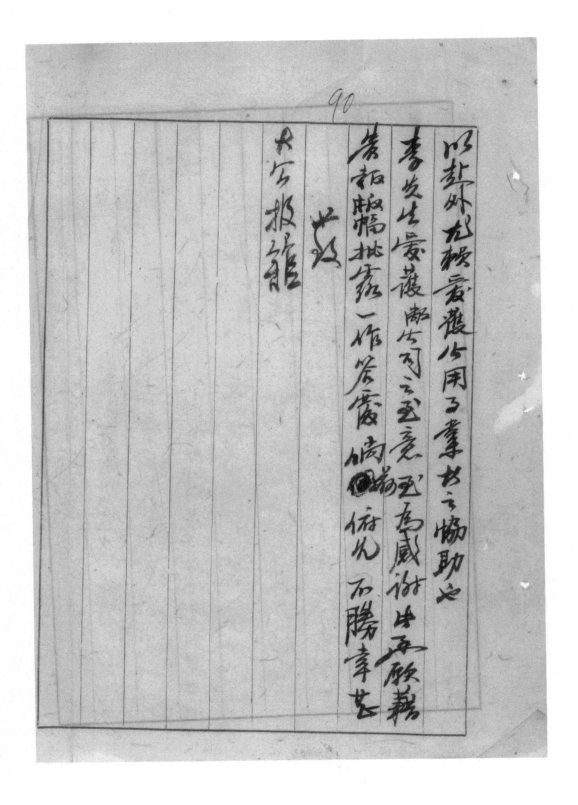

大公报馆

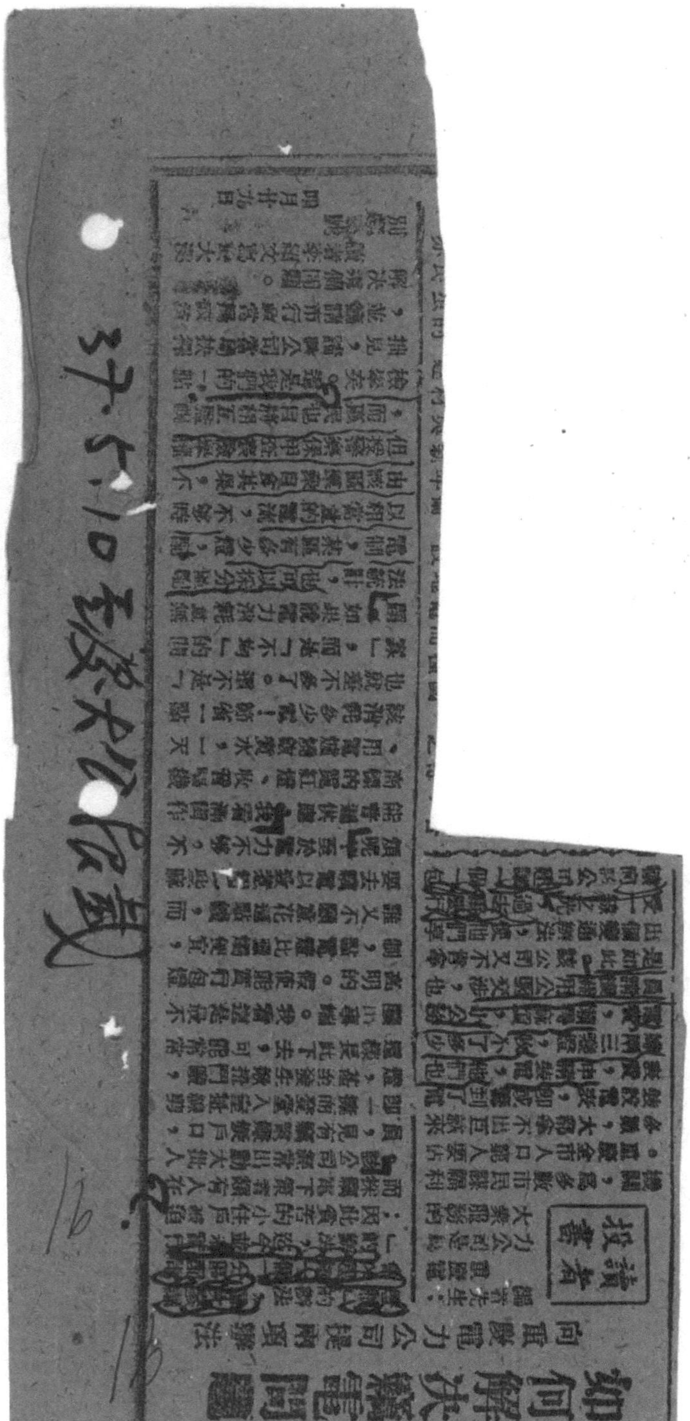

如何解決竊電問題

向重慶電力公司提兩項辦法

讀者投書

37.5.10 重慶大公報

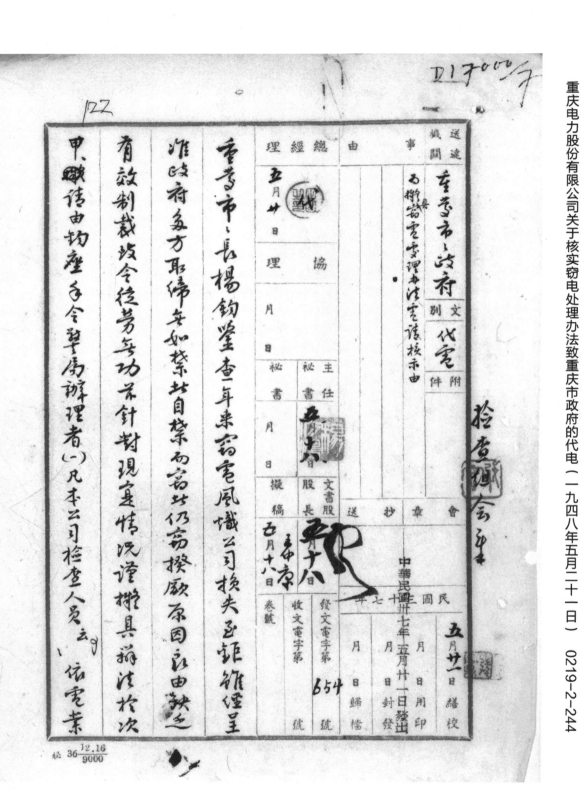

重庆电力股份有限公司关于核实窃电处理办法致重庆市政府的代电（一九四八年五月二十一日） 0219-2-244

D1 7000/7

122

送達機關：重慶市政府

文別：代電

附件：

事由：為擬竊電處理辦法電請核示由

總經理：五月廿日

協理：月 日

主任秘書：五月十八日

秘書：月 日

文書股股長：五月十八日

擬稿：五月十八日

會章抄送：檢查組会章

中華民國卅七年五月廿一日發出

繕校：五月廿一日

用印：月 日

封發：月 日

歸檔：月 日

發文電字第654號

收文電字第 號

卷號

重慶市市長楊鈞鑒：查一年來竊電風熾，公司損失至鉅，雖經呈准政府多方取締，無如禁者自禁而竊者仍竊，推厥原因，良由缺乏有效制裁，致令徒勞無功。茲針對現實情況，謹擬具辦法於次：

甲、擬請由鈞座手令警局辦理者：（一）凡本公司檢查人員、依電業

秘 36 12.16/9000

123

法第一零八條嚴辦，以再懇鈞府轉請重慶行轅飭令憲兵第廿四團部、應照前條第一、二項辦理。以上所陳僅就管見所及擬備採擇施行，是否有當，理合電請鑒核施行，仍候指令祗遵。重慶電力公司叩（馬）

重庆电力股份有限公司关于一九四八年四月最高负荷、发电及购电等数致经济部电业司的代电（一九四八年五月二十九日）　0219-2-260

F10064/1

39

特快

送達機關：經濟部電業司

事由：

文別：代電

附件：

總經理

協理

主任秘書　秘書

文書股股長　擬稿

會章　抄送

民國三十　年　月　日繕校 五月廿九日

中華民國卅七年五月廿九日發出

發文電字第715號

收文電字第　號

卷號

南京經濟部電業司羅司長濬川兄鑒：本公司四月份最高負荷10680瓩，發電557萬度，購電95萬度，抄見371萬度，用煤9607噸。[illegible] 吳錫瀛 艷

秘 36 12.16 / 9000

重慶電力股份有限公司通用箋

南京經濟部工業司羅司長

濬叔兄鑒：7月份最高負荷

10680瓩，發電5579萬度，購電~~948~~ 95萬度，

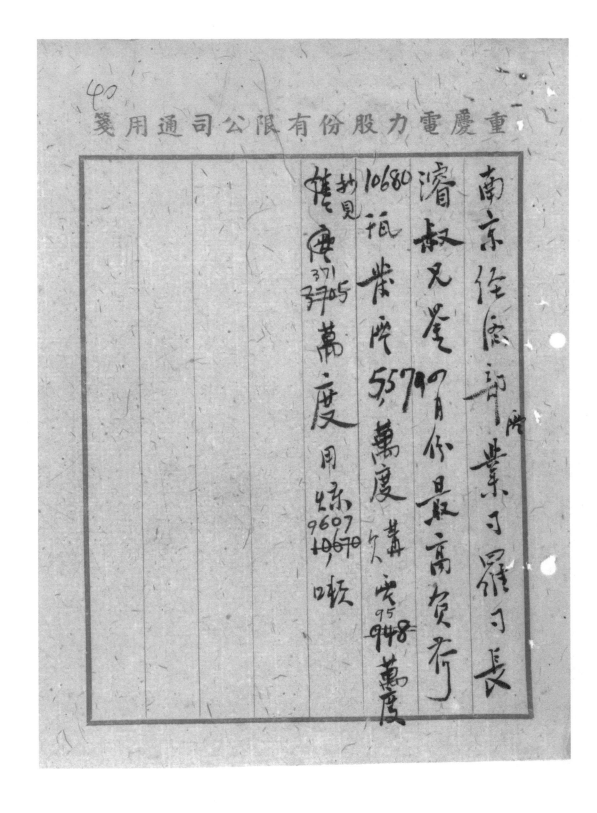

抄見售電~~3705~~ 371萬度，用煤~~10670~~ 9607噸

重庆电力股份有限公司与电一煤矿厂订立购售煤合同（一九四八年五月）　0219-2-273

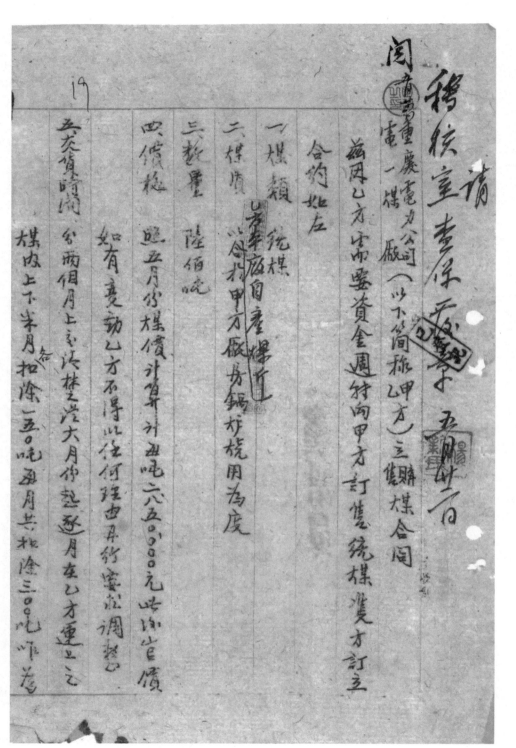

請稽核室李保安核　五月廿日

閱

19

重慶電力公司
電一煤廠（以下簡稱甲方
乙方）立購售煤合同

茲因乙方需要資金週轉向甲方訂售統煤，雙方訂立合約如左：

一、煤類　統煤

二、煤質　乙方本廠自產煤斤以合於甲方廠房鍋爐燒用為度

三、數量　陸佰噸

四、價格　照五月份煤價計算，計每噸六八五0,000元，此係官價，如有變動乙方不得以任何理由要求調整

五、交貨時間　分兩個月上下半月交清，於六月份起逐月在乙方運上之煤收上下半月各扣除一五0噸，每月共扣除三00噸，作為

本合同
款已付訖
一存檔備查
一送經濟部
俟一付後送
西寧燃料廠

本合約應交煤量

六、交貨地點由甲方指定但如機關之三厂得另加繳江費其價格

照主管機關規定價給

七、煤款　甲方於五月底一次付清

八、乙方應覓具妥實舖保一家如到期乙方未能履行合約其

應交煤斤應由保證人負責於一個月內如數補足完畢

九、本合同一式三份由甲方執存二份乙方執存一份

甲方　[illegible]電力股份有限公

乙方　電一煤鑛廠

保證人
住址　左營街十四號

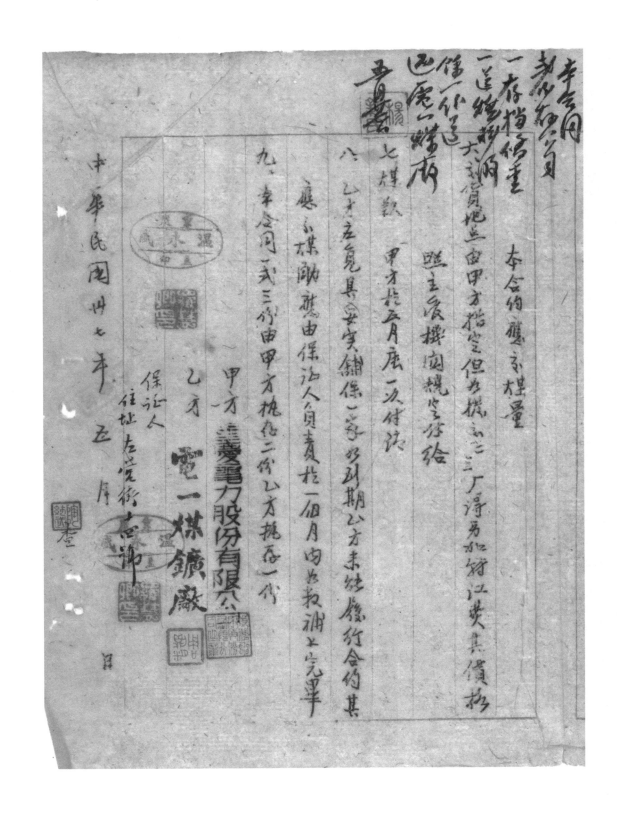

中華民國卅七年五月　日

重庆电力股份有限公司关于依法办理电表被窃案件向重庆市警察局、工务局的呈、代电（附被窃电表清单）（一九四八年六月七日） 0219–2–244

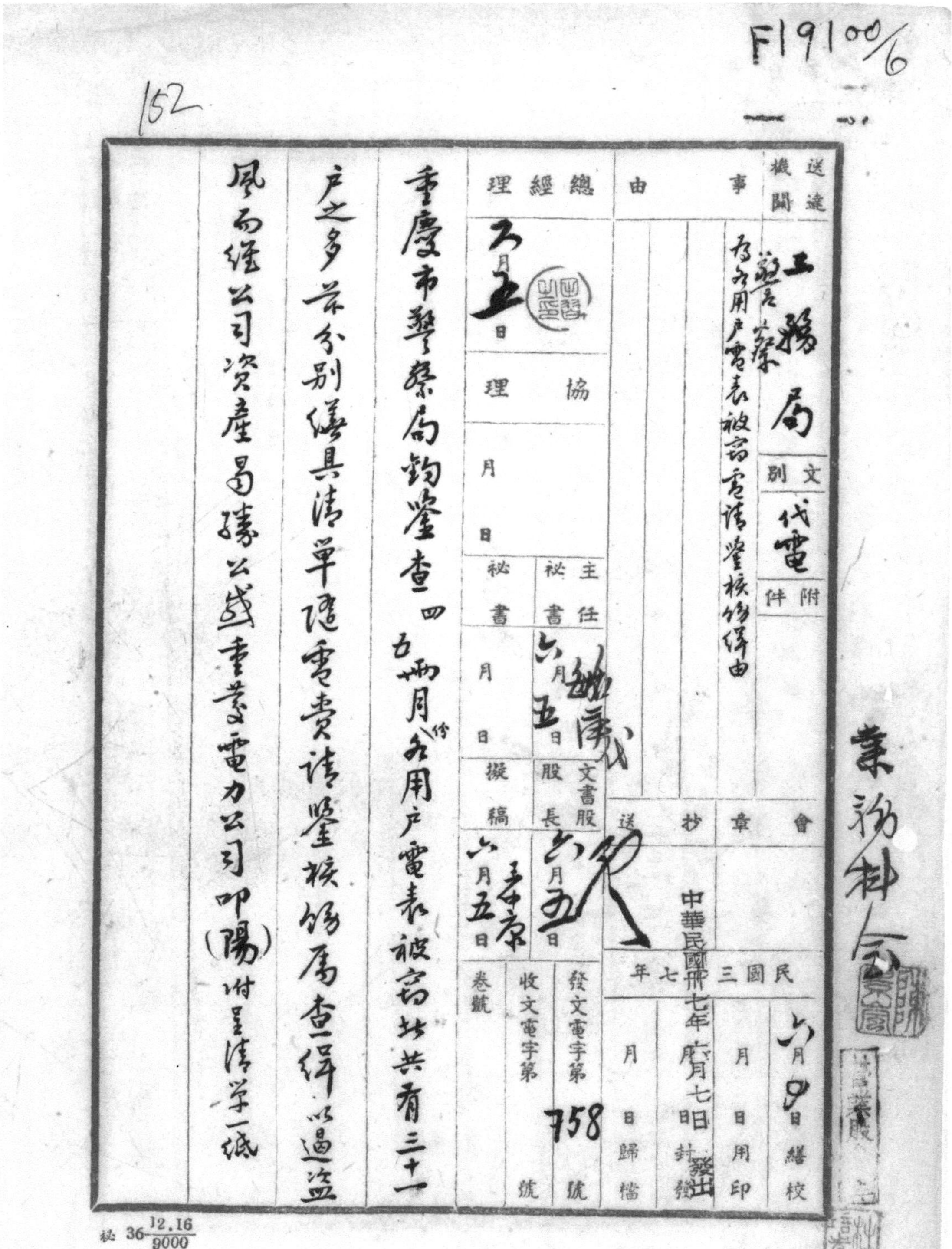

F19100/6

152

送達機關：工務局、警察局

事由：為四五月用户電表被竊電請鑒核飭緝由

文別：代電

附件

總經理 六月五日

協理 月 日

主任秘書 六月五日

秘書 月 日

文書股股長 六月五日

擬稿 六月五日

會章 抄 送

中華民國三十七年 中華民國卅七年六月七日

繕校 六月四日

用印 月 日

封發 發出

歸檔 月 日

發文電字第758號

收文電字第 號

卷號

重慶市警察局鈞鑒：查四五兩月份用户電表被竊者共有三十一户之多，茲分别繕具清單，隨電賫請鑒核，飭屬查緝，以遏盜風，而維公司資產，是為公感。重慶電力公司叩（陽）。附呈清單一紙

業務科

秘 36 $\frac{12.16}{9000}$

153

重慶電力股份有限公司職員公務報單

中華民國卅七年六月四日　電業字第79號

民國37年6月　日　收文電字第2351號

事由

謹呈者查用戶電表被窃者四五兩月共有三十餘戶，職科除將窃表辦法分別辦理外，茲特列表簽請鑒核，並請陳報治安機關查緝，以維公司權益。

謹呈

經理鑒核

陳報市府及主管機關查緝　附件如文

業務科　謹呈

（蓋章）報

154

用户校验电表清单

37.6.1

户号	户名	住址	厂名	表号	容量	校验日期	检次
F-93	高言榆	至诚巷14"	AEG	11855579	1×5A	37.4.8	
F-131	罗国藩	〃 〃	AEG	10904337	1×5A	〃	
H-987	刘廷芳	临江路165	AEG	12491206	1×15A	〃 〃	
A-1131	唐槐森	中正路79"	AEG	11787193	1×3A	〃 〃	
A-1354	中央集训团办公处	中正路13	AEG	11668091	1×30A	〃 〃	蒋公下榻用
F-498	保险业公会	民国路139	FRT	6867012	1×5A	〃 〃	
H-416	苟青云	临江门新亭57	AEG	11639071	1×3A	〃 〃	
H-1369	江大云	〃 〃	FRT	6866835	1×5A	〃 〃	
I-63	李泽民	民生路38-1"	AEG	11854632	1×15A	〃 〃	
F-1497	周曼谦	中兴路41"	AEG	11854091	1×15A	〃 〃	
A-600	黄懋欣	信义街61	SMS	20567912	1×3A	〃 〃	川康公会借用
D-199	大川实业公司	黄沙溪棕業33"	AEG	10906840	1×5A	〃 〃	配15/5A C.T.
〃	〃	〃	AEG	10906623	1×5A	〃 〃	5/5A C.T.
〃	〃	〃	SMS	20108531	1×5A	〃 〃	15/5A C.T.
A-14	天赐皇旅馆饭店	中正路8"	AEG	11855455	1×5A	〃 〃	
C-596	浙江旅渝同乡会	林森路338	AEG	11866055	1×10A	〃 〃	
J-244	资川酒精厂	冉家巷10-4"	AEG	10906957	1×10A	〃 〃	广德医院用
F-165	秦昕福	新丰街12"	SMS	20568998	1×5A	〃 〃	
O-985	鲜伯良	枣子岚垭255	SMS	18963332	1×10A	37.5.1	
D-658	胡仲谦	太平门4"	AEG	12409638	1×10A	〃	由未阅清
D-266	世界书局分栈	〃 〃 40"	HSF	523407	1×5A	〃	
K-112	张祥惠	南纪门1	SHZ	520520	1×3A	〃 〃	
E-335	邓德厚	上清寺巷16"	AEG	12101584	1×15A	〃 〃	
K-1341	周维信	响水桥12"	LG	11610057	1×3A	〃 〃	
D-1477	张嘉生	东水门5"	AEG	12663474	1×3A	〃 〃	
H-358	许南岗	大井巷15"	AEG	12478177	1×15A	〃 〃	
N-1257	农民银行花会	川东花园?	J.A.B	5466894	1×10A	〃 〃	
A-589	吴倩云	水巷子93"	AEG	11632247	1×3A	〃 〃	
C-1261	华丰实业公司	林森路34	AEG	11668315	1×5A	〃 〃	
D-658	杨心荣	东正街5"	AEG	12205326	1×10A	〃 〃	
A-573	颜其祥	水巷子80"	LGZ	6865637	1×5A	〃 〃	

营业股会印

李文洲 印

重庆电力股份有限公司

重庆市政府关于检发重庆市加强管理用电暂行办法给重庆电力股份有限公司的训令（附办法）（一九四八年七月二日） 0219-2-245

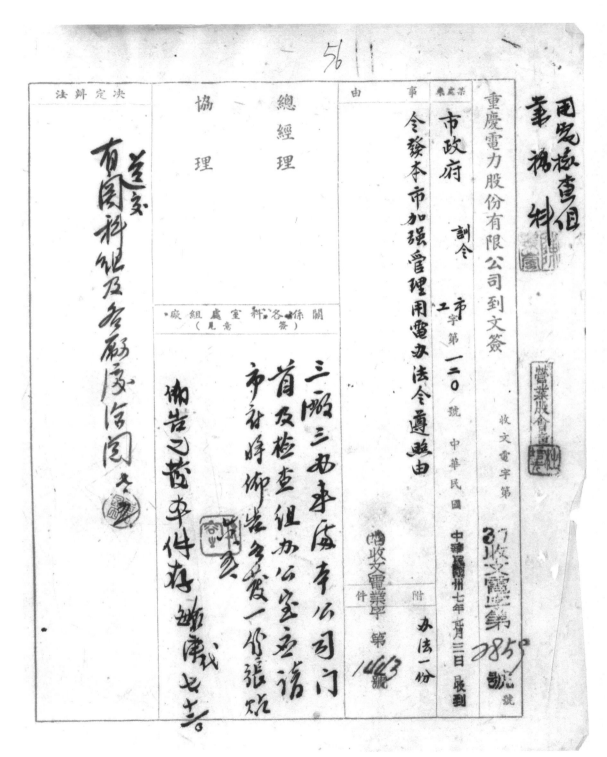

用電檢查組
業務科

重慶電力股份有限公司到文簽

收文電字第 2859 號

來處	市政府 訓令
	市工字第一二〇號 中華民國卅七年七月三日收到
事由	令發本市加強管理用電辦法令遵照由
附件	辦法一份
	收文電業字第1663號
總經理	
協理	
關係各科室處組廠簽（意見）	三廠三為本公司門首及檢查組辦公室，請市科將佈告多發一份張貼 佈告之發本件存 七十二
決定辦法	送有關科組及各廠處洽閱

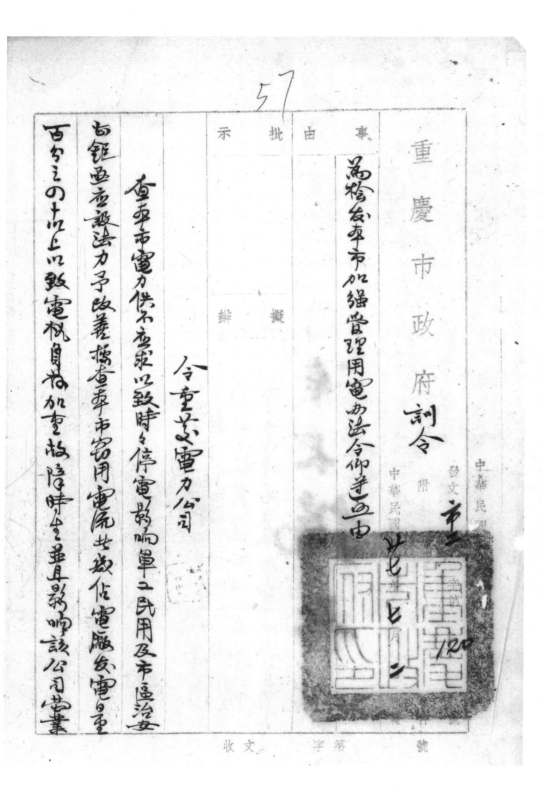

57

重慶市政府訓令

發文 市工 字第 120 號

附

中華民國卅七年七月二日

事由：為檢發本市加強管理用電辦法令仰遵照由

批示

擬辦

令重慶電力公司

查本市電力供不應求以致時々停電影響軍工民用及市區治安甚鉅亟應設法力予改善據查本市竊用電流共約佔電廠發電量百分之四十以上以致電機負荷加重故障時生並且影響該公司營業

收文　　字第　　號

577

收入妨害正當用戶照明正大亟應嚴予取締以資整頓茲經本府擬訂「重慶市加強管理用電辦法」一種經呈奉 國民政府主席重慶行轅卅年五月廿日察字第8674號代電核准施行在案除分別函令並布告週知外合行檢發該項辦法令仰該公司遵照為要！

此令。

計檢發重慶市加強管理用電辦法一份

市長 楊森

監印 校對

監印涂國卿

重慶市政府福利委員會印製

58

重慶市加强管理用電暫行辦法

民國三十七年六月二十五日公佈

一、凡未裝表而已使用電流者無論機關團體私人統限於七月廿日以前向重慶電力公司申請裝表

二、已通過鄰近電表而申請加裝分表者着暫緩安裝以節物力

三、在七月十日以後未經向重慶電力公司申請裝表用電仍使用電流者無論機關團體私人均照竊電嚴予懲罰

四、凡有下列行為之一者即為竊電應予取締

(1)未經電力公司裝置電表而在公司所設之線路上擅自接電者

(2)繞越電度表及其他計電器者損壞或改動表外之線路者

(3)損壞或改變電度表及其他計電器之構造或以其他方法使電度表及其他計電器失效或不準者

(4)故意損壞電度表及其他計電器之外殼或其他保護物者

(5)損壞或偽造公司所置封誌或封印者

(6)在電價較低之線路上私接電價較高之電器者

(7)其他以竊電為目的之行為者

五、為加強管理用電起見電力公司用電檢查組應經常派員攜帶檢查證在營業區域内認真檢查取締竊電并得沒收其屋内所裝之用電器材

六、各用電户應體諒本市電力供不應求注意節省白晝及下半夜萬勿開燈即用燈時亦當隨開隨關不得浪費

七、電力公司在其發電設備未充實以前用户不得使用電力燒水煮飯及取暖如經查獲應予沒收其器材上半夜電流只准供給電燈用不得供給電力用並嚴禁非兵工工廠在上半夜使用電力

八、承裝商店或承裝人代用户設法竊電者一經查獲由市政府吊銷其執照並送法院從嚴懲處之

九、自本辦法施行後無論機關或個人如有竊電行為一經查獲除照章按實際用電量照每日六小時依現行電價賠償一年之電費並由市府登報公告其姓名外必要時得依電業法起訴

十、檢查竊電沒收之器材由電力公司按月造具清册送交市政府拍賣作為整理本市路燈費用

十一、本辦法呈經重慶市政府核准施行并經市政府轉呈　重慶行轅備查修正廢止亦同

重庆市工务局关于登报公告加强管理用电暂行办法给重庆电力股份有限公司的训令（附办法）

（一九四八年七月三日） 0219-2-245

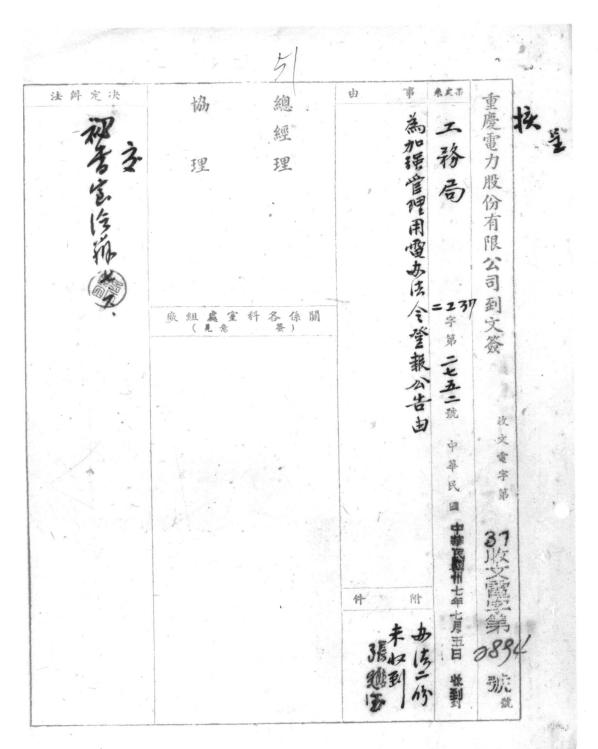

51

擬呈

重慶電力股份有限公司到文簽

收文電字第 37收文電字第 2834 號

來文機關：工務局

二二三七字第二七五二號

中華民國卅七年七月五日收到

事由：為加強管理用電辦法令登報公告由

附件：辦法二份 未收到 張懋[illegible]

總經理

協理

關係各科室處組廠（簽意見）

決定辦法：[illegible]

52

最速件　中華民國　年　月　日收

重慶市工務局訓令

發文（工二）字第　號
附件
中華民國卅七年七月　日　時

事由	擬辦	批示

令重慶電力公司

查本市電力供不應求，以致時時停電，影響軍工民

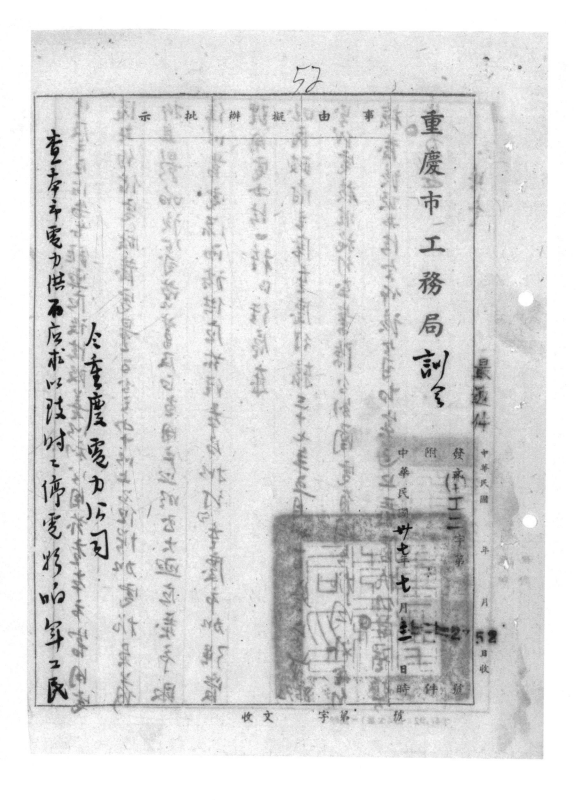

收文　字第　號

527

生產事宜治安甚鉅，亟應設法改善，以利公用。茲查本市竊用電流者約佔電廠發電量為百分之四十以上，不但增加電機負荷，抑且影響該公司營業及正當用戶亦大，亟應採取措以節電流而維供應。茲經本局擬訂的重慶市加強管理用電辦法一種呈經層奉國民政府主席重慶行轅三十七年五月卅一日寶字第8574號代電核准施行在案，除分別函電有關各機關外，合行檢發該項辦法令仰該公司切實遵照嚴厲執行。並登報公告為要。

此令

丁4(192×272公厘)－局印

53

计检发重庆市加强管理用电暂行办法二份

局长 [illegible]

54

重慶市加强管理用電暫行辦法

民國三十七年六月廿日公佈

重慶市政府工二字一二二號佈告公佈
重慶行轅寨字八五七四號代電核准

一、凡未裝表而已使用電流者無論機關團體私人統限於七月十日以前向重慶電力公司申請裝表

二、已通過鄰近電表而申請加裝分表者着暫緩安裝以節物力

三、在七月十日以後未經向重慶電力公司申請裝表用電仍使用電流者無論機關團體私人均照竊電嚴予懲罰

四、凡有下列行為之一者即為竊電應予取締

(1)未經電力公司裝置電表而在公司所設之線路上擅自接電者

(2)繞越電度表及其他計電器者損壞或改動表外之線路者

(3)損壞或改變電度表及其他計電器之構造或以其他方法使電度表及其他計電器失效或不準者

(4)故意損壞電度表及其他計電器之外殼或其他保護物者

(5)損壞或偽造公司所置封誌或封印者

(6)在電價較低之線路上私接電價較高之電器者

(7)其他以竊電為目的之行為者

五、為加強管理用電起見電力公司用電檢查組應經常派員攜帶檢查證在營業區域內認真檢查取締竊電并得沒收其屋内所裝之用電器材

六、各用電户應體諒本市電力供不應求注意節省白晝及下半夜萬勿開燈即用燈時亦當隨開隨關不得浪費

七、電力公司在其發電設備未充實以前用户不得使用電力燒水煑飯及取暖如經查獲應予沒收其器材上半夜電流只准供給電燈用不得供給電力用並嚴禁非兵工工廠在上半夜使用電力

八、承裝商店或承裝人代用户設法竊電者一經查獲由市政府吊銷其執照並送法院從嚴懲處之

九、自本辦法施行後無論機關或個人如有竊電行為一經查獲除照章按實際用電量照每日六小時依現行電價賠償一年之電費並由市府登報公告其姓名外必要時得依電業法起訴

十、檢查竊電沒收之器材由電力公司按月造具清册送交市政府拍賣作為整理本市路燈費用

十一、本辦法呈經重慶市政府核准施行并經市政府轉呈 重慶行轅備查修正廢止亦同

重慶市政府公告

市二二字第一二二號

查本市電力供不應求以致時時停電影响軍工民用及市區治安甚鉅亟應設法力予改善據查本市竊用電流者幾佔電廠發電量百分之四十以上以致電機負荷加重故障時生並且影响電力公司營業收入妨害正當用户照明至大亟應嚴予取締以資整頓業經本府擬訂『重慶市加強管理用電暫行辦法』一種經呈奉國民政府主席重慶行轅卅七年五月卅一日簝字第8574號代電核准施行在案除已分别函令外合行抄附上項辦法布告週知！

抄附：重慶市加強管理用電暫行辦法

一、凡未裝表而已使用電流者無論機關團體私人統限於七月十日以前向重慶電力公司申請裝表

二、已通過鄰近電表而申請加裝分表者着暫緩安裝以節物力

三、在七月十日以後未經向重慶電力公司申請裝表用電仍使用電流者無論機關團體私人均照竊電嚴予懲罰

四、凡有下列行為之一者即為竊電應予取締

(1)未經電力公司裝置電表而在公司所設之線路上擅自接電者 (2)繞越電度表及其他計電器者損壞或改動表外之線路者 (3)損壞或改變電度表及其他計電器之構造或以其他方法使電度表及其他計電器失效或不準者 (4)故意損壞電度表及其他計電器之外殼或其他保護物者 (5)損壞或偽造公司所置封誌或封印者 (6)在電價較低之線路上私接電價較高之電器者 (7)其他以竊電為目的之行為者

五、為加強管理用電起見電力公司用電檢查組應經常派員攜帶檢查證在營業區域內認真檢查取締竊電并得沒收其屋內所裝之用電器材

六、各用電户應體諒本市電力供不應求注意節省白晝及下半夜萬勿開燈即用燈時亦當隨開隨關不得浪費

七、電力公司在其發電設備未充實以前用户不得使用電力燒水煮飯及取暖如經查獲應予沒收其器材上半夜流電只准供給電燈用不得供給電力用並嚴禁非兵工工廠在上半夜使用電力

八、承裝商店或承裝人代用户設法竊電者一經查獲由市政府吊銷其執照並送法院從嚴懲處之

九、自本辦法施行後無論機關或個人如有竊電行為一經查獲除照章按實際用電量照每日六小時依現行電價賠償一年之電費並由市府登報公告其姓名外必要時得依電業法起訴

十、檢查竊電沒收之器材由電力公司按月造具清冊送交市政府拍賣作為整理本市路燈費用

十一、本辦法呈經重慶市政府核准施行并經市政府轉呈[illegible]廢止亦同

中華民國卅七年六月　日

市長 楊森

重庆电力股份有限公司关于拨借五千瓦机炉致南京总统府大总统、南京行政院院长、重庆绥靖公署主任、重庆市市长、重庆市参议会等的代电（一九四八年七月十九日）　0219-2-265

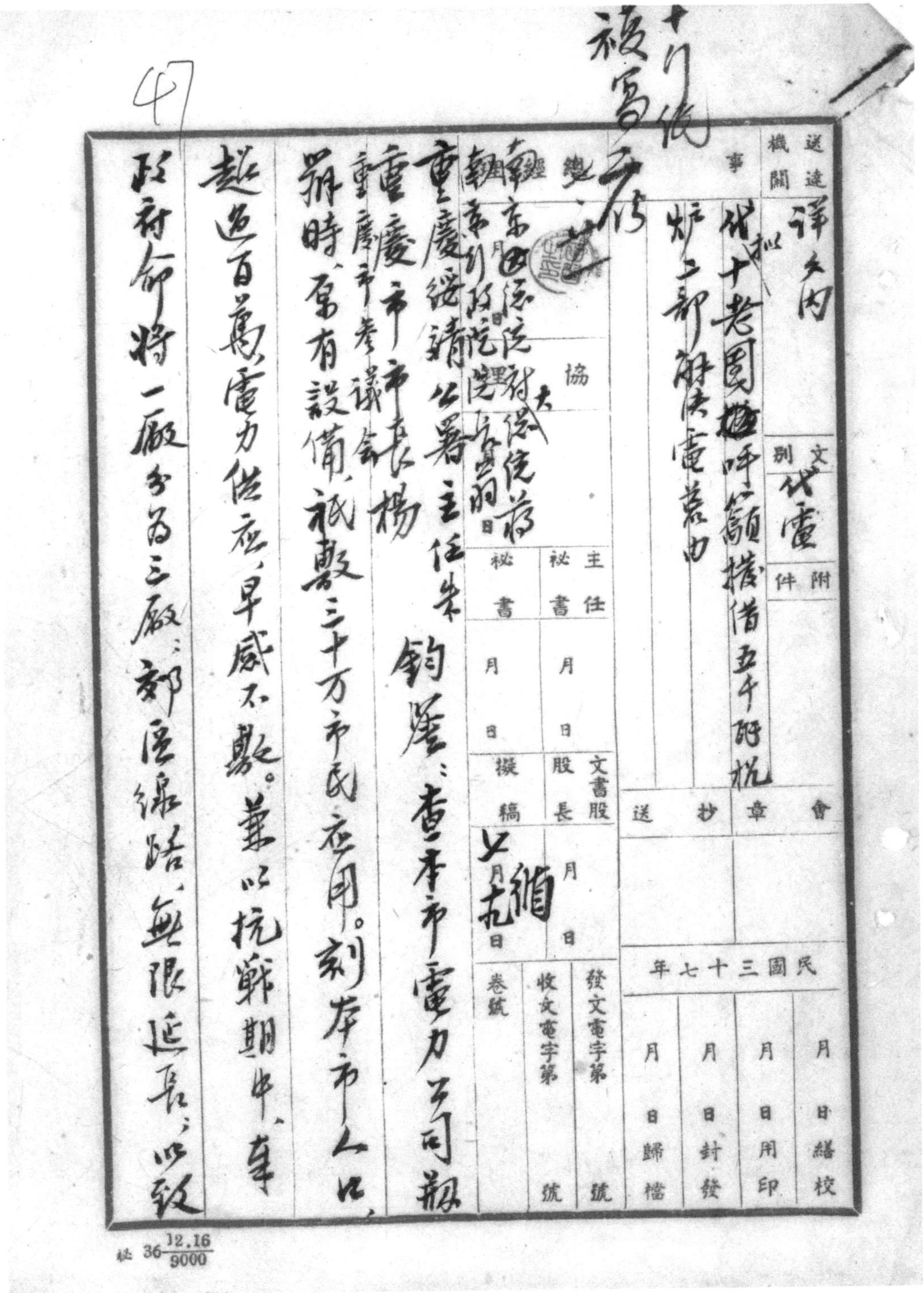
送達機關：詳文內

事由：代擬為十老園呼籲撥借五千瓩機炉以解決電荒由

文別：代電

南京總統府大總統、南京行政院院長、重慶綏靖公署主任朱、重慶市市長楊、重慶市參議會鈞鑒：查本市電力公司籌辦時，原有設備祇敷三十万市民應用。刻本市人口已超過百萬，電力供應早感不敷。兼以抗戰期中，奉政府命將一廠分為三廠；郊區綫路無限延長，以致

民國三十七年

48

機爐不斷使用，澈舊不堪，同时亦受戰时法令管制，未能提存折舊，備件無法補充，機關學校更享有特價優待，收支愈失平衡。雖有分區輪流停電辦法，亦未能絲毫減輕負荷，隨时有發生故障，被迫停電，連帶影響自來水無法起水，工廠動力無法發動，市民更無时無地不感受黑暗之威脅。〇〇等以重慶在戰时蒙（鈞座（或總統之用））蔣大總統八年領導，勝利後仍節麾東下，留別賜訓，認為重慶不啻第二故鄉，允此後每年短期駐節，藉留棠蔭。重慶本市之情，豈

战机十老圆呼吁领援借机（五千瓩）之新计决电荒

於言表。查電氣事業為現代都市文明之象徵。重慶既奉定為陪都，值戡亂西南，形勢重要，該公司于抗戰时不惜犧牲，貢献國家。戰後為維持供應，更盡最大努力，若任其自生自滅，不僅有失政府愛護公用事業之宗旨，亦深負（鈞座）[illegible]供應，倘該公司因設備限制，收支不敷，危机日亟，若不及时搶救，本市水電，均有被迫停供之虞。民非水火，不能生活，值此社會動盪之際，更恐引出嚴重後果。〇〇等謹屬工業棒，心所謂危，未便緘默。爰針對現實，貢献救濟辦法：

一、請資源委員會將可得電機，暫借五千瓩者二部，與該公司使用，俾得將二三兩廠合併於第一廠，暫維目前需要。

二、本市竊電用戶甚多，應請政府加強取締，減輕該公司損失。同時亦可減輕市民負擔。

三、公用事業宗旨，在取之於民，用之於民，本身利潤有限。政府機關學校為民間之表率，開支亦有預算，應請先行示範，照章繳費，不應再有特價規定，加重該公司負擔。

四、该公司去年曾向国外订购一万瓩发电机一部，对第二期应付货款，前经四联总处核准贷放。应请政府提前核准第三期贷款外汇，俾新机炉得以如期启运。

五、请政府将已允拨给之日本拆迁物资中二〇〇〇瓩机炉提前发给。

以上第一二三项，为维持目前营业方式，第四五项为根本救济办法，陈告。

钧署负绥靖西南之重任，钧府负保安本市之重任，贵会代表民意，事关水电供应，极救刻不容缓。谨恳垂察，敬祈俯念该公司处境困难，赐予扶持，赐予维护，主持公义。

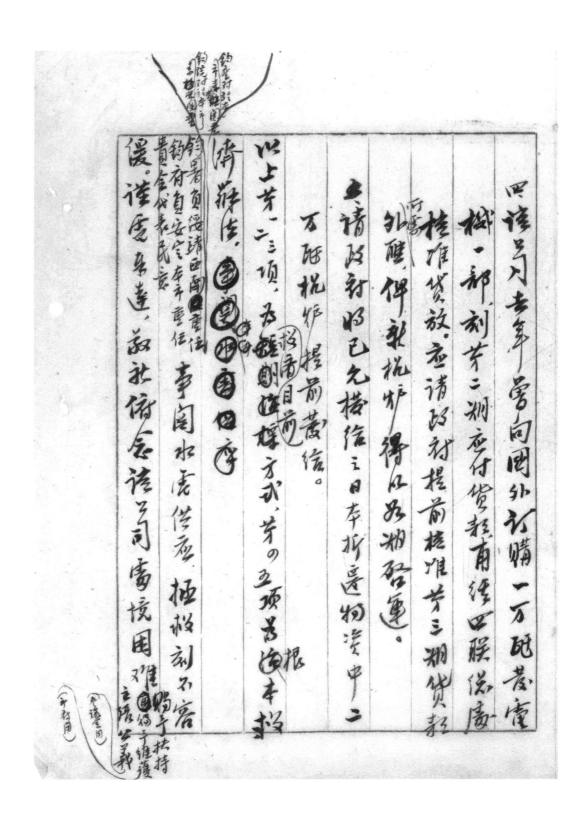

50

轉請行政院迅賜扶助，關於轉付撥借五千瓩

電機二部，更懇設法租借成，以維供應，

等因叩

關於請公司內部前事業設施，亦應肆論嚴加整飭，俾

勸擬居本身職責，不負政府及民

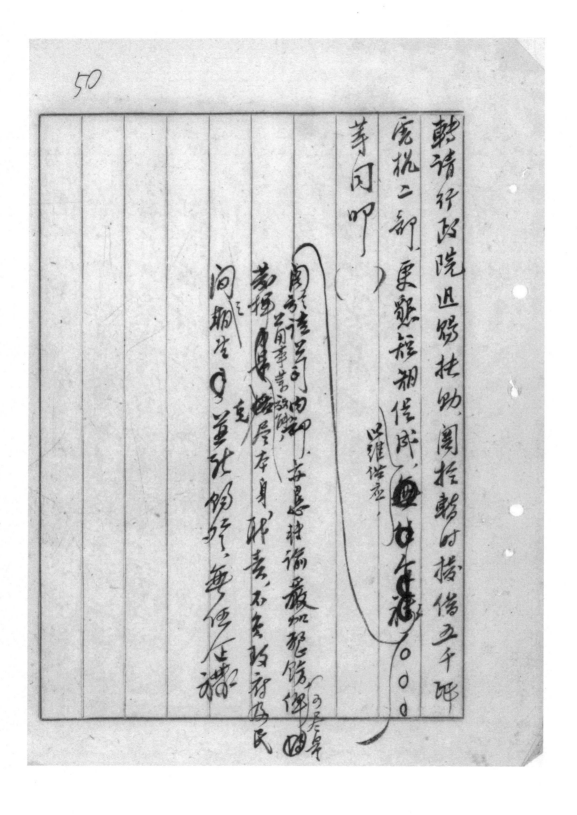

間期待，至盡能賜行，無任企禱

51

致本市参议会函

敬启者：查本市电力公司锅炉，战时原有设备，祇敷三十万市民应用。抗战期中，本市为战时首都，人口激增至百万以上，电力供应早感不敷。兼以奉政府命令，将一厂分为三厂，郊区线路，无限延长，以致机炉不断使用，消磨过度，机器日不堪。（二）同时公司本身，因受战时法令管制，未能提存折旧，备件无法补充，[illegible]

[illegible]机炉，[illegible]残喘，惟有分区轮流停电办法，并未丝毫减轻负荷，而随时分[illegible]（四）发生故障，被迫停电。连带影响自来水无法

對於工廠動力無法發動，照證無法統制為抄，市民更無時無地不感受黑暗之威脅。○○等為電氣事業爲現代都市文明之象徵，值可捐獻犧牲情犧牲，爲國家，戰後爲維持信度，更應屬夫努力，若能甚自生自滅，殊失政府愛護公用事業之宗旨。若照謹所危機日亟，若不及時極救，本市水電場有被迫停歇之虞。民非水火不能生活，值此社會動盪之際，更恐引出嚴重後果。○○等謹局棒，心所謂危，未便緘默。爰陳詳情，竟敢辦法，以謀為陳

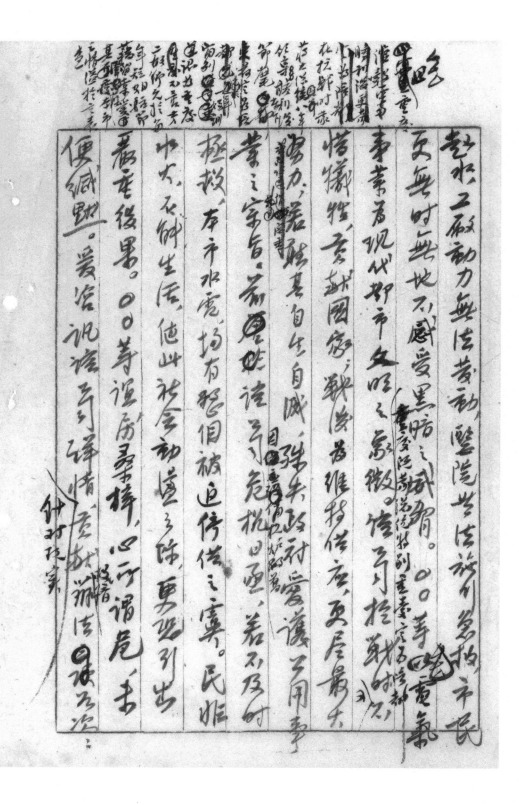

52

[illegible]

一、请财政部垫借用五千元，由关税二部，俟请[illegible]

公司得收二三两厂合併控告一厂[illegible]

日前借还

四、请公司去年曾向国外订购一万吨营业税[illegible]

一、新[illegible]及时核准[illegible]第二期应

[illegible]

付偿款[illegible]应请[illegible]

[illegible]

[illegible]公司[illegible]偿[illegible]

[illegible]付还借款本息。将来新税[illegible]

[illegible]

请[illegible]

二、查公司[illegible]取三[illegible]民[illegible]

请[illegible]

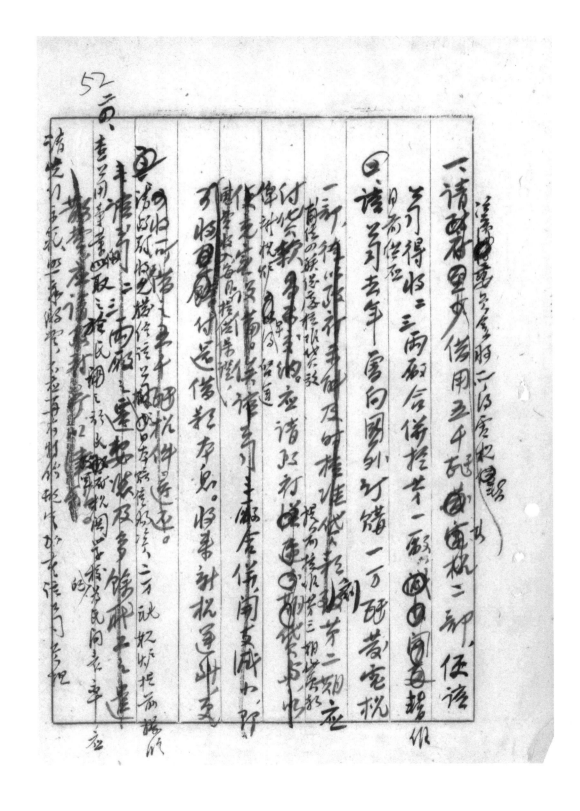

三、本公司電力不足，應請政府代為撥借水電，以維供應本市電力供應之需（四五兩項因為涉本公司…）
以上各項，係為維持本市電力供應，事關水電供應，極應刻不容緩，業經全體代表決議，
國營事業，敬請鈞座設法愛護，本市公用事業同情諒解，
司困難處境，惠予轉請國府迅賜扶持，無任
企禱。除分電本市參議會、電力公司外，並
參議會、本市市商會、此致
重慶市參議會

附電力問答一份

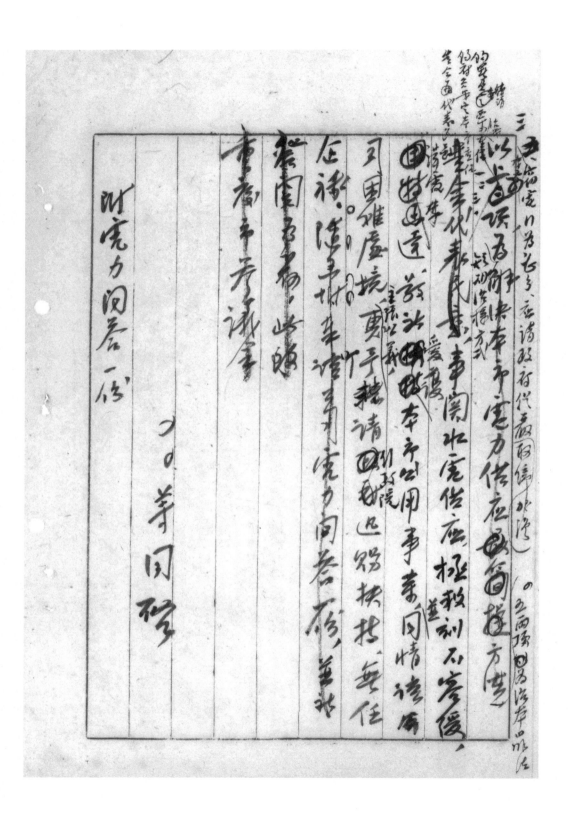

九日 某同啟

53

主持公道　一、以廿借五千瓩一部將三廠合併使南支減廿六，南支減廿陸續[illegible]餘付還借款能達此所訂之新機器按期運渝安裝退還所借之五千瓩機器三所有二三兩廠之搬遷安裝及多餘職工之遣散費並請政府津貼

重慶電力股份有限公司便箋

54

竊查本市地居長江上游，當西南形勢之重心，次武漢自國府西遷以後，機關學校大部內遷，人口驟增，勝利以後工廠又紛紛復工，人口更向都市集中，需要之公共設備与動力更為迫切，本市原有水電設備係在抗戰以前設置，其估計用量遠較現時需要者為小，據重慶電力公司報告，該公司原有發電量為一萬一千瓩，本市現在之用電量為二萬瓩，其不敷之電量則靠各區~~停~~輪流停電平均供應，且機器鍋爐器材等又均係舊件，使用過久，已敝舊不堪，一有故障即非停機~~停~~修理不可，一遇停電則自來水公司無法抽水，消不能适视施用手术之业，更通过倶告停顿，社会秩序并成问题，使每一市民俱遭受莫大损失，其补救之办法拟该公司负责人方面于去年向瑞士及英国商人订购一万瓩锅炉一部，但交货时间尚有一年半运回安装，已快还有两年半为时，遑论该公司原有遗毁旧机陈旧难胜此重负，而本市需电迫急，亦难待此两年半之久。该厂已将本市定为陪都并计划，俾其现代化，电力又为发展都市之重要因数，对此一端如予漠视，建设必感迟误。○○等服务桑梓，难安默视，一再考查在电力公司新机未到以前应另设法增加发电量，俾本市需电

55

力为推动者务于中缀次论建设乃有进步据闻最近资源委员会询四川有该会之情拟给四川省灌和宜宾两地五千瓩电机各一部供其使用查灌和现有发电量自用之外并已输送成都足征有馀宜宾地位殊不重要之事设备又为原前已有发电设备似不急之需要此项大型电机之补充本市工商林立之人口已逾百万需电情形十倍于灌宜两地应请该会洞察情形急其所急将拟给灌宜两地之五千瓩发电机各一部暂借与本市使用俾重庆电力公司新机运川后由该会核准该公司拆卸归还既可移缓济急且复以公济公实为一举数便我贤

明政府當予同情且維護也。。政身受其惠而百萬市民亦將感戴不置市政前途尤將利賴無窮心所謂急迫切陳詞惟希鑒是幸

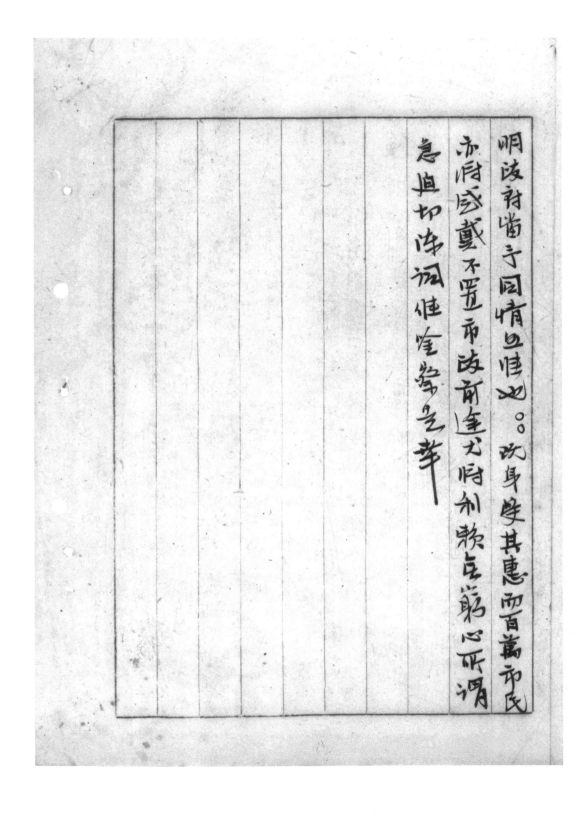

重庆电力股份有限公司关于拨给五千瓦电机致南京工商部、重庆市政府的代电（一九四八年八月三十日）　0219-2-265

送達機關	工商部　市政府
文別	代電
附件	
事由	為本公司有鍋爐而無發電機，負荷情形極為嚴重，請轉資委會迅予撥給五千瓩發電機一部以挽救危機由
總經理	八月廿六日
協理	月　日
主任秘書	
秘書	
文書股股長	月　日
擬稿	月　日
會	
章	
抄	
送	
中華民國卅七年八月三十日發	
民國三十七年	月　日繕校　月　日用印　月　日發　月　日歸檔
發文電字第　號	
收文電字第 1247 號	
卷號	

南京工商部、重慶市政府鈞鑒：竊本公司原有發電設備，當時估計足敷重慶市三十萬人口之需。迨抗戰軍興，國府西遷，工商業內移，人口倍增，負荷驟形加重。同時復奉鈞前任局部及委員長重慶

秘 36 12.16/9000

80

行蒙限令疏散所設三廠適應抗戰以致員工增多開支加大不惟收不敷支經常負債且原有機爐均供應給軍工民生生產需要八年中晝夜不息均超負荷之供應又無配件可以輪流替備以致消磨過甚效率大減經常發生故障不惟影響生產及軍用快而公司亦遭受莫大損失戰時復受前鈞經濟部管制批舊提存準備過少幾乎渺不足道以後無力增加新機勝利後雖蒙鈞工商部及資源委員會洞察公司戰時

81

損失情形先時日本賠償拆遷物資中之江別廠二萬五千瓩發電機全套及德島廠一萬八千八百瓩發電機優先配給公司補償戰時損失經以辦法變更未付實現而公司請求貸款訂購之一萬瓩發電機又以請貸結匯等手續困難重重以致定貨尚遙現在百萬市民同工商業所需動力仍不得不靠此殘破機爐予以勉強供應惟機齡已逾又無喘息機會經常在時停時修當中如最近大溪溝第一發電廠發電機因被雷擊

82

受損甚鉅停工修理達十日之久收入全無而開支仍然發生因究其不明撞爐現狀再加責難而公司因損失之嚴重更有難於支持之苦雖蒙市政府鈞府體察而加譴責但情形嚴重有加無已若不急謀救濟將有全部停供可能公司責任所在不敢含默謹再陳全困難伏祈俯賜鑒察照予轉請資源委員會迅撥五千匹發電機一套交本公司備用以挽救本市之迫切電荒免致因殘破撞爐不勝負荷完全停供影響穩

83

國市政呈所公祷公切時電迫切再便示遵

重慶電力公司叩（ ）

重庆电力股份有限公司关于请查收一九四八年六月电气事业月报表致工商部电业司的代电（一九四八年九月十三日） 0219-2-260

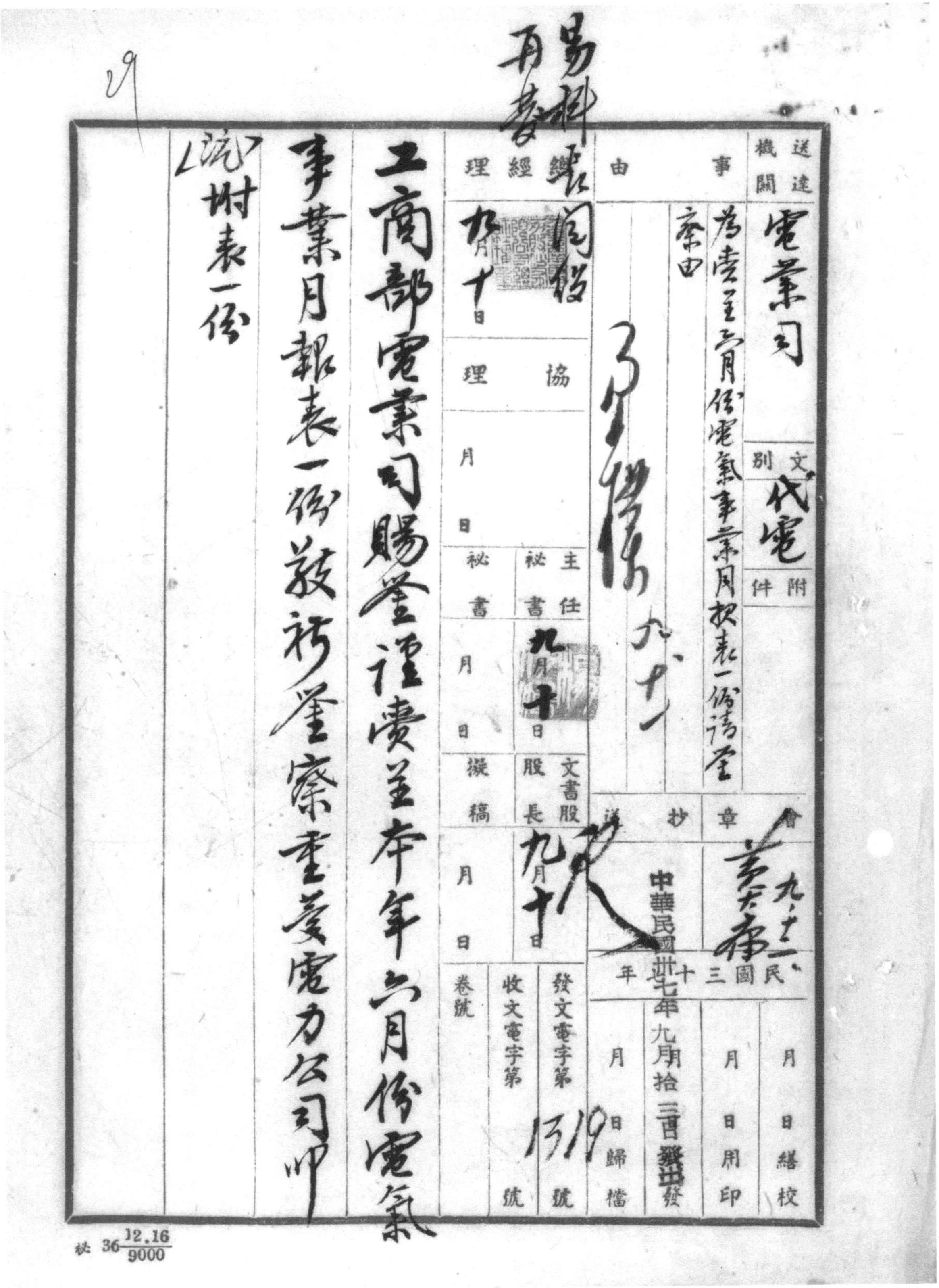
送達機關：電業司

文別：代電

事由：為賫呈六月份電氣事業月報表一份請查察由

經理：九月十日

協理

主任秘書：九月十日

文書股股長：九月十日

中華民國卅七年九月拾三日發出

發文電字第1319號

工商部電業司賜鑒：謹賫呈本年六月份電氣事業月報表一份，敬祈鑒察。重慶電力公司叩[illegible]

附表一份

30

重慶電力股份有限公司到文簽

收文電字第 37收文電字第3952號 號

某來處：會計科

字第　號

中華民國　中華民國卅七年九月九日收到　到

事由：六月份電氣月報式份

附件

送電業司 九、九

（印）

總經理

協理

關係各科室處組廠（簽　意見）

決定辦法

31

本月份報告於下月二十日以前寄出
于此邊略塗漿糊摺封付郵

重慶電力公司
（電氣事業人名稱）

民國 37 年 6 月份電氣事業月報

備註
★包燈及路燈應填盞數及估計度數表燈及電力電熱應填抄見度數
△如有躉售或躉購電流應於（5）欄內分別註明

	項目	説明	數量
1	發電容量	本月底所有發電機發電容量之和	11000 瓩
2	最高負荷	本月份全廠最高之負荷	10440 瓩
3	發電機發出度數	本月份所有發電機發出度數之和	1224088 度
4	廠用度數	本月份發電廠廠用度數	137610 度
5	△發電度數	本月份所有發電機發出度數之和減去發電廠廠用度數 (3)－(4)	1,085,278 度
6	燃料消耗量	本月份消耗燃料之公噸數(1000公斤)＝一公噸	860.4170 公噸
7	燃料存儲量	本月底餘存燃料之公噸數	6047.572 公噸
8	燃料費	本月份發電用之燃料購置費	36,038,287,400.00 元
9	薪工費	本月份薪金・工資・津貼・伙食等	27,801,171,400.78
10	折舊費	本月份房屋建築及各項設備之折舊	6,224,117,814.05
11	費用總數	本月份支出總數(應包括一切費用)	113,003,884,445.84
12	應收總數	本月份應收入電費及一切雜項收入等之和	141,201,286,207.65

項目			戶/盞數(戶)		抄見/估計度數(度)		應收電費(元)
表燈	普通用户	13	17,445	23	1,406,442	33	18,078,740,801.62
	優待用户	14		24		34	
★包燈	普通用户	15	盞	25		35	
	優待用户	16	盞	26		36	
電力	普通用户	17	774	27	2012630	37	85,107,202,681.–
	合同用户	18		28		38	
電熱	普通用户	19	24	29	22077	39	874,[illegible],824.–
	合同用户	20		30		40	
★路燈		21	盞	31		41	
共計		22	18243	32	5481060	42	

附註：
1. 抄見3401060 尚有[illegible]824170度 計3481060－824170＝2657790 [illegible]實際抄見度數
2. 特價優待户用電265,118度 奉令全部以電價1/3收費
3. 路燈28080 奉令全部優待
4. 用煤860.0公噸 內應除去[illegible]水份861.0公噸 換算實際用煤 7757.10公噸

經理或廠長 ______ 民國 ____ 年 ____ 月 ____ 日填

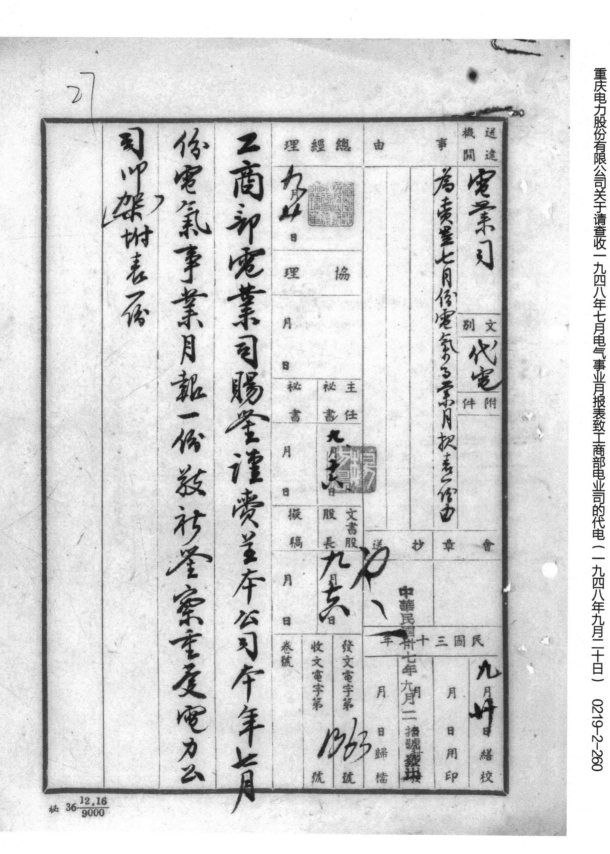

重庆电力股份有限公司关于请查收一九四八年七月电气事业月报表致工商部电业司的代电（一九四八年九月二十日） 0219-2-260

27

送達機關	電業司
事由	為賫呈七月份電氣事業月報表乞備由
文別	代電
附件	
總經理	九月廿日
協理	月 日
主任秘書	九月廿六日
秘書	月 日
文書股股長	九月廿六日
擬稿	月 日
會章	
抄送	
民國三十 年 月 日	中華民國卅七年九月二十日擬發
繕校	九月廿日
用印	月 日
歸檔	月 日
發文電字第 號	1363
收文電字第 號	
卷號	

工商部電業司賜鑒：謹賫呈本公司本年七月份電氣事業月報一份，敬祈鑒察。重慶電力公司叩哿。附表存

秘 36 12.16/9000

本月份報告於下月二十日以前寄出
于此邊略塗漿糊摺封付郵

28

[illegible]電力公司
（電氣事業人名稱）

民國 37 年 7 月份電氣事業月報

項目		說明	數量
1	發電容量	本月底所有發電機發電容量之和	11000 瓩
2	最高負荷	本月份全廠最高之負荷	10190 瓩
3	發電機發出度數	本月份所有發電機發出度數之和	1,323,896 度
4	廠用度數	本月份發電廠廠用度數	121,829 度
5	△發電度數	本月份所有發電機發出度數之和減去發電廠廠用度數 (3)－(4)	1,702,067 度
6	燃料消耗量	本月份消耗燃料之公噸數(1000公斤)＝一公噸	8928 公噸
7	燃料存儲量	本月底餘存燃料之公噸數	4304 公噸
8	燃料費	本月份發電用之燃料購運費	268,309,216,287 元
9	薪工費	本月份薪金・工資・津貼・伙食等	[illegible] 元
10	折舊費	本月份房屋建築及各項設備之折舊	24,551,080,316 元
11	費用總數	本月份支出總數(應包括一切費用)	[illegible] 元
12	應收總數	本月份應收入電費及一切雜項收入等之和	[illegible] 元

項目			戶/盞 數(戶)		抄見/估計 度數(度)		應收電費(元)
表燈	普通用户	13	18080	23	1,528,149	33	1,852,846,462,000
	優待用户	14		24		34	
★包燈	普通用户	15	盞	25		35	
	優待用户	16	盞	26		36	
電力	普通用户	17	780	27	[illegible]	37	278,413,121,000
	合同用户	18		28		38	
電熱	普通用户	19	23	29	21878	39	389,001,000
	合同用户	20		30		40	
★路燈		21	盞	31		41	
共計		22	18883	32	2,079,318	42	

附註
1. [illegible] 2079318 [illegible] 702834 [illegible] 2079318－702834 ＝[illegible]
2. [illegible] 245,045.48
3. [illegible] 18080
4. 用煤8928噸 [illegible] 892.8噸 [illegible]
用煤8035.20噸
5. [illegible]
6. [illegible]

經理或廠長 [stamp] 民國＿＿年＿＿月＿＿日填

備註
★包燈及路燈應填盞數及估計度數表燈及電力電熱應填抄見度數
△如有躉售或躉購電流應於（5）欄內分別註明

重庆电力股份有限公司一九四八年八月电气事业月报（一九四八年）　0219-2-306-76

76

本月份報告於下月二十日以前寄出
于此邊略塗漿糊摺封付郵

重慶電力公司
（電氣事業人名稱）

民國37年8月份電氣事業月報

項目		說明	數量
1	發電容量	本月底所有發電機發電容量之和	11000 瓩
2	最高負荷	本月份全廠最高之負荷	10240 瓩
3	發電機發出度數	本月份所有發電機發出度數之和	4,646,438 度
4	廠用度數	本月份發電廠廠用度數	115,783 度
5	△發電度數	本月份所有發電機發出度數之和減去發電廠廠用度數 (3)－(4)	4,530,655 度
6	燃料消耗量	本月份消耗燃料之公噸數(1000公斤)＝一公噸	7577 公噸
7	燃料存儲量	本月底餘存燃料之公噸數	6320 公噸
8	燃料費	本月份發電用之燃料購運費	271,620,986,890.— 元
9	薪工費	本月份薪金・工資・津貼・伙食等	163,321,046,175 元
10	折舊費	本月份房屋建築及各頁設備之折舊	57,991,912,182.— 元
11	費用總數	本月份支出總數(應包括一切費用)	1,102,248,804,021.— 元
12	應收總數	本月份應收入電費及一切雜頁收入等之和	746,036,428,180.— 元

項目			戶盞數(戶)		抄見估計度數(度)		應收電費(元)
表燈	普通用户	13	18260	23	1810250	33	246,046,407,200
	優待用户	14		24		34	
★包燈	普通用户	15	盞	25		35	
	優待用户	16	盞	26		36	
電力	普通用户	17	785	27	1,282,808	37	458,065,070,880.—
	合同用户	18		28		38	
電熱	普通用户	19	33	29	20430	39	41,914,800.—
	合用户	20		30		40	
★路燈		21	盞	31		41	
共計		22	19,078	32	3,123,488	42	746,036,433,880.—
附註		1. [illegible]3,123,488 [illegible]535,606 [illegible]3,123,488－535,606＝2,587,882 [illegible] 2. [illegible] 141,688 [illegible] 3. [illegible] 28080 度					

4. [illegible] 7577 [illegible] 757.7 [illegible] 681.5 [illegible]
5. [illegible]
6. [illegible]

經理或廠長　　民國　　年　　月　　日填

備註
★包燈及路燈應填盞數及估計度數表燈及電力電熱應填抄見度數
△如有躉售或躉購電流應於（5）欄內分別註明

重庆电力股份有限公司关于制定厂务科各发电厂燃煤竞赛暂行办法给各科、室、厂、处、组的通知（附办法）

（一九四八年九月二十一日）　0219-2-261

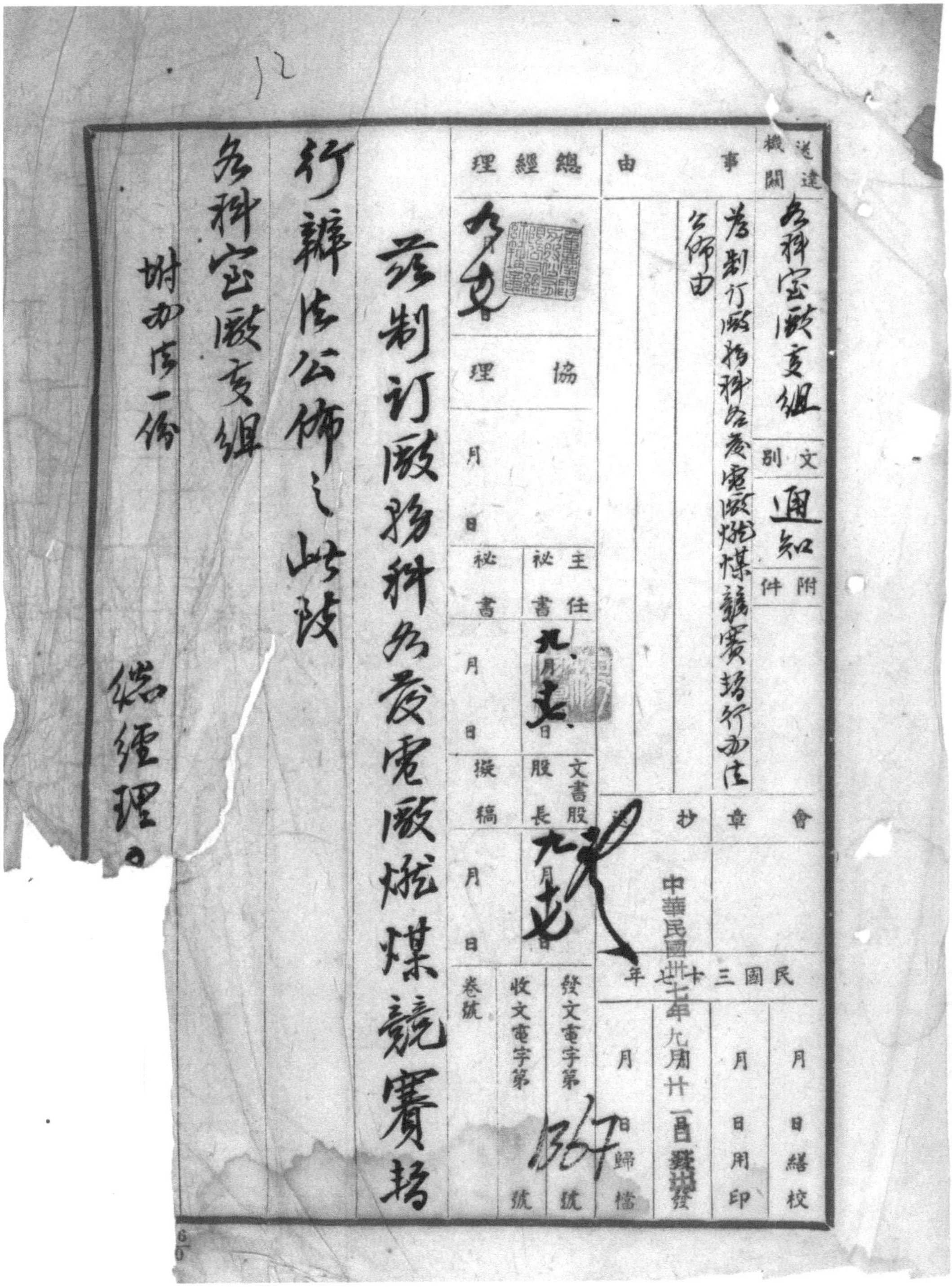

送達機關：各科室廠處組

文別：通知

附件：

事由：為制訂廠務科各發電廠燃煤競賽暫行辦法公佈由

總經理

協理

主任秘書

秘書

文書股股長

擬稿

會章抄送

中華民國三十七年九月廿一日發出

收文電字第　號

發文電字第　號

卷號

茲制訂廠務科各發電廠燃煤競賽暫行辦法公佈之，此致

各科室廠處組

附辦法一份

總經理

文書股

13

秘書室公佈試辦 九、七

[illegible] 九、九

廠務科各發電廠燃煤競賽暫行辦法

(一) 本公司為獎勵減低煤耗、節省燃料起見，特設訂本辦法。

(二) 參加競賽單位以各廠鍋爐房三班管理鍋炉工友為限，並以班為競賽單位，由各廠單獨進行競賽。

(三) 各廠均每六週舉行結標一次，凡平均煤耗不超過最高限度者，均分別給獎，以資鼓勵。

(四) 最高煤耗限度因各廠機爐情形不同，特分別規定如下。凡超過上項限度者，均不能得獎。

(甲) 一廠　一、三〇〇公斤

(乙) 二廠　二、〇〇〇公斤

(丙) 三廠　一、五〇〇公斤

(五)每次奖额，规定为天府煤二吨至十吨，照当月煤价折合代金发给。奖额多寡视竞赛成绩而定，分配原則如次：

(甲)各厂達到第四條规定煤耗限度时，给奖天府煤二吨。

(乙)煤耗每减百分之五，即增给二吨，最多以十吨为限。（例如一厂煤耗一、三〇〇公斤，给奖二吨。如减至一、二七〇公斤即给四吨。减至一、二〇〇公斤，即给六吨，餘類推。）

(六)競賽成績特殊者，除给予上述奖额外，並得由厂将材料呈請經理室通報嘉奖，或另加给奖品，以資鼓勵。

14

七、各廠在煤質及機爐運轉情況正常時，如煤耗超過第四條規定限度百分之二十五時，應由主管人嚴查原因，並懲罰各班負責之人（分別情形輕重，予以記過或罰薪處分）。情況嚴重者，呈報經理室處分，並公佈之。

八、本辦法自總經理核准公佈之日起實施，各廠即自公佈後第一週起進行試實。

重庆电力股份有限公司关于告知用户注意支付电费手续的启事（一九四八年九月二十四日）　0219-2-245

170

送達機關：各报

文別：啟事

事由：

總經理　月　日

協理　月　日

主任秘書　月　日

秘書　月　日

文書股股長　月　日

擬稿　九月廿四

收文電字第　號

發文電字第　號

卷號

會章抄送

民國三十七年　月　日校繕　月　日用印　月　日封發　月　日歸檔

重慶電力公司籲請用户注意付給電費手續啟事

本公司用户對于支付電費手續多不明瞭

經來詢問兹簡明如次(甲)本公司收費

員第一次向用户收費而未收到者請用户

秘 36 12.16/9000

171

在本公司备就通知单上盖章证
明并约定付款时间（乙）用户第一次
约定付款期限本公司即按期往收（丙）
（用户约定付款期限）电费仍未收到者由本公司收费股
填发催费通知单限期送缴（丁）
超逾限期仍未送缴者照章派员
剪火剪火时随带收据为用户
立即允付费可免除剪火（戊）住在
遥远地区之用户愿在城内付费者
请告知本公司即改在城内收费

（戊）剪火后一星期仍不送缴即行撤表

171-1

以资便捷此登

重庆电力股份有限公司关于制定管理锅炉燃煤暂行办法致各科、厂、处、组的函（附办法）（一九四八年九月三十日） 0219-2-261

A1004/2

送達機關	各科廠處組
文別	通知
附件	
事由	為制定管理鍋炉燃煤暫行办法公佈由
總經理	九月卅日
協理	月 日
主任秘書	九月卅日
秘書	月 日
文書股股長	九月卅日
擬稿	月 日
會章	
抄送	
民國三十七年	中華民國卅七年九月三拾日發
繕校	月 日
用印	月 日
發	月 日
歸檔	月 日
發文電字第	1107 號
收文電字第	號
卷號	

茲制定本公司管理鍋炉燃煤暫行辦法公佈之

此致

各科廠處組

附辦法一份

總經理〇〇〇

秘 36 12.16/9000

秘書室提交本週會報研究決定 九

本辦法業經會議修正通過送總經理判行 九、廿六

重慶電力公司管理鍋爐燃煤暫行辦法

(甲) 本公司各煤棧關於煤觔之驗收發出盤存悉依照本辦法辦理之

(乙) 驗收

(一) 驗收燃煤應由燃料股監管人員會同廠務科派員逐船驗收照公司規定煤質標準合格者驗收其有夾石及水濕過重者均應拒絶收卸

(二) 驗收燃煤以公噸計算根據各廠收煤辦法一、二兩廠每挑淨重六〇公斤以十六.六六六挑折合一公噸第三廠每挑淨重六二.五公斤以十六挑折合一公噸

(三) 担煤籮皮每挑皮重應於驗收每一煤船挑至半數時以十挑磅量

一次求出平均重量即作為平均皮重之標準至籮皮重磅過以後如發覺籮皮過濕或附着煤屑過多應即令其停止起卸

（四）驗收途中如發覺某船滲混夾石或水份過多應斟酌情形隨時拒絶起卸或將水濕部份傾倒俟晒乾後再照實扣去水份折皮

（五）如遇天雨時除急需外應停止起卸煤觔如必需起卸時應會同廠務科及煤商訂定應除水份之重量

（六）收煤磅秤應每週校對一次

（七）驗收煤觔途中廠務科認為應予試燒時應先起卸一部試燒後再行驗收

（丙）發煤

（一）發出煤斤照向例第一廠以十五挑折合一噸每挑淨重六六·六六公斤第二廠以二十挑折合一公噸每挑淨重五〇公斤第三廠以十六挑折合一公噸每挑淨重六二·五公斤

（二）籮皮鉄板及發煤磅秤每週應較對一次

（三）雨天發煤如係在露天堆存者應除去水份計算其應除重量臨時會同廠務科商訂之

（丁）盤存

（一）各廠煤棧視實際情形按月盤點一次並呈報經理室備查其盤虧率夏季不得超過每月總收入百分之一·五冬季不得超過百分之一但有特殊情形者得根據實際情形另行呈報經理室核定

戊）懲罰

（一）磅煤工人不照規定數量辦法收發煤觔初犯者罰工半月重犯者罰扣工資一個月連續犯規者立即開除

（二）收煤工人不拒收夾石水份過重之煤或水濕加磅不按規定辦理初犯者罰工資半月重犯者罰扣工資一月累戒不悛者立即開除

（三）煤棧管理職員督率不力或因循敷衍者得由各廠主管人員及燃料股隨時考核呈報懲處

（己）本辦法經呈請經理室核訂公佈施行並得斟酌實際管理情形增訂之

3-1

秘書室根據各方意見清稿呈核

[illegible]

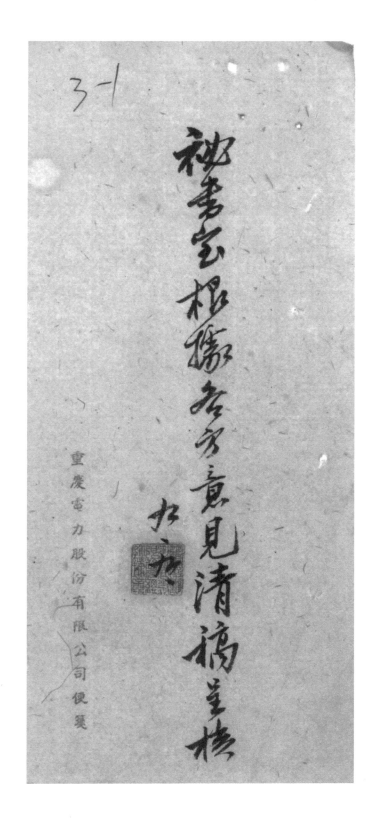

重慶電力股份有限公司便箋

交还总务科清稿后付印 九九

兹拟订管理锅炉燃煤暂行办法草

案一件呈请

总经理室核订

交

厂务科拟注意见 八卅

八卅

中华民国卅七年八月卅日 收

37 收文电字第 3800 号

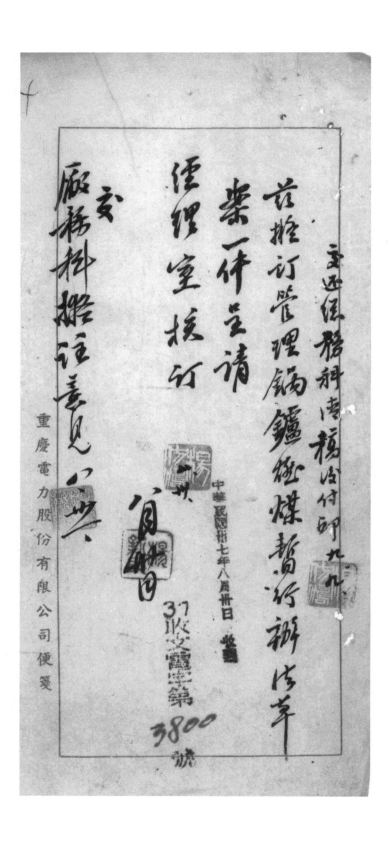

重庆电力股份有限公司便笺

重庆电力股份有限公司关于装设用户电表的启事（一九四八年九月三十日） 0219-2-245

D17009

165

送達機關：中央 新民 世界 大公報

事由：啟請用戶裝表付費由
登十月一二三日三天

文別

附件

宣告科 業務科 用電檢查組 會

總經理 九月廿日

協理

主任秘書 九、廿九

文書股股長

擬稿 九月廿六

中華民國卅七年九月三拾號發出

收文電字第　號

發文電字第 12112 號

重慶電力公司向用戶緊急啟事

查本公司於抗戰時受政府管制不准提存消磨折舊以致缺乏配件各廠機器經十年不斷使用損壞不堪時常勝時停工修理開支

秘 36 $\frac{12.16}{9000}$

166

钜，收数减少，维持现状倍感困难，除请政府核配电机以资救济外，目前公司机器损坏程度更甚，危机日重，谨再向本市用户恳切呼吁如次：

（一）请本市全体用户本爱护公用事业之立场，以公正无私态度随时检举窃电行为，如查有未装表用电者，请即日向本公司报装电表，惟在本公司电表未运到以前，请用户自备电表向本公司申请报装外，[illegible]

167

本由备函

拟请代购霍表办法由用户等托本公司代

购（霍表）出本部装

二、请用户所余本公司收支不敷之困难，拟

时缴付资费，故（拟）设法公司收费员按据法收，请

即照数交付，或请自动送交本公司业务科

（郊区用户如愿在城内付费者，随时（通）知本公司

司业务科即可派在城内收费，以资便捷）

如经本公司催收者未[illegible]，即照本部[illegible]

欠费用户一星期再不送缴，即行撤表。

三、凡因欠费撤表之用户，如在撤表之日起，一个月以内缴清欠费，申请复装者，本公司可照旧户复装办法办理，并以复装一次为限。超过一个月申请复装者，照新装户装表办法办理，照新户概须收取保证押金及一切业务费用。若超过六个月者，照章不再接受请愿。

四、凡用窃电方法之用户，如经本公司用

169

倘经本组通知后七日以内，尚未缴清罚（除依法办理并由本公司公告其违章户名外）

款并正式申请报装者，即停止本公司供电，拆

除器线，不得申请复电，藉以保障正当

用户权益。

本公司困难已临最后关头，还乞 垂察

惠赐合作，俾得继续服务，无任感祷。

重庆电力股份有限公司放线材料补助费价目表（一九四八年十月九日） 0219-2-311

4

重慶電力公司放線材料補償價目表

原表單號

材字NO. 120

户名 聯勤總部第卅兵工廠 / 聯勤總部第[illegible]廠 37年 10月 9日

材料名稱	單位	數量	單價	金額（億千百十萬千百十元角分）	備考
6"×40'木桿	株	20			
6½"×35' 〃 〃	〃	39			
6"×35' 〃 〃	〃	69			
6½"×30' 〃 〃	〃	30			
6½"×20' 〃 〃	〃	28			
7/#10(A.W.G.)硬銅線	呎	23400			
7/#12 〃 〃 〃	〃	24610			
7/#10(S.W.G.)鋁鋼線	〃	17400			
2½"×5'木横担及附件	付	125			
2½"×4' 〃 〃 〃	〃	67			
2½"×14" 〃 〃 〃	〃	125			
2½"×12" 〃 〃 〃	〃	63			
32033磁瓶	只	96			
31351 〃 〃	〃	50			
22KV 〃 〃	〃	12			
12847 〃 〃	〃	375			
12848 〃 〃	〃	189			
1/#8(S.W.G.)鍍鐵線	呎	13000			
6"拉線箍	付	66			
7" 〃 〃 〃	〃	20			
鉄塔	座	2			材料樣式附圖

材料股股長　　覆核　　製表

5　　　　　　　　　　　　　　　　　　　　　　　　　　2

重慶電力公司放線材料[illegible]價目表

原表單號

材字NO. 120

户名 聯勤總部第廿兵工廠 聯勤總部第四被服廠 37年 10 月 9 日

材料名稱		單位	數量	單價	金額（億千百十萬千百十元角分）	備考
1/16(A.W.G.)裸銅線		呎	30210			拆退可用材料
天	電　又	又	501			
積	石　又	又	570			
黄	小　又	又	1576			

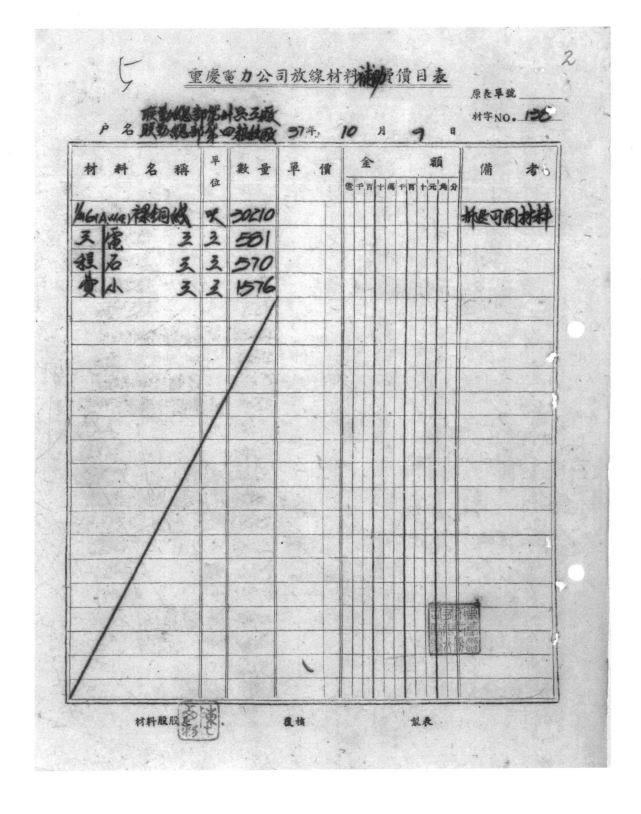

材料股股長　　　　覆核　　　　製表

重庆电力股份有限公司关于查收杆线测量图及放杆器材数量表并按规定补助致兵工署第三十兵工厂、联合勤务总司令部第四粮秣厂的函（一九四八年十月十三日） 0219-2-311

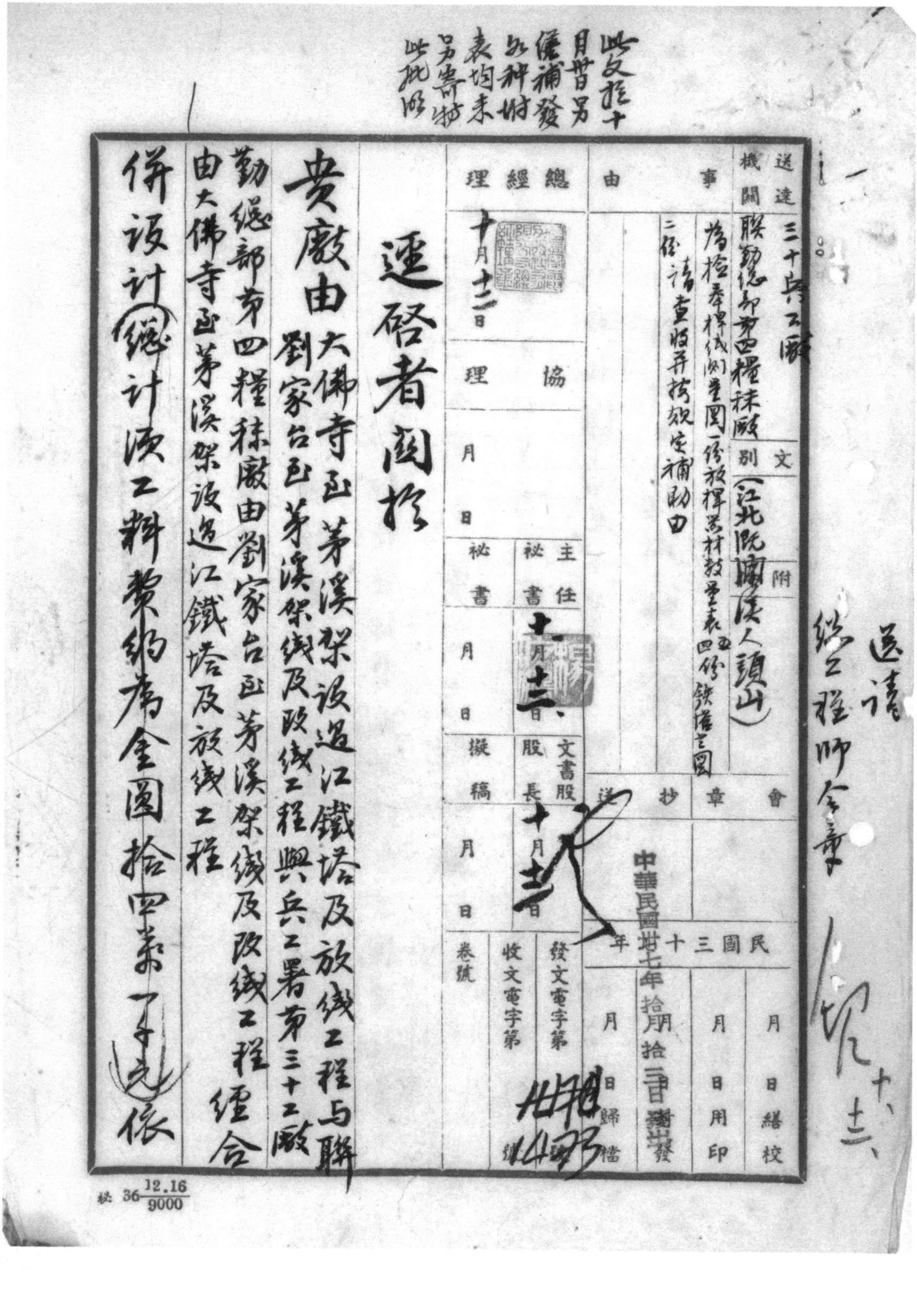

此文於十月廿日另繕補發與种樹表均未另寄特此批明

送達機關：三十兵工廠、聯勤總部第四糧秣廠

文別：（江北既南溪人頭山）

附：二份

事由：為檢奉桿線測量圖一份放桿器材數量表四份鐵塔三圖，請查收并按规定補助由

總經理 十月十三日

協理 月 日

主任秘書 十月十三日

秘書 月 日

文書股股長 十月十三

擬稿 月 日

會章 抄送

中華民國卅七年拾月拾三日發出

月 日繕校

月 日用印

月 日歸檔

發文電字第

收文電字第

卷號

逕啓者：查

貴廠由大佛寺至茅溪架設過江鐵塔及放綫工程与聯

劉家台至茅溪架綫及改綫工程興兵工署第三十工廠

勤總部第四糧秣廠由劉家台至茅溪架綫及改綫工程 經合

由大佛寺至茅溪架設過江鐵塔及放綫工程

併設計（總）計須工料費約為金圓拾四萬□千元 依

秘 36 12.16/9000

送請 總工程師 令章 十、十三、

照本公司營業章程第三章第八條「桿綫变壓器補助費」添桿放綫及加裝变壓器（包括一切附屬器材）之補助費按市價七成加工費計算」之規定用户須繳納百分之七十之補助費（工程設計器材費減去折退又用器材費「依 50% 計算」後其總數照七折收費（工資費用免折扣）而全部資產仍屬於本公司茲隨函附

合計應付金圓壹拾肆萬叁仟元正

奉桿綫測量圖一份（鐵）放綫材料補助數量表五份

桿綫測量圖一份

鐵塔藍圖二份

放綫材料數量表四份

即請

查收並按規定撥付補助費為荷此致

兵工署第三十二廠

聯勤總司令部第四糧秣廠

附件

公司啓

杆线附呈图一份
表五份

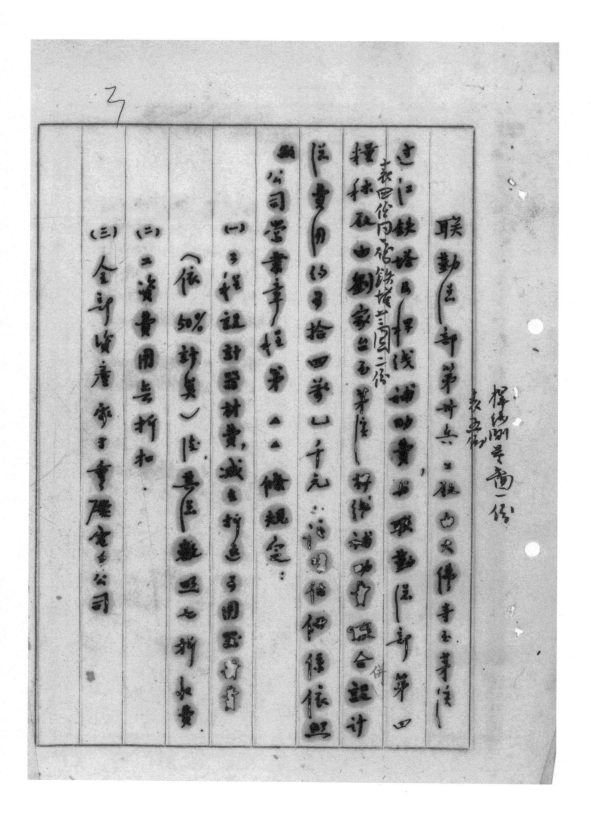

联勤总部第卅兵工厂由大佛寺至茅溪
过江铁塔及杆线补助费，由联勤总部第四（表四份内有铁塔草图二份）
粮秣厂由刘家台至茅溪杆线补助费并联合设计
总费用约为拾四万八千元，详细价值系依照
本公司营业章程第二二条规定：
（一）工程设计器材费，减五折送予用户负担
（依50%计算）应需照七折收费。
（二）工资费用无折扣。
（三）全部资产属于重庆电力公司

重庆市参议会关于检送解救重庆市电荒办法致重庆电力股份有限公司的代电（一九四八年十月二十六日） 0219-2-295

10

重慶電力股份有限公司到文簽

收文電字第 4563 號

某處來	事由	總經理	協理	決定辦法
市參議會	為借款向中央銀行洽辦由			
議壹字第二四九〇號	附件	關係各科室處組廠（簽意見）		
中華民國三十七年十月廿七日收到		会计科 大莲 已向中央银行洽 此 十/六		

重慶市參議會代電箋

事由：為准中中交農四行總處復電關於解救本市電荒辦法一案轉請查照洽辦由

發電　年　月　日　時
代電　卅七年十月廿六日
編號　壹議字2490號

重慶電力股份有限公司公鑒：案准貴公司本年七月電字第一零二二號箋函爲請對公司當前困難事項亟代呼籲等由，當經提交本會第九次大會議決辦法並分電各方呼籲在卷。茲准中中交農四銀行聯合辦事總處宗業字第三零一七七號復電節開「查本處奉令結束，本案業經移由中央銀行核辦，即請查照逕向中央銀行貼放委員會洽辦」等由，准

268

立合約 重慶電力公司（以下簡稱甲方）
寶源礦業公司 乙方 雙方同意訂
立定購煤合約雙方議定條約如下

(一)數量：壹仟公噸
(二)價格：每噸暫照現時米價每市斗壹拾柒元一次計於[illegible]社會局[illegible]新價核定公分即八次計補差額如驗收試燒確係精選煤另照精選標準計算轉運鑼子石及精選公岩碥廠之煤另加轉江費其價格照社會局核定數目付給
(三)煤質：以適合甲方鍋爐燒用並水份不得超過百分之六為度如有攙雜或水濕過重甲方得拒收卸因此欠交之煤乙方應於次日或次日補交足額
(四)交貨地点：由乙方逕行運交甲方大溪溝四百噸魏公岩鑼子石各叁百噸

中華民國卅八年一[illegible]

收文38號

240

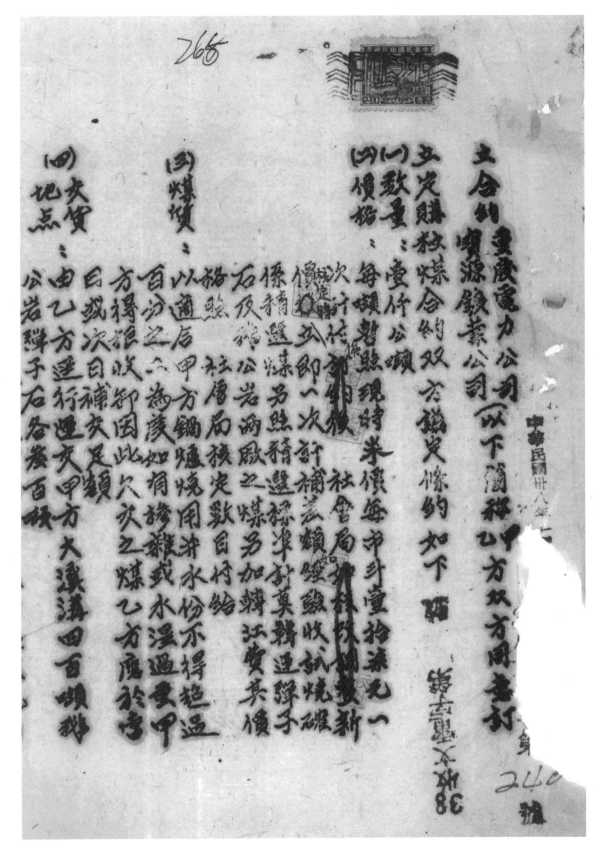

(五)期限：以十三天为限（自元月十五日起至元月二十八日止）按日平均运交约捌拾吨

(六)付款办法：甲方于订约时先付半数（壹拾贰万元）余一半在元月二十日以前付清（壹拾壹万捌千元）俟社会局核定新价后再行多退少补

(七)责任：乙方于限期内如未运交足额，除欠交数应继续运上外，其欠交煤量之煤款应照市计息补还甲方

(八)本合约一式四份，除以二份交送社会、工务两局分别备查外，双方各执一份存查

甲方 重庆电力股份有限公司

代表人 田习之

乙方 寶源鑛業股份有限公司

代表人 [印]

中華民國三十八年元月十五日訂

重庆电力股份有限公司关于设法改善供电致重庆区机器工业同业公会的函（一九四九年一月二十七日） 0219-2-292

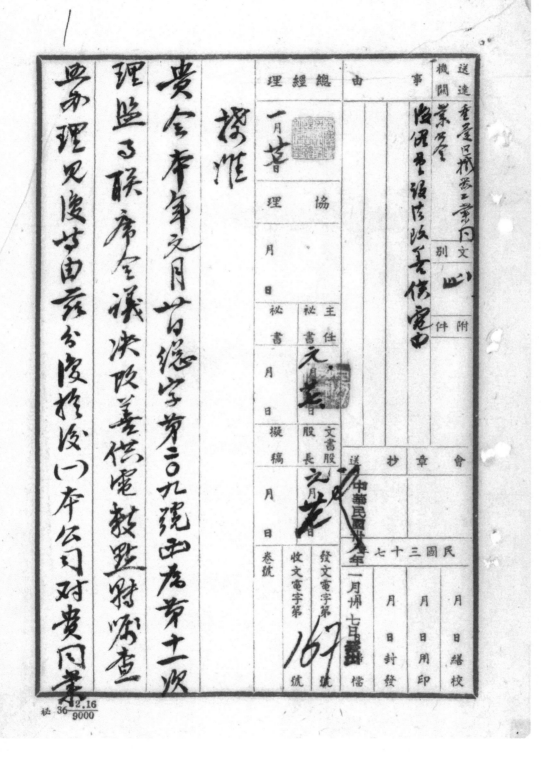

送達機關：重慶區機器工業同業公會
文別：函
附件：
事由：為准函請設法改善供電由

總經理：一月廿七
協理：月 日
主任秘書：元月廿七
秘書：月 日
文書股長：元月廿七
擬稿：月 日

會章 抄送

民國三十七年 中華民國卅八年一月廿七日
繕校 月 日　用印 月 日　封發 月 日　歸檔 一月廿七日

發文電字第　號
收文電字第167號
卷號

擬准

貴會本年元月廿日總字第二〇九號函，為第十一次理監事聯席會議決改善供電數點，請惠查照見復等由。茲分復於後：（一）本公司對貴同業

秘 36 2.16/9000

2

用電向極注意，惟因機爐使用過久，頻發過重故障，叢生意外，不免常有臨時停電情事發生，茲事關當局，儘量設法改善，不使輪流停電之外再有不規則之停電。（二）底度問題 貴會為請求經濟部，經部答此係部頒法令，本公司設法（特函）修改。（三）兵工廠自有設備發電問題，應請（商會）市政府商洽辦理，如能辦到，公司極表贊成，相應復請查照為荷。此致

重慶區機器工業同業公會

[illegible]

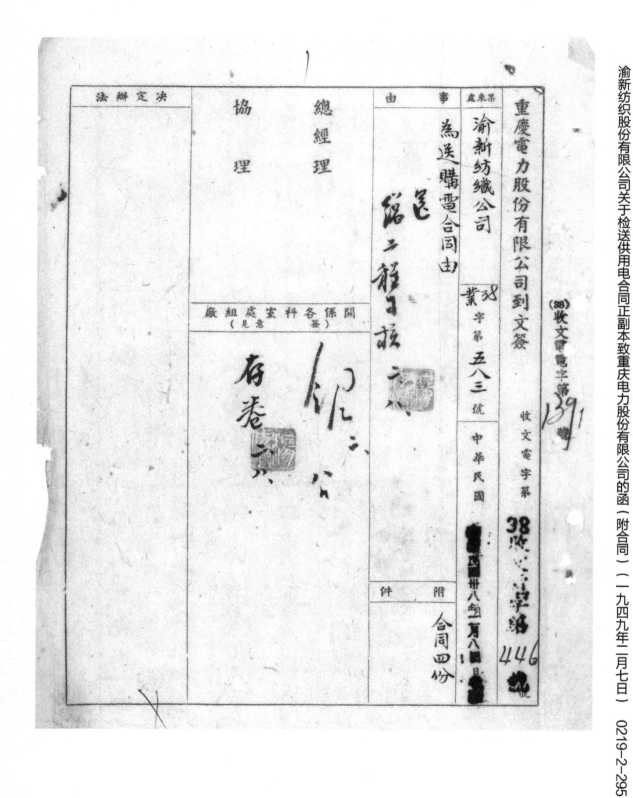

渝新纺织股份有限公司关于检送供用电合同正副本致重庆电力股份有限公司的函（附合同）（一九四九年二月七日） 0219-2-295

重慶電力股份有限公司到文簽

（38）收文電字第1391號

收文電字第 38收文字第446號

來文處	
渝新紡織公司	業38字第五八三號
	中華民國卅八年二月八日

事由	
為送購電合同由	送經二科核 二·六

附件
合同四份

總經理

協理

關係各科室處組廠簽（意見）
存卷 二·八
二·八

決定辦法

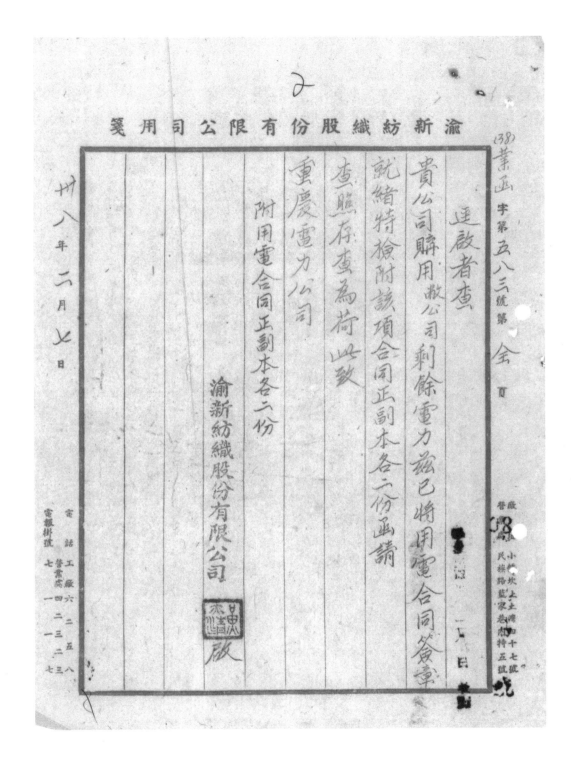

2

渝新紡織股份有限公司用箋

(38)業函字第五八三號第 全 頁

逕啟者查

貴公司賸用敝公司剩餘電力茲已將用電合同簽章

就緒特檢附該項合同正副本各二份函請

查照存查為荷此致

重慶電力公司

附用電合同正副本各二份

渝新紡織股份有限公司 啟

卅八年二月七日

廠址 小龍坎上土灣四十七號
營業處 民族路藍家巷內特五號

電話 工廠六二五八 營業處四二三二三
電報掛號 七一一七

3

重慶電力公司用渝新紡織廠供電合同

立用供電合同重慶電力公司渝新紡織廠（以下簡稱甲乙方）茲乙方以剩餘電力供給甲方轉供豫豐紗廠臨時應用經双方同意訂立用供電合同如下：

（一）乙方發電量除自用外以剩餘電力四百開維愛日夜供給甲方轉供豫豐紗廠惟每逢星期日上午六時至下午二時停機整理不供電流供電方式為三相六十週波三、三〇〇伏交流電

（二）甲方購供電流所需用之一切設備除由乙方供給電纜之控制設備外其餘所需輸電材料均由甲方負責供給並裝置

（三）計電設備應送至第三者校驗合格為度由甲乙双方會同豫豐紗廠裝置于豫豐紗廠配電間並會同加封又甲方五十週波電度表用于六十週波電源其電度差額仍照舊案辦理計算電費

（四）乙方開始供電時應由双方會同紀錄各電度表底度以後每月月底抄錄一次每次紀錄由双方簽蓋各執一份

B

（五）購電度數照扒錶電度數九折計算購電電費照政府核定甲方購電價計算每月應付電費甲方應予得到乙方通知單後予五日內付清

（六）自本合同有效之日起除乙方發電或輸電設備發生故障或乙方訂購供電用之燃煤鑛商愆期不交致燃煤告缺或甲方收到乙方供電費計算單五日內不結清上月供電費用其或他人力不能抵抗之事因外乙方應按照本合同第一条之規定日夜繼續供電如乙方遇本条所載原因不能供電時當立即用電話通知甲方並在可能之最短期內設法恢復如因煤質不佳發電量不足時乙方得隨時以電話通知甲方減少用電量

（七）乙方如遇發電設備發生故障或燃煤告缺電力僅敷供應本廠生產需要而無餘電供給甲方時得隨時通知甲方停止供電

（八）本合同自甲乙方開始供用電之日起以兩月為有效期間

（九）雙方發生爭執不能解決時得請主管機關仲裁之

（十）本合同共本兩份甲乙各執一份另備副本一份呈報公會備查

甲方代表總經理

乙方代表副經理

中華民國三十八年貳月　日

重庆电力股份有限公司关于改订收费办法的启事（一九四九年二月十五日）　0219-2-301

電字第251號

重慶電力公司改訂收費辦法啟事

敬啟者：查近來本市各物猛漲，公司發電所需燃煤係隨米價照例調整，其價格本月米價隨時上昂，煤價亦告上漲。本公司迭據嘉陵江煤礦業公會通知，本月一日每噸為七百元，四日改為一千四百九十元，十一日改為二千八百三十一元，本旬又改為三千四百二十七元。然目前物價趨勢仍有繼續再隨米價調整可能，而公司電價每月祇能奉准調整一次，又須經過擬表製票手續，最速亦在用戶用電後壹個半月始能收費。平時物價波動不劇之際，收支已難望適合，春節以來一般物價逐日發漲，公司經濟更臻絕境，迄今已負債六仟萬元以上，將來負擔愈重，瞬有瀕於破產之虞。再三思維，除力求縮短收費時間，俾可加強週轉能力之外，別無善策，謹將改訂收費辦法分列如次：

（一）本公司根據工商部所頒計算公式算出當月電價後，即行製票收費。

（二）每區電費於出票收取時，照上海收費辦法，規定於三日內完全收清，希用戶於本公司派員送收時希即惠付，逾限即予執行剪火。

（三）本公司頃准聯合勤務總司令部兵工署第五十工廠二月十日（卅八）會字第二三九號公函略謂：由本公司應收取之購電費以物價高漲，從二月份起改為每月十五及月底兩期結算，否則停止售電。本公司為應付購電開支起見，對於大戶亦改為每月十五及月底收費一次。

以上各點情非得已，務望各用戶惠諒本公司困難，同情維護，俾得免渡難關，繼續服務，無任感幸！

中華民國卅八年二月拾五日發[illegible]

131

修訂收費股收費辦法

A.地區劃分與人事配備

（一）擬就現有收費員人數及地區分組分段，將城區一至二十區分為五組四十二段，即區南岸分為三組十三段，江北分為兩組四段，沙坪壩分為三組八段，每組包括若干區，每區分數段（詳附表），一設領組一人，由該組收費員內推舉，並由科報經理室備查，收費員若干人分別担任收費工作

B.分區段工作與個人工作

（一）外勤方面

（1）分區段工作

1.各區段收費員每日分區段洽收，日清日結，不得擅存票據

2.各領組率同該組收費員同時分別領取該組之票向各區段分別收費，並應盡督導之責

3.區域既經劃定，每月每組對其開徵後各區段之票據無論若干，應須於本月內盡量辦理完竣

4.各區段收費員於本月內將本區票據辦理完竣或無新票時，應由領組徵股長之命，率同各員協助其他各區段收費

（2）收費員個人工作

1.各區段收費員既經劃定區域每日領票簿應按區段分別計領洽收日清日結最低限度三賬以上

2.各區段收費員每日所領票據如有新票應即先按戶整理盡量洽收如無新票時對於所領票據仍應按戶整理設法洽收對合同大戶更應特別努力商洽提前收進

（二）內勤方面

（1）主管股長部門

3.主管股長應置備記事簿一本，於每日檢閱收費員報告後，摘記各區段收費員對用户約期或改票及其他特别事項，以備參攷，並設法處理

4.主管股長於每日檢閱收費員報告時，應隨時密切注意各區段收費員之勤惰，以資考核懲獎（懲獎辦法待請示後另訂之）

B.分票部門

1.分票時分票員應密切注意劃定區域内用户集中或分散，或交通是否便利，配搭各收費員應領票據，不能紊亂次序，並不得隨意多寡

2.每日配發各區段之票，皆應以機關與普通票兼搭（因機關辦公時間之外，九時以前，十二時至二時之間，或五時以後，即可收普通用户），以收事半功倍之效，其有特殊情形者，由分票員報股長酌核另行設法辦理

C.發票部門

1.發票員每日發票應就已配分新舊各票按劃定區段發給收費員，不得任意變更，如有意見應與分票員商洽辦理

132

2. 如無新票須部收時，應與分票員根據表項一條酌量分配，不可過多或過少
3. 如須臨時拯收大用户或合同用户時，可與主管股長及區領組商洽辦理

D. 經管票部門

1. 總管票除每日提收門市票額外，應隨時提查收費員報告，將各區段應行提收之票據按時提出，交發票員分別配給各區段洽收
2. 總管票員根據日清日結原則，應嚴格注意各收費員收繳情形及股內票據動情形，遇特别情形時並應立即報告股長

E. 其他部門

1. 除總管票分發票外，其餘如過逾退票傢賬等，仍照舊工作不變

（三）組織方面

1. 各區段收費員及領組必要時由主管社、斟酌情形互相調動，以杜流弊
2. 各區領組可隨時或一星期召集各該區收費員開小組會一次，商討已往及未來之工作計劃，並呈報主管股長
3. 各區領組每星期或半月會同主管股長開檢討會一次，解决各項工作上之問題
4. 主管股長應每月召集全體收費員及區領組開座談會一次，檢討各區段之工作，藉使明瞭本月收費情形，以謀增進收費效率

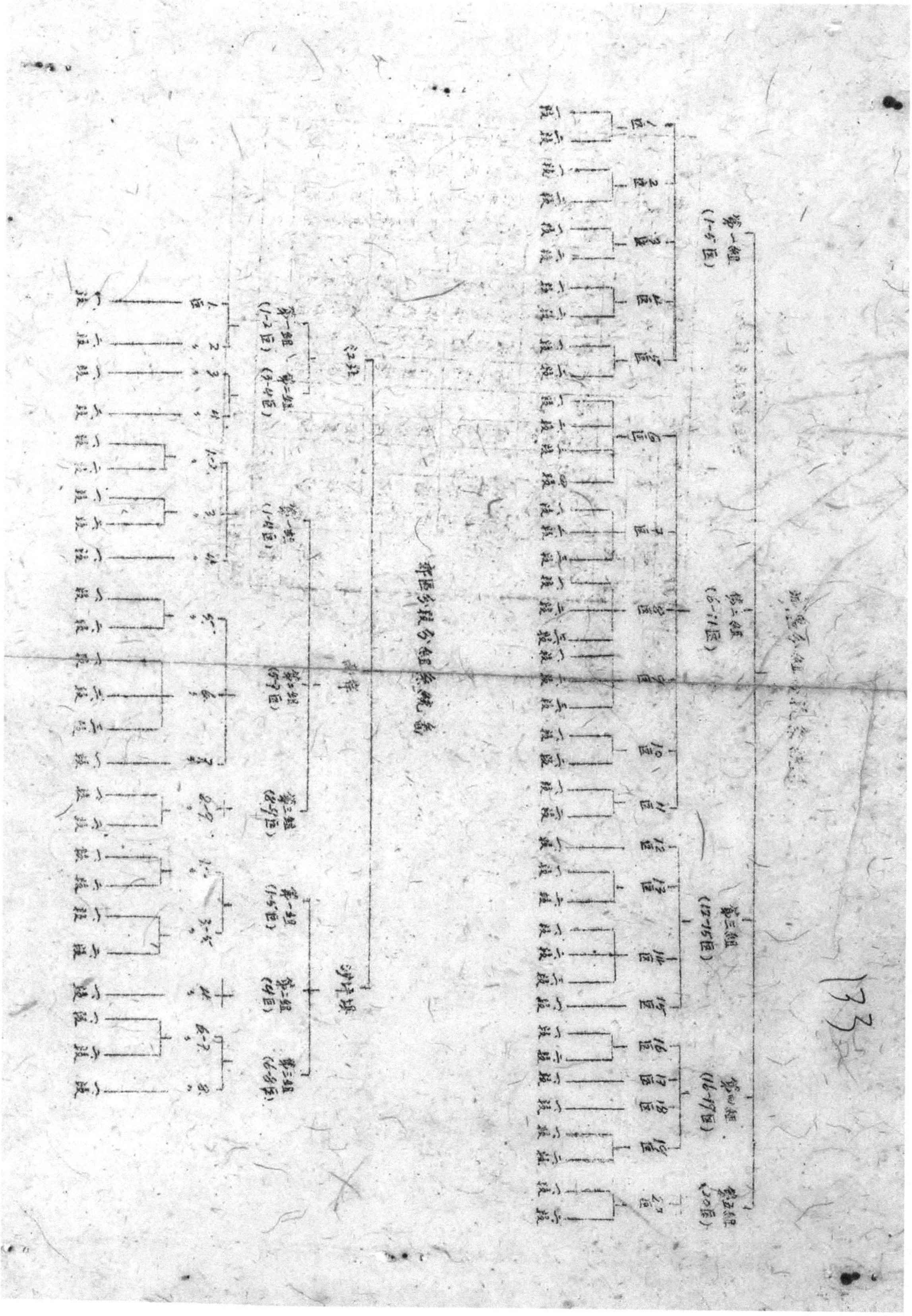

134

沙區分組分段表

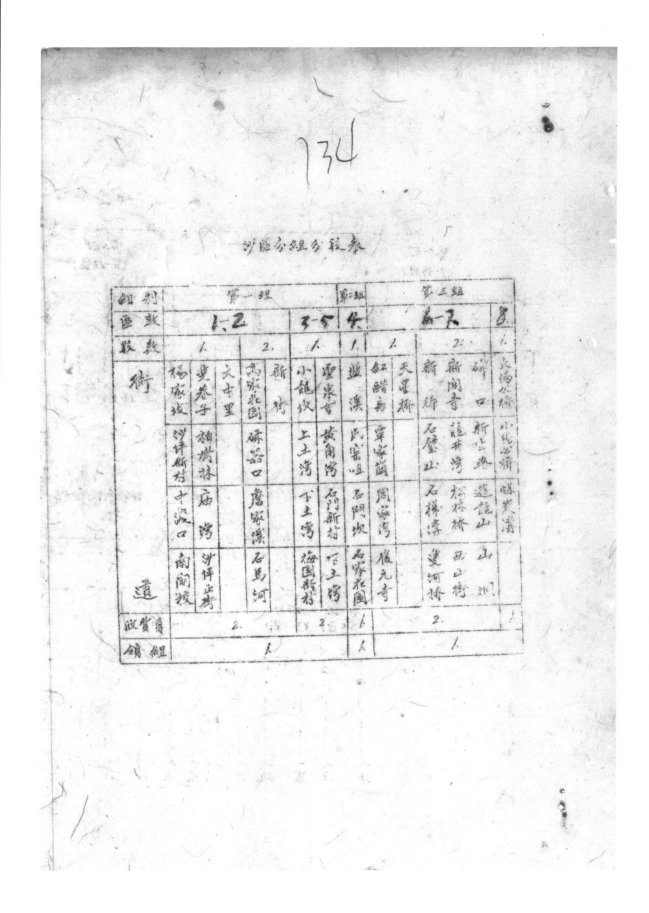

組別	第一組							第二組	第三組					
區數	1、2					3-5		6	6-7					8
段數	1			2		1		1	1		2			1
街	楊家坡	黄巷子	大中里	高家花園	新街	小龍坎	雪泉寺	鹽溪	紅糟房	天星橋	新街	新開寺	磁口	大陽公橋
	沙坪新村	柏樹林		磁器口		上土灣	黄角灣	民窑咀	覃家崗		石壁山	龍井灣	新生路	小龍公橋
	中渡口	廟灣		詹家溪		下土灣	石門新村	石門坎	周家灣		石槽溪	松樹橋	遊龍山	煤炭灣
道	南開校	沙坪正街		石馬河		梅園新村	下土灣	石家花園	復元寺		雙河橋	西山街	山洞	
收費員	2					2		1	2					1
領組	1							1	1					

南岸分組分段表

組别	第一組															
區數	1、2、									3.			4.			
段數	1				2.					1		2.	1			
街道	李家沱	新民村	銅元後街	瑪瑙溪	官家壩	興隆街	敦厚中段	向家坡	煙雨堡	新碼頭	老碼頭	上後街	臺子灣	鄒家灣	茶亭後街	米市街
	蘇家塆	營門街	大田塆	南岸正街	鹽店灣	丁家嘴	敦厚下段	煙雨段	瓦廠灣	下新街	[illegible]	前驅路	同朝街	清蘭院	龍門寺	獅子口
	中窯街	英厂街	大田塆后街		余家巷	海棠溪茶亭	米家河灣	海棠正街	馬鞍山	達摩廟	攤子口	桂花園	登月樓	下浩正街	周家灣	覺林寺
	老君廟	銅元河街	黃桷渡		菜園村	敦厚上段	巨噴巷	海棠河街		下後街	普善巷	上新街	董家橋	茶亭	鄰中里	新房子
查賬員	2. 1									2.			1			
領組	1															

附135

江北分組分段表

組別	第一組							第二組																			
區數	甲		乙					丙																			丁
段數	1		3					1																			1
街道	香國寺	董家溪	簡家台	通順橋	劉家台官山	陳家館河街	適中村	江北正街	黃土坡	鼓樓街	武廟	體仁堂	問津門	上龍台	沙井灣	永平門	文華街	上橫街	老戲園	文昌祠	紫霄宮	匯川門	四方井	荔林街	芭蕉園	小市場	劳溪
	香國新村	紅砂磧	官山坡	馬鞍灣	廖家台	沙灣		水濱	衙門口	龍尾順城	下橫街	金沙港	問津順城	潮音寺	桂花街	水神廟	萬什字	諸府街	九龍巷	楊柳街	岳家灣	黃土坡	文昌宮	寶蓋寺	高庄土地		溉瀾溪
	華興街	貓兒石	簡家台河街	感應寺	陳家館	周家灣		公園內	武庫街	覲陽碼頭	人事局	水市口	舊城牆	鯉魚石	福壽廟	節孝祠	新城	興隆街	洗布塘	育嬰街	匯川順城	保定門	金沙街	天主堂	四楞碑		頭塘
	任家花園		劉家台	洗足溪	陳家館官山	黃桷堡		公園口	三道公門	月台壩	東昇樓	東昇順城	大坎堡	鄧家院	衙門順城	桂花街	新街	馬號街	縣街巷	竇土地	長院壩	磨坊街	木關街	玉山廟	米亭子		青草壩
收貨員	1		[illegible]					1																			1
領組	[illegible]							1																			

附-136

南岸分組分段表

組別	第二組																第三組					
區數	5				6								7				8、9					
段數	1		2		1	2		3					1				1				2	
街	聚福巷	黄家巷	新生院	友于里	野貓溪	楊巷街	五桂石	昇平巷	長新街	東山街	彈子石正街	瞭望樓	石板路	十[illegible]	復興路	森春昌	文峰塔	[illegible]村	黄家花園	[illegible]正街	清水溪	上蓮花街
	南園	[illegible]河	龍門鎮	忠琴巷	石溪路	[illegible]子	裕華街	百春街	涼水井	中興街	彈子石後街		騾子堡	大石壩	大佛段	[illegible]新街	黄桷埡	[illegible]	[illegible]	[illegible]後街	放牛坪	蓮花山
	八角巷	銅緑[illegible]	海獅路			中學巷	鴨打石	太平街	文星街	泰昌街	彈子石河街		龍井灣	貓背沱	[illegible]角沱		真武山	龍[illegible]	中興路	[illegible]河街	丁家[illegible]	代家院
道	玄壇廟	[illegible]街	[illegible]廟			[illegible]灣	半邊街	麻井街	學堂巷	德泰巷	王家沱		鴨兒凼	石橋段	大有街		新[illegible]	[illegible]路	新延路	楊家花園	汪山	
收費員	2				3								1				2					
領組	1																1					

城區分組分段表

組別	第一組																										
區數	1						2			3		4									5						
段數	1		2				1			1	2	1					2				1				2		
街道	馬王廟	水巷子	蔡家灣	小關順城街	嘉陵碼頭	鐵碼頭	陝西路	朝天門碼頭	雁兒石	林森路	林森路	四方街	郵局巷	羊子壩	金紫行街	老關廟	東水門	月亮街	望龍門	元通寺	打銅街	上市場	厘金局	山王廟	[illegible]街	馬家巷	文華街
	信義街	曾家巷	千斯正街	鹽井巷	麻柳灣	天成巷	余家巷	[illegible]背街	大河街	脾芳里	太華樓	人和灣	[illegible]臺巷	儲奇門	伍家街		芭蕉院	東正街	白象街	禹王廟	商業場	上洪學	永齡巷		凱旋路	征東橋	神仙口
	金沙崗	頂巷子	紅岩洞	姚家巷	鹽碼頭	雞毛土地	鏡江街	黑巷子	沙井灣		致中和	[illegible]碼頭	雙巷子	儲奇行街	寶善寺		太洪崗	打銅巷	石門坎	芝江巷	[illegible]花街	二府衙	蕭家凉亭		雷公咀	西大四街	東華觀
	千廝行街	中正路	鎮江寺	[illegible]馬頭	翟家碼頭			白鶴亭	石門街		蹇家巷	海關巷	九道門	鎮守使	磁行街		下洪學	石灰市	太平行街	元寶街	濂溪場	東昇樓	公園路		扁担巷	左營街	刁家巷
收費員	2.						2.			2.		1.									2.						
領組	1																										

137

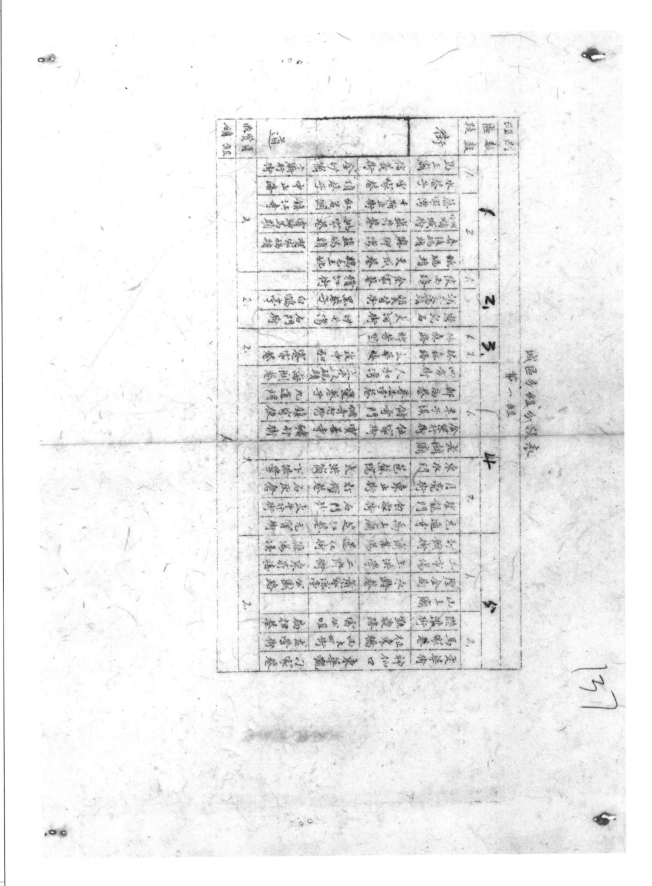

138

城區分組分段表

組別	區數	段數	街道	收費員	領班
第二組	6	1	[illegible]一里、保安路	4	1
		2	民國路、育嬰堂、正陽街、朝陽街		
		3	鄒容路、中華路、新宮路、官井巷、致誠巷		
		4	中正路		
	7	1	民族路、治平寺	3	
		2	[illegible]子街、藥王廟、羅漢寺、棉花街、[illegible]陽巷、二府衙、[illegible]、炮台街、鐵板街、華菜園、臨江路、書院街		
		3	五四路、江家巷、[illegible]家巷、復興觀巷、臨江路		
	8	1	中華路、新生路	5	
		2	來龍巷、臨江路、川鹽三里、大井巷、西來寺		
		3	臨江[illegible]、吉[illegible]巷、臨江正街、北[illegible]廟、長[illegible]閣、吉祥巷、丁口街、丁口橫街、[illegible]亭子、石灰碼頭、豆腐石、油[illegible]坡、興隆街、[illegible]碼頭、太平橋、[illegible]城巷、象鼻嘴、[illegible]、新河街、紅十字、三聖堂、[illegible]城路		
	9	1	[illegible]路、[illegible]子、[illegible]市	3	
		2	民生路、天主堂		
		3	若瑟堂、[illegible]洞、[illegible]院、青年路、蓮花洞、大同巷、[illegible]		
	10	1	百子巷、新民街、[illegible]巷、[illegible]家灘、[illegible]巷、鋼[illegible]台、新華街、[illegible]嶺、[illegible]里、[illegible]、和平路、水市巷、蓮花池、中山街	2	
		2	演武廳、[illegible]馬街、竹子市、倉[illegible]巷、三市[illegible]、學院街、[illegible]祠、四賢巷、[illegible]廟、二仙橋、[illegible]巷、[illegible]里、[illegible]堂、會仙巷、新華街		
	11	1	[illegible]街、善果街、[illegible]	2	
		2	[illegible]街子、守備街、青年里、[illegible]水橋、厚[illegible]街、[illegible]子、十八梯、鳳凰台、[illegible]街、永興當、迴水溝		

城區分組分段表

組別	區數	段數	街道	收費員	領組
第三組	12	1	金湯街、打槍壩、領事巷、火藥局、放牛巷、天官府、至聖宮、管家巷、涼亭子、蔡家石堡、翠水溝、韓家巷、吉祥寺、放牛巷、九塊橋、馬蹄街、體心堂、維新街、仁愛堂、中興路	1	1
	13	1	下南區路、南紀正街、國珍街、下石板坡、同道揚、一字街、雷公坡、藝香洞、飛機碼頭、下守岩	2	
		2	濫泥溝、菜元壩正街、天星橋、鋸廠巷、天水井、王家坡、兜子背、黃沙溪、[illegible]、黃家溝、大菜元壩、鐵路壩、交通街、新民街、平安路、[illegible]岩、下南區路		
	14	1	中一路、協合里、興隆街	3	
		3	山城里、嘉廬、嘉慶、黃家埡口、臨華街、[illegible]、上龍巷、神仙洞、純陽洞、石板坡、神仙洞新街、嘉陵新村、嘉陵公館、中一支路		
	15	1	中二路、羅家灣、康寧路、兆家寺、馬鞍山、枣子嵐埡、兩路口公園	1	

1378 139

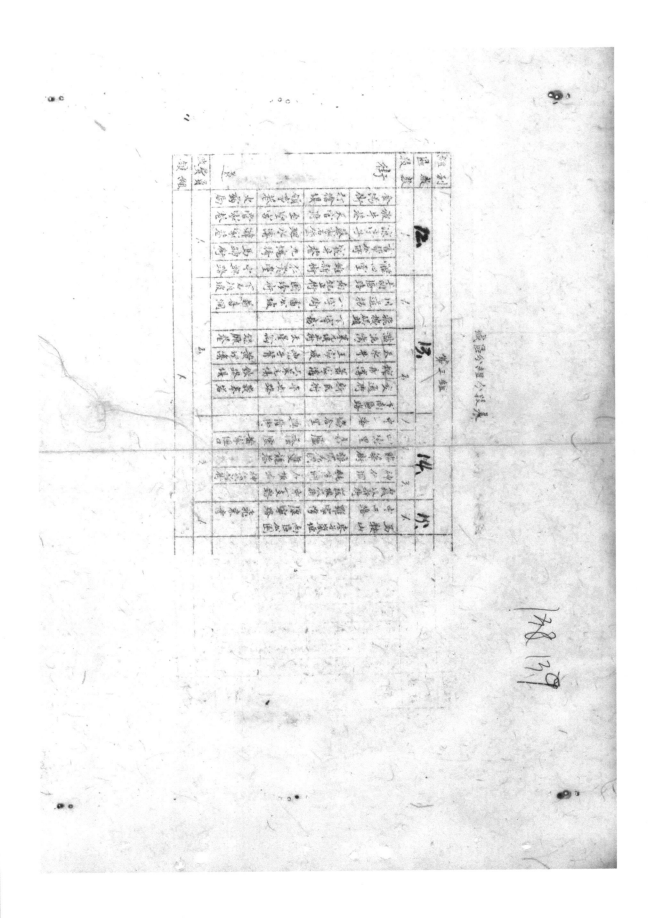

137 138 140

城區分組分段表

組別	第四組																第五組				
區數	16.				17.					18.			19.				20.				
段數	1.	2.			1.					1.			1.		2.		1.		2.		
街道	中三路	春森路	巴中校	學田灣	彭家花園	茶亭	遺愛祠	打[illegible]	王家花園	人和街	建設路	國府路	中四路	曾家岩河街	上清寺	牛角沱	李子壩	李子壩河街	建設新村	化龍新村	交農新村
	老兩路口	天興別墅	孟園		大坪	[illegible]台子	李園	董家花園		[illegible]	黃花園	大溪別墅	曾家岩		大田灣		三江村	李子壩[illegible]	[illegible]家岩	石廟子	化龍山村
	金城別墅	美專校	重慶村		大佛岩	[illegible]	復興關	新市場		高家莊	三元橋		[illegible]		[illegible]城		化龍正街		黃桷[illegible]	半山	紅岩嘴
		兩路新村	聚興村		七牌坊	兩浮支路	復興關後街	[illegible]道岩		[illegible]	[illegible]		龍家灣		桂花園		嘉陵新村		[illegible]岩	龍隱路	
段負責		2.			1.						1.										
領組	1.																1.				

资源委员会天府煤矿公司营运处检送一九四九年三月煤价表致重庆电力股份有限公司的函（一九四九年三月八日） 0219-2-274

61

重慶電力股份有限公司到文簽

收文電字第 38收文電字第841號

某來處	天府公司
	天字第二〇〇號
	中華民國卅八年三月十日收到
事由	為送三月八日起煤價表由
附件	表一份
總經理	
協理	
關係各科室處組廠簽（意見）	總務科 三、十、 燃料股 三、十、 已電社会局核示暫請 归檔 志
決定辦法	

62

資源委員會天府煤鑛公司營運處

天營(38)字第 200 號

案准嘉陵江區煤鑛業同業公會三月八日業字第32號通知以三月八日中山熟米价格現鈔每市斗為六百八十元本票每市斗為八百八十元經本會第三十七次常會決議自三月八日起根據上項米价調整煤价仍分現鈔與本票兩種辦法計算其附表囑查照等由自當照辦除分函外相应檢附本公司煤焦新价表一份函達

查照為荷 此致

重慶電力公司

附表一份

天府煤鑛股份有限公司營運處

中華民國 年 月 日

啓三、八、

37.11.15.10,000張

重慶民國路五十三號 電話 四一二五〇 四一三九三 電報掛號三五六一(重慶)

嘉陵江區煤鑛業同業公會製定

天府煤鑛公司煤焦价格表

三十八年三月八日起実行

煤别	出口地每吨价格		重慶小河每吨价格		備註
	現鈔	本票	現鈔	本票	
塊煤	7,480	9,680	10,130	13,110	單位：金圓元
塊煤	11,080	14,340	13,730	17,770	全濟各種煤焦价格與天府同
嵐炭	14,680	19,000	17,330	22,430	
洗焦	26,720	34,580	29,370	38,010	

基泰工程司关于检送正式合约致重庆电力有限公司的函（附合约）（一九四九年三月二十四日） 0219-2-251

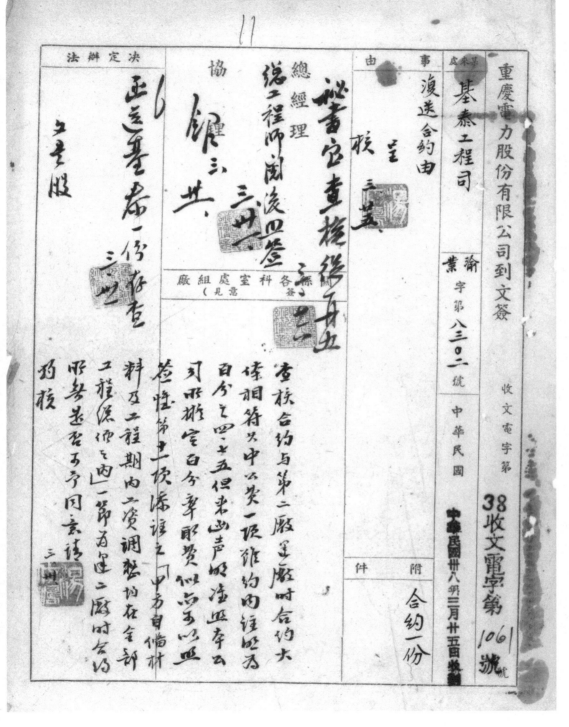

11

重慶電力股份有限公司到文簽

收文電字第 38 收文電字第 1061 號

中華民國卅八年三月廿五日收到

來文者：基泰工程司

渝業字第八三〇二號

中華民國

事由：復送合約由

附件：合約一份

呈核 三、廿五

秘書室查核後再簽 三、廿五

總經理

總工程師閱後照簽 三、卅一

協理

鑑 三、廿八

各科室處組廠簽（意見）

查核合約与第二廠呈廠时合約大体相符，其中工资一项，虽約内注明为百分之四十五，但来函声明該照本公司所推定百分率所发，似尚可以照签。惟第十一项条注之「甲方自備材料及工程期内工资调整均在全部工程總價之内」一節，有違二廠时合約所發，甚否可行，因言請約核 三、卅

決定辦法

6

正送基泰一份存查 三、卅

文書股

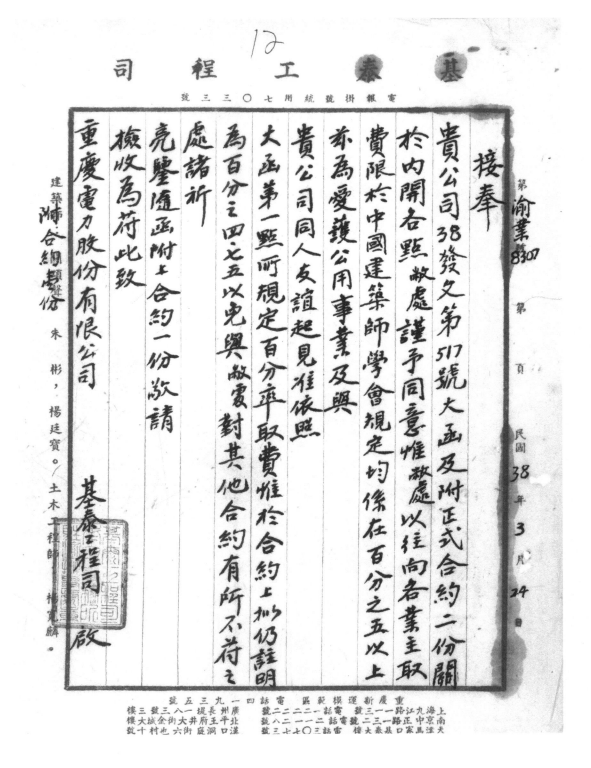

12

基泰工程司

電報掛號統用七〇三三號

第 渝業 字 8307 號

第 頁

民國 38 年 3 月 24 日

接奉

貴公司38發文第517號大函及附正式合約二份關於内開各點敝處謹予同意惟敝處以往向各業主取費限於中國建築師學會規定均係在百分之五以上亦為愛護公用事業及與

貴公司同人友誼起見准依照

大函第一點所規定百分率取費惟於合約上擬仍註明為百分之四．七五以免與敝處對其他合約有所不符之處諸祈

亮鑒隨函附上合約一份敬請

檢收為荷此致

重慶電力股份有限公司

基泰工程司 啟

建築師：關頌聲（聯合組織負責），朱彬，楊廷寶。土木工程師：楊寬麟。

重慶新運模範區 電話四一九三五號
上海九江路一一三號 電話一二二二二
南京中正路一三二號 電話二一一八二
天津馬家口基泰大樓 電話三〇七七三
廣州長堤一八三號三樓
北平王府井大街金城大樓
漢口洞庭街六也村十號

13

合約

立合約人 業主 基泰工程司（以下稱甲方） 建築師 建築（以下稱乙方） 茲因甲方擬於

商得乙方同意根據後開各條文訂立合約如下

（一）甲方願依後開條文委託乙方為建築師担任計劃監造上述工程之任務

（二）乙方對於上述工程依後開條文允為担任建築師之任務

（三）乙方之任務、乙方應担任下列各種建築師應盡之任務（甲）參與各項必要之討論（乙）擬具初步之研究（丙）繪具投標所需之圖樣暨工程圖樣（丁）繕具做法說明書大樣暨實樣詳細圖樣（戊）擬具各項投標及合同格式（己）簽給付款憑照（庚）記載各項賬目（辛）經管關於本項工程各種普通事務暨監督工程

（四）乙方之公費、為履行前條所載各種任務甲方須付乙方之公費應照全部工程總價百分之　　分計算

（五）償還墊款、乙方因履行上述任務所墊之旅費暨食宿費以及代僱特別工程師費用均應由甲方償還不在上述第四條所規定公費之內

（六）額外任務及費用、（甲）倘於上述工程計劃圖樣核定之後如因甲方欲取銷或變更其全部或一部分而致乙方以前之工作完全或一部分作廢時甲方須負償給各該作廢之全部或一部分工作之費用及墊款（乙）如因甲方或承包人或工人方面之行為或其他之過失及意外而致拖延工程之進行及期限時所有乙方一切於延長時期中所生之各種款墊費用均須由甲方負責歸還

（七）公費之給付、無論工程已否完竣或遇工程之全部或一部中止進行或竟作罷乙方之公費應按第四條之規定分別照付如次

（甲）於初步研究完成時卽應按照工程公允之估價核算付給乙方之公費總數之百分之二十分

（乙）於做法說明書暨大概工程圖樣（詳細圖樣除外）完成時卽應按本合約所定之公費成數再為付給至連同已付之百分之二十分滿足全數百分之六十分此項成數計算方法係根據此項完成之做法說明書暨圖樣所規定工程估價公平核算倘標單已經收到卽按照最低之一家或數家所投妥實數目核算

（丙）除第六條所載各項外當工程進行期內隨時應按照乙方所服務之數量予以給付直至按照本條所有給付公費之總數達到本合約所定之成數全數為止並按工程之最後價值核算除公費之給付外其他對於乙方應為之各項給付以乙方所服務任務之完成時暨用費業已墊付

時為到期

(丁)凡承包人應交之罰款暨約定之損失賠償以及扣留承包人應得各款俱與乙方無涉更不得藉此扣除乙方之公費

（八）甲方之裁決．甲方對於乙方所交之草樣圖樣做法說明書建議書合同以及其他文件應於最短期間內予以充分考量採用與否通知乙方如遇有急需決定之事件時甲方應於相當時間內將其決定意思以書面通知乙方俾乙方得以按照一定時期內將圖樣或命令發交承包人辦理以免延誤工程

（九）測量穿鑿試驗．甲方應供給乙方以建築地基之詳細精確測繪地圖載明路線暨道路高低之斜度如有地溝水管及電流之設備尤須詳加說明關於穿鑿或挖掘地穴暨所有必須之化學機械以及其他試驗之種種費用俱由甲方給付

（十）監工員．(甲)乙方須負監督工程之責應竭誠隨處顧全及保障甲方之利益以免工程上有所欠缺或錯誤但乙方並不為各承包人履行合同之保證人(乙)建築師監工並非常川駐守工程地者如甲方認為有聘請監工員一人或數人常川駐紮工程地點之必要時乙方得代為聘請但其薪金由甲方給付

（十一）「全部工程總價」之解釋．本合約第四條規定公費成數所根據之「全部工程總價」係指本合約所規定之工程全部所需工料及建築費用等等之全部款額而言但乙方之公費及其他工程師監工員之薪金均不在內

（十二）圖樣及文件之所有權．乙方對於本項工程所製之一切圖樣暨做法說明書等件無論採用與否或實行建築與否均保留其所有權

（十三）承繼人暨讓與．甲方與乙方對於各本人及其各代表如承繼人遺產執行人管理人以及承受人續權人均應承認履行本合約所有各條文關於本合約之履行乙方得與其他某一建築師或數建築師善意聯合辦理遇某一合夥人亡故或不能續為合夥人時則乙方之權利與義務如其仍為一聯合組織仍應由存在之某一合夥人或由該一合夥人或數夥人所結之聯合組織照舊承繼以上所述任何方面均認為乙方之續權人直至本合約所包括之義務完全履行為止本於以上之事實甲方應有同樣之權利但對於各入夥人之行業不得加以限制除上述情形外任何方面若無對方之書面許可不得將本合約內之利益讓與或分給或移轉第三者

（十四）調解與公斷．由本約合約所發生之一切爭執問題立合約人任何一方皆得提交公斷以調解之其公斷方法以雙方同意另制規定但凡與本合約或與立合約人任何方面及其事務有經濟關係者皆不得當選為公斷人

上述各條係經甲方與乙方雙方同意均願遵守履行不得違背

特立本約為據

附則

印花

甲　方（業　主）

見證人

乙　方（建築師）

見證人

中華民國　　年　　月　　日　立

重庆电力有限公司关于签订合约致基泰工程司的函（一九四九年四月一日） 0219-2-251

送達機關	基泰工程司
事由	函送簽訂合約一份請查存由
文別	函
附件	合約乙份
總經理	四月一日
協理	月　日
主任秘書	四月一日
秘書	月　日
文書股股長	四月一日
擬稿	四月一日
會章	
抄送	
校繕	月　日
用印	月　日
封發	月　日
歸檔	月　日
發文電字第	586號
收文電字第	號
卷號	

民國三十八年　月　日

中華民國三十八年四月一號發出

案准

貴工程司本年三月廿四日渝業字第八三零二號大函暨附還簽蓋之合約二份囑檢收等由准如囑提取一份外茲隨函送上一份函希

查存為荷

秘 37 $\frac{7.1}{5000}$

17

此致

基泰工程司

附合约一份

公司启

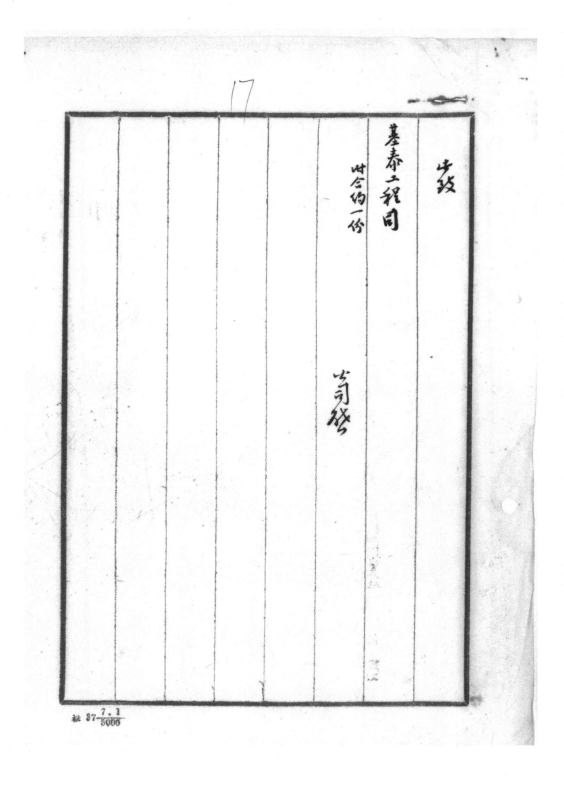

社 37 $\frac{7.1}{5000}$

重庆电力股份有限公司关于电价计算方法的报告（一九四九年四月二十六日） 0219-2-293

121

（本市訊）電力公司百孔千瘡補救乏術以往煤價每五日調整一次轉駁起力貼水付現而電價每半月調整不能與現實配合虧累甚深近來米價一日數變煤價每日調整一次煤商猶感痛苦不堪電力公司之痛苦如何不言而喻現轉駁公會對於煤船開往彈子石鵝公岩之轉駁費及起力均要求以米給付正折衝中如不能解決之有缺煤斷電之虞以此種種原因該公司正考慮以銀元或煤觔為計算電價之基準惟在此金圓急劇貶值情況下究竟有無裨補仍在未定之天。

中華民國卅八年四月廿六日發出

重庆电力股份有限公司关于电费以煤计价及内部联整办法的通知（一九四九年四月二十九日） 0219-2-293

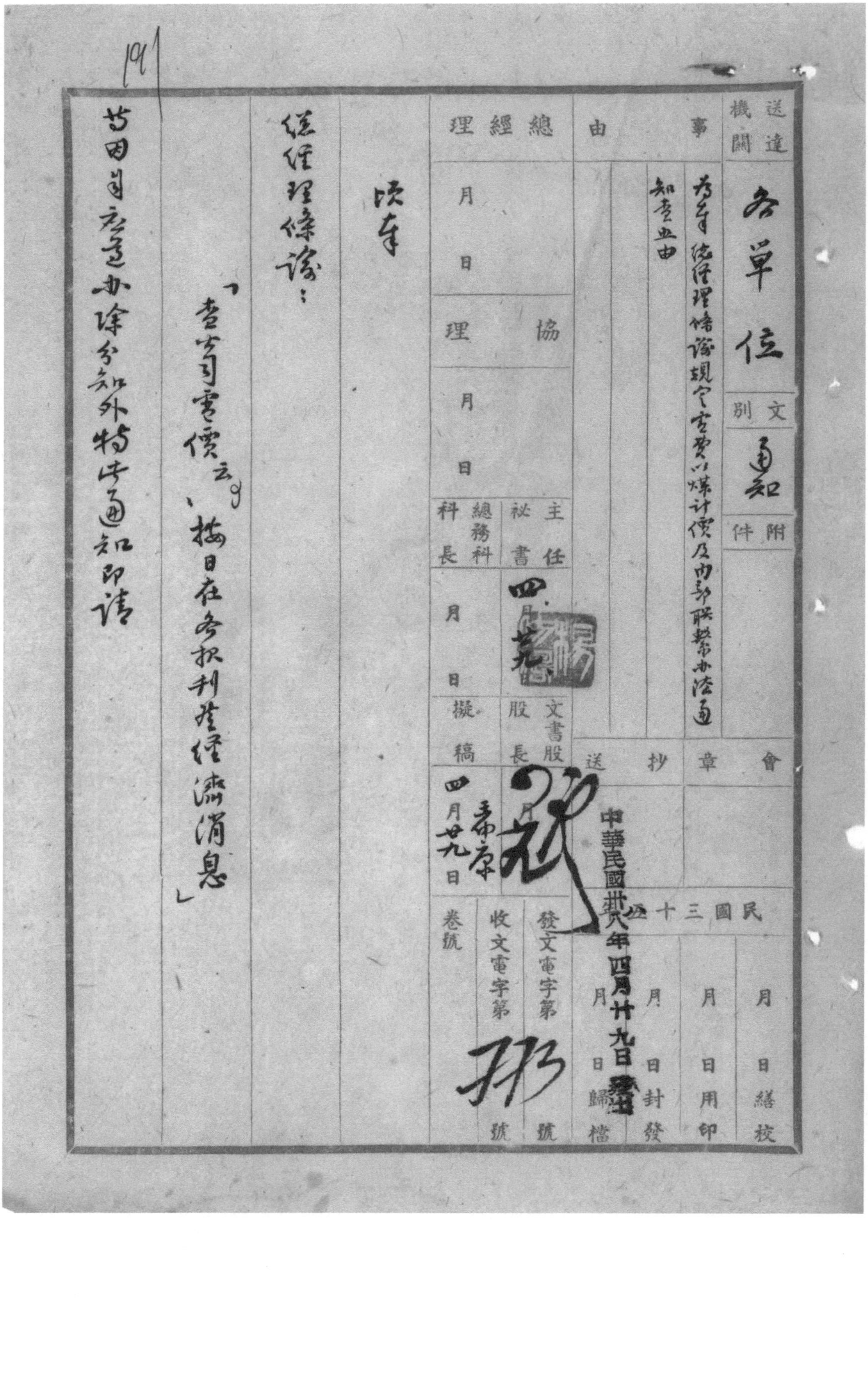
送達機關：各單位
文別：通知
附件
事由：為奉總經理條諭規定電費以煤計價及內部聯整辦法通知查照由
總經理 月 日
協理 月 日
主任秘書 總務科科長 四月廿九
文書股股長 擬稿 四月廿九日
會章 抄送
中華民國卅八年四月廿九日發出
收文電字第 號 發文電字第 號 卷號
月 日 繕校 月 日 用印 月 日 封發 月 日 歸檔

頃奉
總經理條諭：
「查公司電價……按日在各報刊登經濟消息」
等因，自應遵辦，除分知外，特此通知，即請

查照为荷 此致

总务科 业务科 会计科 稽核室

三分工会

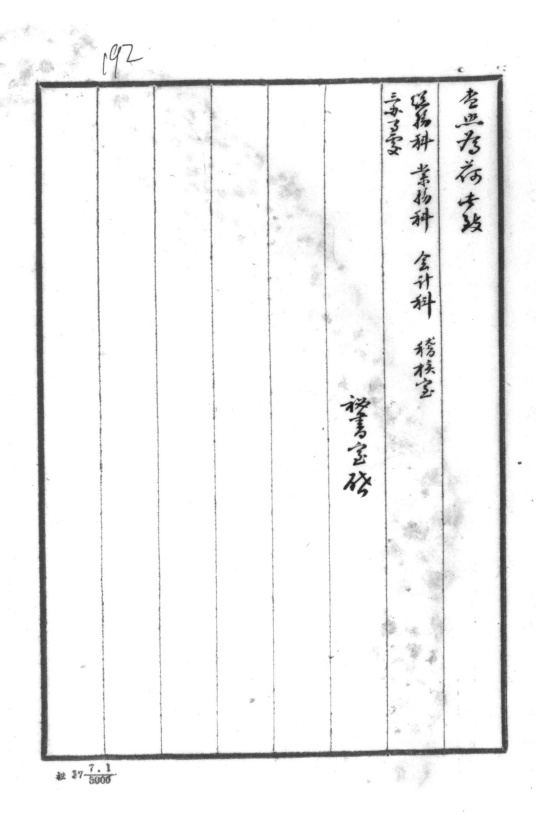

秘书室启

193

查公司電價現奉准隨煤價調整，電力每度照十一公斤煤價，電燈每度（不分級）照十三公斤煤價折合電價收費。除另通知業務科及三辦事處外，關於內部每日聯繫辦法，前規定之辦法：

（一）煤價以大存甲種煤為標準；

（二）煤價無論每日是否變動，均由總務科按日於午前十二時前通知秘書室，以便通知有關單位及按日在各報刊登價目為要。

秘書室通知有關單位

重慶電力股份有限公司總經理 [illegible]

卅六 四 元發

194

38發文電字第[illegible]號

項奉

總經理條諭：

「貴公司電價現奉准隨煤價調整電力每度照十八公斤煤價電燈每度（不分級）照十三公斤煤價折合電價收費除分通知業務科及三辦事處外關於本部每日聯繫辦法兹規定如次：

（一）煤價以天府甲種煤為標準

（二）煤價無論每日是否變動均由總務科按日於上午十時前通知秘書室以便通知有關單位及按日核發各報刊登經濟消息」

等因自應遵辦除分知外特此通知即請

查照為荷 此致

重慶電力股份有限公司 秘書室 年 月 日

重庆市政府关于核定调整电价办法的训令、代电（一九四九年五月四日）　0219-2-297

送達機關	重慶市政府
文別	代電
附件	
事由	為奉核定調整電價辦法擬請俟市參會新擬方案經由鈞府參會商討後再付實施謹請鑒察由
總經理	五月九日
協理	月　日
主任秘書	五月九日
秘書	五月九日
文書股股長	月　日
擬稿	月　日
會章	
抄送	
民國三十八年	月　日繕校　月　日用印　月　日封發
中華民國卅八年五月九日	日歸檔
發文電字第　號	
收文電字第　號	
卷號	

重慶市市長楊鈞鑒：案奉鈞府市工字第六六〇號訓令，為核定調整公司電價辦法，飭照遵辦等因，自應遵辦。正草擬實施辦法中，適值本市參議會邀約公司電價從新研討，擬訂方案，擬請由鈞府

2

於本月十日召集有関各方討論後再行实施自应静
候周免紛歧謹電呈鑒敬祈垂察重慶處廿七日
叩儉

3

重慶電力股份有限公司到文簽

收文電字第 38收文電字第1577號

某來處：市政府

廿八年工第六六〇號

中華民國 中華民國卅八年五月五日收到

事由：為核定調整該公司電價辦法案令仰遵辦由

附件

呈核 五、五

總經理

協理

關係各科室處組廠（簽 意見）

決定辦法

最速件

重慶市政府訓令

中華民國 附 (附)發文：市工 卅八 五 0660

事由：為核定調整該公司電價辦法一案令仰遵辦由

批示

擬辦

令重慶電力公司

案據工務局都市計劃委員會會簽關於該公司請調整電價一案經提交本府第四四九次市政會議決議通過照(七)項按原由部頒核價公式每五天調整一次辦法辦理(一)仍按原案由工商部頒

（印）

收文

布之核价收费公式由主管局直接核价按期公布，事后呈府备核备案（二）主管局应与统计处、社会局等有关机关妥商迅速简单办法，务能按时得出核价时应用之各项资料（三）各有关之资料，数或单价应采用核价前一日当日之实数等语纪录在卷。合行令仰遵照办理为要！

此令

兼市长 杨森

监印

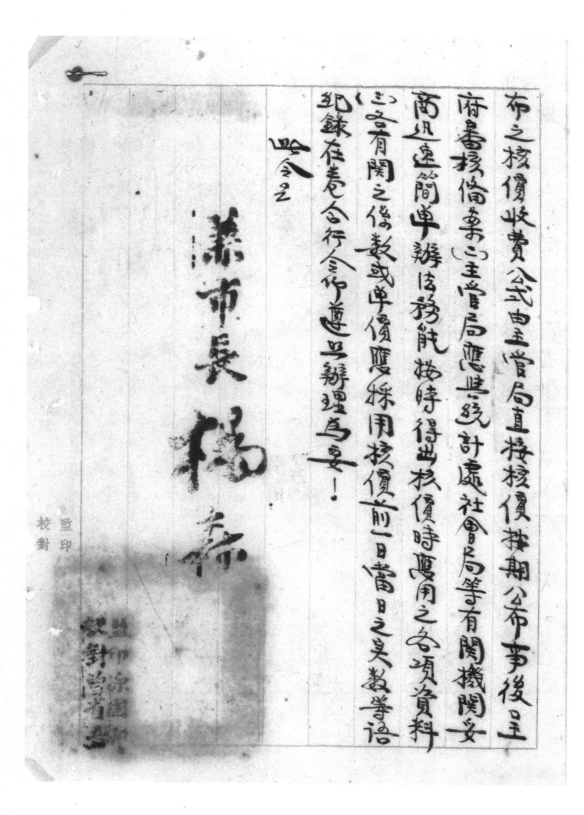

校对

重庆电力股份有限公司关于检送调整电价情形与四望栈的来往函（一九四九年五月七日） 0219-2-297

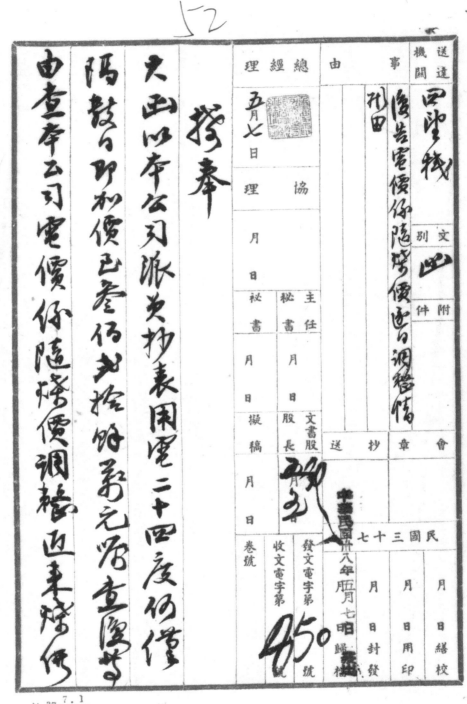

52

送達機關	四望棧
文別	函
附件	
事由	復告電價係隨煤價逐日調整情形由
總經理	五月七日
協理	月 日
主任秘書	月 日
秘書	月 日
文書股股長	月 日
擬稿	月 日
會章	
抄送	
民國三十七	中華民國卅八年五月七日歸檔
發文電字第	450 號
收文電字第	號
卷號	
校繕	月 日
用印	月 日
封發	月 日

接奉

大函以本公司派員抄表用電二十四度何價隔數日即加價已差伍拾餘萬元囑查覆等由查本公司電價係隨煤價調整近來煤價

秘 37 $\frac{7.1}{5000}$

53

逐日变动本公司电价每月仅许调整一次不能
随煤价时时调整致收不敷支若请维持迭经
呈准电价照煤觔计算即每一度电合十三公斤
煤以后电价即照煤价调整逐日公布近日煤价
变动甚钜本公司电价均逐日在报端公布此种
情形为勉强维持发电情非得已希
贵厂曲予原谅如数交付以免煤价变动电价
随之增加为荷此致

四望栈

公司启

秘 37 7.1/5000

立呈服

174

報告

電力貴公司・經理先生台鑒、前因敝民特來函請經理先生詳情・因前次貴公司派員抄表之時、敝户所用電二十四度・然後又派員收費之時・當時敝户向着收費員說、有没有敝户的電費收據否、當時收費員言到、收據上面已經没有下來、直到現在・不过几天光景・卩敝户加到叁佰弍拾几萬元了、特請貴公司先生詳搽・並不是敝户故意如此、特請原諒此致、

敝户 四望樓織

中華民國卅八年五月六日 收
38 收文字第 1630 號

重庆电力股份有限公司关于检送修正材料处理规则给各单位的通知（附规则）（一九四九年五月十六日） 0219-2-312

送達機關：各單位

文別：通知

事由：為檢送修正材料處理規則一份通知照辦由

附件：

總經理：五月十三日

協理：

主任秘書：五月十三

文書股股長：五月十三

擬稿：五月十三日 [illegible]

發文電字第955號

民國三十八年五月十六日發出

查本公司前訂材料處理規則第[illegible]條之文業經召集各單位主管人開會研討修正通過，自即日起實施，茲將修正各點合行檢送該項修正規則一份，即希照辦為要。此致

各科室組

附材料處理規則一份

總經理 田○○

中華民國卅八年五月十一日收到

38收文電字第1718號

擬請

秘書室照修改印廿五份

全文通过 请

总务处视本室付印

份发 [illegible]

照印五十

38發文電字第684號

材料股

兹订定材料管理规则[illegible]由各单位主管人详为研究，如有意见，限於下週（十六日）会议时提请修改，以利施行。除分知外，合行检发该规则，即希照办为要。此致

各厂处

对於材料应照规则细提意见，即依限早日提出，以备修正颁行

同意 [illegible]口头依 四月廿五日

中華民國卅八年四月拾六日發出

總經理 [illegible]之

2

材料處理規則

第一條 本公司所需之材料（包括器具在內）悉依本規則處理之

第二條 本公司所需之材料分為經常用料及擴充工程用料兩類於每年度前始二個月由各部份編造預算送總工程師根據實需及材料股庫存審查擬須添款目陳請總協理核定之交購料委員會照辦

第三條 如係臨時用料未列入預算並無庫存而需要迫切者由材料股開列請購單陳經總協理核准交購置股詢價採購並通知購料委員會接洽

第四條 一切用料除臨時急需者陳經核准者外購置股收到請購單後應即分填詢價單或用招標方式編造比較表送料委員會審核陳總協理核定之

第五條 經核定之採購之料即由購置股填發定貨單或草約會同陳總協理簽定之並以副本分送稽核室會計處材料股存查

第六條 如需購材料無法購置或緊急需要材料不能立即購到時應由購置股之與用料部份商洽辦理

第七條 由總工程師商請總協理指定若干人負責驗收材料及每

半年更換一次於每批材料送達時由材料股邀同驗收
會具收料報告如發現貨色不符或數量短絀應即
通知購置股向承辦商調換或補足之如由外國或外
埠購運之材料於驗收時發現損壞或質量不符由材
料股通知購置股擬具處理辦法簽陳總協理核定之

付款 第八條

購置股收到承辦商交來之收料報告及發票經核對
無訛後即根據定單或合同製成購料報告連同附件
送交會計科製成支付傳票經有關科長核章陳總協
理核發付款

領料手續 第九條

各部份需用材料時須先填寫領料單註明數量與用
途經該部主管人核定後持向庫房領用管料人即於次日
根據各項傳票填製材料日報送呈總工程師查核蓋
章

以舊換新 第十條

各部份領用材料（包括工具在內）如係以舊易新者須請
領用部份主管人在領料單上註明「以舊易新」字樣隨
同退料單與舊料向材料室換用如無換舊等字樣註
明管理人即當新領材料發給至各領用人如有將材

料按照售送失者請由領料部份主管人親請經理室核

准

退料 第十一條 材料股發料或收回退回材料後應將實收實發數量

填於領料單或退料單內由領退材料人蓋章以憑記

帳

材料室 第十二條 材料股各材料室應設材料庫存分戶帳及材料卡片以

便各方便於查核

廠 第十三條 各部份領用拆還或退還材料須自備材料草帳以備各

部份查對

會計科 第十四條 各部份領用材料由會計科登入暫記帳俟用出後應由用

料部份填列實用清單送交稽核科審核再由會計科

列剔轉入消耗或資產帳

廠 電務工處 第十五條 擴充工程完竣後應由主管部份造具報告送稽核科

審查驗收後送會計科填價陳總協理核閱

廠 電務工處 第十六條 凡資產材料有變動遷移時（如供電方面線路變壓器之

變動及總分兩廠機件與另件之遷移等）用料部份應隨時填

具拆還材料報告表二份送由總工程師分别核轉會計

料部帳籍核料查核另以一份存查

修、舊料繳退 第十七條

次用料部份對於用餘材料（包括不合用材料）之拆卸舊料、廢料等可隨時製成退料傳票一式三份隨同退料交材料室以憑作帳

材料室 第十八條

材料股所收退料應分「新」「舊」「廢」各別登帳按月造表送稽核科及會計科查核呈閱

售料 第十九條

出售不合使用或外面請求公司價讓之材料時材料股得經理室批准後即製成售料發票一式三份送稽核科審核股核章後根據收款消帳

借入、借出材料 第二十條

公司借入或借出材料工具時須先陳經總經理及總協理核准其借入之件之清單及借出之件之收據均應送交材料股保管存查

盤查 第廿一條

庫存材料每半年指派人員盤查一次必要時臨時由總協理指派人員盤查之每次盤查後應作成盤查報告具報

仝上 第廿二條

材料盤查如發覺實存與帳冊不符應立即陳報總協理核決將其分別轉入材料「盤盈」或「盤虧」科目

會計 第廿三條

會計科料應於每月終年終編製結存月報及結存年報陳

經主管部經協理核閱

第廿四條　舊料廢料之收發領用報銷記帳等均照與新料同樣辦理

第廿五條　舊料廢料之屬於資產者並另估價應於資產帳上轉正之

是否刪 第廿六條　廢料舊料之確已不能再用者應每年年終簽陳總協理核准標賣一次

全上 第廿七條　出售材料如售價高或低於估價時轉入損益帳

第廿八條　運送中途之材料在結帳時（月結年結）以已付清購價者運送中材料科目記入材料帳

第廿九條　材料之價值應以其原價加上運費力資關稅捐等合併計算之

第三十條　本規則經呈請董事會通過實行修改時亦同

6

7

3□發文電字第955號

查本公司前訂材料處理規則各條條文業經召集各單位主管
入開會研討修正通過自應即日施行期收實效除分知外合行檢
發該項修正規則一份即希照辦為要此致

附材料處理規則一份

總經理 田習之

中華民國卅八年五月拾六日發出

重庆电力股份有限公司关于检查电价改用银元为基础情形致资源委员会泸县电厂的函（一九四九年六月二十二日） 0219-2-298

23

送達機關	瀘縣電廠
事由	准告本年六月電價改以銀元為基數情形由
文別	函
附件	
總經理	六月廿二日
協理	月 日
主任秘書	六、廿二
秘書	月 日
文書股股長	六月廿二日
擬稿	月 日
會章	月 日 繕校
抄	月 日 用印
送	月 日 封發
民國三十八年	中華民國卅八年六月廿二日 歸檔
發文電字第	1219 號
收文電字第	號
卷號	

接准

貴廠本年六月十一日瀘廠（卅八）業字第七九八號函

以一般公用事業通均已改用銀元為原則

要擬自七月份起改以銀元訂價經本公司無度八

秘37 7.1/5000

24

分燈每度一角嗣將本公司七月份電價照告
俾供參考茲由查本公司電價初為按月調
整嗣以物價急劇上漲乃改為半月一調
整復以物價日數變電價始終落後虧累
甚鉅始於六月八日並准改以銀元為基數
計電燈每度為六分電力每度為四分五厘於煤
價漲落百分之十時電價即隨之增減後查當
時煤價為每噸四元六角對于本公司即需

校 37 7.1/5000

25

查照為荷此致

瀘縣電廠

公司啓

稅37 7.1/5000

天原电化厂重庆工厂与重庆电力股份有限公司用电合约（一九四九年七月） 0219-2-319

4

天原電化廠重慶工廠
重慶電力股份有限公司
用電合約

5

用電合約

天原電化廠重慶工廠（以下簡稱甲方）
重慶電力股份有限公司（以下簡稱乙方）

第一條 用電地址為江北貓兒石甲方工廠

第二條 用電數量甲方需要最高負荷為三百開維愛如將来增加設備時另行備函報驗請求供電

第三條 供電方式甲方為属電化工廠限於技術需要必需二十四小時継續開工對於電壓不穩及時常斷電影響生産效率及管理上之困難且可能發生危險而致蒙受損失故在機線無特別故障時每月須連續不斷供電二十五天乙方為使甲方達到上述情形改由大溪溝發電廠供電如一廠發生故障改由三廠補助供給

第四條 甲方所裝高壓計度表之抄見度數應惠予2%方棚損失

第五條 電費照乙方核定官價於接到抄表通知後即行繳付

第六條 在本合約有效期內乙方應負責經常供應甲方用電並使電壓近於正常而使甲方得能正常生産則甲方不得接用其他電廠電流否則乙方為供應甲方用電添設之器材費用由甲方全部負担之乙方所供之電源斷電

6

次數太多或電壓高低超過甲方所安設之同步電動機無法開車如乙方又無法改善時甲方得另行設法不受本約限制

第七條 本合約有效期暫定壹年

天原電化廠重慶工廠

天原電化廠重慶工廠

重慶電力股份有限公司

重慶電力股份有限公司

中華民國三十八年七月日

田习之关于重庆电力股份有限公司供电、发电方面的答复（时间不详）　0219-2-270

46

習之受重慶電力公司董事會之委託接管電力公司總經理職務自問力薄難勝重任祇以敦促再四漂於時艱匹夫有責之義未敢固辭勉為其難任事後對公司內外情形經詳加研究根據過去經濟部指示以及市政府嚴令亦改善各點并針對環境實情形擬訂中心工作六項（一）加強節電取締（二）增加發電設備（三）縮小停電區域（四）保持供電正常（五）增加工廠供電（六）加強服務精神拟次推動以為改進外并將各界人士平昔對用電疑問試擬重慶市電力問答　則供諸社會以為不明白本公司真像及關心本市電力者之一解答

一、關於供電發電方面者

問電力公司設備僅有一萬一千瓩現在分為三廠管理既不方便開支亦增原因何在

答本公司原有四千五百瓩機器兩套一千瓩機器三套均集中安裝在大溪溝廠內二十七年委員長重慶行營命將一千瓩機器兩套移裝南岸彈子石為應急電廠二十九年六月廿六日委員長蔣手令重慶電燈廠原有之新式大機器應即速拆卸移置岩洞內拆卸遷移期間暫用小機器或已成預備之機器甚至暫時停電亦可務望限期遷移其計劃請詳報經濟部　於廿九年六月廿九日以二字第六二六八六號通知遵辦　工程費用由電費附加於委員費用當時來往指示故機好仍維現狀

問遂有一部一千瓩的機器裝設何處

答二十八年被銅元局軍政部二十兵工廠以三十一萬元代價征用

問發電量與用電量是否平衡如果不够又如何維持

答本公司自身發電量共一萬一千瓩購買各工廠餘電三千五百瓩共計一萬四千五百瓩本市用電量已到一萬九千餘瓩不敷約五千瓩補救的辦法是將全部劃分為　但供電區在下午四時至十一時為本市用電最大時候經呈准主管當局予以分區輪流停供使用電與發電可以平衡同時各區用戶也得到平均用電機會

67

問：除輪流停電外，何以又有臨時停電？

答：臨時停電有下列幾種原因：一、鍋爐發生故障，停機修理。又方棚燒燬了，外保險燒斷，火電桿倒碰斷。以上各節看情形輕重，以為停電久暫。但最大原因為各廠設備祇有一套，並均長時不斷使用，超過負荷。例如一個發電三千瓩的電廠，平時祇應發電二千瓩，餘一千瓩作為臨時補充調節之用。本公司各廠機器造無替換機會，譬如人體痼疾已深，故隨時均有發生故障臨時停電可能。

問：機爐隨時修理，有無辦法使其保持長久不停？

答：四部機爐都裝用了十四年之久，中間又因適應抗戰需要八年來晝夜不停使用，到現在可說敝舊不堪，實不應再作過量負荷，但為了適應全市需要，無法停下，仍祇得勉強發動。在修理時又因無船來配件，有時弄以本地材料代替，不合標準，不能經久耐用，所以有時修時停之現象。如果要徹底修理，除非是把機器完全拆卸下來大大的檢查清洗修理一次才行，但是最快時間也得四十天，目前用電情形這樣迫切，絕對不能容許，而且也祇能暫時治標。如果要保持長久供電，除增加機器外，別無他法。

問：在新機器未購置以前，要使供電正常，燈光明亮，如何才能做到？

答：一、把現在的供電區域縮小起來，使機爐負荷減輕，做到供求相應。

二、要預將的煤不攙沙石，使燃燒力強，容易起磅，使電壓增高。

三、向政府暫時借用發電機器，使發電量增加。

問：第一廠最近停機修理，複電時間何以會較公告時間遲三十六小時？

答：就是如上面所說，機器本身已殘舊不堪，又從未大檢查，內容之壞難以預測。每到修理甲部時又才發現乙部有故障，故必須延長修理時間，加以鍋爐熱力達二千餘度以上，必須俟其冷卻方可施工，此即這次第一廠逾期修好之原因。惟此種情事在機器未大修前勢難再免。

68

问截至本年底发电设备之准备如何
答已在去年五月向外国厂家订购一万瓩新机炉一部，因为外国厂家亦
极原交货迟有一年半，迟因此项机电时间至快也要民国卅九年底
问新机未到以前之过渡办法如何维持
答拟采办法：除限制节约电及严禁窃电外，唯一的是储小型电厂以使
供电尚有不足之数，可以不致立即感困难
问除此以外对于增加供电尚有何种办法
答请求政府将上次允许接管之日本赔偿拆迁物资中之发电机炉提
前拨给本公司，并请政府将接管其他区不急使用之发电机炉若干部
者一部拨本公司使用
以济当务和人事者
问窃电之户何以愈见其多，以一般论，应如何解决
答究竟是社会道德不好，以致窃电层出，原因虽系自市府公布加强用
电办法后，本公司在法令方面倍觉得依据，用户装表用电依照呈准办法
办理。再如将市区划为若干区设会同警察宪兵等机关着查窃电，使窃电
者逐渐减少。乃至于奖惩办法以来，均本公司依照此类情形，自见其多，致
使窃电问题已成社会严重问题，市民协助公司，为谋补救之制裁，恢复
合作之效。
问用户请装表用电感觉手续不便之原因何在
答本公司内外因订购电表已到，装表手续已公布规定，用户装表请
求不多，大小不等，因此装置用户自己购电表在手续上不求简化，以用户
欲依照屋内用电装置规则规定手续，须将屋内装置完全由本公
司派技术人员检验合格后即日内即可装表用电，唯有部份用户
不明情形，对于屋内装置往往不合规定，本公司为保障用户安全，唯有
请用户改正再装，至手续上并不繁难，迟延之原因大约在此

问公司付薪情形及随时还清是何原因

答本公司每月付息数目非常庞大总在百分之三十以上须先就全部收入三分之一应付库债又必须付清月以后[illegible]按月[illegible]用户收取与开支时间相较已相差两月以外周转资用完全靠举债维持应付之法款项偿还[illegible]持常赁财须先付物价[illegible]月上[illegible]周转全[illegible]月借多赁金耗支本债度日利息负累更重此所以愈累愈深时在忧虑之中现在[illegible]本事即已到还债[illegible]难更必须早为[illegible]维持不致因断迁断[illegible]此又为本年[illegible]所不能办到必请求政府[illegible]借一面开[illegible]用户加价[illegible]资维周转是幸

问传说贵公司员工太多薪津亦高是否实在

答本公司[illegible]时来[illegible]一个厂公开三个厂[illegible]太[illegible]信用人加多[illegible]之理[illegible]之程[illegible]一个厂[illegible]相加[illegible]事实使并非本公司[illegible]之[illegible]新之相加才四[illegible]指教相[illegible]

问分厂办法如何

答[illegible]之作不[illegible]推动外并向政府请求[illegible]之手[illegible]一种推[illegible]维[illegible]以[illegible]应[illegible]情比例[illegible]一面[illegible]开支减轻负债[illegible]进而使[illegible]停[illegible]相应[illegible]市民[illegible]为目的

上述各节为问答请

本[illegible]或另纸加书意见并盼于本月十一日（周五）送达[illegible]为荷

此致

秘书室 谨

六月九日

重庆电力股份有限公司一九四四年度平均抄见度数统计表（时间不详） 0219-2-198

卅三年度平均抄見度數每月為 4,080,000度
電力 2,720,000度
電灯 1,360,000度

電力
每月抄見度數為2,720,000度
每度$23.70 共計電費 $64,464,000

電灯
每月抄見度數為 1,360,000度
機關学校佔 23.6% 為 320,960度
第一級（每戶十度以下）佔 31% 為 99,498度
每度$8.00 共計電費 $795,984
第二級（每戶十度以上）佔 69% 為 221,462度
每度$12.00 共計電費 $2,657,544
機関学校用電灯每月收電費共計 $3,453,528
普通電灯用户佔 76.4% 為 1,039,040度
第一級（每戶十度以下）佔 31% 為 322,102度
每度$30.00 共計電費 $9,663,060
第二級（每戶十度以上廿度以內）佔 20% 為 207,808度
每度$50.00 共計電費 $10,390,400
第三級（每戶廿度以上五十度以內）佔 26% 為 270,150度
每度$80.00 共計電費 $21,612,000

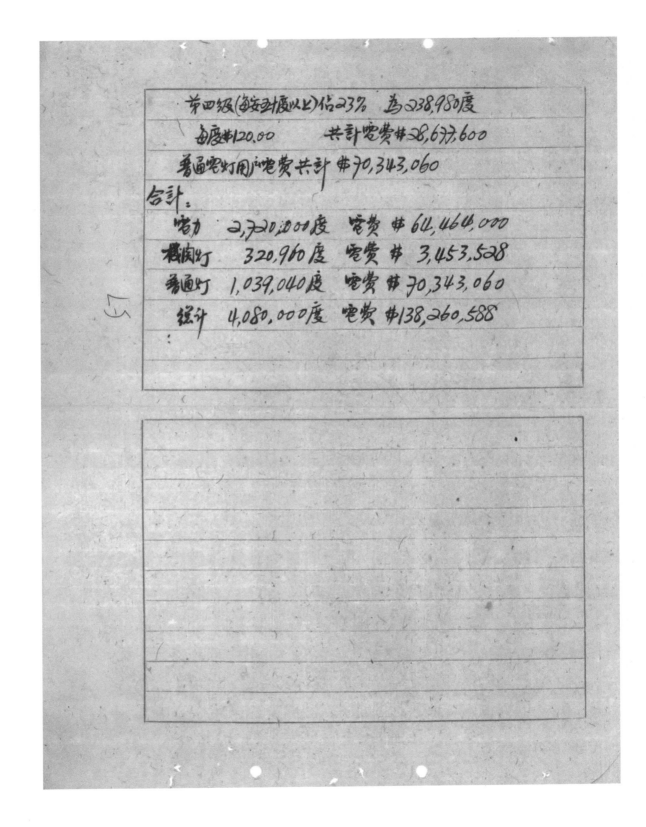

第四級(每安五十度以上)佔23% 為238,980度

每度#120.00 共計電費#28,677,600

普通電灯用户電費共計 #70,343,060

合計：

電力 2,720,000度 電費 #64,464,000

模開灯 320,960度 電費 # 3,453,528

普通灯 1,039,040度 電費 #70,343,060

總計 4,080,000度 電費 #138,260,588

重庆电力股份有限公司收取电费之困难种种（时间不详）0219-2-270

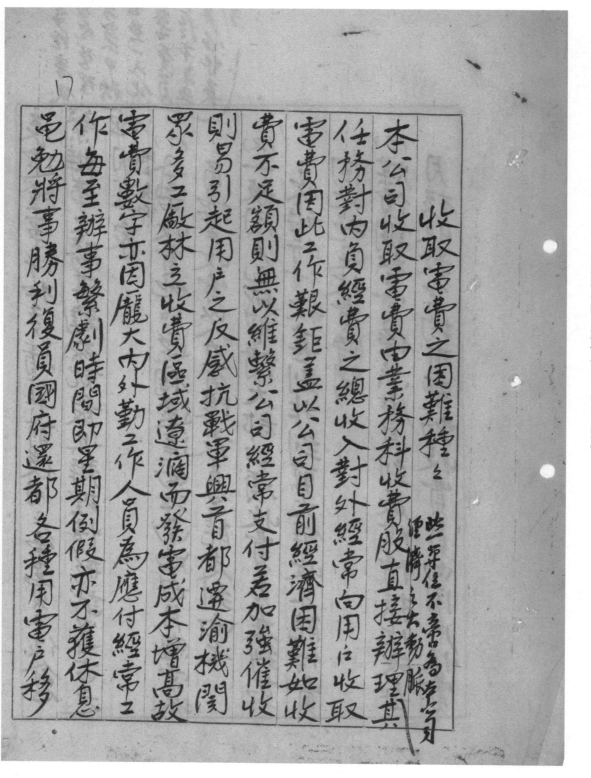

17

收取電費之困難種種

本公司收取電費由業務科收費股直接辦理其（此部份不啻為本公司經濟之主動脈）任務對內負經費之總收入對外經常向用户收取電費因此工作艱鉅蓋以公司目前經濟困難如收費不足額則無以維繫公司經常支付若加強催收則易引起用户之反感抗戰軍興首都遷渝機關衆多工廠林立收費區域遼濶而發電成本增高故電費數字亦因龐大內外勤工作人員為應付經常工作每至辦事繁劇時間即星期例假亦不獲休息黽勉將事勝利復員國府還都各種用電户移

業經審議收費管理方案甲款收費一元化一案本案已於本年五月份起實行

表達燈事件加多清算其前後用户電費工作愈繁辦事不勝其難茲就最近辦理情形試畧言之俾明真象

(1) 全市用户遍佈收費地區遼濶遠達西江南北每月經常派員按户收費以人力有限最多只能走到兩次

(2) 一般用户已成習慣大都必須收費員走到第二次始行付款甚則非到剪火催收不能付費因此拖延收費時間

(3) 煤價調整電費係照歷月到廠煤價核收故每月核收數字均有變動收費員向用户收費

18

總理方案甲款六項規定電費應在月前收清，此實本公司所合求，無如拖欠電費已成習慣，僅有嚴厲制裁亦不能一一付諸法律，必須社會道德提高始克生效

時責難備至解說尤費唇舌

(4) 一般用戶多不依照公司營業章程辦理過戶手續因此許多住戶與實際用戶名稱先後常不相符以致收費時糾紛迭起電費收取甚感困難

(5) 行政院核定收取之重置發電設備費雖經市參議會審議解決照收但仍有藉口曾接到區民代表通知不能付費等語藉口推緩致積欠電費之原因

(6) 因受工業協會抗議不付重置發電設備費

之影响以致全市一般家均相继不付益增收费
困难
(7)因窃电过多影响线路致电灯不明许多用
户常以此为推付电费之口实

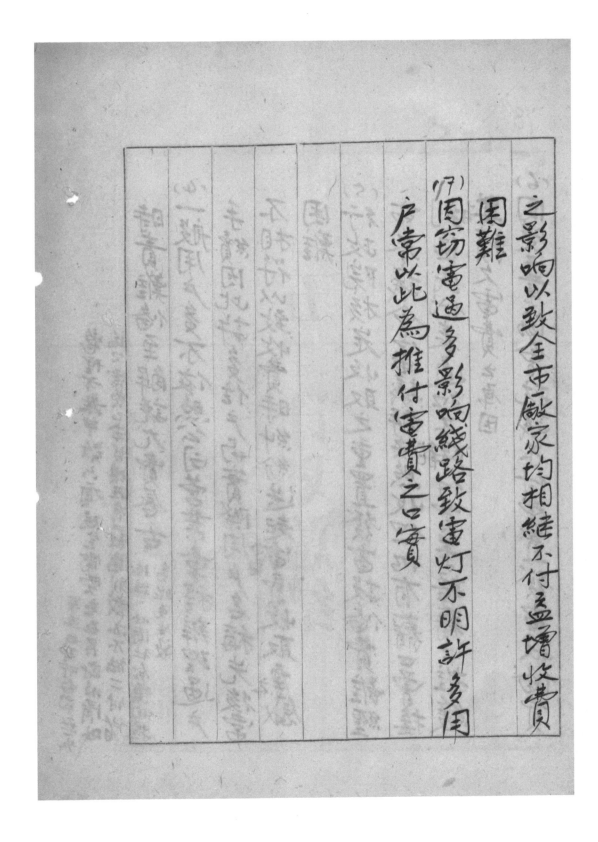

五、计划总结

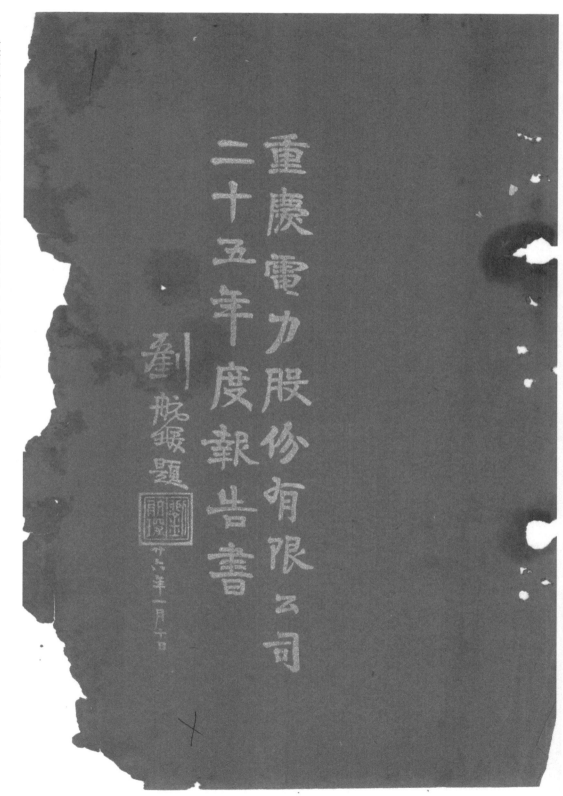

重慶電力股份有限公司
二十五年度報告書

劉航琛題

廿六年一月十四

2

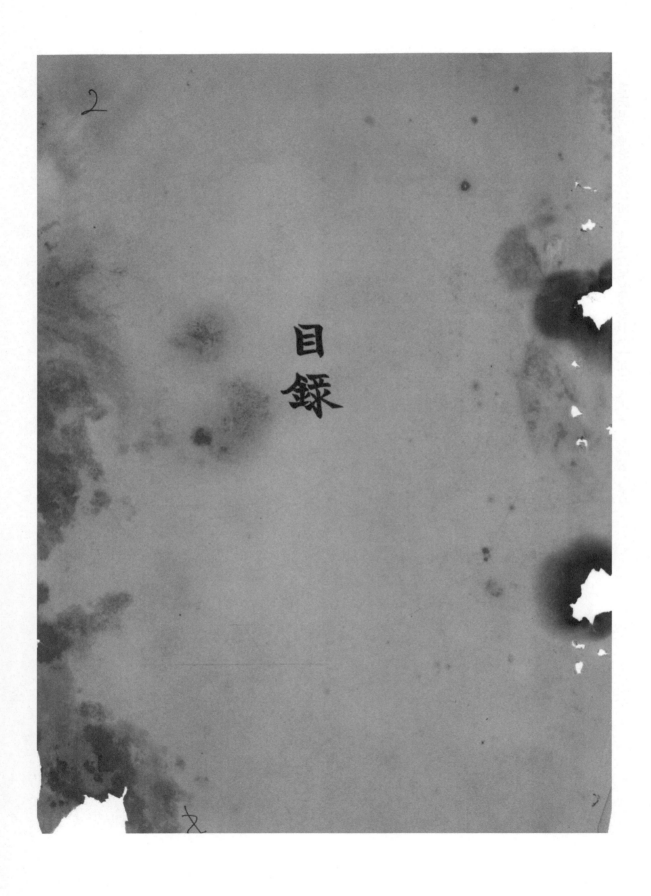

目錄

重慶電力股份有限公司二十五年度報告書目錄：

前言

報告

3-1

重慶電力股份有限公司二十五年度報告書　目錄

二・流動資產
三・雜項資產
B・負債：
一・資本及公積
二・長期負債
三・短期負債
四・雜項負債
五・盈餘
六・損益計算：
A・收入：
一・電費收入
二・營業收入
三・雜項收入
B・支出：
一・發電費用
二・供電費用
三・營業費用

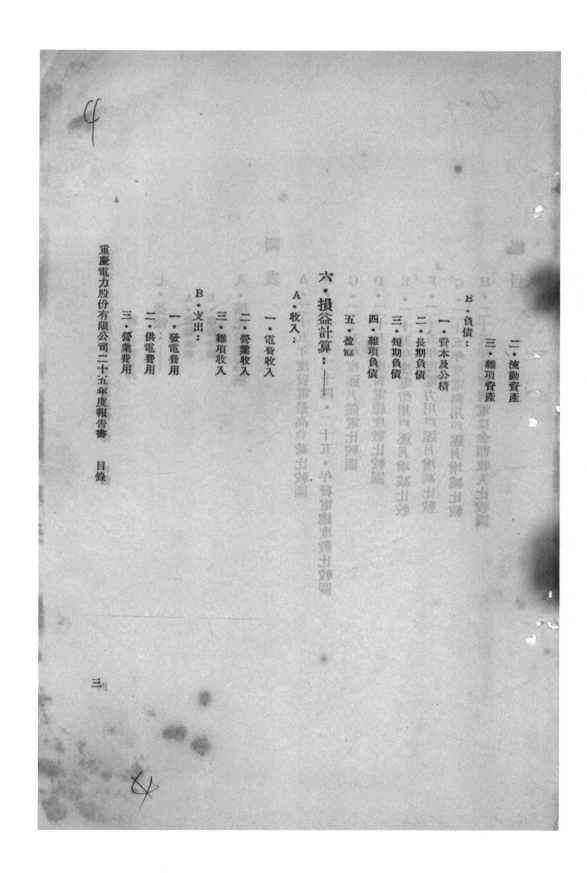

4-1

圖表

帳目

6

附錄

A・資產負債表
B・損益計算書
C・財產目錄
D・費用明細表
E・各項收入詳表
F・盈餘分配案
正則會計事務所謝霖會計師證明書
董事監察暨總經理科長題名錄

5

7

前言

6

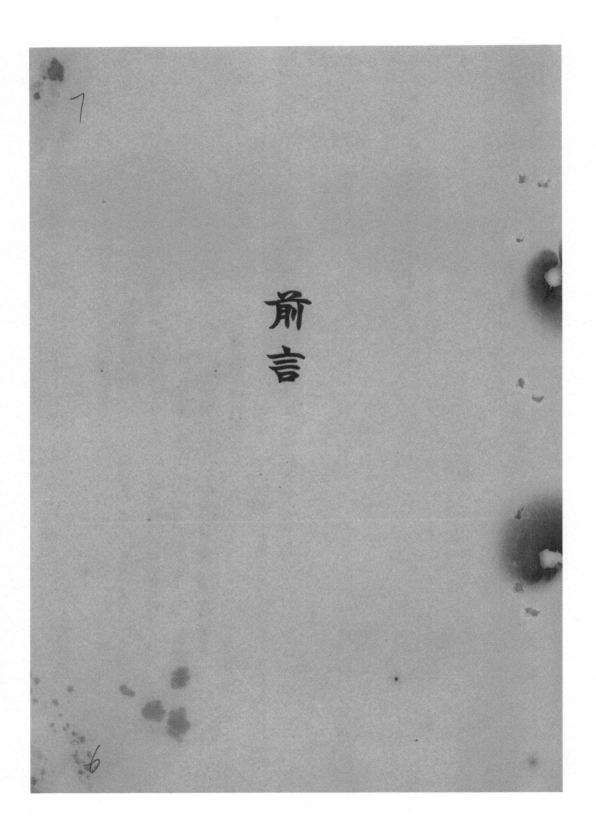

前言

總經理　劉航琛

本公司二十五年度決算報告書，爲第一屆會計年度終始之結果。乃本公司於二十四年二月一日正式成立以來的兩年過程中，其一切組織系統，均趨納於具體化；抑卽得以奠定鞏固之基礎。

查本公司自二十四年度一月份起，截至二十五年度六月份爲止；其業務・工務・會計・等情形；及其概算結算，已詳「第一次臨時股東大會報告書」，茲不復贅。

關於本報告書之內容：係就本年整個年度內之工務・業務・會計・諸方面，依照「會計規程」之規定，確切統計，分門縷列；並附以數字圖表。俾期瀏覽詳盡，確知本公司二十五年度之眞實情形。

際茲全國各種企業，均籠罩於深深底不景氣雰圍中，以公用事業言：本公司之經營電氣事業，得以在渝市日臻發展者，其最大因素，爲本公司之企業，已適合於現代渝市社會之一般的需要。故足以促進各種輕重工業之循序晉展；而同時形成今日渝市社會之繁榮。是則本公司之興起，有其備具之必然條件在；實亦爲復興渝市社會經濟的當務之急，可斷言也。

復以本公司之整個情形言：其所以能有表現今日比較圓滿之成績者，固有賴職工同仁之孜孜努力；復幸蒙　政府及社會人士之維護及提倡，始得蔚成企業之大觀。然亦我股東諸君之期勉砥礪，羣策羣力，有以致之者矣！

報告

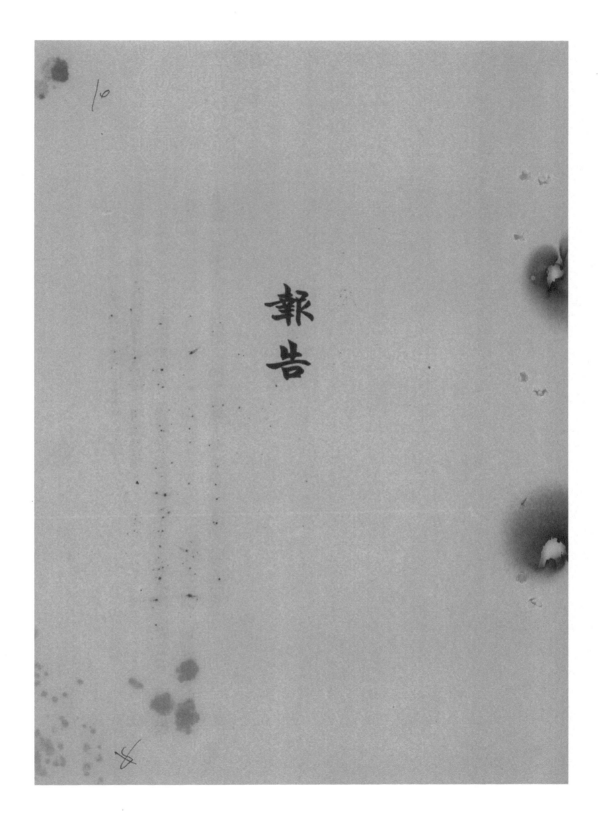

一，發電：——

項目：	二十五年度全年統計：
A. 發電總量	六・〇九三・七〇〇度
B. 饋電總量	五・八三二・九九一度
C. 廠用總量	二六〇・七〇九度
D. 用煤總量	八七五・二四五噸
E. 用煤含熱總量	四八・五四四卡X。10
F. 發電每度所耗煤量	一・四四公斤
G. 發電每度所耗熱量	七・九七五卡
H. 平均熱總效率	一〇・七三百分比
I. 負荷因數	三四・四〇百分比
J. 最高負荷	一三八〇瓩
K. 三部發電機工作時間：	
第一部	一一三九小時
第二部	五三九七小時

第三部……………………四七九六小時

L. 三座鍋爐工作時間：

第一座……………………一三三〇小時

第二座……………………四九八八小時

第三座……………………五二七二小時

（說明）：㈠上列各項：係根據本年度逐月發電月報彙集。

㈡其中（C）項包括廠房所用電力，及與分電站之電燈電度。

㈢（B）項係爲（A）項與（C）項之差數。

㈣（E）項之計算，因廠房未有「化驗設備」，故暫時祗能假定用煤每公斤含熱五五六〇卡計算。

㈤全年總數（A），（B），（C），（D），（E），（k），（L），各項計算者，非各月之平均數。

二，配電：——

A，變壓設備：

本廠現有輸電，及配電綫路，尚未有較高於發電電壓之運用。故升高變壓設備者，尚付闕如。所有之變壓設備，盡屬降壓；其高壓電壓全係五二五〇伏，或五〇〇〇伏。低壓方面除一二專用變壓器外，幾全爲三八〇伏及二二〇伏，其出品廠家，大部屬於英國茂偉廠，及中國益中公司，尚有一二屬於美國製品。

13

變壓器之能量，最大者達五〇〇開維愛(K•V•A•)最小者爲五開維愛。內中本廠自有者三九具，其總能量爲二五五五開維愛。其餘係用戶所自購備，較諸二十四年年終，本廠自有僅爲三一具，總能量爲一八九〇開維愛，已有顯著之增加。且目前各變壓器之能量，頗少剩餘，故日後之增進與擴充，尚無限量也。

B，綫路設備：

項目：	二十五年度全年統計：
一，木桿	三六一四根
二，鐵塔（揚子江，嘉陵江，電廠總站，分站，各二座）	八座
三，過江綫（爲三相）	一•三四公里
四，高壓綫路	四〇•一六公里
五，低壓綫路	（共計）八五•六九公里
甲•三相者	五二•四〇公里
乙•兩相者	二•一六公里
丙•單相者	三一•一三公里

（說明）：㈠上列公里數字，係指綫路之長度言，非爲導綫之長度。因接頭及弧垂關係，導綫之實長，須較綫路之長度稍大。

14

㈡普通所用進綫，均用爲硬銅絲絞成者。高壓風雨包皮綫，最大截面爲一〇〇平方公厘；最小五·二五平方公厘。

㈢過江綫全用鋼鋁合金絞綫，截面一律爲三九平方公厘，鋼與鋁之比爲4．3。

㈣本年度高低綫路伸長數量，頗有可觀；祇因過去創辦之初未有年終之統計，故不能得精確之比較。

三，給電：——

項　目：	二十五年度全年統計：
A. 電燈用戶：	（共計）一〇·三九二戶
甲，本市區	九·六五一戶
乙，江北區	六〇八戶
丙，南岸區	一三三戶
B. 電熱用戶：	（共計）三七戶
甲，本市區	三七戶
乙，江北區	（無）
丙，南岸區	（無）
C. 電力用戶：	（共計）九六戶

15

甲，本市區……八九戶

乙，江北區……二戶

丙，南岸區……五戶

D. 路燈：……一·三八八盞

E. 各種用電用戶抄表度數比較：（全年統計）

年月	電燈：	電力：	電熱、	路燈：	合計：
廿四·十二·	一四五三〇三·六七	一〇六七一〇·〇〇	一五六八·七〇	三六三〇八·二四	三九一八七〇·六一
廿五·一·	一六四五七二·七七	九八四三〇·〇〇	四六八四·四〇	三六三〇八·二四	三九五九五·六一
二，	一三三二九·〇九	一〇六〇六二·〇〇	六六一·七〇	三六三〇八·二三	三八四四五一·二三
三，	二〇一六四·八一	一〇〇六七一·七〇	三六四六·七〇	三六三〇八·二三	三六一九九一·四四
四，	二〇七八七一·九九	九九四九一·一〇	六七·八〇	三六三〇八·二三	三四六三〇〇·二三
五，	一九四九八九·六五	一一二三四九·〇〇	一二四·〇〇	三六三〇八·三三	三四三七七〇·九八
六，	二〇七九七五·一六	一三三九五〇·〇〇	三一·四〇	三六三〇八·三三	三八〇一六四·八九
七，	二〇八一二二·〇四	一六六一〇五·一〇	三八·一〇	三六三〇八·三三	四一〇六八三·五七
八，	三一八三九七·四二	一〇八五五〇·八七	四八〇·八一	三六三〇八·三三	四六五七三七·四三
九，	二五四四二七·二〇	一七八一三一·三〇	五一七·三五	三六三〇八·三三	四七一三八四·六八
十，	一七六〇三三·六六	一五六〇九·九二	七一三·九〇	三六三〇八·二四	四六六六五·八一

十一，	二二四八〇〇·二四	一二五三九·一六	一三三〇·八〇	二八三〇八·二二	四七五六六八·五四
總計：	一八三三四六八·七三	一五八三六九〇·一五	三二五三五·四六	四九七〇〇〇·〇三	四八九八三七四·三三

「說明」：㈠本年度逐月路燈度數，係用全年路燈用電總度數，以十二個月平均計算。

㈡各月售出電度，均係於各該月份之次月製票收費；故本表上所列月份，係在製票月份之前一月。

四，售電：——

A，全年售電總電度數：　四八九八三七四，三三度。

B，全年損失總電度數：

供電系之電度損失，似爲極簡單之計算；僅須將饋電之總度數，減去售電總度數卽得。惟事實上欲得精確之結果，比較困難。因：——

㈠用戶電表，不能於短時間內逐戶抄完，故時間上不能一致。

㈡不可避免之竊電，及强用電流損失，其數量雖不多，但無法稽考。

準上各因：故研究供電系之損失，除以饋電及售電度數爲根據外；當再加以計算上之參考。

本年度饋電總度數爲：五·八三二·九九一·〇〇度。售電總度數爲：四·八九八·三七四·三三度。相差九三四·六一六·六七度中，假定全年變壓器之總容量爲二五〇〇開維愛，

17

則其「鐵耗」當爲一一〇・〇〇〇度。最高負荷時，平均電壓降落，大約爲百分之十；則變壓器及綫路之「銅耗」爲二三六・〇〇〇度。至綫路之漏電度數爲極少，無須計及。其餘之四九九・〇〇〇度中，一部份爲竊電，及其他之不正確所致。

C，售電，廠用電，總度數與發電總度數之比例：(百分比)

由上項所述各節爲依據，假定饋電總度數爲一〇〇，則售電總度數爲百分之八五・五。損失電度爲百分之一四・五中，百分之五・九爲確實之供電損失；其餘百分之八・六爲屬於竊電。

D，各項電費總收入國幣數：　八七〇・〇一八・五九元。

E，每一電度平均售價：　〇・一八弱。

電燈每度平均價	〇・二五强。
電力每度平均價	〇・〇七强。
電熱每度平均價	〇・〇九弱。
路燈每度平均價	〇・〇四强。

F，本年查獲竊電次數：

項　目：	次數

處理竊電案　六四件
隨時剪除強用電流案　二九五戶

五，資產負債：——

A，資產：（合計）三·六九一·九八二·九七國幣。

項　目：	二十五年度年終統計：
一，固定資產	二·五九一·三三一·四九國幣。
二，流動資產	五四六·二一五·七九國幣。
三，雜項資產	五五四·四三五·六九國幣。

B，負債：（合計）三·六九一·九八二·九七國幣。

項　目：	二十五年度年終統計：
一，資本及公積	二·五〇三·三八九·八四國幣。
二，長期負債	四〇〇·〇〇〇·〇〇國幣。
三，短期負債	二一一·四〇〇·九五國幣。
四，雜項負債	一六〇·〇八七·一九國幣。
五，盈餘	四一七·一〇四·九九國幣。

18

六，損益計算：——

A，收入：(合計)九〇六・一八九・二三國幣。

項　目：	二十五年度年終統計：
一，電費收入	八七〇・〇一八・五九國幣。
二，營業收入	一三・一八六・九〇國幣。
三，雜項收入	二二・九八三・七四國幣。

B，支出：(合計)五一九・五九二・八一國幣。

項　目：	二十五年度年終統計：
一，發電費用	二〇六・〇九〇・七四國幣。
二，供電費用	九九・五七三・七八國幣。
三，營業費用	三七・七五六・〇三國幣。
四，管理費用	一七六・一七二・二六國幣。

七，盈餘：——

A、盈餘金額：　四一七·一〇四·九九國幣。

一，前期盈餘滾存　三〇·五〇八·五七國幣。

二，本期盈餘　三八六·五九六·四二國幣。

B，淨餘金額：（除提存公積及撥付股息外之淨餘金額）　二二三一·四七五·〇五國幣。

八，擴充營業區域：

本公司營業區域，截至二十四年度年終爲止：一爲重慶區，及新市區，西至李子壩。二爲江北區，自江北城沿嘉陵江上游至相國寺。當時因南岸尙未供電，未能營業。迄至本年度年終爲止，因供電綫路之伸長：——

㈠新市區之西端，已擴充至浮圖關；一面伸長至化龍橋。（該段因工程尙未完成，目前尙未供電營業。）

㈡江北自相國寺延長至董家溪。

㈢南岸至銅元局，瑪瑙溪，海棠溪，上龍門浩，下龍門浩一帶，均已供電營業。

預計明年擴充計劃：南岸綫路卽可完成下龍門浩至彈子石一段。江北綫路可增進至磁器口，及九龍舖之輸電綫。是則本公司今後營業區域之增進，當極有可觀也。

圖表

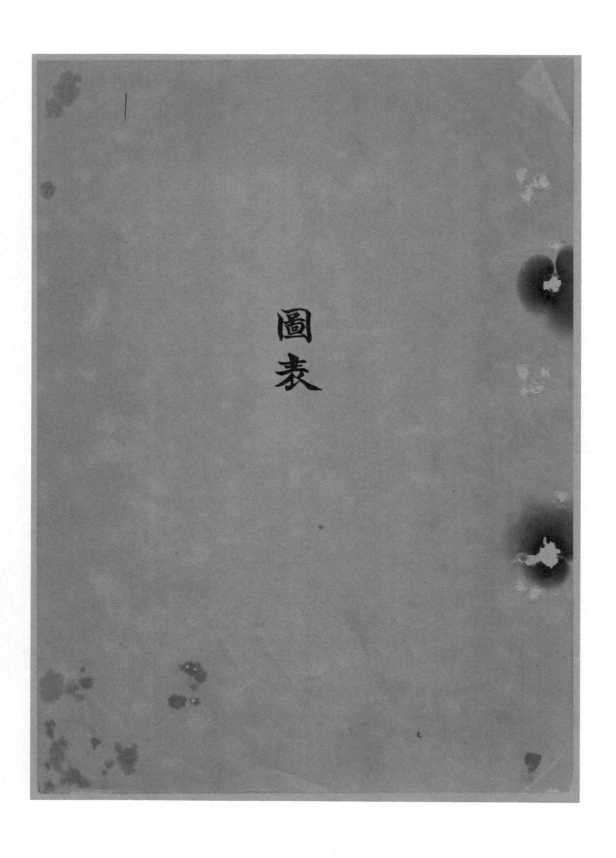

2

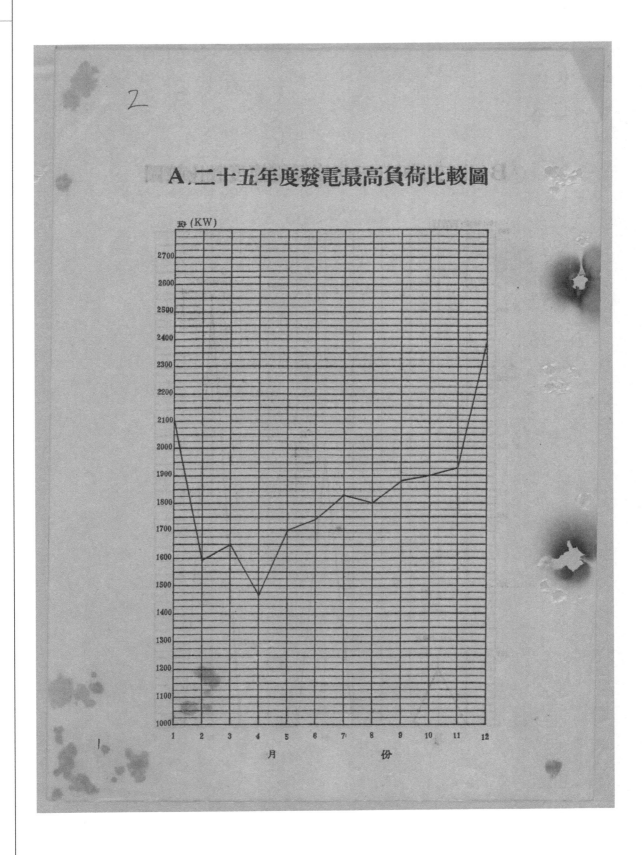

A.二十五年度發電最高負荷比較圖

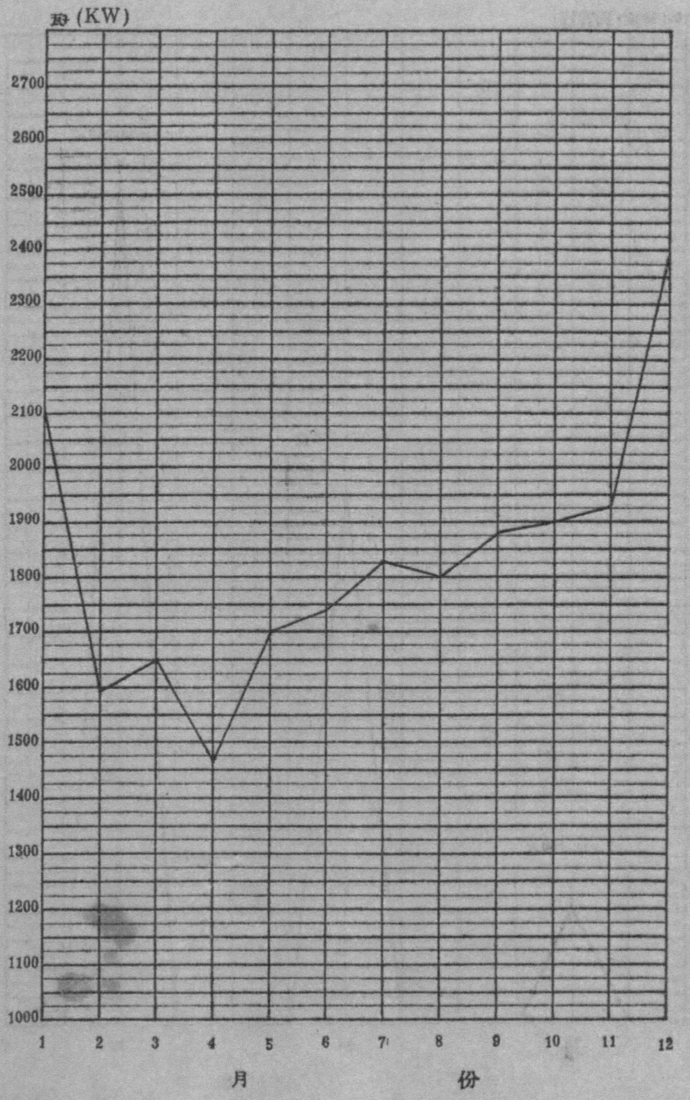

B.廿三廿四廿五年度發電總度數比較圖

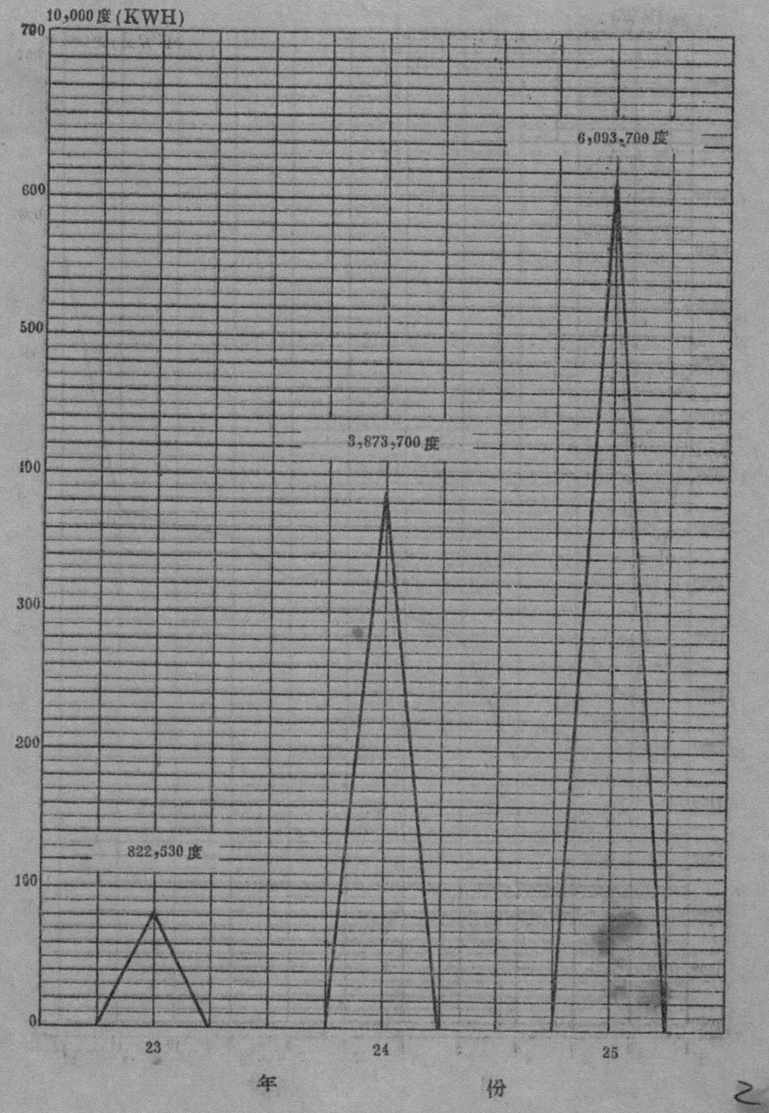

4

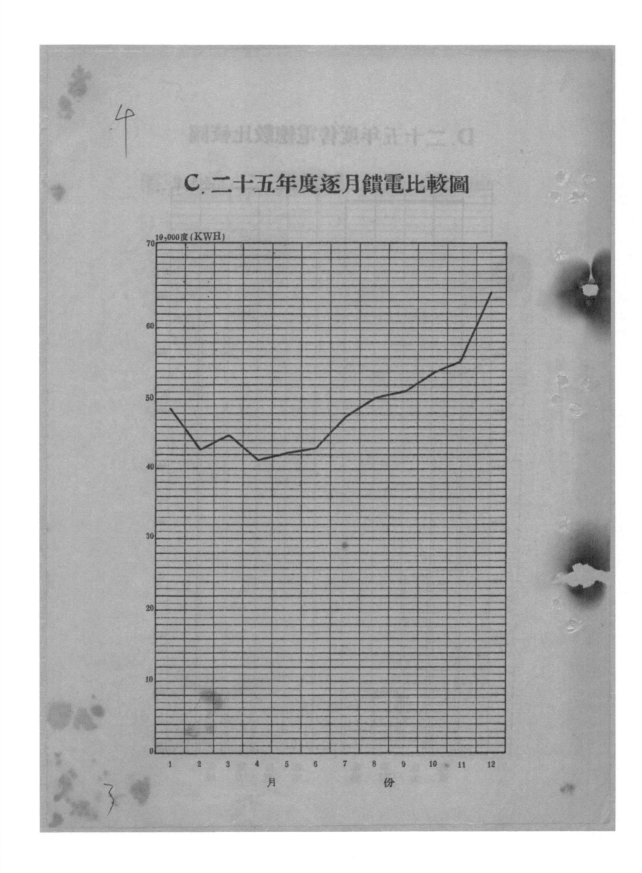

C. 二十五年度逐月饋電比較圖

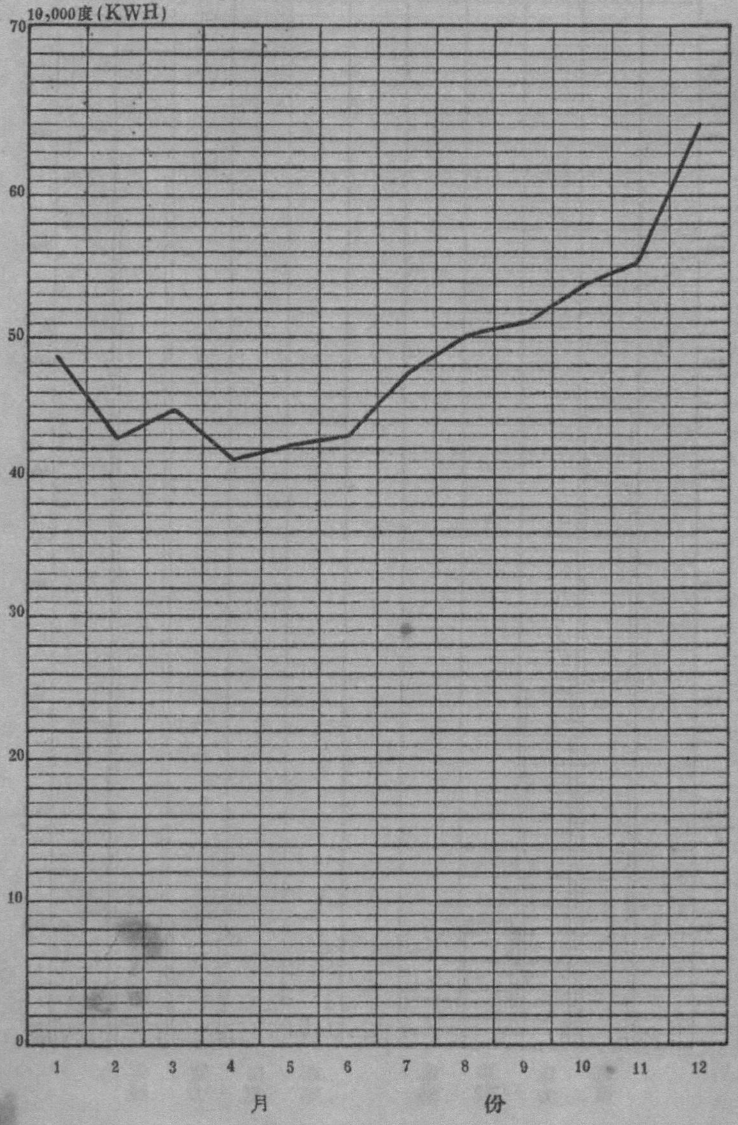

3

5

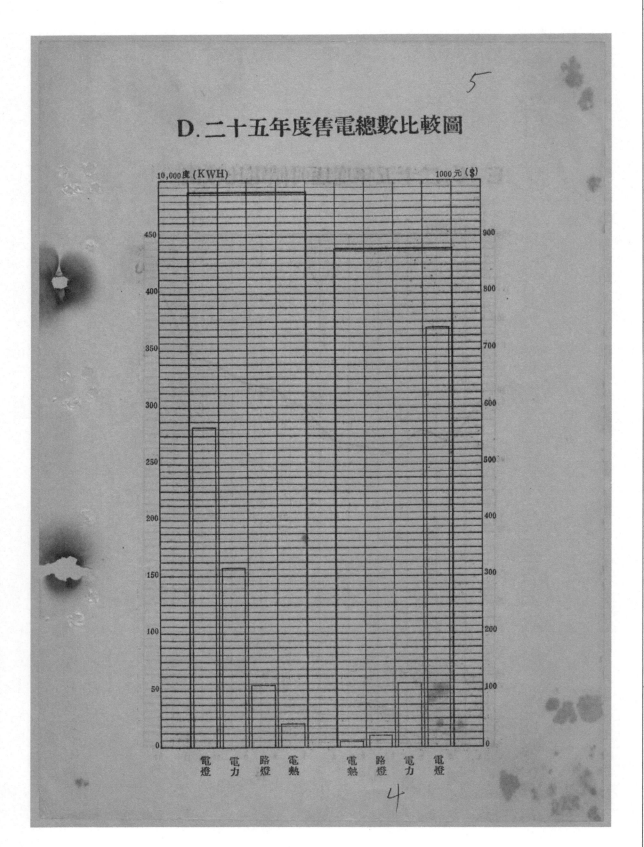

D.二十五年度售電總數比較圖

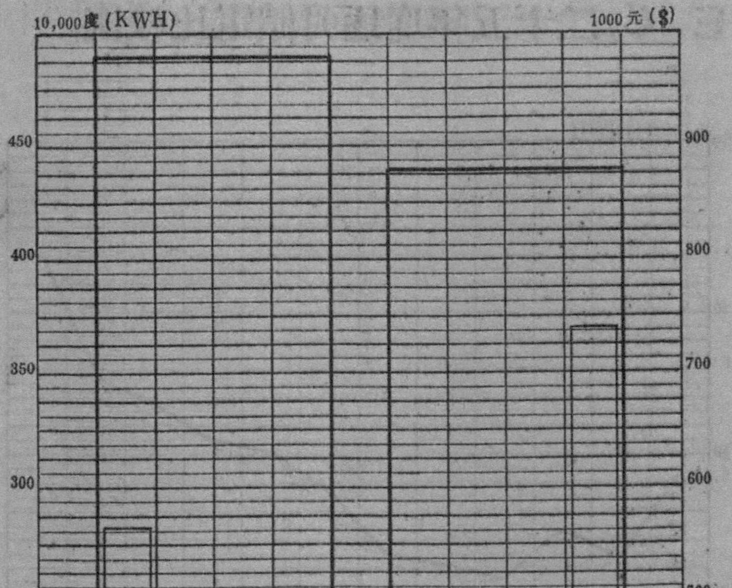

4

31

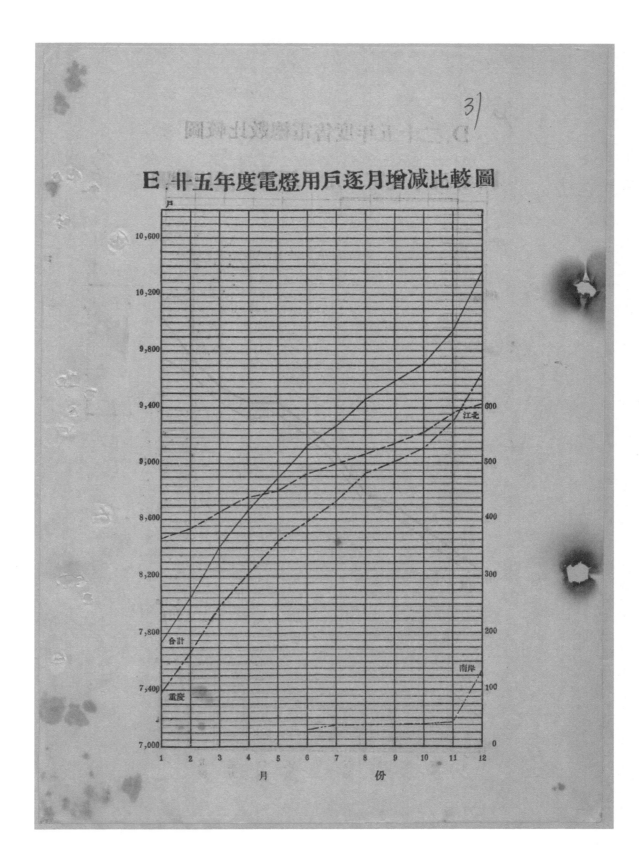

E.廿五年度電燈用戶逐月增減比較圖

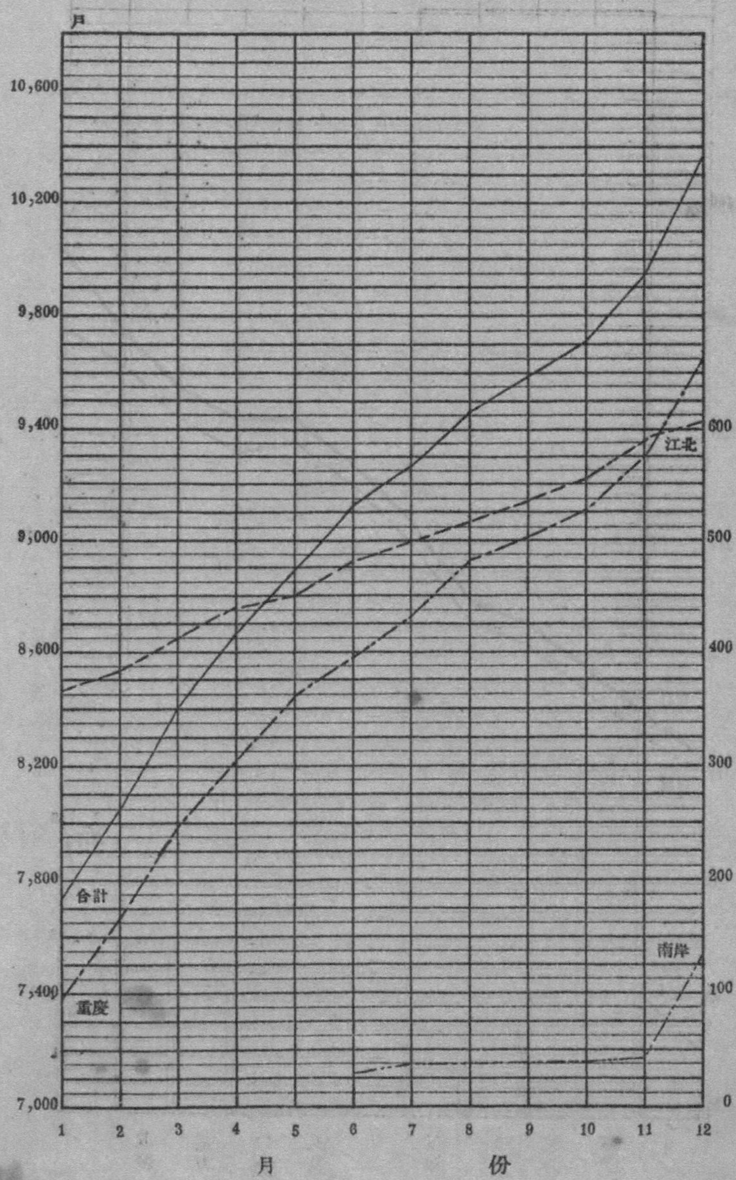

30

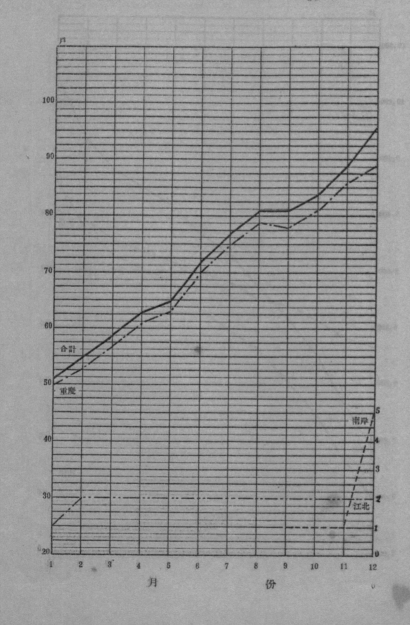

F. 卄五年度電力用戶逐月增減比較圖

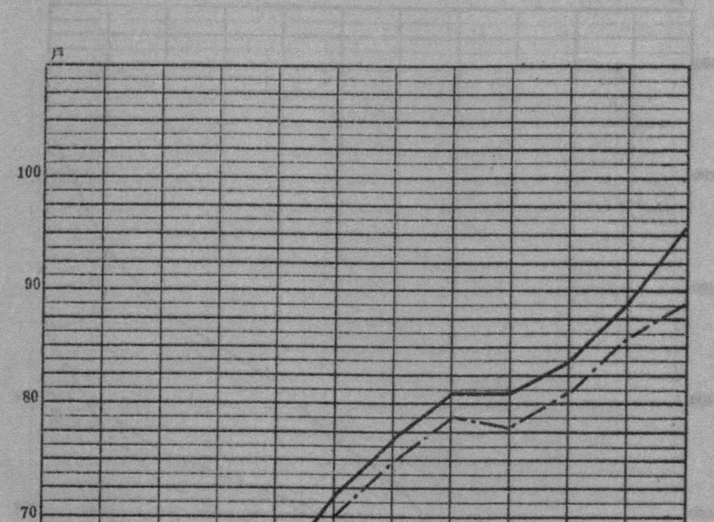

29

G. 廿五年度電熱用戶逐月增減比較圖

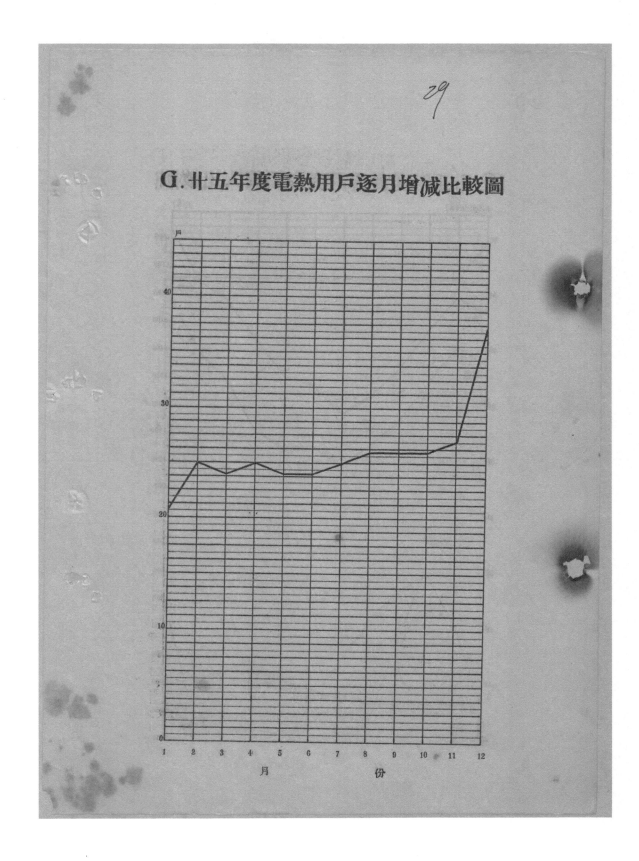

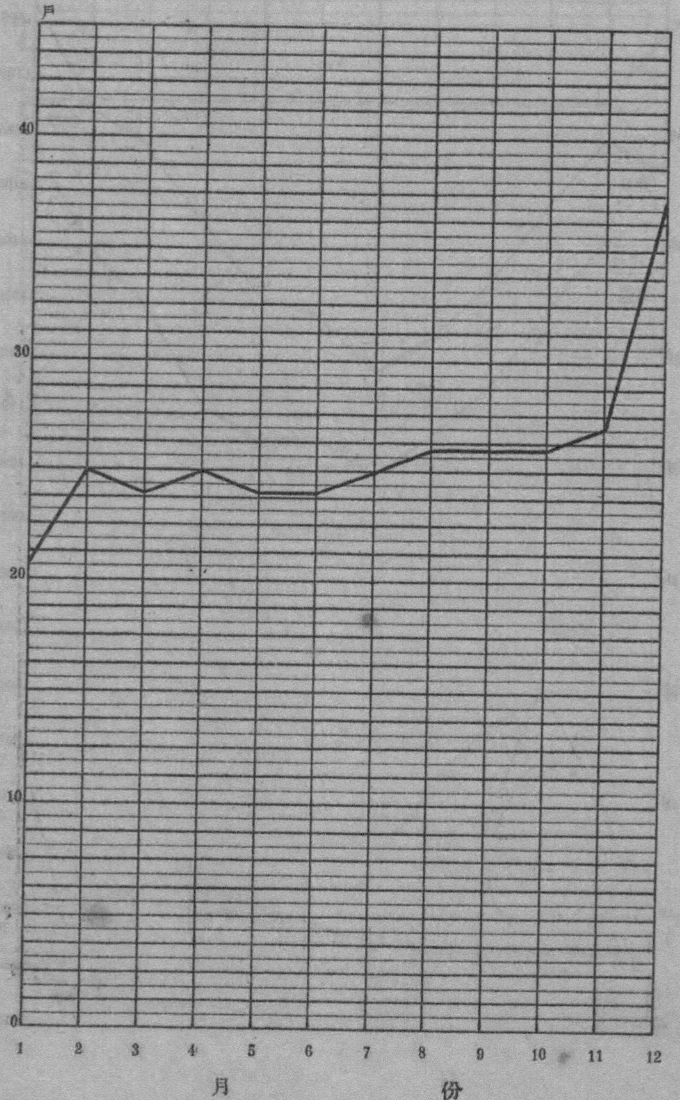

28

H．廿五年度實售電度金額收入比較圖

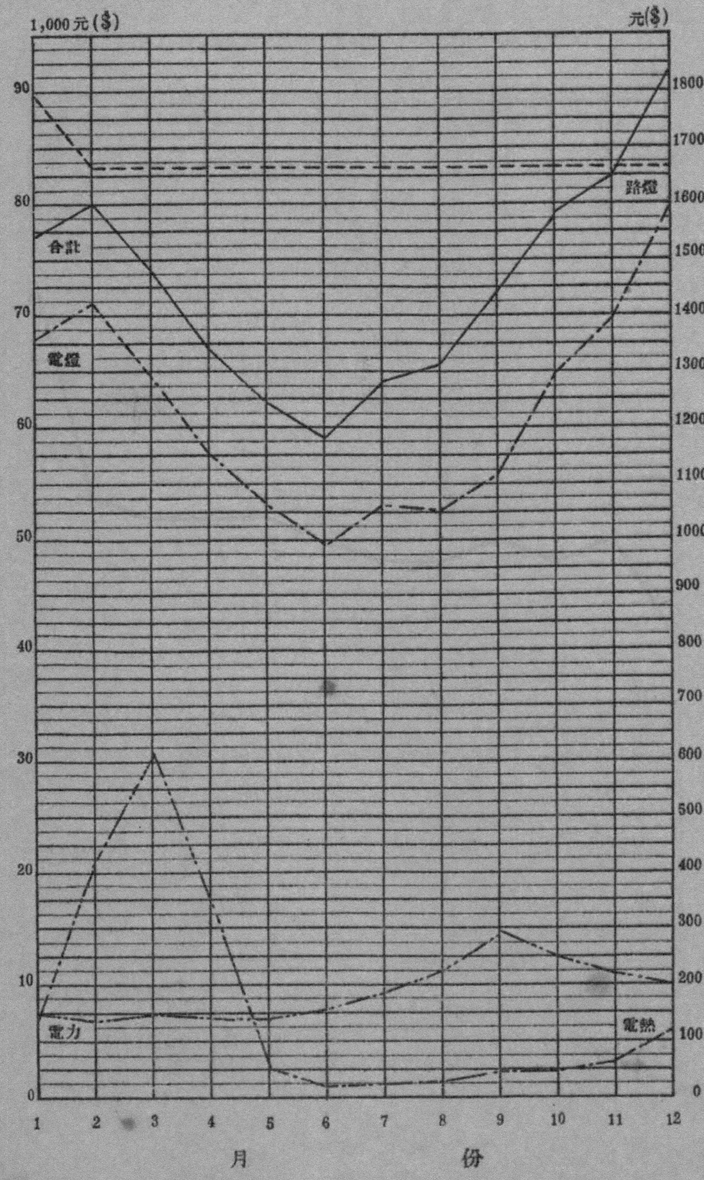

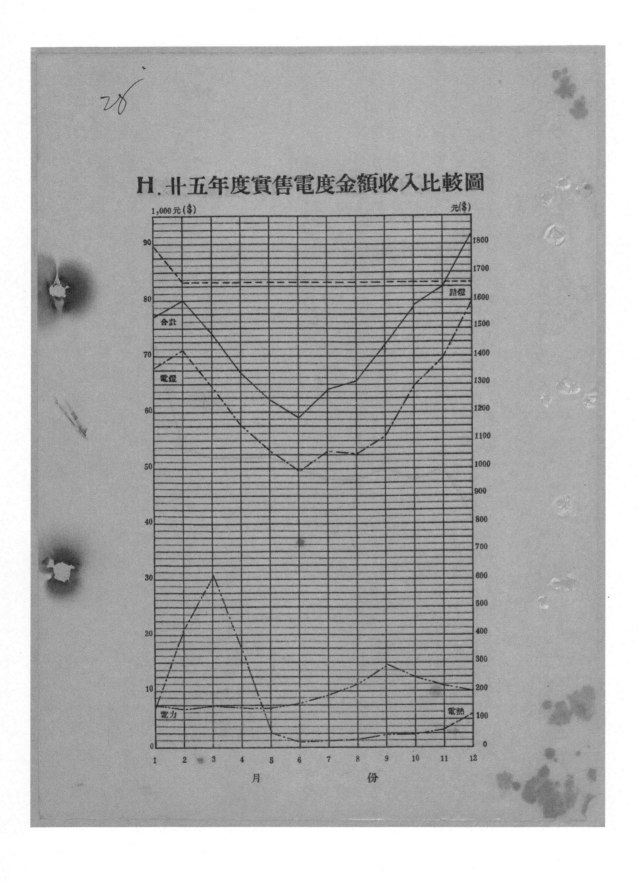

27

賬目

26

(A) 重慶電力股份有限公司

資產負債表

中華民國二十五年十二月三十一日止

資產之部

固定資產		
發電資產	1,409,113,11	
輸電配電資產	737,948,70	
用電資產	311,509,12	
業務資產	32,760,56	
其他固定資產	100,000,00	2,591,331,49
流動資產		
現金	2,392,69	
銀行存款	173,97	
應收票據	11,000,00	
應收帳款	62,880 63	
借出款	182,000,00	
存出款	200,000,00	
材料	187,768,45	546,215,79
雜項資產		
開辦費	8,198,84	
存出保證金	8,500,00	
暫付款項	509,531,30	
催收款項	973,91	
應計欠款	12,296,72	
預付款項	14,934,92	554,435,69
		3,691,982,97

負債之部

資本及公積		
資本總額	2,500,000,00	
法定公積	3,389,84	2,503,389,84
長期負債		
長期借入款	400,000,00	400,000,00
短期負債		
銀行透支	1,157,95	
應付票據	30,00,000	
存入保證金	180,243,00	211,400,95
雜項負債		
折舊準備	129,492,52	
呆帳準備	5,217,81	
暫收款項	16,508,52	
應計存項	8,868,34	160,087,19
盈餘		
前期盈餘滚存	30,508,57	
本期盈餘	386,596,42	417,104,[illegible]
		3,691,982,97

25

(B.) 重慶電力股份有限公司

損益計算書

中華民國二十五年十二月三十一日止

損失之部

經常開支		
發電費用	206,090,74	
供電費用	99,573,78	
營業費用	37,756,03	
管理費用	176,172,26	519,592,81
盈餘		
本期盈餘	386,596,42	386,596,42
		906,189,23

利益之部

電費收入		
電燈收入	726,321,28	
電力收入	113,204,08	
電熱收入	1,928,39	
路燈收入	19,959,60	
自用電度收入	8,026,79	
補繳電費收入	578,45	870,018,59
營業收入		
業務手續收入	13,186,90	13,186,90
雜項收入		
利息收入	18,990,02	
房地租金收入	2,436,00	
補助費收入	1,264,35	
物材料盤盈	250,84	
售貨利益	18,41	
其他雜項收入	24,12	22,983,74
		906,189,23

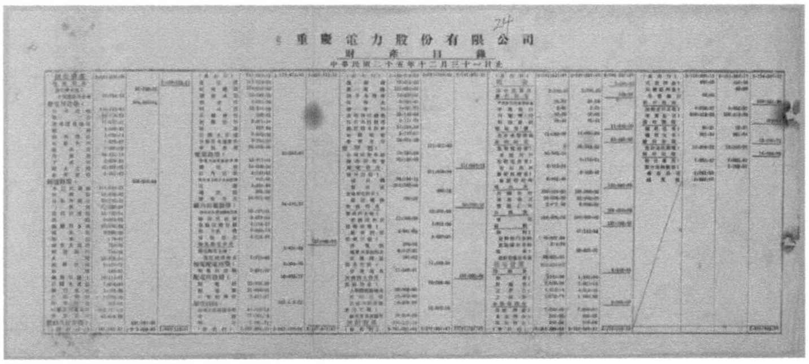
重慶電力股份有限公司
財產目錄
中華民國二十五年十二月三十一日止

21

(D) 重慶電力股份有限公司

費用明細表

中華民國二十五年十二月卅一日止

科目	發電費用		供電費用		營業費用		管理費用		總計		每月平均金額
薪金	3,500,00	42,000,00	1,055,00	12,195,21	1,699,00	19,837,50	2,555,00	30,484,50	8,809,00	104,517,21	8,709,77
工資			1,630,36	19,209,69	52,00	607,33	520,50	5,929,10	2,202,86	25,746,12	2,145,51
燃料消耗	7,218,80	77,211,10							7,218,80	77,211,10	6,434,26
潤滑油消耗		1,654,87								1,654,87	137,91
物料消耗	9,557,86	18,932,38	124,69	3,267,46	18,48	191,08	13,12	487,65	9,714,15	22,878,77	1,906,56
工具消耗		793,93	34,50	534,84					34,50	1,328,77	110,73
化驗藥物		38,50								38,50	3,21
修繕費		34,90					96,50	858,03	96,50	892,93	74,41
房地費	140,50	948,00	113,00	1,463,00	25,00	307,00	490,60	5,540,60	769,10	8,258,60	688,22
旅運費			271,55	2,189,39	39,50	281,38	25,29	414,69	336,34	2,885,46	240,46
廣告費					68,00	544,00	100,00	640,00	168,00	1,184,00	98,67
交際費							100,30	661,11	100,30	661,11	55,09
財務律務費							50,00	1,253,00	50,00	1,253,00	104,41
文具印刷費		52,34	134,92	2,344,58	2,220,30	10,024,02	447,63	4,603,32	2,802,85	17,024,26	1,418,69
郵電費			18,00	222,00	12,00	132,00	35,00	457,36	63,66	811,36	67,61
自用電度				124,32	71,12	815,67	654,08	7,226,72	725,20	8,166,71	680,56
醫藥費		3,40					488,15	2,557,64	488,15	2,561,04	213,42
茶水薪炭		24,20					295,40	2,691,46	295,40	2,715,66	226,30
服裝				3,20			235,60	1,333,24	235,60	1,336,44	111,37
雜支	37,00	1,740,86		22,91	20,33	488,97	213,01	1,456,52	270,34	3,709,26	309,11
獎勵酬邺							100,00	710,00	100,00	710,00	59,17
匯兌虧損								23,54		23,54	1,96
保險費								1,000,00		1,000,00	83,33
折舊	62,656,26	62,656,26	57,997,18	57,997,18	3,039,08	3,039,08	5,800,00	5,800,00	129,492,52	129,492,52	10,791,04
呆賬							360,65	375,49	360,65	375,49	31,29
稅捐					150,00	1,488,00	433,87	4,570,37	583,87	6,058,37	504,86
債款利息							8,000,00	94,682,85	8,000,00	94,682,85	7,890,24
其他費用							929,12	2,414,87	929,12	2,414,87	201,24
總計	83,110,42	206,090,74	61,379,20	99,573,78	7,414,81	37,756,03	21,941,82	176,172,26	173,846,25	519,592,81	43,299,40

22

(E) 重慶電力股份有限公司

各項收入詳表

中華民國廿五年十二月三十一日止

科目	電費收入	營業收入	雜項收入	總計金額
電費收入	870,018,59			
電燈收入：				726,321,28
表燈	668,871,27			
特價燈	53,187,85			
臨時燈	4,262,16			
電力收入：				113,204,08
電力	113,204,08			
電熱收入：				1,928,39
電熱	1,928,39			
路燈收入：				19,959,60
路燈	19,959,60			
自用電度收入：				8,026,79
電燈	8,026,79			
補繳電費收入：				578,45
竊電追償	578,45			
營業收入		13,186,90		
業務手續收入：				13,186,90
接電費		12 831,50		
檢驗費		74,00		
移表費		121,00		
工本費		160,40		
雜項收入			22,983,74	
利息收入：				18,990,02
銀行存款			165,71	
借出款息			18,127,81	
貼現息			696,50	
房地租金收入：				2,436,00
舊廠房租			2,400,00	
打水房			36,00	
補助費收入：				1,264,35
桿綫補助費			760,64	
接戶綫補助費			503,71	
物材料盤盈：				250,84
物料			250,84	
售貨利益：				18,41
裝燈材料			18,41	
其他雜項收入：				24,12
修理費			16,85	
雜項			7,27	
合計	870,018,59	13,186,90	22,983,74	906,189,23

23

重慶電力股份有限公司

盈餘分配案

中華民國二十五年度

公　積		38,659,64	盈　餘		386,596,42
提存法定公積	38,659,64		本年度盈餘	386,596,42	
股　息		155,970,30	前期盈餘滾存		30,508,57
股東股息年利八厘	155,970,30		二十四年度盈餘滾存	30,508,57	
紅　息		158,721,54			
撥付股東紅利年利七厘	136,474,04				
提董監酬勞淨餘百分之五	11,123,75				
提發起人酬勞淨餘百分之五	11,123,75				
職員獎金		44,495,01			
提獎經理職員百分之二十	44,495,01				
特別酬勞金		11,123,75			
提特別酬勞百分之五	11,123,75				
滾　存		8,134,75			
本屆派餘紅利	8,134,75				
	417,104,99	417,104,99		417,104,99	417,104,99

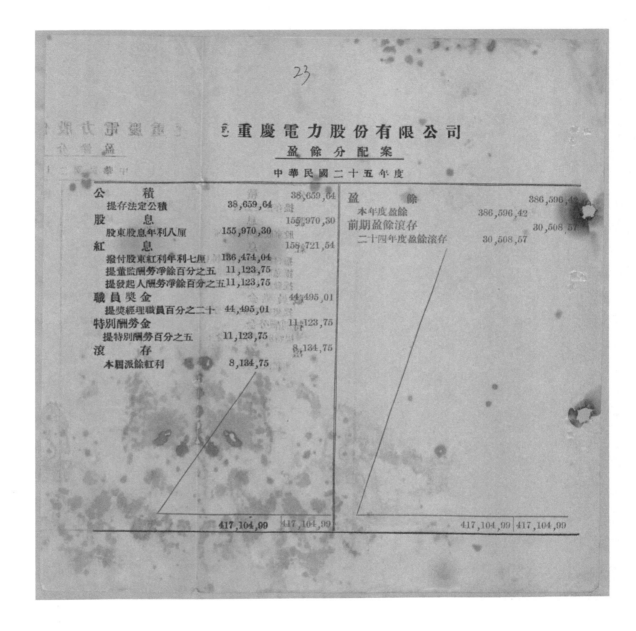

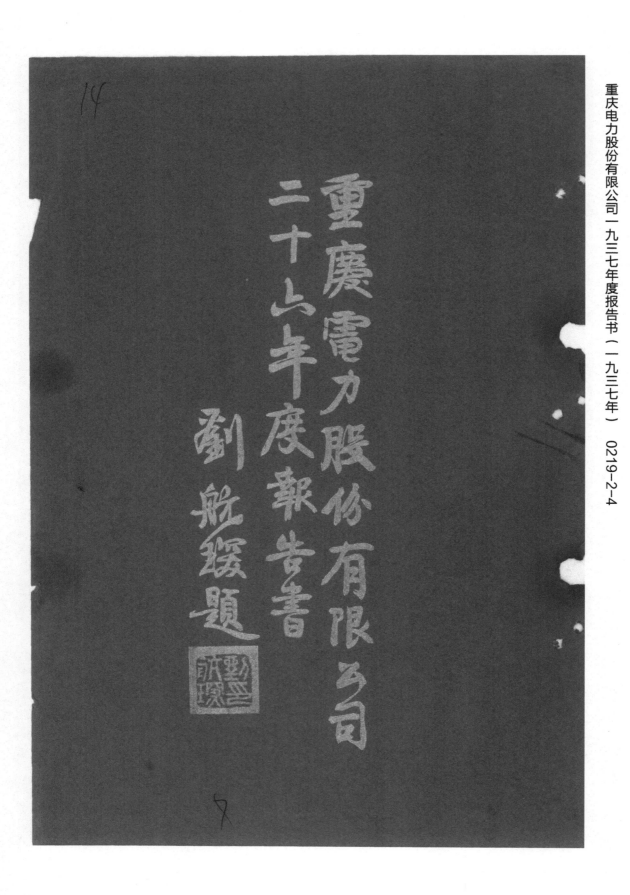

重慶電力股份有限公司
二十六年度報告書

劉航琛題

15

目録

17

重慶電力股份有限公司二十六年度報告書目錄：

18

19

20

21

帳目

附錄

23

前言

24

前言

總經理　劉航琛

本公司二十六年度決算報告書，乃第二屆會計年度終始之結果；接續二十五年度報告書而編製。

本報告書之內容：係就本年整個年度內之工務、業務、會計諸方面，依據「會計規程」之規定，分門統計，附以數字圖表，俾期瀏覽詳盡，確知本公司二十六年度之眞實情況；其項目一仍上年度報告書之例。惟增設新機兩部，實爲本年之重要事件，爰於配電欄內，分列發電所之擴充，擴充工程經過兩項，將新機內容及裝設情形，詳細臚舉。又於資產負債欄內，分列添設新機總數；因裝安工程，尚未全部結束驗收，未便轉入固定資產；特於雜項資產項內表示之。此項資產純係借入，特於該期負債項內表示之，此爲本報告書之特點。

關於本年度各科目列舉事實，有須參閱上年度之結果，以爲進展程度之考證者，特於各項目中，分列兩年比較。此後每年報告，均擬著爲成例。

際茲全國抗戰期間，各種企業均陷停頓，本公司獨得堅苦邁進者，蓋深知電氣

25

事業於非常期中所負之使命特重，故竭全力以赴之；即令公司物力財力兩方不免稍有損害，然苟於抗戰前途有裨益，亦本公司樂盡之義務也。

再就本公司之整個情形言：處此艱難情勢之下，其所以仍能表現今日比較圓滿之成績者，固有賴於職工同人之努力弗懈；而亦實 政府及社會人士之維護與贊助，與我股東諸君之期勉砥礪，羣策羣力，有以致之者矣！

26

報告

27

一，發電

項　目：	二十五年度全年統計：	二十六年度全年統計：
A.發電總量	六，〇九三，七〇〇度	八，一五一，四一〇度
B.饋電總量	五，八三二，九九一度	七，八七六，三九四度
C.廠用總量	二六〇，七〇九度	二七五，〇一六度
D.用煤總量	八七五，二四五噸	一三，五七六・二五噸
E.用煤含熱總量	四八，五四四卡$\times 10$	六，八四一，九二六$\times 10^{4}$卡
F.發電每度所耗煤量	一，四四公斤	一・五一公斤
G.發電每度所耗熱量	七・九七五卡	八，三九〇・四卡
H.平均熱總效率	一〇・七三百分比	一〇・二〇百分比
I.負荷因數	三四・四〇百分比	四五・四六百分比
J.最高負荷	三・八三〇瓩	二・九一〇瓩
K.三部發電機工作時間：		
第一部	一一三九小時	一一三八小時
第二部	五三九七小時	五九六〇小時

28

第三部	四七九六小時	五五三六小時

L. 三座鍋爐工作時間：

第一座	一三三〇小時	一二二五小時
第二座	四九八八小時	五八〇一小時
第三座	五二七二小時	五九三六小時

二，配電

本年度配電之擴充及改良，曾擬有詳細計劃，惟因一部份材料不能如期運到，故未能完成其全部工作。

至已成工程之較重要者，為添設自廠房經石廟子至沙坪壩之十四開維綫路，計長約十三公里。南岸各區早已於二十五年度供電，輸電電壓原為五開維，係由中區路分出，經兩路口至菀子背過江。本年度添設由石廟子至揚子江鐵塔之十四開維綫路，並將自南岸鐵塔至龍門浩之已敷五開維綫路加以改換，使適於輸送高壓電流。

又龍門浩設臨時分站一所，本年十月初，廠內昇高變壓器裝置完竣，十四開維綫路即開始輸電。惟自石廟子至沙坪壩一段，因分電站未建，及變壓器未到之故，暫時接於早設至化龍橋之五開維綫上，臨時供給沙坪壩中央大學，交通部電台等處之用。

29

照預定計劃：本年度擬完成渝市北區之五開維綫路，因該區馬路遲未開工，暫緩進行，故五開維綫路添設不多。復因供電區域擴大，用戶日增，低壓綫路隨之增加，本年度計增設三相綫路三，一二公里；單相綫路一七，三三公里。以上爲本年度綫路方面之工作大概情形也。

A，變壓設備：（本年度新設備者）

㈠十四開維變壓設備：

變壓器容量（K·V·A·）	製造廠家	電壓	裝設地點	供電區域
四五〇〇	茂偉廠	五二五〇伏至一三八〇伏	廠房	南岸及磁器口輸電綫
二二五〇	茂偉廠	同右	同右	同右
一五〇〇	茂偉廠	一三八〇〇伏至三八〇/二二〇伏	瑪瑙溪分電站	水泥廠專用
五〇〇	茂偉廠	一三八〇〇伏至五二五〇伏	沙坪壩分電站	小龍坎至磁器口一帶
五〇〇	藹益吉廠	同右	龍門浩分電站	南岸海棠溪至彈子石一帶
二二五	藹益吉廠	一三八〇〇伏至三八〇/二二〇伏	銅元局	銅元局及第一兵工廠

㈡五開維變壓設備：

30

變壓器容量（K.V.A.）	製造廠家	電壓	裝設地點	供電區域
五〇	茂偉廠	五二五〇伏至三八〇/二二〇伏	朱什字	朱什字一帶
三〇	茂偉廠	同右	化龍橋	化龍橋一帶
三〇	益中廠	同右	成渝路材料廠	成渝路機廠
五〇	茂偉廠	同右	渝孚冰廠	渝孚冰廠專用
五（單相）	益中廠	同右	李子壩	林主席官邸
五	茂偉廠	同右	化龍橋	行營交通處修理廠
一〇〇	茂偉廠	同右	小樑子	小樑子新川影院一帶
一〇〇	益中廠	同右	國府門外	國民政府專用
五〇	益中廠	同右	牛角沱	牛角沱一帶
五〇	益中廠	同右	沙坪壩中大門外	中央大學專用
五〇	益中廠	五二五〇伏至二二〇伏	沙坪壩	交通部巴縣電報局

31

五〇	益中廠	五二五〇伏至三八〇/二二〇伏	彈子石	彈子石正街一帶
三〇	益中廠	同右	玄壇廟	玄壇廟一帶
五(相單)	益中廠	同右	鴨兒凼	精益中學
一〇〇(相單)	益中廠	同右	黃桷埡	黃桷埡一帶

B，綫路設備：

項目：	廿五年度全年統計：	本年新增統計：	合計設備總數：
一，木桿	三六一四根	九三五根	四五四九根
二，鐵塔	八座	（無）	八座
三，過江綫	一·三四公里	（無）	一·三四公里
四，十四開維綫路	（無）	三·九〇公里	三·九〇公里
五，十四開維變壓器(K·V·A·)	（無）	九·四七五（六具）	九·四七五（六具）
六，五二五〇伏綫路	四〇·一六公里	五·五八公里	四五·七四公里
七，五二五〇伏變壓器(K·V·A·)	二五五五（九具）	七六五（一五具）	三三二〇（二四具）
八，低壓綫路	八五·六九公里①	二〇·四五公里②	一〇六·一四公里③

32

「附註」：①內單相三一・一三六里；二相二・一六公里；三相五二・四〇公里。
②內單相一七・三三公里；三相三・一二公里。
③內單相四八・四六公里；二相二・一六公里；三相五五・五二公里。

C，發電所之擴充：

㈠設備大概　本公司新增鍋鑪兩座，仍係英國拔柏葛鍋鑪公司出品，式樣與原有設備之鍋鑪相同。所異者爲橫汽鼓及雙爐排，並增設壓風機，熱水排，防滓水箱，吹灰器，饋水調節器，及管理表板等，全部設備極爲完善，每座鍋鑪受熱面積爲八八五〇平方呎；過熱器受熱面積爲五三〇〇平方呎；爐排面積爲二五二平方呎。汽壓仍爲每平方吋二六五磅，汽溫改爲華氏七百五十度，每座最大蒸發量爲每小時五五五〇〇磅。

汽輪發電機兩座，每座容量爲四千五百瓩，亦係英國茂偉廠製造。式樣與原有汽輪發電機同，惟增加蒸溜設備及封汽饋水預溫汽等。發電及饋電板亦仍係櫃式，惟表類及保護設備，均較舊電壁爲多，應有盡有。

循環水冷却設備，因噴水池面積過寬，改採煙囪式冷却水塔，全部用木建築，計長二百呎，寬四十呎，高七十五呎，分爲兩部，由英國卜雷米廠設計，並供給鐵料，由華西公司供給木料並負責建築。每部每小時可冷却三十萬加侖之熱水由八十八度減至七十五度；卽每部可冷却四千五百瓩汽輪發電機一座所需之最大循環水。

發電機電壓仍爲五千二百五十伏，惟在廠內安設四千五百開維愛及二千二百開維愛最高變壓器各一具，將電壓昇至十四開維，用以輸送至磁器口及南岸，以上爲擴充發電設備之大概情形也。

㈡擴充工程經過　二十五年春，經董事會議決增設四千五百延透平機兩座後，四月即與拔柏葛鍋鑪公司，及安利洋行簽訂購買鍋鑪及電機合同。賡即積極進行設計，八月設計完成，與華西興業公司簽訂安裝材料及土木工程合同。先開闢廠內未平山地，作建水塔地位，因收買毗連民房交涉甚久，乃於次年正月方完全拆除，新廠建築，始克動工。

又因華西公司所訂建築材料之未能如期運到，新廠遲至十月間始具規模，鍋鑪及機器各一座，原定於二十五年底運到者，因是年冬川江水位低落，雖於十一月間由滬西運，祇能囤於宜昌，至二十六年六月起始絡續運渝。

全部安裝工程由本公司工務科自行負責，其時鍋鑪底基，煙囱，水池，等工程，凡能先動工者，均已先後完成。七月開始安裝第一座鍋爐，費時約兩月，經水壓試驗後開始砌磚，十一月底告竣，十二月半烘竣待用。

汽輪發電機之底座鐵件，最先到宜昌，而最後到達重慶；運抵時已在八月終。底脚工程費時一月，十月中第一部機器動工安裝，十二月中完竣。其時電壁及其他設備，亦均安裝完畢，因華

34

西承辦之水塔，受戰事影響，木料未能全部運渝，臨時在本省添配，致未完工，新機遂不能試車發電。當延至二十七年一月方可發電矣。

第三座鍋爐已於十一月間動工，第二座之機器底脚亦於第一座同時做好，如繼續進行安裝，廿七年二月間當可完竣，現以戰事關係，奉董事會命暫緩進行，上係新發電所工程經過之大概。

三，給電

項目	二十五年度全年統計	二十六年度全年統計
A 電燈用戶：(共計)	一〇·三九二戶	一二·三五三戶
甲，本市區	九·六五一戶	一一·二五五戶
乙，江北區	六〇八戶	七二九戶
丙，南岸區	一三三戶	三六九戶
B 電熱用戶：(共計)	三七戶	七四戶
甲，本市區	三七戶	七一戶
乙，江北區	(無)	一戶
丙，南岸區	(無)	二戶
C 電力用戶：(共計)	九六戶	一三〇戶

35

甲，本市區……八九戶……一二〇戶
乙，江北區……二戶……二戶
丙，南岸區……五戶……八戶

D，路燈：（二十五年度全年統計）一，三八八盞（二十六年度全年統計）一，三九〇盞

四，售電

A，二十五，二十六，兩年度全年售電總電度數：

二十五年度 四，八九八，三七四·三三度 二十六年度 六，七八四，〇七一·〇九度

B，二十五，二十六，兩年度各項電費總收入國幣數：

二十五年度 八七〇，〇一八·五九元 二十六年度 一，〇六一，四七六·四〇元

C，二十五，二十六，兩年度每一電度平均售價：

二十五年度 項目：	均價：	二十六年度 項目：	均價：
電燈	〇·二五強	電燈	〇·二五弱
電力	〇·〇七強	電力	〇·〇六強
電熱	〇·〇九弱	電熱	〇·〇八強

36

路燈	〇・〇四强	路燈 〇・〇三强
每一電度	〇・一八弱	每一電度 〇・一六弱

D，二十五，二十六，兩年度查獲竊電次數：

二十五年度 項目	次數：	二十六年度 次數：
一，處理竊電案	六四件	五三件
二，隨時剪除強用電流案	二九五件	三七三件

五，資產負債

A，資產部份：

項目：	二十五年度金額：	二十六年度金額：
一，固定資產	二，五九一，三三一・四九元	二，八一二，五四八・〇九元
二，流動資產	五四六，二一五・七九元	六四一，二六四・七〇元
三，雜項資產	五五四，四三五・六九元	二，五八六，八〇九・八六元
合計	三，六九一，九八二・九七元	六，〇四〇，六二二・六五元

B，負債部份：

37

項目：	二十五年度金額：	二十六年度金額：
一，資本及公積	二，五〇三，三八九·八四元	二，五四二，〇四九·四八元
二，長期負債	四〇〇，〇〇〇·〇〇元	三〇〇，〇〇〇·〇〇元
三，短期負債	二一一，四〇〇·九五元	二，七五八，二二二·九四元
四，雜項負債	一六〇，〇八七·一九元	三〇六，一九六·〇一元
五，盈餘	四一七，一〇四·九九元	四〇四，一五四·二二元
合計	三，六九一，九八二·九七元	六，〇四〇，六二二·六五元

六，損益計算

A，收入部份：

項目：	二十五年度金額：	二十六年度金額：
一，電費收入	八七〇，〇一八·五九元	一，〇六一，四七六·四〇元
二，業務手續收入	一三，一八六·九〇元	一二，一〇三·〇〇元
三，其他雜項收入	二二，九八三·七四元	三一，二九〇·七二元
合計	九〇六，一八九·二三元	一，一〇四，八七〇·一二元

B，支出部份：

38

項目：	二十五年度金額：	二十六年度金額：
一，發電費用	二〇六，〇九〇·七四元	三〇〇，五九六·四〇元
二，供電費用	九九，五七三·七八元	八二，五四六·八四元
三，營業費用	三七，七五六·〇三元	六四，九八八·九五元
四，管理費用	一七六，一七二·二六元	二六〇，七一六·四六元
合計	五一九，五九二·八一元	七〇八，八五〇·六五元

七，盈餘

	（廿五年度金額）	（廿六年度金額）
A，盈餘金額：	四一七，一〇四·九九元	四〇四，一五四·二二元
一，前期滾存盈餘	三〇，五〇八·五七元	八，一三四·七五元
二，本期盈餘	三八六，五九六·四二元	三九六，四九五·四七元
B，淨餘金額：	二二二，四七五·〇五元	一六八，四九五·六〇元
一，紅息	一五八，七二一·五四元	一一七，〇二一·八七元
二，職員獎金	四四，四九五·〇一元	三二，一四二·九一元
三，特別酬金	一一，一二三·七五元	（無）
四，本期盈餘滾存	八，一三四·七五元	五，〇七四·一二元

39

五，所得稅 （無） 一四，二五六·七〇元

八，擴充營業區域

本公司營業區域照二十五年度之擴充計劃：一，重慶區可達化龍橋，而截至本年底止，已到達沙坪壩。二，江北區可達相國寺，截至本年底止，有達仁和鎭，貓兒石之趨勢。三，南岸區可達龍門浩，截至本年底止，已達王家沱，鴨兒凼；又橫展至清水溪，文峯塔。預計二十七年度內供電綫路將伸長至：——

㈠ 新市區：沿嘉陵江，可伸展至磁器口；沿揚子江可伸展至浮圖關以上之新橋地方。

㈡ 江北區：沿相國寺北上，如有特別供電需要，可以展至觀音岩，貓兒石等處；沿揚子江下游可由青草壩，頭塘，寸灘，以至唐家沱。

㈢ 南岸區：沿揚子江下游，可達大佛寺；橫展可至黃桷埡。

41

圖表

42

A.二十六年度發電最高負荷比較圖

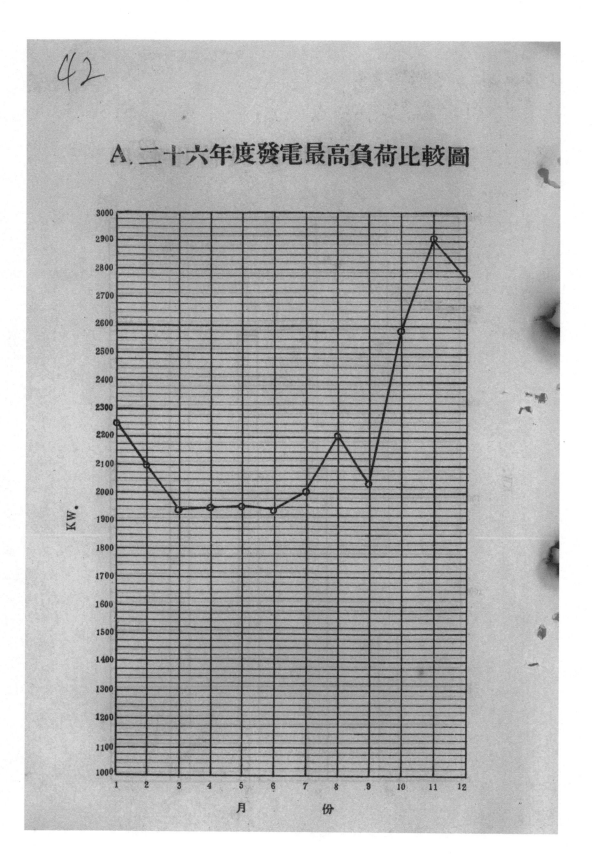

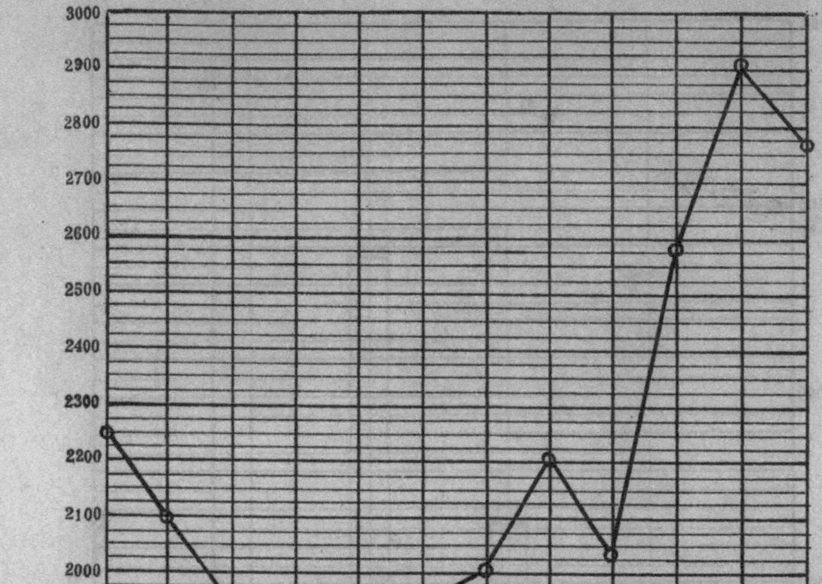

43

B. 歷年供電最高負荷比較圖

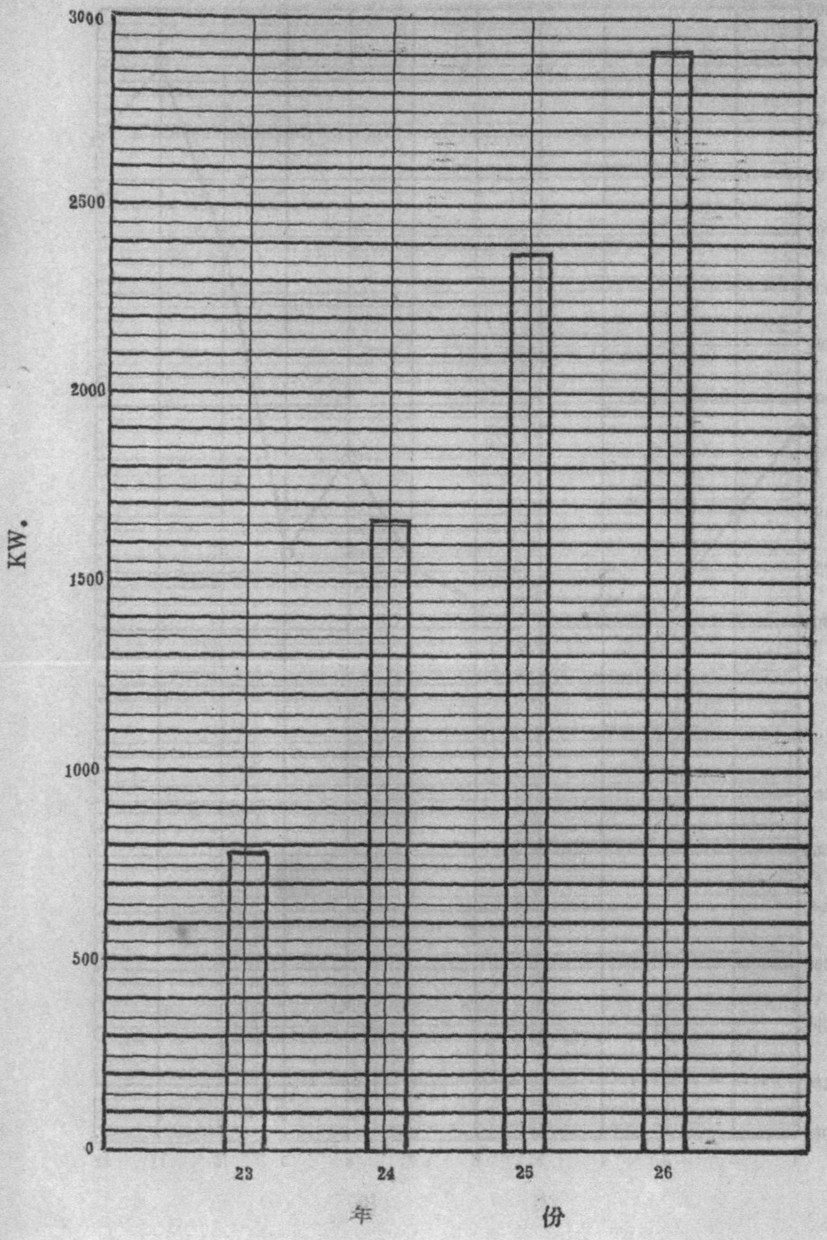

44

C. 歷年饋電總度數比較圖

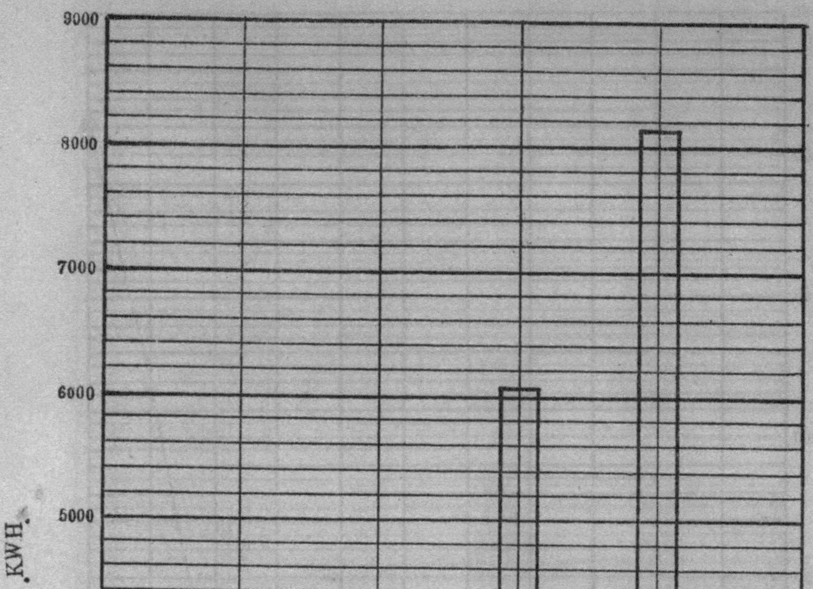

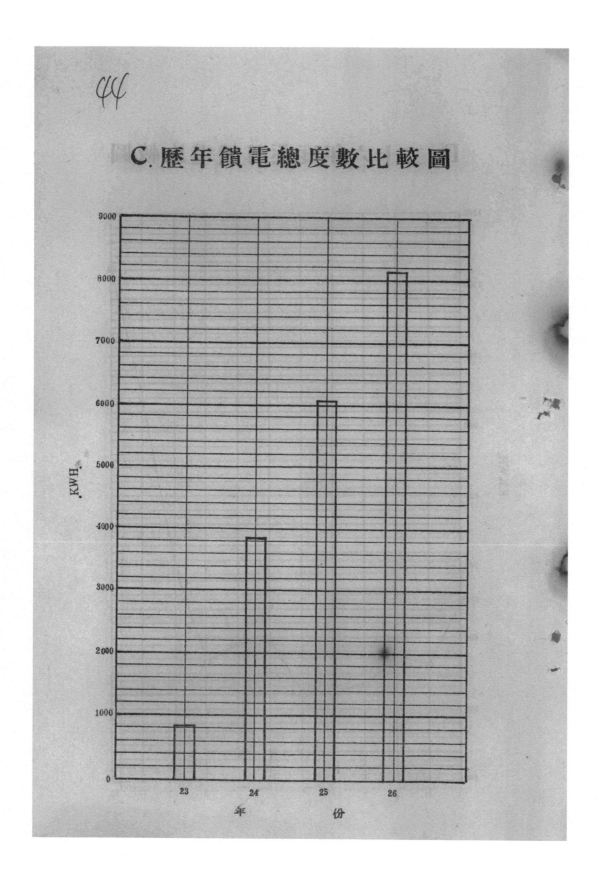

45

D.二十六年度逐月饋電比較圖

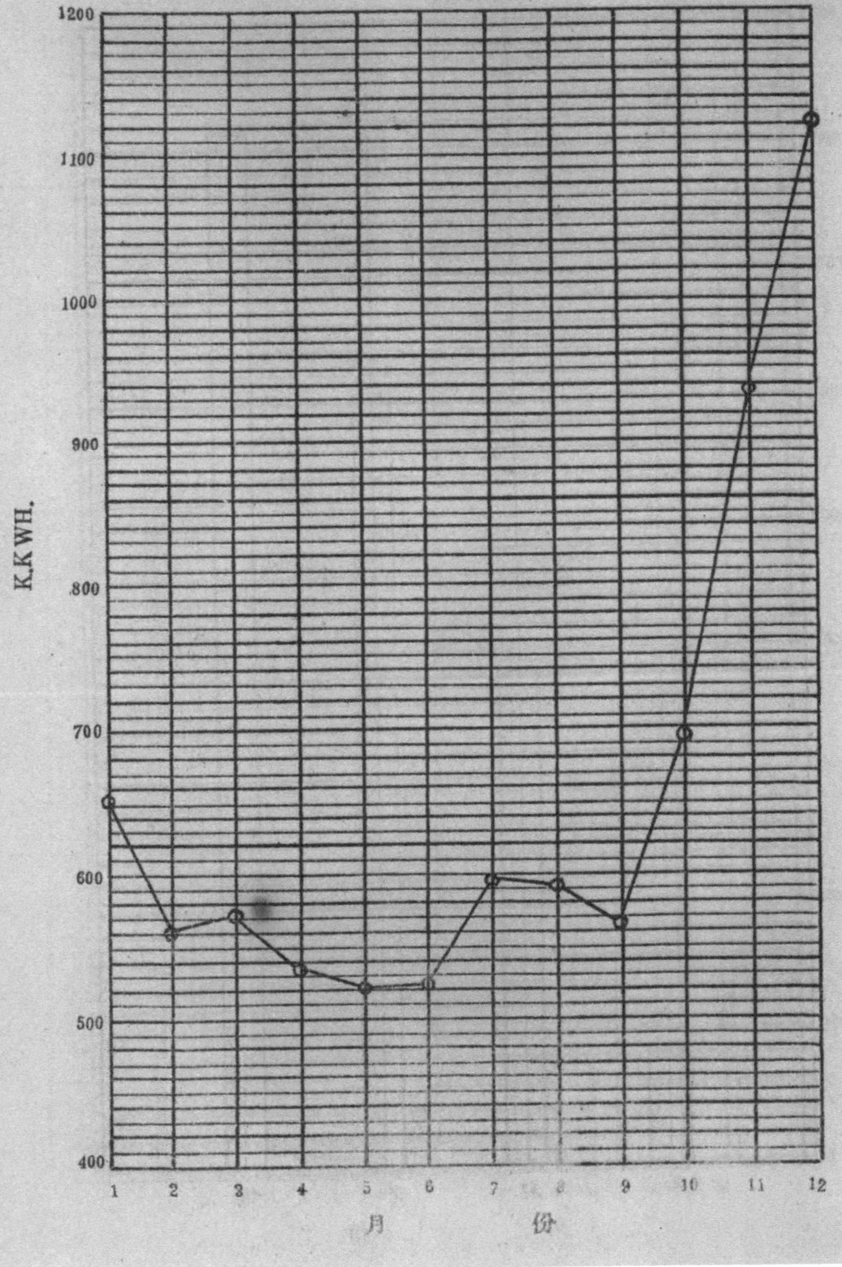

46

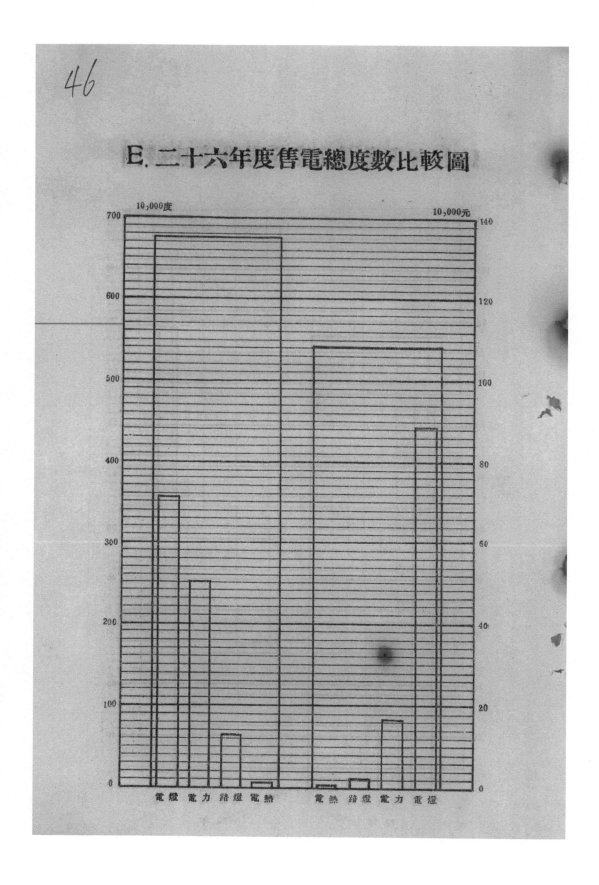

E. 二十六年度售電總度數比較圖

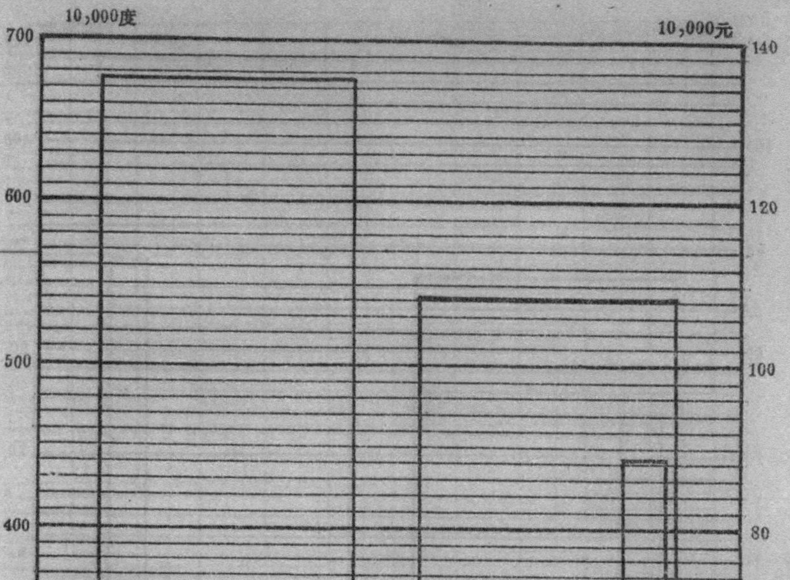

47

F. 廿五廿六年度實售電度金額收入比較圖

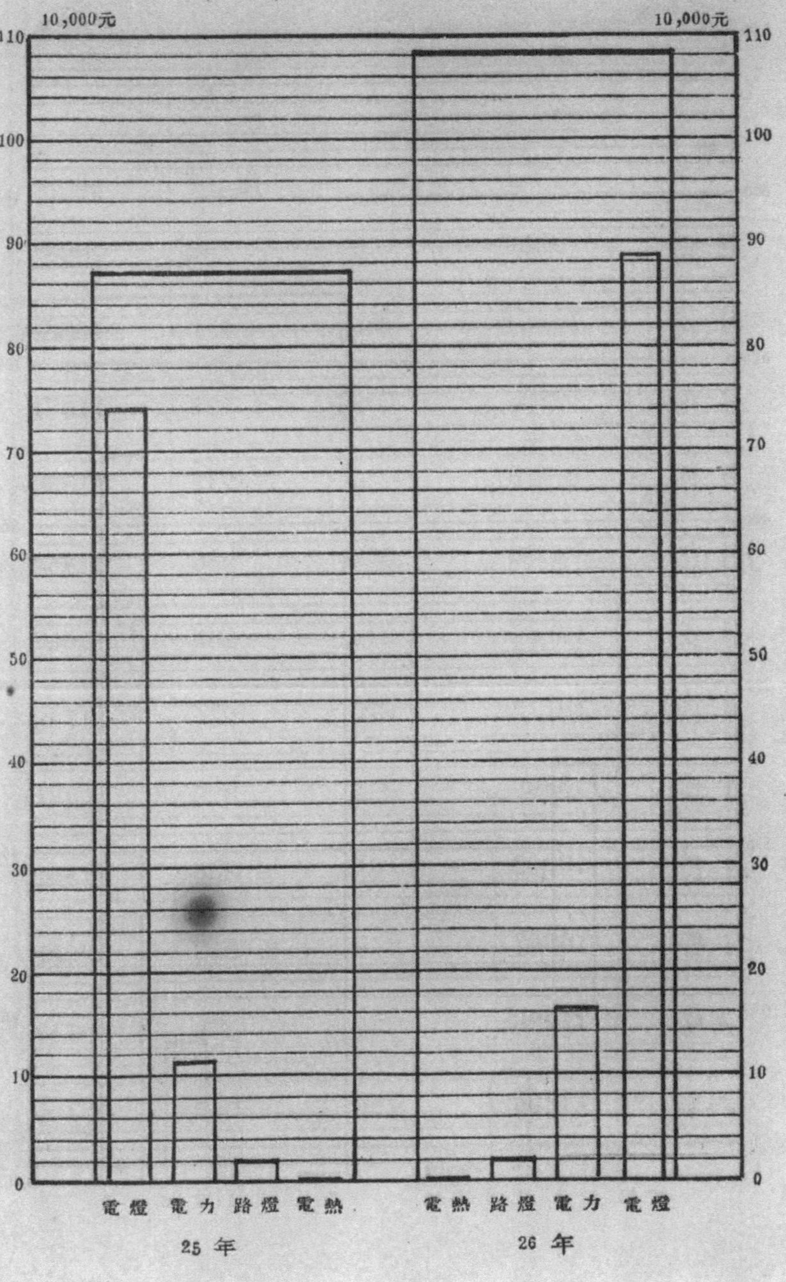

48

G. 廿六年度電燈用戶逐月增減比較表

區別/戶數/月別	重慶市	江北	南岸	合計
一月份	9855	632	154	10641
二月份	10664	649	172	10885
三月份	10225	649	197	11071
四月份	10426	657	217	11300
五月份	10890	663	236	11489
六月份	10727	673	259	11659
七月份	10772	676	275	11723
八月份	10869	692	326	11887
九月份	10862	705	335	11902
十月份	10967	712	353	12032
十一月份	11026	723	370	12119
十二月份	11256	729	369	12354

49

H. 二十六年度電力用戶逐月增減比較表

區別＼月別	一月份	二月份	三月份	四月份	五月份	六月份	七月份	八月份	九月份	十月份	十一月份	十二月份
重慶市	92	96	95	98	99	106	113	115	113	118	121	120
南岸	5	7	7	8	8	8	8	8	8	8	6	8
江北	3	3	3	3	3	3	3	2	2	2	2	2
合計	100	106	105	109	110	117	124	125	123	128	129	130

I. 二十六年度電熱用戶逐月增減比較表

月別／區別	一月份	二月份	三月份	四月份	五月份	六月份	七月份	八月份	九月份	十月份	十一月份	十二月份
重慶市	42	46	48	50	49	50	54	54	55	59	64	71
南岸		1	1	1	1	1	1	2	2	2	2	2
江北	1	1	1	1	1	1	1	1	1	1	1	1
合計	43	48	50	52	51	52	56	57	58	62	67	74

50

51

帳目

52

A. 重慶電力股份有限公司

資產負債表

中華民國二十六年十二月三十一日止

資產之部			負債之部		
固定資產：			**資本及公積：**		
發電資產	1,435,642.92		資本總額	2,500,000.00	
輸電配電資產	876,690.85		法定公積	42,049.38	2,542,049.48
用電資產	362,607.76		**長期負債：**		
業務資產	47,606.56		長期借入款	30,000.00	30,000.00
其他固定資產	90,000.00	2,812,548.09	**短期負債：**		
流動資產：			應付票據	227,946.31	
現金	4,850.46		短期借入款	1,690,000.00	
銀行存款	27,957.60		存入保證金	222,668.00	
應收票據	33,983.30		應付紅利	.10	
應收帳款	89,114.55		應付職工酬勞	3,147.54	
存出款	206,000.00		應付合同款項	614,460.99	2,758,222.94
材料	169,358.79		**雜項負債：**		
有價證券	110,000.00	641,264.70	折舊準備	254,654.96	
雜項資產：			呆帳準備	5,217.81	
開辦費	10,145.06		暫收款項	21,082.86	
存出保證金	8,920.00		應計存款	25,240.38	306,196.01
暫付款項	300,027.89		**盈餘：**		
應計欠項	900.54		前期滚存盈餘	8,134.75	
預付款項	19,767.14		本期盈餘	396,019.47	404,154.22
合同訂購新機	1,760,166.68				
合同訂購材料	481,882.55				
投資企業	5,000.00	2,586,809.86			
		6,040,622.65			6,400,622.65

53

ⓑ 重庆電力股份有限公司

損益計算書

中華民國二十六年十二月三十一日止

損失之部

經常開支：		
發電費用	300,596.40	
供電費用	82,548.84	
營業費用	64,988.95	
管理費用	240,867.05	689,001.24
特項開支：		
特價損失	19,849.41	19,849.41
盈餘：		
本期盈餘	396,019.47	396,019.47
		1,104,870.12

利益之部

電費收入：		
電燈收入	865,430.32	
電力收入	159,707.23	
電熱收入	4,268.58	
路燈收入	20,007.60	
自用電度收入	11,586.90	
補繳電費收入	475.77	1,061,476.40
營業收入：		
業務手續收入	12,103.00	12,103.00
雜項收入：		
利息收入	12,295.40	
房地租金收入	1,536.00	
售貨利益	68.93	
補助費收入	2,462.78	
物材料盤盈	1,531.88	
其他雜項收入	13,395.73	31,290.72
		1,104,870.12

55

D. 重慶電力股份有限公司

各項收入詳表

中華民國二十六年十二月三十一日止

科目	金額	合計	每月平均金額
電費收入			
電燈收入：		865,430.32	
表燈	759,908.66		63,325.72
特價證	101,128.22		8,427.35
臨時燈	4,393.44		366.12
電力收入：		159,707.23	
電力	159,707.23		13,308.94
電熱收入：		4,268.58	
電熱	4·468.58		355.71
路燈收入：		20,007.60	
路燈	20,007.60		1,667.30
自用電度收入：		11,586.90	
表燈	11,586.90		965.57
補繳電費收入：		475.77	
竊電追償費	475.77		39.65
營業收入			
業務手續收入：		12,103.00	
接電費	11,681.00		973.42
檢驗費	219.00		18.25
移表費	135.00		11.25
工本費	68.00		5.67
雜項收入			
利息收入：		12,295.40	
借出款息	11,052.72		921.06
有價證券息	559.80		46.65
銀行存款息	682.88		56.91
房地租金收入：		1,536.00	
舊廠房租	1,500.00		125.00
舊廠打水房房租	36.00		3.00
補助費收入：		2,462.78	
桿綫補助費	1,334.94		111.24
接戶綫補助費	1,127.84		93.99
物材料盤盈：		1,531.88	
物料	1,531.88		127.66
售貨利益：		68.93	
物料	68.93		5.74
其他雜項收入：		13,395.73	
接收廠房餘料	9,875.33		822.94
改裝舊戶收項餘額	3,520.40		293.37
合計	1,104,870.12	1,104,870.12	92,072.51

56

(E.) 重慶電力股份有限公司

各項支出詳表

中華民國二十六年十二月三十一日止

科目	發電費用	供電費用	營業費用	管理費用	總計	每月平均金額
薪金	62,246.50	12,944.90	23,104.50	39,867.00	138,162.90	11,513.57
工資	45,305.46	15,098,06	857.00	7,176.50	68,437.02	5,703.08
燃料消耗	101,045.06				101,045.06	8,420.42
潤滑油消耗	1,132.12				1,132.12	94.34
物料消耗	19,526.75	9,093.79	415.12	437.67	29,473.33	2,456.11
工具消耗	2,958.60	1,936.86			4,895.46	407.96
化驗葯物	647.07				647.07	53.92
修繕費	227.40	321.39	19.14	945.28	1,513.51	126.13
房地費	16,91.50	260.00	670.00	6,038.00	8,659.50	721.6[illegible]
旅運費	5,011.24	1,884.27	1,016.22	671.92	8,583.65	715.3[illegible]
廣告費			1,094.00	1,346.02	2,440.02	203.34
交際費				1,046.32	1,046.32	87.19
財務律務費				1,662.90	1,662.90	138.58
文具印刷費	1,407.54	2,383.90	10,192.99	6,243.98	20,228.41	1,685.70
郵電費		216.00	186·00	632.69	1,034.69	86.22
自用電度			729.18	10,976.38	11,705.56	975.46
醫葯費				4,023.03	4,023.03	335.25
茶水薪炭				3,223.78	3,223.78	268.65
服裝				3,086.42	3,086.42	257.20
雜支	2,797.41	35.55	867.79	3,068.84	6,769.59	564.13
獎勵酬卹				1,976.05	1,976,05	164.67
匯兑虧損				96,763.77	96,763.77	8,063.6[illegible]
保險費				2,152.03	2,152.03	179·34
材料盤損				363.93	363.93	30.33
折舊	56,165,63	38,374.12	24,186.71	8,972.25	127,698.71	10,641.56
呆帳				5,054.85	5,054.85	421.24
稅捐			1,650.00	19,252.17	20,902.17	1,741.85
債款利息				8,495.22	8,495.22	707.94
其他費用	434.12			7,390.05	7,824.17	652.02
總計	300,596.40	82,548.84	64,988.95	240,867.05	689,001.24	57,416.77

57

重慶電力股份有限公司

盈餘分配案

民國二十六年度
第二屆決算

中華民國二十六年度

第廿六次董事會議決
第二屆股東會通過

公積：		39,601.95
提存法定公積金	39,601.95	
所得稅：		14,256.70
撥付所得稅照盈餘千分之四十	14,256.70	
股息：		196,056.67
股東官息照年利八厘	196,056.67	
紅息：		117,021.87
撥付股東紅利年利四厘	98,028.33	
提董監酬勞淨餘百分之八	11,688.33	
提發起人酬勞淨餘百分之五	7,305.21	
職員獎金：		32,142.91
提獎職員淨餘百分之廿二	32,142.91	
滾存：		5,074.12
本期派餘紅利	5,074.12	
	404,154.22	404,154.22

盈餘：		396,019.47
本年度盈餘	396,019.47	
前期滾存盈餘：		8,134.75
前屆派餘紅利	8,134.75	
	404,154.22	404,154.22

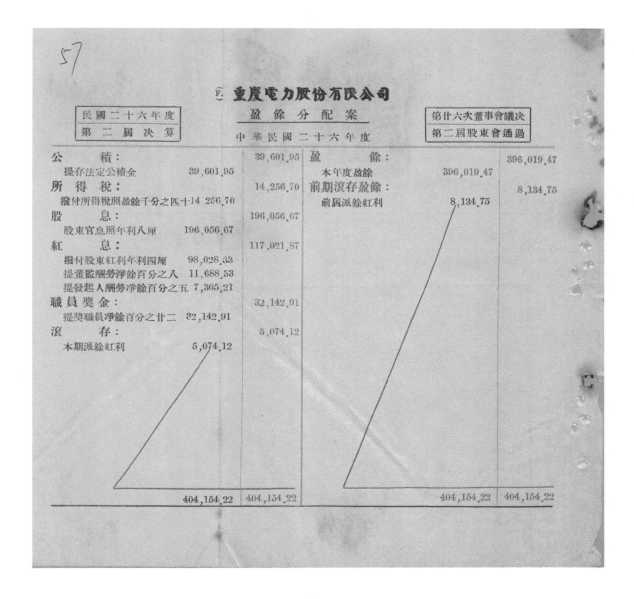

59

正則會計事務所謝霖會計師證明書

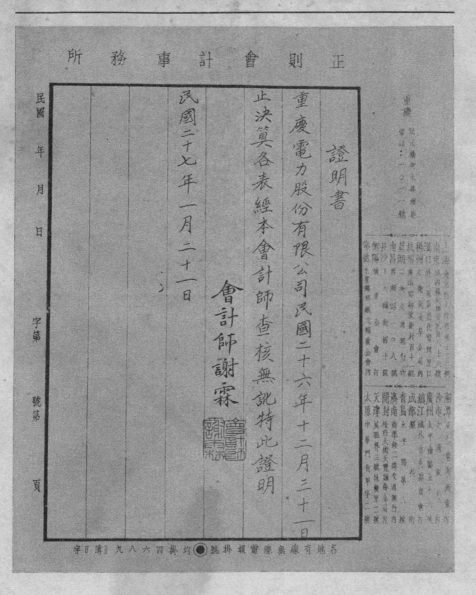

正則會計事務所

重慶 [illegible] 電話：[illegible]號

上海 [illegible]
南京 [illegible]
漢口 [illegible]
揚州 [illegible]
杭州 [illegible]
蕪湖 [illegible]
南昌 [illegible]
長沙 [illegible]
衡陽 [illegible]
常德 [illegible]

湘潭 [illegible]
沙市 [illegible]
廣州 [illegible]
鎮江 [illegible]
成都 [illegible]
青島 [illegible]
濟南 [illegible]
開封 [illegible]
天津 [illegible]
太原 [illegible]

證明書

重慶電力股份有限公司民國二十六年十二月三十一日止決算各表經本會計師查核無訛特此證明

會計師謝霖（印）

民國二十七年一月二十一日

民國　年　月　日　字第　號第　頁

各地有線無線電報掛號均掛四六八九『簿』字

重慶電力股份有限公司董事，監察，暨總經協理，科長題名錄：——

董事長：
潘仲三

常務董事：
康心如　胡仲實

董　事：
陳懷先　石體元　劉航琛　周見三　周季悔　徐廣遲　甯芷邨
何說岩　吳受彤　盧作孚

監　察：
郭文欽　甘典夔　胡汝航　傅友周　何恩容　尹國墉

總經理：
劉航琛

協　理：
石體元

科　長：
袁玉麟　朱小佛　劉　杰　程本臧

重庆市工务局关于鉴核重庆电力股份有限公司改进计划给重庆电力股份有限公司的指令（一九四〇年一月十八日） 0219-2-191

重慶市工務局指令

民國廿九年元月十八時發 乙字第0465號

令重慶電力公司

二十八年十二月廿日電字第一三三二〇號呈二件為呈復本局召集該公司商討改進技術各點附呈改進計劃請鑒核由

呈暨附件均悉。查所送改進計劃內，(四)添增電灯用戶應由該公司準備充份材料以應需要，並遵將餘存材料分別列表按月呈報以憑核辦。(五)移動電力用戶應遵經濟部召集各機關會議決定辦法辦理。(八)電桿牽掛軍用電話線應遵照前本局召集有關各機關會議決定辦法辦理。(九)路灯收費應俟另案辦理。(十)加價問題現由經濟

中華民國廿九年一月拾九日收到　第　頁共　頁　收文電工第1369號

204

部主办(十)関於聯絡各工廠之發電廠仍照經濟部召集各機関會議議決案從速办理。又十二月廿日電字第三二二號呈(三)甲項係本年度十一至十二月各月路燈電費，市府於本年度照付，應即實還(四)所請設計劃分市區以便償電分配程序一節應俟劃定後飭遵。餘呈候議或於其他各項經核尚無不可准予備案併仰知照。

此令。

局長 吳華甫

第

監印羅呂遒

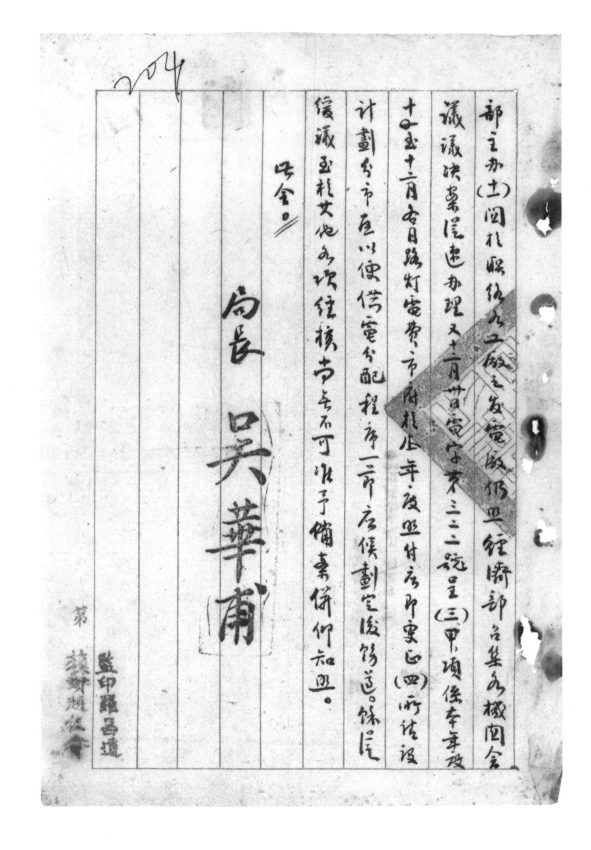

校對

81

三十年度業務狀況

本年業務雖因敵機轟炸及電力不足全年營業狀況在員工努力工作之下尚能維持現狀計其大要如下

（甲）用戶　本年度末用戶實數計電燈九千五百四十四戶電力五百一十一戶電熱六十一戶共計用戶總數為一萬零一百一十六戶比較二十九年度末用戶實數增三十八戶（本年度因敵機轟炸損失戶數計五月份七十九戶六月份一千二百一十二戶七月份三百六十一戶八月份一千零四十四戶共計二千六百九十六戶）

（乙）售電　本年度售電度數照抄見電度統計售出電燈六百零二萬六千一百六十四度（25.8%）電力一千六百一十六萬零九百九十三度（69.5%）電熱（大

部係工業用）一百零八萬四千四百四十二度（41%）總計全年售出電度為二千三百二十七萬一千五百九十九度與二十九年度比較減少一千零二十五萬七千八百零八度（查三十年始將票據股製票表報傳票加以調整並與會計科商同將改票銷票各項於應收電費項下轉賬以前各年統係列入有效數字內故實售電度數字不確亦即本年度售電數字減少之故）查本年度兩廠發電總度數為三千四百四十一萬八千七百五十三度兩廠自用電度為一百零三萬零五十八度約當發電度數3%售電約當發電度數67%損失電度計為30%是項損失電度為線路消耗及盜電強用電流等之總和

（丙）電費收入 本年度電費收入計電燈正收六百九十四萬一千四百三十七元一角二分

補收七十二萬七千六百四十二元九角三分合計七百二十六萬九千零八十九元零五分（内路灯一萬二千一百九十九元八角）電力正收八百五十一萬二千零五十四元二角九分補收一百零二萬零四百二十一元零一分合計九百五十三萬二千四百七十五元三角電熱正收五十九萬三千五百七十三元六角六分補收六萬八千八百九十二元八角二分合計六十六萬二千四百六十六元四角八分總計燈力熱電費收入為一千七百四十六萬四千零二十一元八角三分自七月份起遵部令售電每度附加卸還杭卹費五分專款撥存計本年度内共應撥還五十三萬七千七百零八元零七分兩相扣除本年度電費收入實為一千六百九十二萬六千三百一十三元七角六分比較二十九年度增加約290%

(丁)電費經收情形　本年改變收費辦法集中管理案據汉日核業收繳其經收情形如次

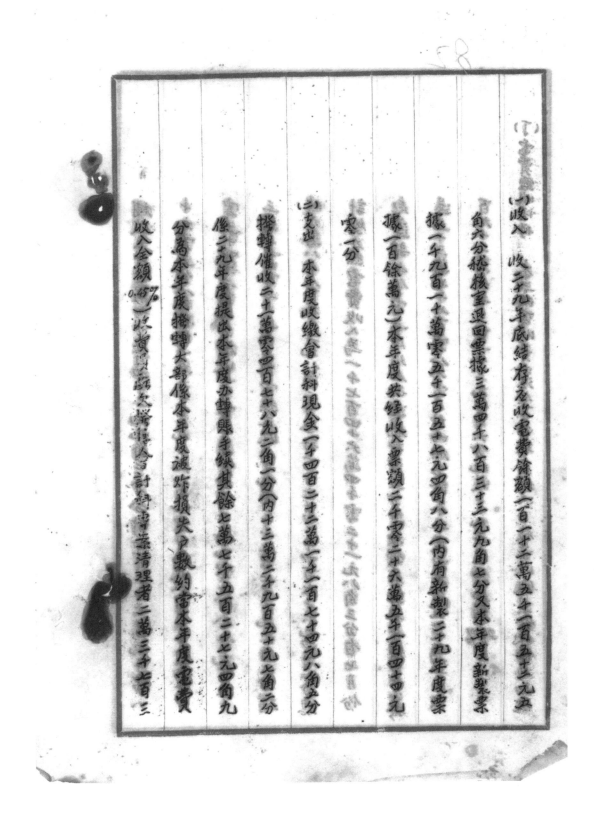

(丁)[illegible]

(一)收入　收二十九年底結存應收電費餘額一百一十二萬五千一百五十二元五角六分稽核室退回票據三萬四千八百三十三元九角七分又本年度新製票據一千九百一十萬零五千一百五十七元四角八分(内有新製二十九年度票據一百餘萬元)本年度共經收入票額二千零二十六萬五千一百四十四元零一分

(二)支出　本年度收繳會計科現金一千四百二十二萬一千一百七十四元八角五分撥轉催收二十一萬零四百七十八元二角一分(内十三萬二千九百五十九元七角二分係二十九年度提出本年度办轉賬手續其餘七萬七千五百二十七元四角九分爲本年度撥轉大部係本年度被炸損失户數約當本年度電費收入全額0.45%)收費員[illegible]欠[illegible]人會計科專案清理者二萬三千七百三

83

十八元四角八分註銷票據一百八十五萬五千七百三十元八角年底結餘移轉三十一年度經收者三百九十五萬四千零二十一元六角七分本年度共經繳付票款二千零二十六萬五千一百四十四元零一分

又查本年度改製票為一百四十七萬七千六百六十四元五角四分與銷票之差額計少三十七萬八千零六十六元二角四分於兩項全年度应收電費一千六百九十二萬六千三百一十三元七角六分内扣除則三十年度電費收入实為一千六百五十四萬八千二百四十七元五角二分（内中党政軍机關洽收困难者或全不繳付者總計約二十萬元左右）以本年度收繳現金與本年度電費收入比較差額為二百三十二萬七千零七十二元六角七分按現在每月電費收入適為一月收入有奇相當於十二月份新製出票

據本年底結餘移轉三十一年度經收雖三百餘萬但二十九年度实移
本年二百餘萬元且三百餘萬元中尚有特約户百餘萬元未結两
相品迭本年度電費收入已能按月收繳兼清理舊欠

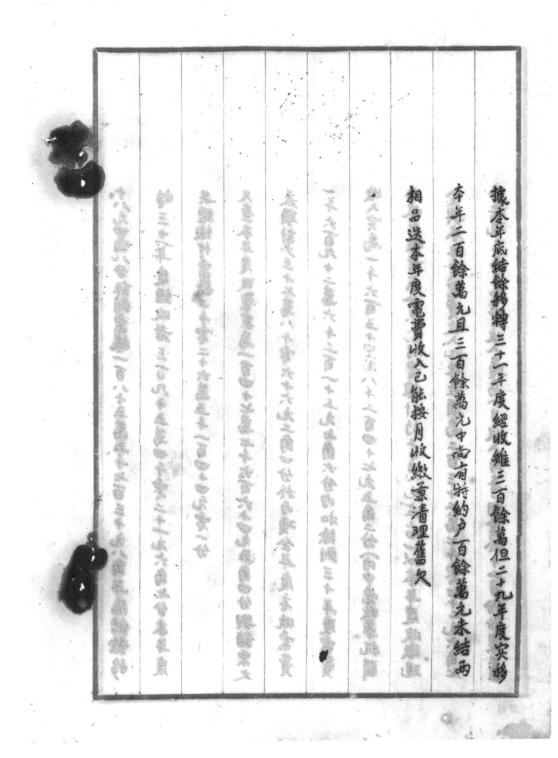

84

甲 財務報告

二十九年度公司資產總值為一千四百八十餘萬元至三十年度結賬全部資產總額就賬面價值已達二千九百八十餘萬元約為去年資產總額之二倍各項資產中以雜項資產為最多較上年增加一千萬元計鵝公岩分廠工程已竣部份支出三百八十餘萬本公司第一煤廠預借煤款九十餘萬元香港仰光材料運繳費一百五十餘萬元增訂電料燃煤大磚油類等約二百餘萬元投資川康興業公司華安煤礦公司及公司第一煤廠等一百六十餘萬元至流動資產項內積存應收電費一項達三百九十餘萬元再歷年訂購各項材料已於去年陸續收到大部約較上年增加八十餘萬元各項固定資產除輸電配電資產外尚無顯著之變動公司綫路設備雖遭多次

之轟炸毀損經迅速之修補添置仍較上年增加九十餘萬元此公司資產增加之大概

關於負債方面各有鉅額之增加借入款項則有四行之材料抵押借款一百萬元賠料借款二百萬保證金收入一百七十餘萬元暫收款項尚未轉賬者有中央信託局兵險賠款一百萬元政府補助遷建工程款六百萬元此外尚有未付各商行煤料款二百餘萬元除向各行短期借款減少一百零四萬元外共計尚較去年增加一千三百餘萬元前述資產之增加實多係此項負債之運用也

以上為本公司經濟情形之概畧

惟根據上面所述得知公司資產之增加係仗政府補助及挪借外債至營業

85

收入僅敷開支鵝公岩工程補助費六百萬元除已支出已竣工部份三百八十餘萬元外餘款二百餘萬元均已移用先後向四行借款除已還本息外結欠本息約六百萬元此急待歸還之八百餘萬元即變賣存滬存英機爐能告解決可望得二萬數千鎊未收新股約三百六十餘萬能招募足額尚不足抵償有待設法籌付也

乙、收支報告

本年度全年收益為一千九百三十九萬餘元約為去年收益總數之三倍內計電費收入一千七百零九萬餘元約佔總收益百分之八八·一〇營業收入四萬餘元約佔總收益百分之〇·二雜項收入二百二十五萬餘元約佔總收益百分之一一·七電費收入中以電力居第一位計九百三十餘萬元電燈七百

十餘萬元電熱六十餘萬元其他路燈補繳電費及日用電度收入約四萬餘元至雜項收入當以各項補助費收入為最大計被炸補助費一百三十餘萬元桿綫補助費六十餘萬元其他如利息收入租金收入及材料盤盈等共約二十餘萬元至開支方面全年共計支出一千七百九十五萬餘元約當年支出總數之二倍半內中除戰時之特殊開支如增加防空設備補助薪工被炸損失修整被炸辦公房屋等費三十三萬餘元外以燃煤消耗最大每月耗用達四千餘噸全年共計消耗八百十餘萬元約佔總開支百分之四十五次為薪工津貼以一般物價指數不斷上漲職工生活津貼月有增加全年共計為三百十餘萬元約佔總開支百分之一七此外計陸地兵險保費一百三十餘萬元四聯總處及川康川鹽各行借款利息一百餘萬元向

86

龍章造紙公司貸電費用五十餘萬資產折舊四十餘萬元耗用物料及其他事務費用約三百餘萬元收支相抵計獲純益一百四十四萬零一百零二元二角三分

重慶電力股份有限公司統計年報

三十一年度

51

52

統計年報

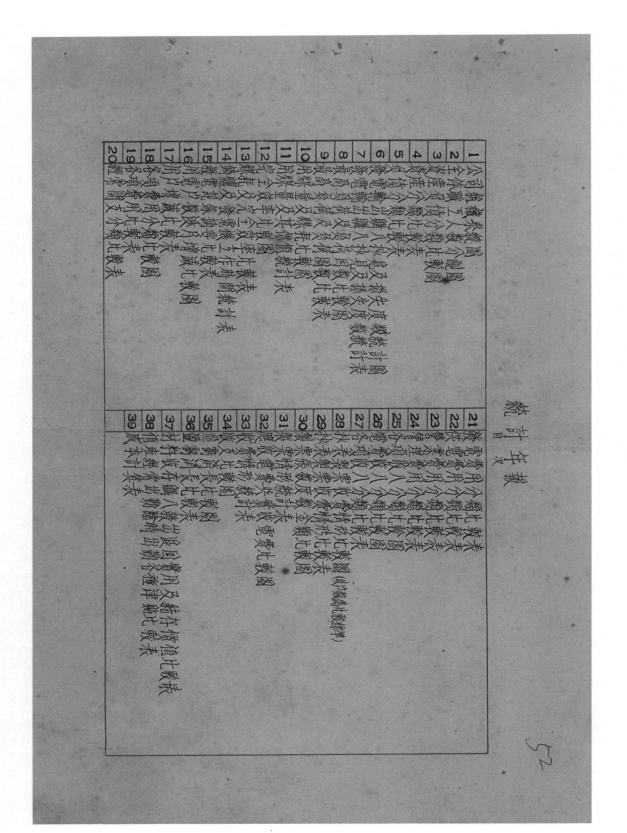

目次

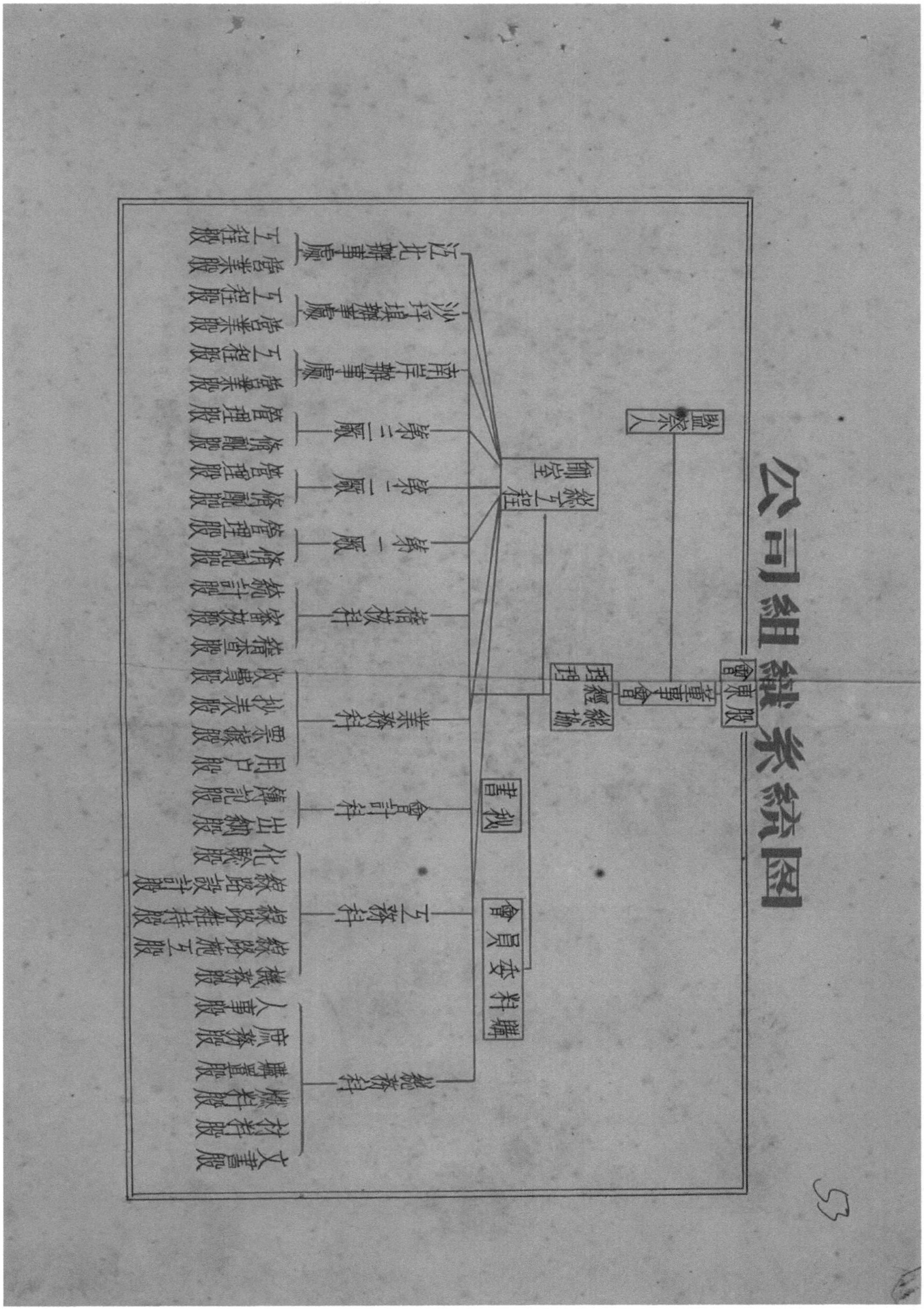
公司組織系統圖
股東會
董事會
監察人
總經理
協理
總工程師室
秘書
購料委員會
沅北辦事處
沙坪填辦事處
南岸辦事處
第三廠
第二廠
第一廠
稽核科
業務科
會計科
工務科
總務科
工程股
營業股
工程股
營業股
工程股
營業股
管理股
修配股
管理股
修配股
管理股
修配股
統計股
審核股
稽查股
收費股
抄表股
票據股
用戶股
簿記股
出納股
化驗股
線路設計股
線路維持股
線路施工股
機務股
人事股
庶務股
購置股
燃料股
材料股
文書股
53

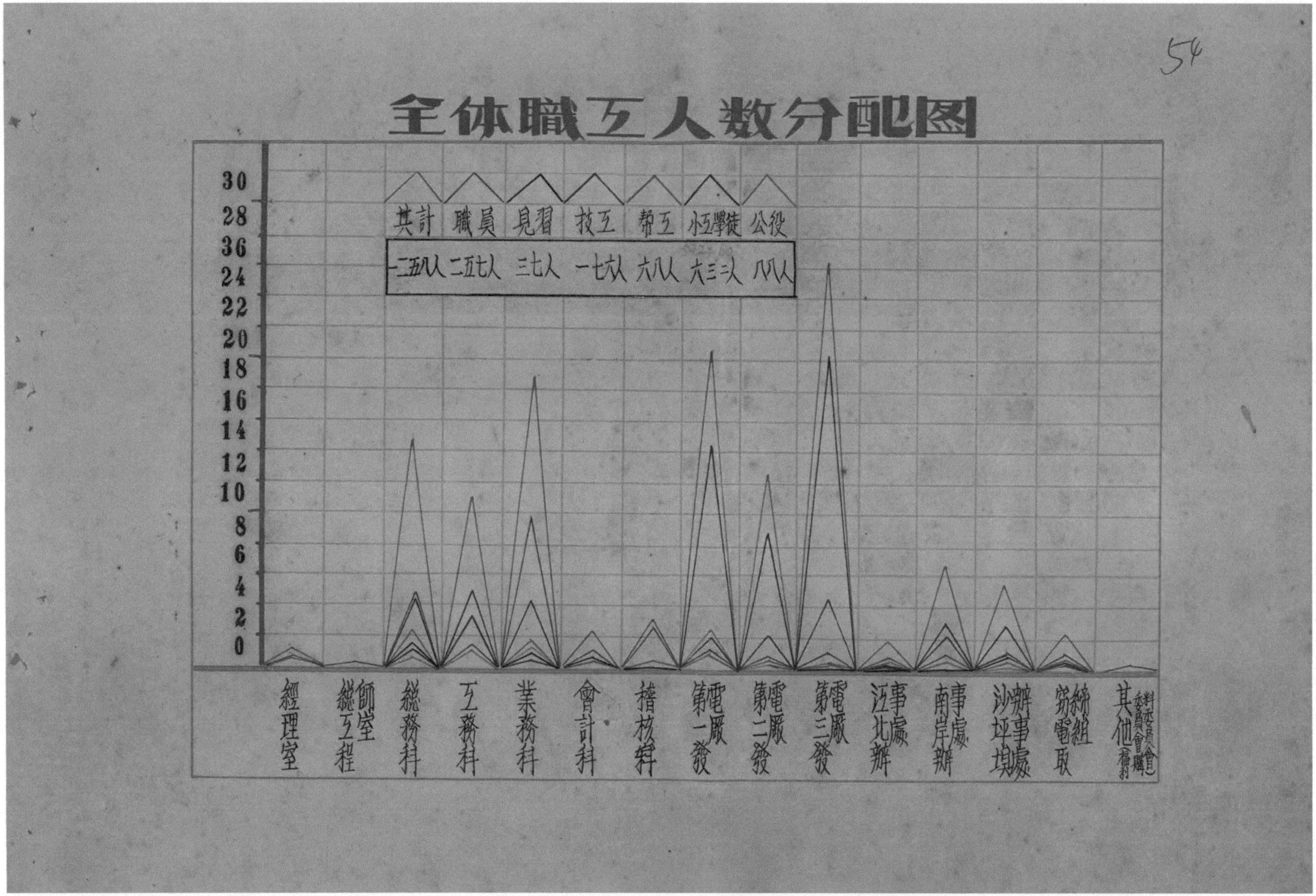

54
全体職工人数分配图
共計 職員 見習 技工 帮工 小工學徒 公役
一二五八人 二五七人 三七人 一七六人 六八人 六三二人 八八人
30 28 36 24 22 20 18 16 14 12 10 8 6 4 2 0
經理室
總工程師室
總務科
工務科
業務科
會計科
稽核科
第一發電廠
第二發電廠
第三發電廠
江北辦事處
南岸辦事處
沙坪壩辦事處

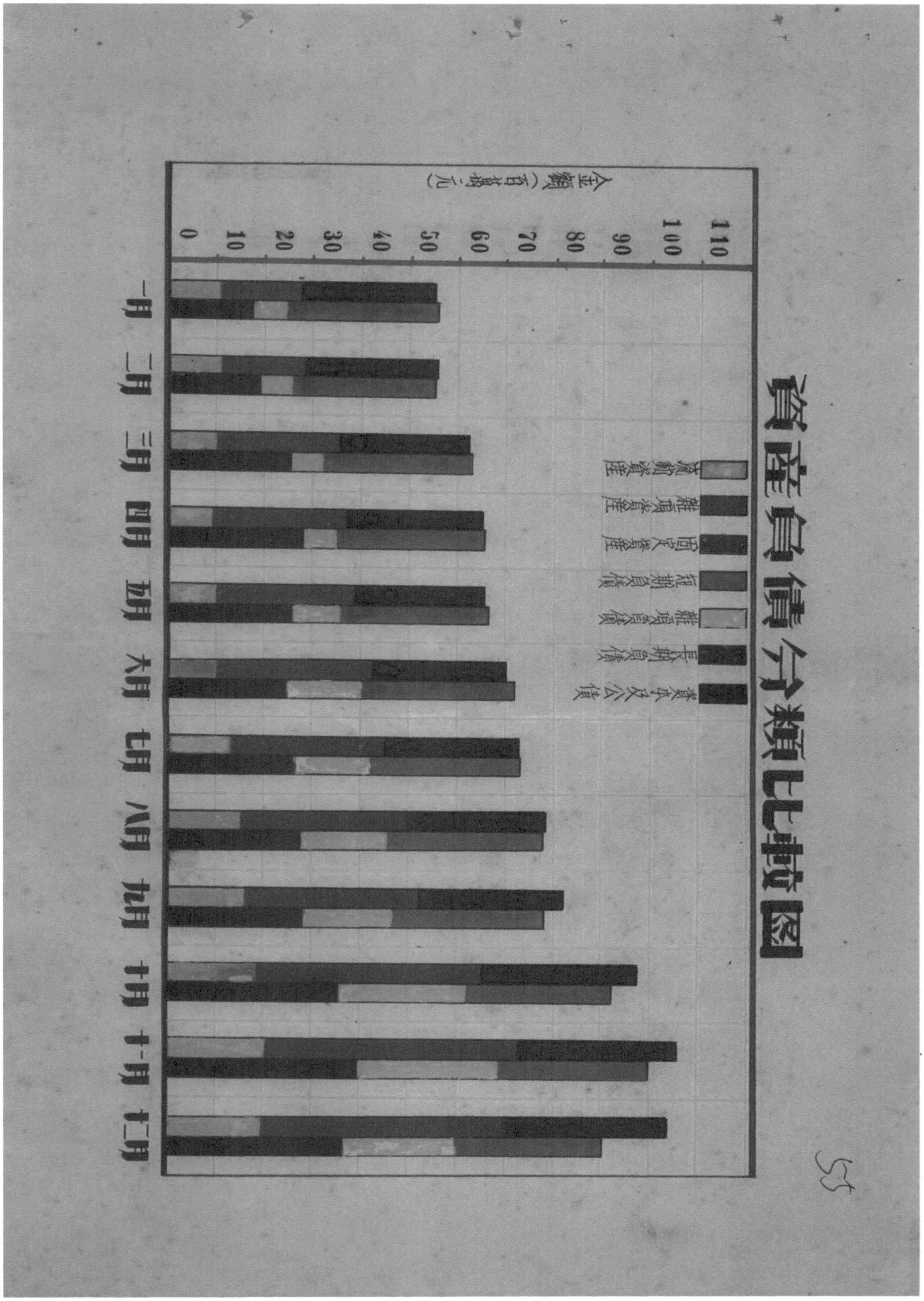
資產負債分類比較圖
流動資產
雜項資產
固定資產
短期負債
雜項負債
長期負債
資本及公債
金額（百萬元）
0
10
20
30
40
50
60
70
80
90
100
110
一月
二月
三月
四月
五月
六月
七月
八月
九月
十月
十一月
十二月

56

資產分類比較表

類別＼月份	一月	二月	三月	四月	五月	六月	七月	八月	九月	十月	十一月	十二月
固定資產、	2722522133	2725832348	2741738539	276935173	2774122802	2781165893	2820379926	2921738829	3003852318	3251596894	3284449004	3357073322
發電資產	1805855560	180590460	1804605552	1807853020	1806616220	1806615087	1806615087	1806702087	1809022084	1817569072	1820946203	1763829186
輸電配電資產	783099755	785287943	796075172	816903185	821991466	820832022	820521126	823139299	841966565	868986719	880842864	905090158
用電資產	95486061	95204388	101639774	104023327	104843675	112317043	158695792	115101522	203483238	218733310	225120535	232056326
業務資產	38170757	38435157	39418041	40565641	40665411	11101741	42945921	148995921	149380421	153391613	16462322	203236922
其他固定資產										192916180	192916180	252860730
流動資產	1093728236	1131390482	1051164766	930360613	1041603225	1041311914	1322791653	1536511891	1617798075	1836039126	2063919536	1934870164
現金	1472109	12654522	8718336	178529	721850	1322337	200995	633165	2802990	6152210	1144789	770140
銀行存款	24182451	47792912	26351561	4529115	28162515	212697	7892586	7483676	51883890	84301560	13935371	39986425
借出款					3900000	3900000	3900000	3900000	3900000	15000000	15000000	15000000
應收帳款	409236047	547578532	497443320	140226380	544747677	560598531	675515878	799969912	904890156	1011351970	1156054953	1091848230
	3900000	3900000	3900000	3900000								
有價證券						2000000	2000000	2000000	2000000	19433750	59433750	59433750
材料	154927629	144874516	141361519	108136594	240686133	247876999	109895274	431761838	428931039	475609536	94960723	72783159
其他流動資產												
未繳股款	499960000	374590000	373390000	373390000	223390000	223390000	223390000	223390000	223390000	223390000	223390000	
雜項資產、	167615761	1713779314	2174398081	2761049764	2812233331	3238257490	3191335471	3372665219	3598511600	4676935423	5257333995	5075982155
戰時防護費	12304316	15237251	15430481	16647481	17007481	17007481	17007481	17007481	17007181	17055049	17055049	17055049
存出保證金	1528899	1528899	1318899	1794899	2442899	12442899	12442899	12442899	12442899	13442899	18132899	18132899
暫付款項	641880641	726842468	1003663415	1176397749	1229019601	1889897004	1875061008	1996437105	2133724257	2173573475	2442350955	2200379565
應付款項	17106054	17358621	17103251	16321684	1676168	16173227	16173227	16173227	16173227	15886453	15886453	15929289
預付款項	403965340	407730849	456753046	594289998	549635908	507302558	470472659	542453199	561573771	833545787	696725115	645549348
提存基金	44001813	1813	792102	792102	792102	792102	792102	792102	792102	792102	792102	792102
催收款項	20546160	18230160	16500945	16834210	15645899	5591359	15521575	15397926	15131553	15131553	14922827	1791453
投資企業	160500000	160500000	160500000	160500000	160500000	220500000	220500000	220500000	250500000	250500000	250500000	420500000
合同訂購材料	280880922	272915637	693371326	684032025	455366161	455111231	453919897	458021554	197679674	1213417479	1507528979	1658755070
合同訂購新機	93439616	93439616	93439616	93439616	93439616	93439616	93439616	93439616	93439616	93439616	93439616	97043876
其他雜項資產												

57

負債分類比較表

類別 \ 月份	一月	二月	三月	四月	五月	六月	七月	八月	九月	十月	十一月	十二月
資本及公債	3074678472	3074678472	3074678472	3074678472	3074678472	3074678472	3074678472	3074678472	3074678472	3074678472	3074678472	3074678472
資本總額	3000000000	3000000000	3000000000	3000000000	3000000000	3000000000	3000000000	3000000000	3000000000	3000000000	3000000000	3000000000
法定公積	27624009	27624009	27624009	27624009	27624009	27624009	27624009	27624009	27624009	27624009	27624009	27624009
特別公積	21132623	21132623	21132623	21132623	21132623	21132623	21132623	21132623	21132623	21132623	21132623	21132623
特別準備	25921840	25921840	25921840	25921840	25921840	25921840	25921840	25921840	25921840	25921840	25921840	37921840
長期負債	746400778	684400778	679734111	679734111	1033333333	1583333333	1583333333	1816666666	1816666666	2598101916	2598101916	2753097214
長期借入款	[illegible]	684400778	679734111	679734111	1033333333	1583333333	1583333333	1816666666	1816666666	2598101916	2598101916	2753097214
公司債	674527833											
短期負債	261500000	622338143	843411136	830808450	875334000	775331925	725107510	743080395	699715432	1055880062	1181415932	1161784743
短期借入款	261500000	181500000	195000000	211000000	260000000	103000000	102000000	99500000	67000000	45000000	34000000	32000000
應付票據		8000000	20000000									
銀行透支										333823783	377986194	356802484
存入保證金	262157750	284226750	319207750	341516400	357450400	373544400	387587400	397325900	411389700	422401900	434215900	450186900
應付帳款						270000	1842175	1174050	14303875	10572766	29450575	28729960
應付股利	45921600	44561600	43201600	15664900	9950260	7750760	2602760	2554120	2554120	2554120	2554120	2554120
應付紅利	.45	.45	.45	.45	.45	.45	.45	.45	.45	.45	.45	.45
應付職工酬勞	8378411	8378411	985	98541	98541	98541	98541	98541	98541	98541	98541	98541
職工儲金												
應付合同款項	96570027	95671337	265933200	26252864	247834754	288667279	230976589	231861289	204369749	281928907	302610257	291412773
其他短期負債												
雜項負債	1093790261	1270537506	1744580013	2001192668	1757251928	1783626827	1953905870	2074663044	2198996367	2576218275	2871508398	2593911905
折舊準備	169685162	169685162	169685162	169685162	169685162	169685162	169685162	169685162	169685162	169685162	169685162	169685162
呆帳準備	20136154	20136154	20136154	20136154	20136154	20136154	20136154	20136154	33554775	20136154	20136154	21930607
電表損失準備	12000000	12000000	12000000	12000000	12000000	12000000	12000000	12000000	12000000	12000000	12000000	12000000
暫收款項	631533271	812964296	1259799092	1511230940	1121318140	1275660861	1360270217	1430686434	1593200063	1785257790	2004283647	1842670232
應付存項	241505835	238824762	267757918	273151722	414490543	286547170	372273731	422741337	384761827	569926008	646449010	553830864
材料漲價準備	[illegible]				5794540	5794540	5794540	5794540	5794540	5794540	5794540	5794540
催收款項準備	19929839	16927132	15201687	14988687	13827389	13802940	13746066	13619417		13418621	13159885	

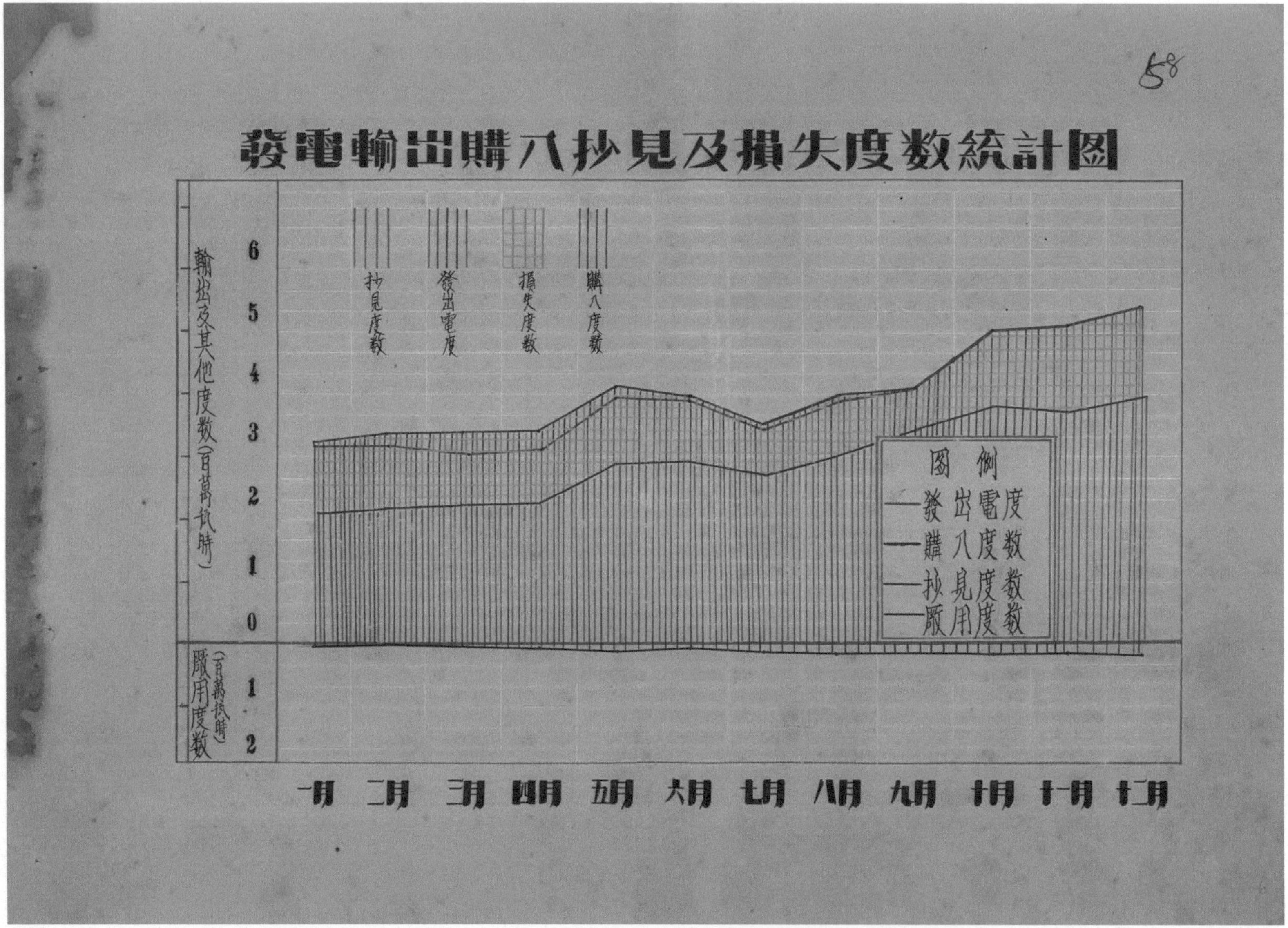
58
發電輸出購入抄見及損失度数統計圖
輸出及其他度数(百萬瓩時)
廠用度数(百萬瓩時)
6
5
4
3
2
1
0
1
2
抄見度数
發出電度
損失度数
購入度数
圖例
發出電度
購入度数
抄見度数
廠用度数
一月
二月
三月
四月
五月
六月
七月
八月
九月
十月
十一月
十二月

59

發電輸出購入抄見及損失度数統計表

月份	發電度数 KWH	厰用度数 KWH	輸出度数 KWH	購入度数 KWH	抄見度数 KWH	損失度数 KWH	損失因数 KWH
全年總計	48,859,187	1,206,993	47,652,194	1,031,373	35856856	12826981	26.3
一月	3,202,688	61,199	3,141,489	59,840	2169,499	1,031,830	32.2
二月	3,290,517	59,512	3,231,005	86,627	2,771,722	545,910	16.5
三月	3,128,060	61,957	3066103	286,327	2,462,623	889,807	26.5
四月	3236,438	96,180	3140258	218,834	2477,593	881,499	26.2
五月	4,055,464	104,655	3,950,809	201,514	2,821,840	1,330,483	32.0
六月	3894,922	92,173	3802749	125,270	2,857,522	1,070,497	27.3
七月	3,613,294	115,043	3498251	29,030	2,685,055	842,226	23.9
八月	4,070,085	127,761	3,942,324	23,931	2,890,626	1,075,629	27.1
九月	4,279,981	107,529	4172452		3,315,555	856,897	20.5
十月	5,233,036	120,477	5,112,559		3,631,125	1,481,434	29.0
十一月	5,306,555	126,601	5,179,954		3,737,020	1,442,934	27.9
十二月	5,548,147	133,906	5,41[illegible],241		4,036,406	1,377,835	25.4

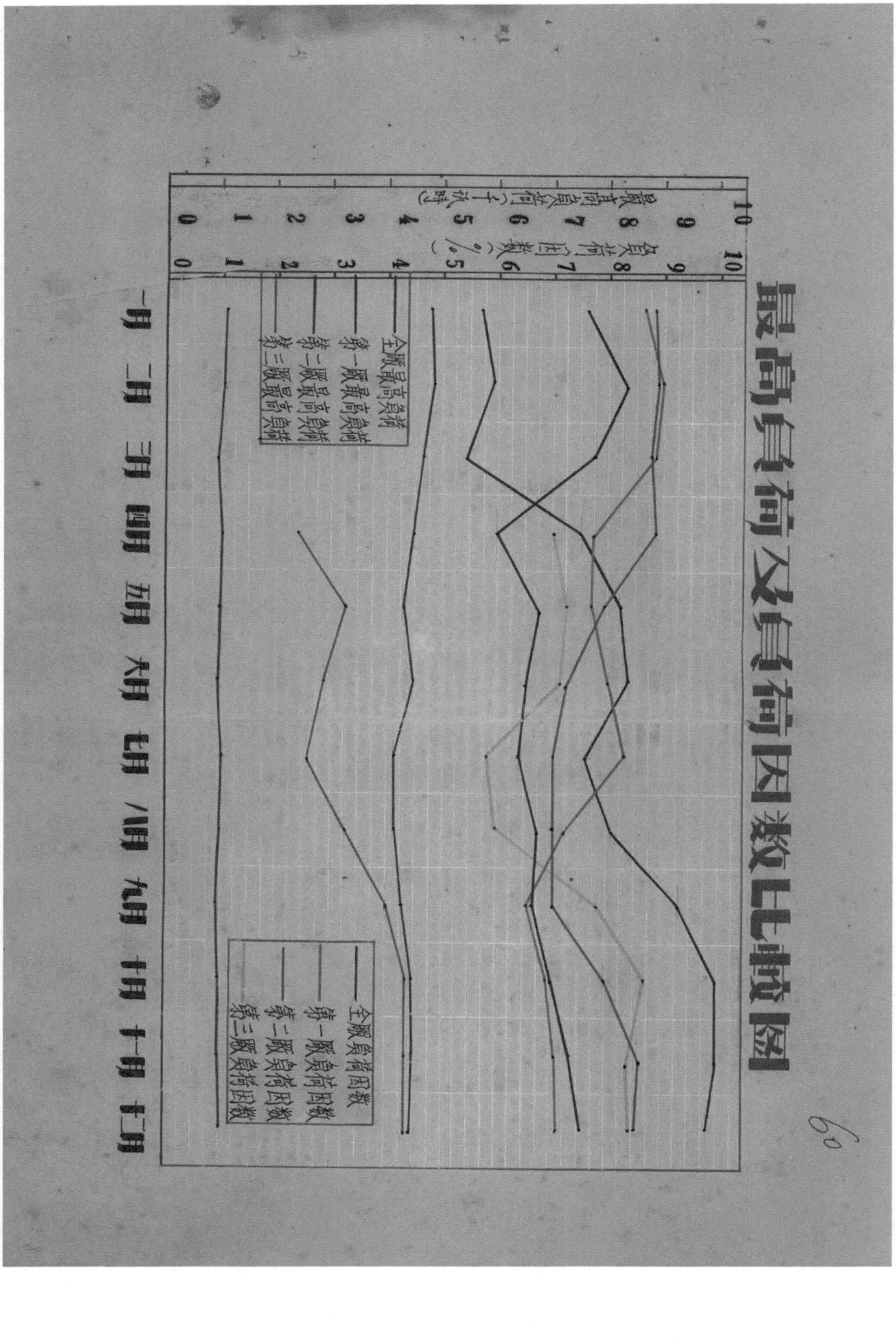
最高負荷及負荷因數比較圖
最高負荷(千瓩)
負荷因數(%)
全厰最高負荷
第一厰最高負荷
第二厰最高負荷
全厰負荷因數
第一厰負荷因數
第二厰負荷因數
一月
二月
三月
四月
五月
六月
七月
八月
九月
十月
十一月
十二月
60

61

最高負荷及負荷因数比較表

	總計		第一發電廠		第二發電廠		第三發電廠	
	最高負荷(KW)	負荷因数(%)	最高負荷(KW)	負荷因数(%)	最高負荷(KW)	負荷因数(%)	最高負荷(KW)	負荷因数(%)
全年	9,910	57.43	4,850	66.13	1,060	67.04	4,500	50.94
一月	5,680	75.79	4,750	86.60	1,060	88.70		
二月	5,880	83.28	4,850	89.80	1,040	89.20		
三月	5,420	72.57	4,600	88.70	910	88.00		
四月	7,530	59.70	4,500	77.30	900	89.70	2,300	70.00
五月	8,130	67.05	4,450	76.70	900	79.40	3,250	73.00
六月	8,310	65.10	4,500	80.20	930	73.40	2,950	73.00
七月	7,540	64.40	4,100	83.80	950	70.00	2,650	59.00
八月	8,080	67.71	4,100	73.20	900	72.00	3,250	60.90
九月	9,320	66.77	4,350	65.31	940	72.60	4,150	78.00
十月	9,910	70.98	4,500	70.20	960	79.40	4,450	85.50
十一月	9,910	74.37	4,500	72.00	960	86.60	4,500	83.80
十二月	9,850	75.71	4,550	73.50	1,030	85.60	4,500	83.90

用煤量及煤耗比較圖

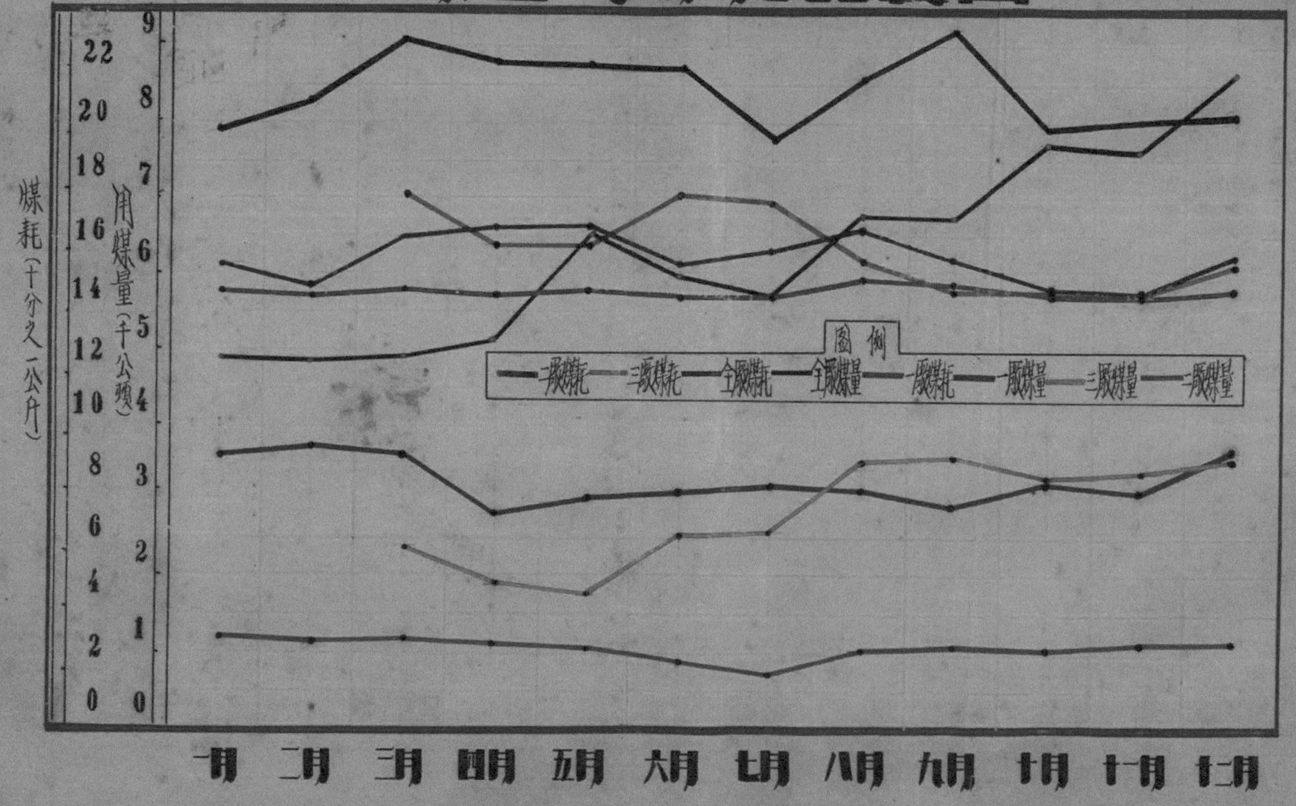
煤耗(千分之一公斤)
用煤量(千公噸)
22
20
18
16
14
12
10
8
6
4
2
0
9
8
7
6
5
4
3
2
1
0
圖例
二廠煤耗
三廠煤耗
全廠煤耗
全廠煤量
一廠煤耗
一廠煤量
三廠煤量
二廠煤量
一月
二月
三月
四月
五月
六月
七月
八月
九月
十月
十一月
十二月

63

用煤数量及其價值統計表

	總計		第一發電廠		第二發電廠		第三發電廠	
	用煤總量（公噸）	用煤總值（元）	用煤總量（公噸）	用煤總值（元）	用煤總量（公噸）	用煤總值（元）	用煤總量（公噸）	用煤總值（元）
全年	76215.919	20592649.50	39748.193	8373981.45	13268.166	3271190.45	23199.560	8947478.19
一月	4932.005	715140.72	3650.390	529306.55	1281.615	185834.17		
二月	4868.738	705866.99	3718.980	539152.10	1149.758	166714.89		
三月	4928.648	727291.90	3684.880	534307.60	1243.768	192984.30		
四月	5183.224	978102.56	2886.180	418495.10	1202.914	217968.01	1094.130	341638.45
五月	6531.387	1591464.98	3078.010	546382.10	1036.257	187769.76	2417.120	757313.12
六月	6003.465	1642725.83	3186.610	768641.70	889.855	218904.33	1927.000	655179.80
七月	5796.470	1468787.88	3254.710	813677.50	781.510	213352.23	1760.250	441758.15
八月	6864.226	2067073.37	3195.670	798917.50	1030.846	296883.64	2637.710	971272.23
九月	6811.569	2208478.86	2997.380	749380.00	1128.459	325758.78	2685.730	1133340.08
十月	7801.419	2493726.17	3318.260	829565.00	1054.949	323436.54	3428.210	1340724.63
十一月	7778.152	2797165.18	3094.243	825435.00	1205.569	460507.77	3478.340	1511222.41
十二月	8716.616	3195825.06	3682.880	920720.00	1262.666	481075.74	3771.070	1795029.32

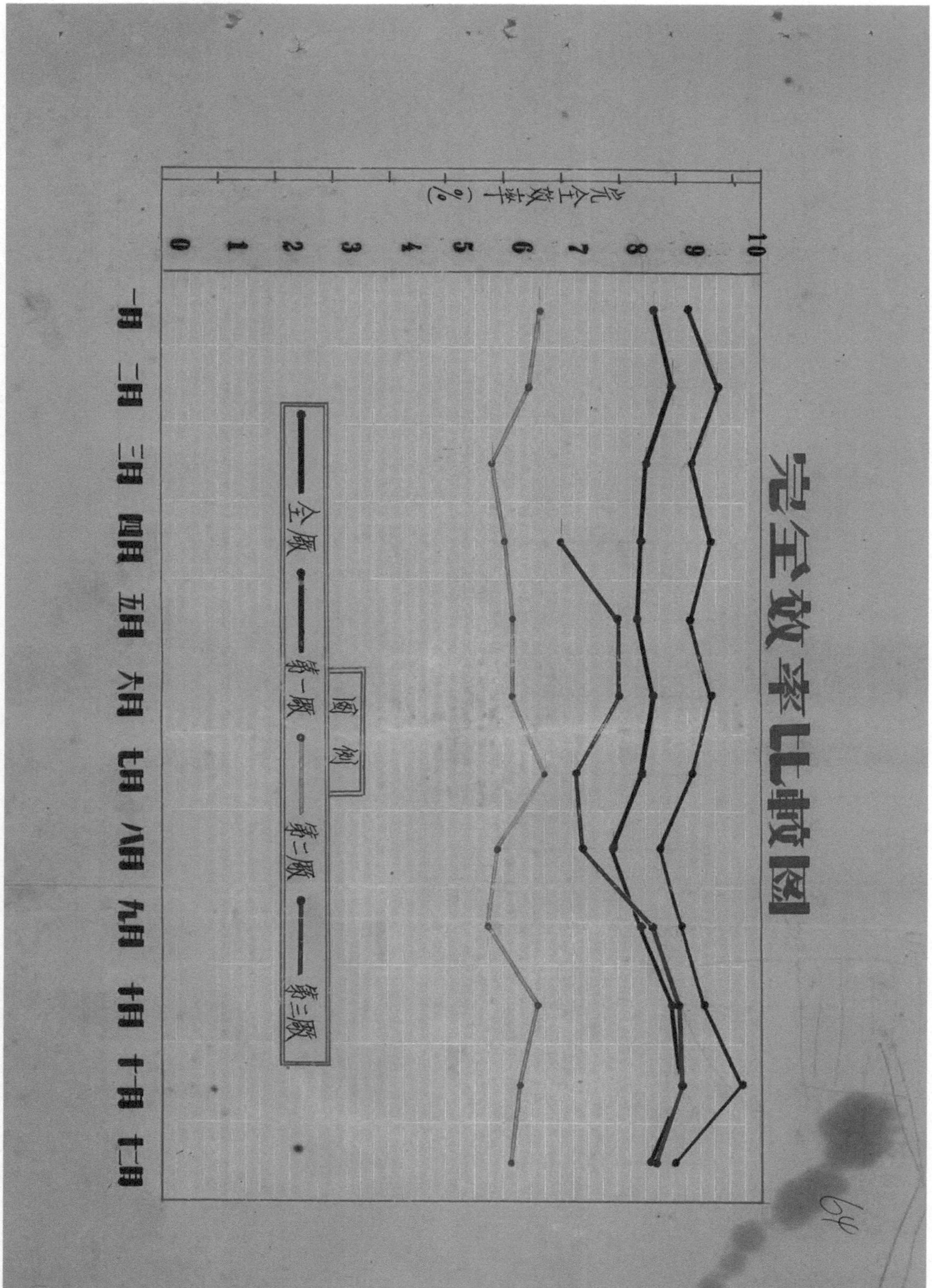
完全效率比較圖
完全效率（%）
10
9
8
7
6
5
4
3
2
1
0
一月
二月
三月
四月
五月
六月
七月
八月
九月
十月
十一月
十二月
圖例
全廠
第一廠
第二廠
第三廠
64

65

煤耗及完全效率比較表

	總計			第一發電廠			第二發電廠			第三發電廠		
	煤耗（公斤/瓩時）	煤耗合值（分）	完全效率（%）	煤耗（公斤/瓩時）	煤耗合值（分）	完全效率（%）	煤耗（公斤/瓩時）	煤耗合值（分）	完全效率（%）	煤耗（公斤/瓩時）	煤耗合值（分）	完全效率（%）
全年	1.56	42.15	8.46	1.41	29.81	9.36	2.13	52.55	6.20	1.60	61.54	8.25
一月	1.54	22.33	8.57	143	2074	9.23	199	2880	6.63			
二月	1.48	21.45	8.92	136	1989	9.71	208	3020	6.35			
三月	1.58	23.27	8.35	143	1968	9.23	229	3560	5.76			
四月	1.60	30.22	8.25	137	1982	9.63	2 1	4005	5.97	188	5875	7.02
五月	1.61	39.24	8.20	145	3054	9.10	215	3896	6.13	166	5200	7.95
六月	1.54	42.18	8.57	137	3305	9.63	215	5294	6.14	167	5679	7.90
七月	1.60	40.65	8.25	144	3611	9.17	198	5430	6.67	182	4568	7.25
八月	1.69	50.79	8.81	150	3757	8.80	219	6307	6.03	179	6595	7.37
九月	1.59	51.60	8.30	147	3653	8.98	234	6644	5.74	154	6499	8.57
十月	1.49	47.65	8.56	139	3478	9.49	200	6124	6.69	148	57[illegible]0	8.91
十一月	1.47	52.71	8.93	130	3500	10.07	210	8019	6.29	147	6365	8.98
十二月	1.57	57.61	8.41	118	3702	8.92	214	8145	6.17	153	7261	8.63

66

鍋炉及發電機工作時間統計表

	鍋炉工作時間表(小時)			發電機工作時間(小時)		
	第一厰	第二厰	第三厰(註一)	第一厰	第二厰	第三厰(註二)
全年	8,322:14	8,520:08		8,293:30	8,492:59	5,713:35
一月	670:30	730:00		659:30	728:50	
二月	672:00	658:00		672:00	658:30	
三月	678:00	722:20		675:52	721:06	
四月	654:35	711:		648:2[illegible]	707:25	308:10
五月	657:45	725:11		651:38	724:07	709:54
六月	720:00	660:20		720:00	655:51	647:27
七月	679:05	682:04		676:20	668:51	611:10
八月	744:00	738:55		744:00	737:33	721:30
九月	677:27	720:00		677:25	719:13	615:55
十月	744:00	725:28		743:40	725:03	702:20
十一月	702:10	720:00		702:50	720:00	687:04
十二月	723:42	726:50		722:40	726:50	709:55

註一：記錄不全　無從統計　　註二：第三厰自四月十五日起發電

67

發電記錄摘要比較表

	發電度數 (瓩時)	廠用度數 (瓩時)	最高負荷 (瓩)	負荷因數 (瓩)	用煤數量 (公噸)瓩時	煤耗 (公斤)	完全效率 (%)
全年	48859187	1206993	9910	59.43	76215.919	1.56	8.46
一月	3,202,688	61,199	5,680	75.79	4932.005	1.54	8.57
二月	3,290,517	59,512	5,880	83.28	4868.738	1.48	8.92
三月	3,128,060	61,957	5,420	77.57	4,928.648	1.58	8.35
四月	3,236,438	96,180	7,530	59.70	5,183.224	1.60	8.25
五月	4,055,464	104,655	8,130	67.05	6,531.387	1.61	8.26
六月	3,894,922	92,173	8,310	65.10	6,003.465	1.54	8.57
七月	3,613,294	115,043	7,540	64.40	5,796.470	1.60	8.25
八月	4,070,085	127,761	8,080	67.71	6,864.226	1.69	7.81
九月	4,279,981	107,529	9,320	66.77	6,811.569	1.59	8.30
十*月	5,233,036	120,477	9,910	70.98	7,801.419	1.49	8.86
十一月	5,306,555	126,601	9,910	74.37	7778.152	1.47	8.98
十二月	5,548,147	133,906	9,850	75.71	8,716.616	1.57	8.41

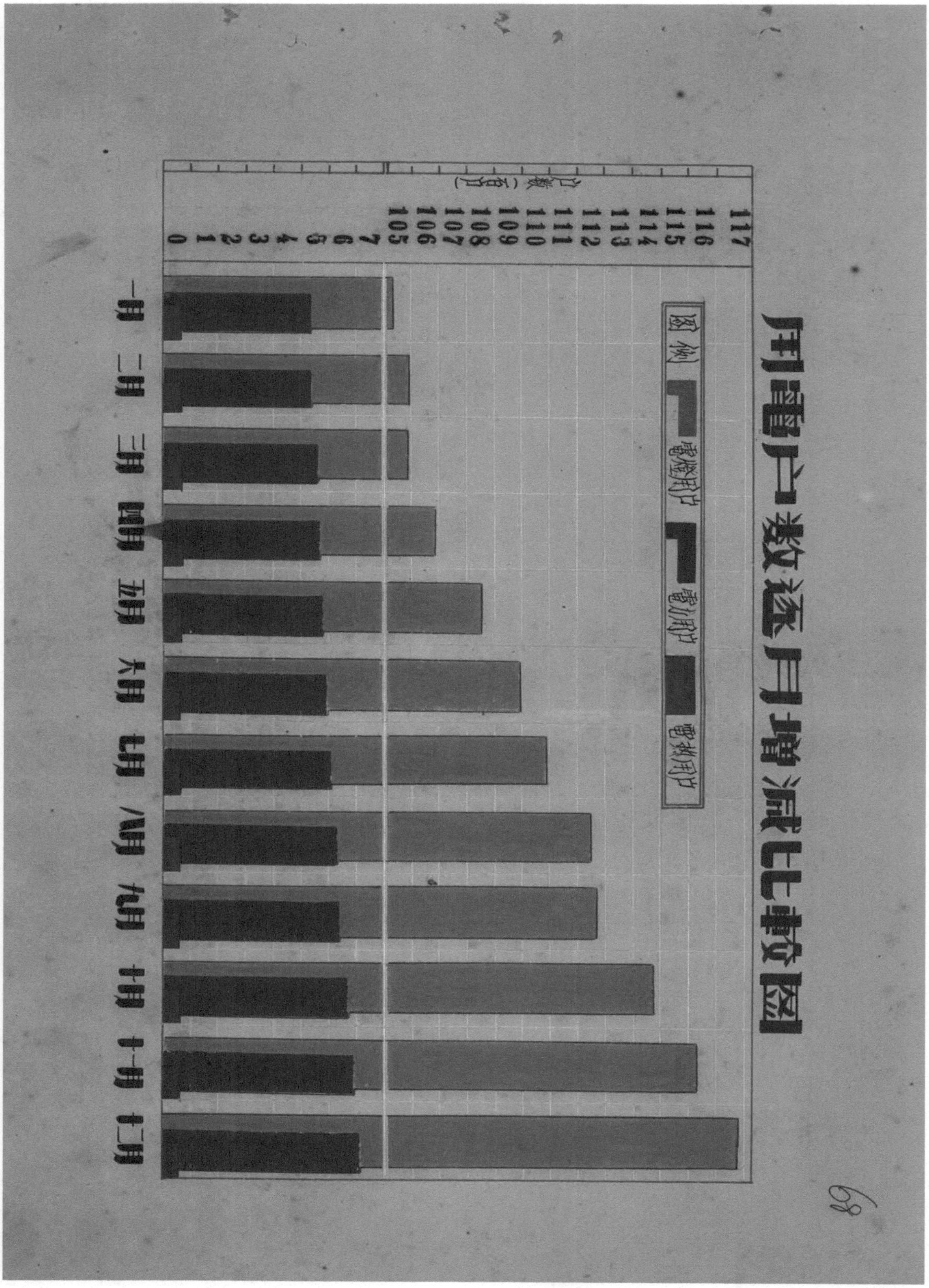
用電戶數逐月增減比較圖
圖例
電燈用戶
電力用戶
電熱用戶
戶數(百戶)
117
116
115
114
113
112
111
110
109
108
107
106
105
7
6
5
4
3
2
1
0
一月
二月
三月
四月
五月
六月
七月
八月
九月
十月
十一月
十二月

69

用户增減比較表

	總計				城區				江北				南岸				沙坪埧			
	共計	電燈	電力	電热	共計	電燈	電力	電热	共計	電燈	電力	電热	共計	電燈	電力	電热	共計	電燈	電力	電热
一月	11150	10547	536	67	6843	6561	228	54	1281	1215	66		2373	2216	150	7	653	555	92	6
二月	11202	10595	540	67	6871	6599	228	54	1288	1219	69		2387	2237	150	7	659	559	94	6
三月	11214	10588	558	68	6851	6564	233	54	1287	1218	69		2415	2247	162	6	661	559	94	8
四月	11317	10682	567	68	6928	6635	239	54	1287	1216	71		2431	2262	163	6	671	569	94	8
五月	11491	10580	575	66	7072	6774	246	52	1301	1229	72		2447	2279	16[illegible]	6	671	569	95	8
六月	11626	10966	594	66	7153	6845	256	52	1308	1235	73		2480	2306	168	6	685	580	97	8
七月	11756	11081	609	66	7221	6910	259	52	1327	1249	78		2514	2336	172	6	694	586	100	8
八月	11964	11271	629	64	7395	7074	271	50	1344	1258	83		2527	2345	176	6	701	594	99	8
九月	11990	11289	637	64	7395	7074	271	50	1343	1259	84		2549	2362	180	6	704	594	102	8
十月	12178	11458	656	64	7531	7206	275	50	1353	1267	86		2575	2381	188	6	719	604	107	8
十一月	12373	11629	680	64	7675	7332	293	50	1367	1278	89		2590	2395	189	6	741	624	109	8
十二月	12538	11781	694	63	7778	7431	298	49	1369	1278	91		2633	2431	196	6	778	641	109	8

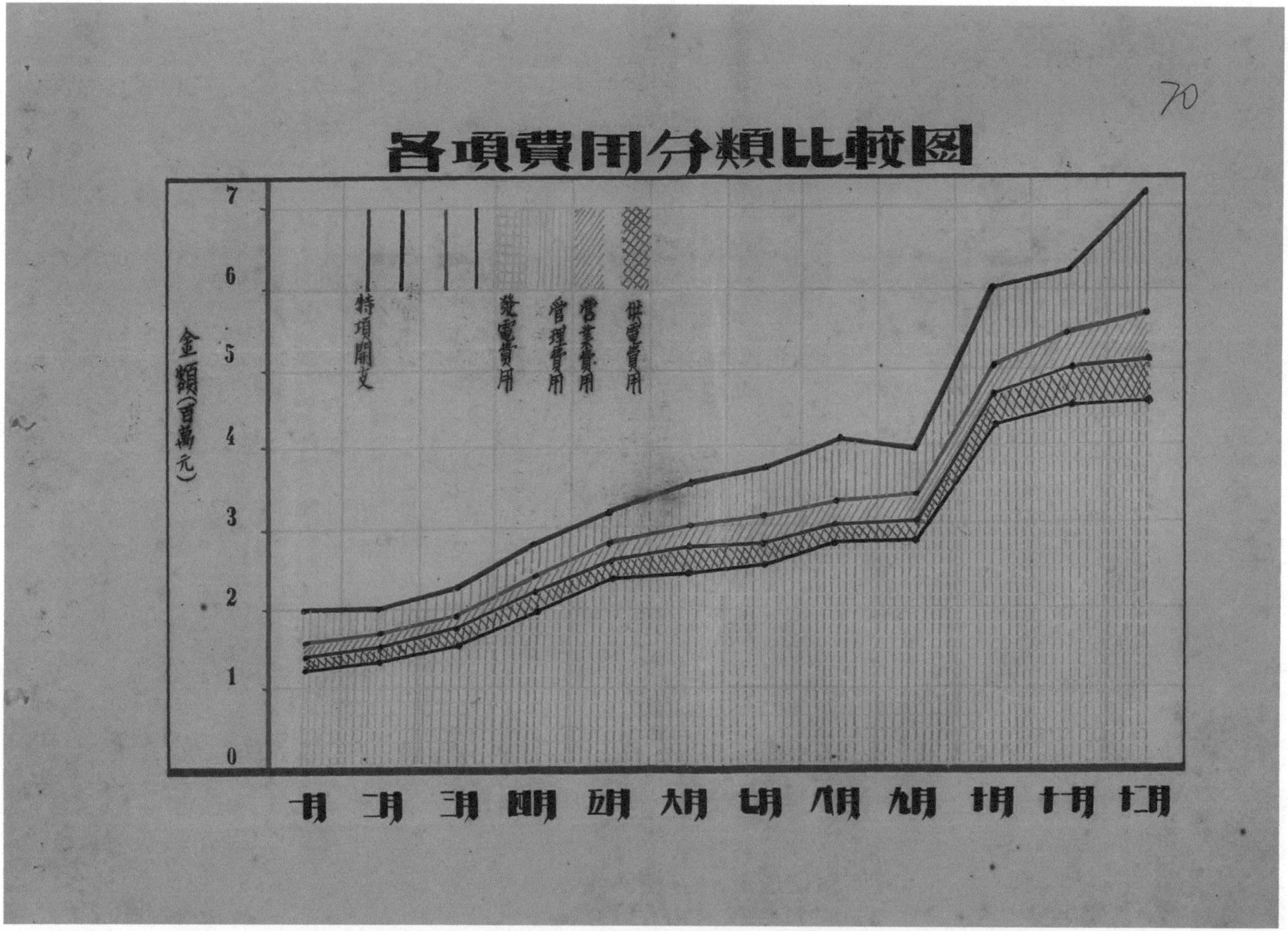
各項費用分類比較圖
金額(百萬元)
0
1
2
3
4
5
6
7
特項開支
發電費用
管理費用
營業費用
供電費用
一月
二月
三月
四月
五月
六月
七月
八月
九月
十月
十一月
十二月
70

各項費用比較表

類別 \ 月份	總計	一月	二月	三月	四月	五月	六月	七月	八月	九月	十月	十一月	十二月
總計	4713410604	196090379	208578162	234210068	283427752	323723113	355903139	378496629	409130525	390219465	605400009	633818407	724412956
經常開支	4722711811	193134639	203363212	233836268	282743952	323007313	349733516	377369529	408284145	389949065	604584409	633758407	723447365
發電費用	3259360562	130377265	135225768	150994878	191464005	238743763	238469701	254515055	284840734	284845670	428574968	459117121	462213984
供電費用	374223911	14784473	19804532	21743807	27451099	23416421	34671252	37138848	27329710	28432519	40158922	54312536	45059792
營業費用	339984679	16981779	15586259	19593510	20490816	21033544	24455570	27379601	26944974	31519635	39618094	41846302	54504566
管理費用	749242659	30991122	32746654	41504073	43338002	39813585	51687193	58336025	69269677	45151241	96253325	78482448	161669014
特項開支	20698793	2955740	5214950	373800	683800	715800	6669623	1127100	846380	270400	815600	60000	965600
戰時損失	20698793	2955740	5214950	373800	683800	715800	6669623	1127100	846380	270400	815600	60000	965600

71

72

卅一年度經常開支分類比較表

類別\月份	總計	一月	二月	三月	四月	五月	六月	七月	八月	九月	十月	十一月	十二月
總計	47227118[illegible]	193134639	203263212	233836268	282743952	323097313	349233516	372369529	408284145	389945065	601584109	633758402	722342336
薪金	105073949	6248506	5841310	6061802	7051468	10726790	6710677	6698951	8307400	7365281	7448539	22645135	9795150
工資	115966883	5168231	5723871	6[illegible]83	11835853	8175399	8891172	10604171	10229148	9931137	10877010	12695774	12134244
生活津貼	789237618	32763383	28773115	39159729	42530178	38612215	49782381	73751974	62970915	65628564	117211350	116841190	121187281
燃料消耗	2417409[illegible]	59002615	92336126	102247263	138793175	185671277	261112062	188034572	225591335	235251178	329468392	347577017	353125197
潤滑油消耗	4207[illegible]070	60912	71730	16693	167155	1795118	776345	839816	7962614	835702	6488519	6318532	1205924
物料消耗	2412[illegible]648	5241226	9487182	6270283	5255512	892294	25708212	18265216	15739079	18920575	30926830	42376892	51388327
工具消耗	6307673	73310	14615	22852	435851	268800	30100	1910620	394978	488346	1205373	703387	1059441
化驗藥物													
修繕費	6896172	870825	1964692	210200	583150		829660	360000	1073850	1180000	419200	94000	370000
房地租	32282250	320750	245000	350000	320000	100000	1127000		1146000	260000	386500		32300
車旅運費	93162941	2333330	3727181	4015298	5985112	3334690	7119540	10059700	9293390	11747630	12740470	7325960	11858810
廣告費	8511310	52000	116000	150000	581340	120000	271000	82000	310000	96000	172000	42000	655620
財務律務費	1660450	100000	200000	250000	190000	100000	70000	10000		30000	710150	30000	360000
文具印刷費	72624988	597519	6719253	5389597	8379277	3464850	8405559	5116170	5020056	4325760	8569566	7943439	8723791
郵電費	1176307	42700	28876	32531	261325	17790	157365	161729	55730	43400	222127	76649	72845
自用電費	2406565	67327	7802	38305	231064	26792	11030	593130	293565	447085	327710	332915	4600
醫藥費	32057366	1037986	1316150	1506900	2504773	1812690	3717586	3194500	5075256	2742356	9386680	3131800	4357000
茶水薪炭	11609449	671762	396764	722060	830540	562561	943715	1489396	887382	544960	1656725	1175265	1746819
服裝	6219150						1382100	264100			112000		4460650
標支	17290792	424890	707704	910729	1533707	375500	943095	1413730	855070	1216355	2508500	1328510	5028940
獎勵卹恤	33[illegible]41150	838650	2819821	704920	90000	668260	2992310	5166570	3530999	4784320	3733730	2109200	6993370
保險費	6206634	2100371	373242	373242	373242	373242	373242	373242	373242	373242	373242	373242	373243
匯兌虧損													
材料盤損	6117[illegible]683								270000				51201683
呆帳	1826083												1826083
稅捐	20148115	826866	5229637	9657373	7670130	1133665	1171097	14723487	2443150	1670534	2901226	3075357	3261594
債款利息	183108696	12233359	10184736	19861393	15456905	18044726	16353121	17842137	19472745	6895959	18976598	1126640	16231423
折舊							~~16353124~~						
其他費用	273189732	20752638	27146645	31165047	29133800	26638613	27290614	17338718	4949950	13577141	11636852	19393834	67334061
書報	379700		37400	30200							312200		

73

卅一年度發電費用分類比較表

類別＼月份	總計	一月	二月	三月	四月	五月	六月	七月	八月	九月	十月	十一月	十二月
總計	32[illegible]334097	130377265	135225768	150994878	191464085	238713263	238459201	254545055	281840284	234845670	428497568	43911712[illegible]	467213984
薪金	15055240	835690	681000	1022600	831600	1589600	981750	1337000	1341000	1333000	1333000	1945500	1823500
工資	66632302	2938600	2748006	3084084	7016107	4433276	4224496	5957877	5589499	5535578	6517768	6686440	6900571
生活津貼	320496247	9890623	8699470	11805804	13015679	13613024	17949854	29550943	26114742	27744913	49679004	58861385	53480806
燃料消耗	2447409595	90926431	92336486	111217263	138793175	185674477	167114062	180034572	225591335	235251178	329468382	347577017	353125197
潤滑油消耗	42079070	609412	74740	11693	167155	1795418	7766545	8839816	7662614	835702	6488519	6218532	1205924
物料消耗	105940985	2285719	2475286	1621292	2179690	3178499	8952652	4956498	8830396	8727009	15324845	14441696	32067403
工具消耗	4229003	21066	14455	16527	297181		1900	1163195	394978	188346	1055373	516237	559745
化驗藥物													
修繕費	617790	224120	124200		29070				20400				280000
房地租	152000								36000		84000		32000
車旅運費	12285115	79435	123870	196970	520760	780760	847080	1265830	906210	1922250	3569790	926790	1145410
廣告費													
財務律師費													
文具印刷費	10059[illegible]69	125071	307970	300208	410230	254130	3474000	516310	519700	669440	1652160	1071250	759100
郵電費	160570	11490			53520		21200	37200	2080		32120	3000	
自用電費													
醫藥費	556700	556700											
茶水薪炭	1798092	350400		54360		288146	42916	50496	309700		340995		270779
服裝													
雜支	4191388	90130	79520	159070	255068	81200	248770	257440	337690	225630	696050	267470	1406060
獎勵酬恤	16197520	640730	744120	36960		625460	1522360	3378520	2411430	1500330	1464510	1293470	2529630
保險費													
匯兌虧損													
呆帳													
材料盤損													
稅捐	2018358	52000	80000									200000	1686358
債款利息													
折舊	215856988												
其他費用	215856368	20739638	26736645	31465047	27894770	26428673	25271616	17199368	4472550	912294	10786452	19008334	4941501
書報	4600										4600		

74

供電費用分類比較圖

類別 \ 月份	總計	一月	二月	三月	四月	五月	六月	七月	八月	九月	十月	十一月	十二月
總計	374250411	14784473	19804532	21743897	27451099	23416921	34521252	37108846	27372210	28432519	40183422	54312536	45059792
薪金	15713158	1247730	1149495	1202300	1547379	2036200	1371651	1090200	1083200	1035690	1011043	1609300	1328500
工資	43131523	2113968	2542804	2332138	5826160	3385544	3478676	3718428	3630458	3536654	3425258	4781754	4469621
生活津貼	199894213	8115849	9021999	11973671	12928964	9763010	12536674	18620571	15064995	15181166	27447885	30795815	28744215
燃料消耗													
潤滑油消耗													
物料消耗	50423585	1791446	2976264	2374391	2408817	4913566	11468338	6092294	683797	1334040	1480266	12589896	2510471
工具消耗	2078670	57214	150	6325	138670	268800	78200	747425			150000	187150	499696
化驗藥物													
修繕費	2617140		496900	52200	173880		797160		815000	98000		94000	900000
房地租	708750	107750	5900		80000	40000	70000		150000	76000	130000		
車旅運費	45158977	998285	1974410	2899450	3454322	2693280	3562980	5468420	4941020	5206530	4649180	3415200	5925900
廣告費													
財務律務費													
文具印刷費	3760695	70173	374535	559336	312225	164570	225640	215950	200000	454160	133050	620286	350800
郵電費	387010	15980	8000		118280	2980	72160	46340	16040	28680	23000	15050	49500
當用電費													
醫藥費	60000	30000	30000										
茶水薪炭	2229732	144540	130920	202766	247022	67181	286218	178300	100090	194910	194450	198235	285200
服裝													
雜支	1614973	93868	88775	130223	164880	39990	117625	34370	181330	253545	224130	39010	274230
獎勵酬恤	5469600	64160	999770	25480		37800	380730	924800	456280	678520	1021160	57340	836560
保險費													
匯兌虧損													
材料盤損													
呆帳													
稅捐	142610	48510		9000	20500	4000	6000		4000	17000	6000	24000	3600
債款利息													
折舊													
其他費用	347675						219800	4750		67625	200000	385500	
書報	12140		5630	6530									

75

卅一年度營業費用分類比較表

類別＼月份	總計	一月	二月	三月	四月	五月	六月	七月	八月	九月	十月	十一月	十二月
總計	339884679	16981779	15586258	19593510	20490846	21033544	21455570	27379601	26844974	31519635	39648094	41846302	54504566
薪金	17665040	1108200	1027265	1052000	1281566	2470800	1329300	1304600	1124875	1407934	1129900	2077650	1751250
工資	1434910	582310	59000	69090	101700	55800	62100	39600	79200	79200	79200	118800	99000
生活津貼	103759063	7125109	4325818	5779318	6455280	5889078	7214758	8738494	7800100	8026833	14660125	13642300	14101850
燃料消耗													
潤滑油消耗													
物料消耗	1175188	206918	289270	407740	15600		210560			15000	17600		12500
工具消耗													
化驗藥物													
修繕費	792555	260155	380400	10000						130000	12000		
房地租	700000								660000		40060		
車旅運費	17265428	600680	1055500	737808	1658780	754460	1131210	1742420	1583090	2231540	2201030	1287970	2280940
廣告費	4152200	52000	116000	150000	114000		214000	82000	170000	96000	122000	22000	3014200
財務律務費													
文具印刷費	20420195	338727	2878536	1385891	3702150	637690	2116140	2165680	1357280	788800	1161238	2312413	1575650
郵電費	76120	3410			14010		4200	18120	13640		22740		
自用電費													
医药費	220180	44280		124600		51600							
茶水薪炭	3304560	96200	156200	326160	396200		390100	185000	15700	75000	472800	420000	630000
服裝													
雜支	1617248	159698	231550	185520	155730	120000	97450	56600	38300	25300	122550	126500	298050
獎勵酬恤	6550090	128920	472800	245400			615300		62930	2318790	454670		2251280
保險費													
匯兌虧損													
材料盤損													
呆帳													
稅捐	160104127	6275172	4583919	9111973	6595830	11054116	10855752	12861487	13303559	16281263	18852541	21838665	28489846
債款利息													
折舊													
其他費用	639375						214800	185600	195000	43975			
書報	8100			8100									

76

卅一年度管理費用分類比較表

類別＼月份	總計	一月	二月	三月	四月	五月	六月	七月	八月	九月	十月	十一月	十二月
總計	7192426.59	309911.22	327466.54	415040.73	433333.60	398135.59	516574.93	583361.25	692696.77	451512.41	962533.25	784[illegible]	1616698.14
薪金	566405.11	35669.16	29865.85	27949.02	33909.23	46301.30	30279.76	29671.51	44593.35	35886.57	33448.96	17012.18	48919.00
工資	97681.18	5433.16	3640.61	6155.98	8919.86	6007.79	11258.40	8882.56	9299.91	7797.05	8548.14	11087.80	10650.52
生活津貼	1651780.95	77318.02	67258.58	96089.36	101362.48	93621.03	120816.58	168419.63	139910.78	143757.53	254260.16	133651.90	255454.98
燃料消耗													
潤滑油消耗													
物料消耗	846167.26	9601.41	34463.62	18668.60	6525.40	8309.29	50766.62	72164.27	62718.64	88145.26	141041.39	153453.0	199979.54
工具消耗													
化驗藥物													
修繕費	28089.92	3865.50	9631.92	1480.00	3772.00		325.00	369.00	2334.50	2208.00	4071.00		
房地租	21675.00	2130.00	2400.00	350.00	210.00		16570.00		3000.00		825.00		
車旅運費	184523.91	6749.30	5733.21	10819.50	13512.50	8061.90	15782.70	26130.40	18630.70	23873.40	23204.70	16950.00	25065.60
廣告費	13893.10				4673.10	1100.00	600.00		1400.00		500.00	200.00	25420.00
財務律務費	16604.50	100.00	200.00	2500.00	1098.00	400.00	700.00	130.00		300.00	7404.50	300.00	3600.00
文具印刷費	383842.29	6337.8	32072.21	31352.92	39246.72	24081.70	25897.80	22482.30	29430.76	24133.60	55731.40	38394.90	68382.41
郵電費	5526.67	118.10	208.76	325.31	757.15	148.10	598.05	630.69	240.16	147.20	1442.67	585.99	323.45
自用電費	24065.65	673.27	78.02	383.05	2540.64	267.92	118.30	5054.30	2935.95	4470.85	3277.10	3329.15	46.00
醫藥費	371801.86	4070.00	13161.50	260.00	15047.70	17610.00	32175.86	31945.00	50751.50	27423.50	93866.80	31318.00	43571.00
茶水薪炭	43670.65	806.22	10977.46	2087.74	1873.18	2069.34	2245.81	9866.00	3205.92	2750.50	648.80	5575.30	5608.40
服裝	62191.50						13821.00	2644.00	[illegible]		1120.00		41606.50
標支	99514.91	812.06	3078.59	4959.80	9780.29	1343.10	4792.50	10658.20	2947.50	7058.80	11657.70	8955.10	3056.00
獎勵酬恤	62239.40	248.10	5924.31	3970.80	900.00	50.00	4239.20	8662.50	6003.59	2866.00	8033.90	7583.90	13759.00
保險費	62060.34	21003.71	3732.42	3732.42	3732.42	3732.42	3732.42	3732.42	3732.42	3732.42	3732.2	3932.82	3732.42
匯兌虧損													
材料盤損	61471.63								1700.00				61204.83
呆帳	18260.83												18260.83
稅捐	392160.60	18311.54	5657.18	5366.00	10538.00	2785.00	8782.45	12640.00	111239.48	4970.84	101536.85	86910.06	24317.90
債款利息	1832084.96	127333.59	104847.36	198613.93	154560.05	180147.26	163531.24	184421.37	194722.45	189595.9	189765.98	112664.9	162514.23
折舊													
其他費用	61457.94	130.00	4100.00		8390.30	2100.00	15844.24		2824.00	3638.80	6505.00		17925.60
書報	3549.00		318.00	156.00							3075.00		

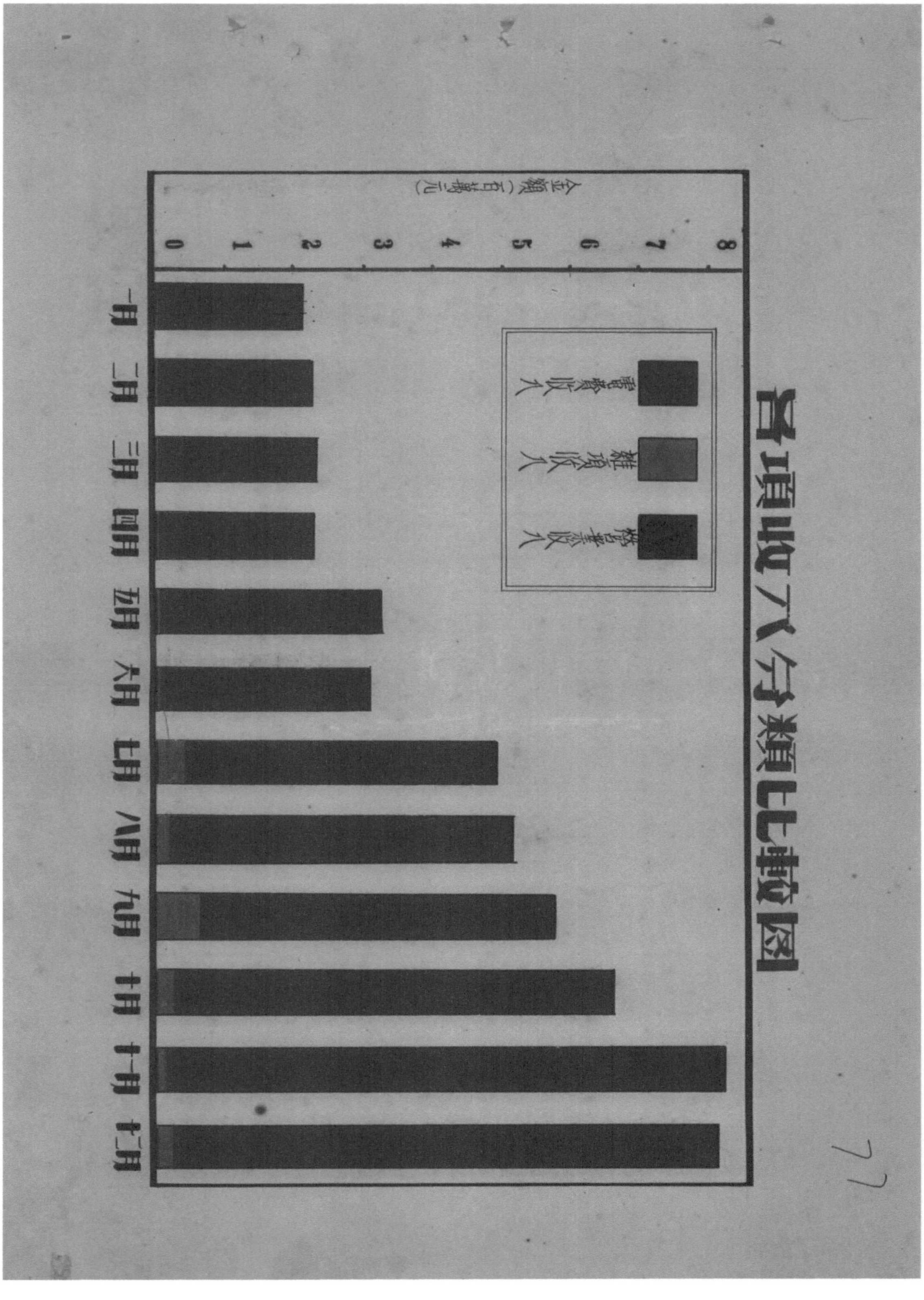
各項收入分類比較圖
電費收入
雜項收入
營業收入
金額(百萬元)
0
1
2
3
4
5
6
7
8
一月
二月
三月
四月
五月
六月
七月
八月
九月
十月
十一月
十二月

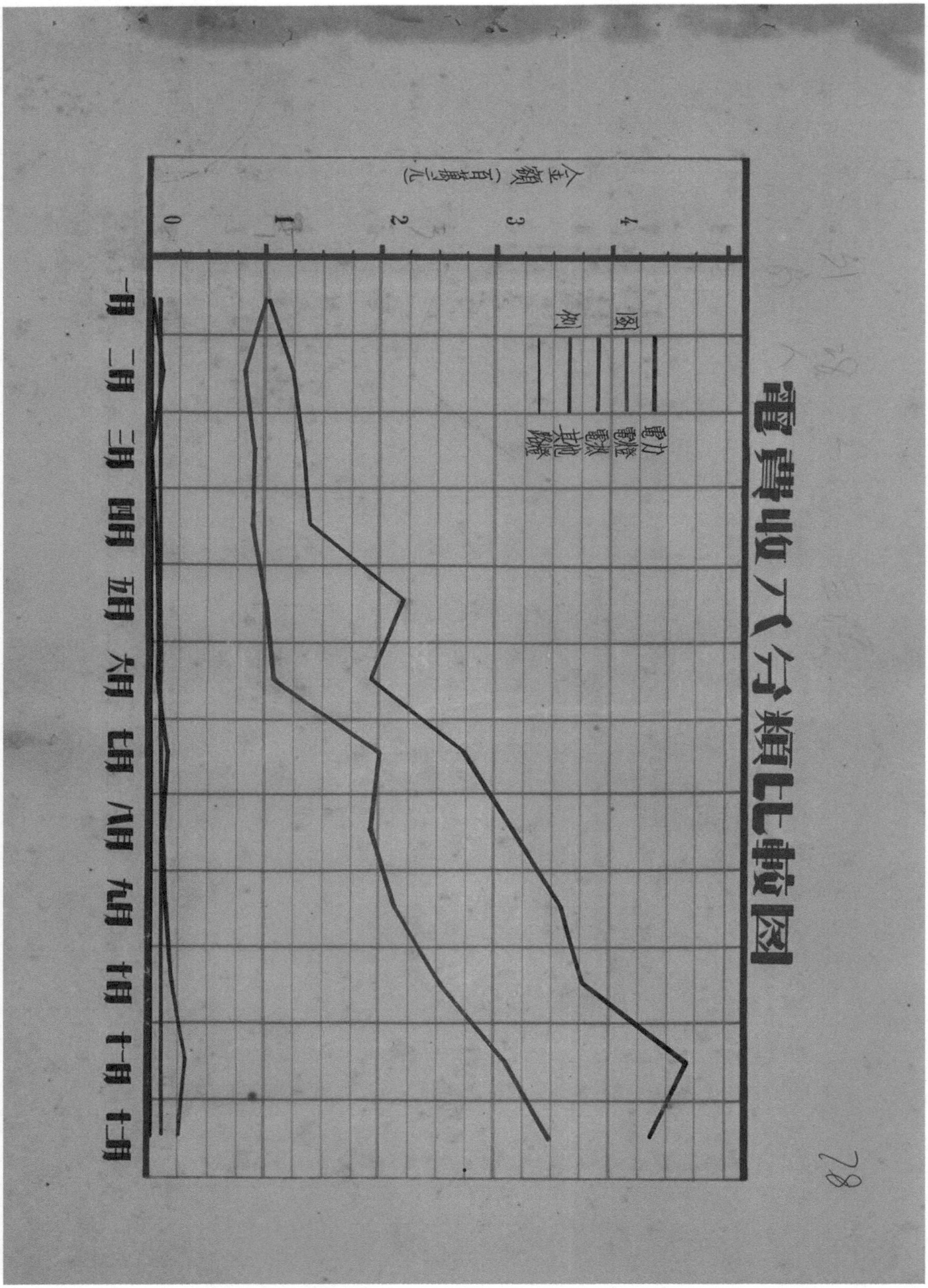
電費收入分類比較圖
電力
電燈
電熱
其他收入
圖例
金額（百萬元）
0
1
2
3
4
一月
二月
三月
四月
五月
六月
七月
八月
九月
十月
十一月
十二月
78

79

各項收入分類比較表

類別＼月份	總計	一月	二月	三月	四月	五月	六月	七月	八月	九月	十月	十一月	十二月
總計	56307934.31	2148267.12	2226186.20	2428304.77	2329019.55	3367979.01	3127544.36	5317135.57	5364730.19	6455991.51	6849346.89	8358499.08	8351619.14
電費收入	54344918.22	2102609.37	2205108.36	2352220.32	2312419.39	3321906.45	3994392.90	4923543.31	5183145.82	5878019.45	6638434.84	8225123.08	8102114.85
電燈收入	21987366.38	1006167.52	821855.29	969594.94	880947.34	1029561.25	1117837.13	1991146.35	1354038.39	2161772.36	2587975.75	3168998.59	3498263.87
電力收入	31700187.76	1069095.12	1245098.69	1342682.91	1358183.05	2229878.23	1914190.07	2771115.73	3194683.56	3580573.92	3848664.12	4769777.87	4951576.11
電熱收入	1478677.76	19119.93	130864.65	287340.44	41063.65	558312.7	578854.3	1556149.6	1277109.4	1316599.7	1963691.7	2808399.8	2534658.7
路燈收入	11419.20	951.60	951.60	951.60	951.60	951.60	951.60	951.60	951.60	951.60	951.60	951.60	951.60
補繳電度收入	49332.90	6301.93	5272.31	8619.32	6677.03	5784.65	3146.68	2534.20	3872.00	2106.80	2313.40	2387.08	420.00
自用電度收入	17926.22	673.27	78.02	1638.51	895.62	899.45	881.99	2130.58	1889.00	1752.80	2339.10	2259.56	2488.40
營業收入	122380.00	13765.00	7340.00	10045.00	10435.00	12570.00	11550.00	8875.00	8160.00	10665.00	8970.00	9615.00	9870.00
業務手續收入	113410.00	13765.00	7340.00	10045.00	10435.00	12570.00	11550.00	8875.00	8160.00	10665.00		9615.00	9870.00
機件租金收入													
其他業務收入													
雜項收入	1840644.16	23892.75	13237.85	58038.95	6165.16	33520.56	21681.44	334716.73	173424.32	565497.06	202442.05	123662.00	234463.29
利息收入	18452.22			7902.89				10549.33					
房地租金收入	21239.64	5910.34	2259.80									13069.50	
進貨折扣收入	5200.00					5200.00							
售貨利益	44183.14	7094.28	1643.04	26808.69		4400.00			19072.23	2217.40	52.50		60.00
補助費收入	1447091.76	4667.88	3231.90	1675.30	2589.40	20389.00	21356.95	161966.19	170250.60	561131.70	180634.55	87822.50	231435.79
匯兌收入													
物材料盤存	126746.41			20321.34	14457.6			71169.22			9600.00	21870.00	2340.09
其他雜項收入	177730.99	21802.5	9103.11	13307.3	2130.00	35135.6	2444.9	141031.99	12664.9	21479.6	12155.00		627.41

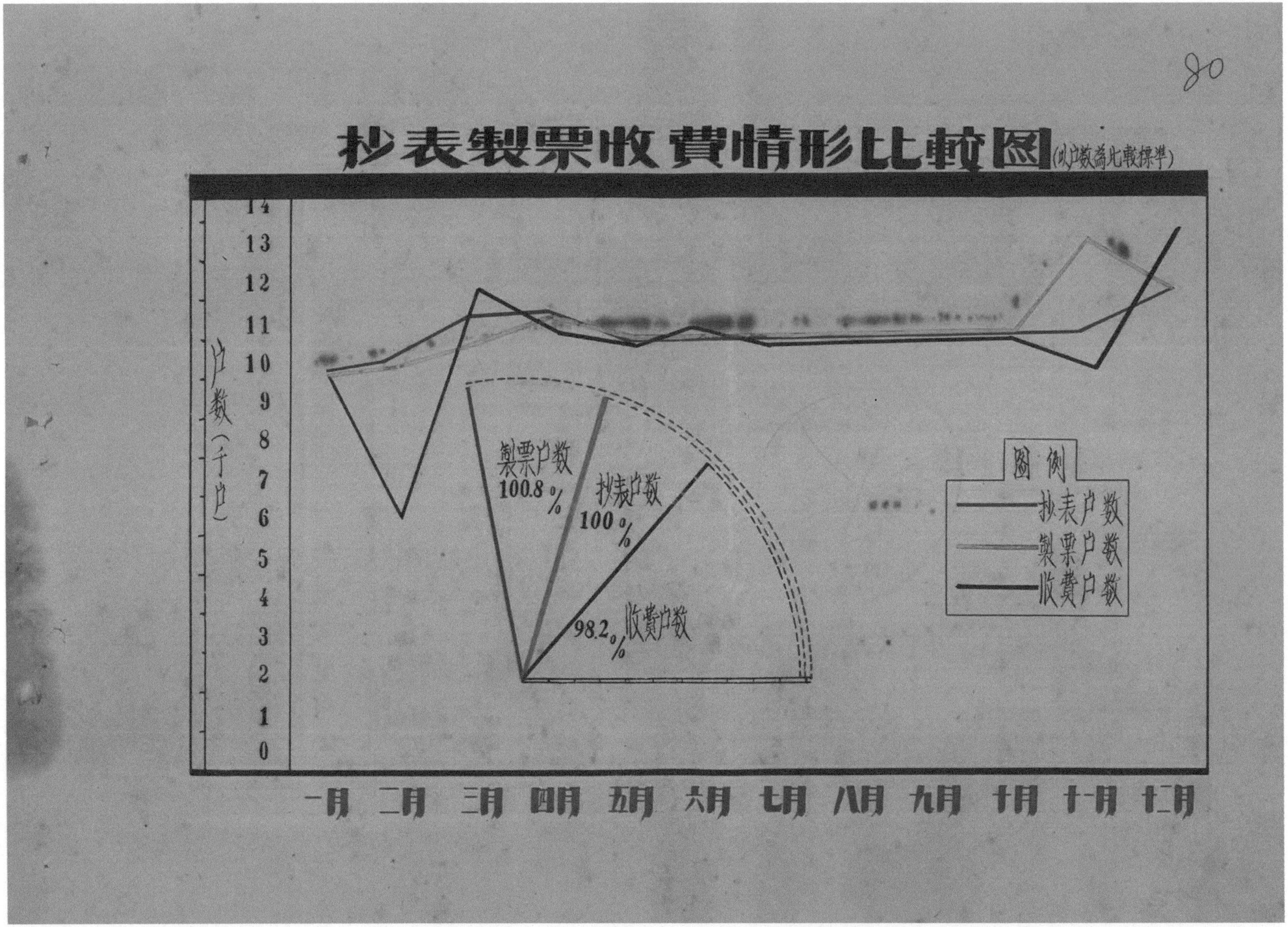
80
抄表製票收費情形比較图(以户数為比較標準)
户数(千户)
0
1
2
3
4
5
6
7
8
9
10
11
12
13
14
一月 二月 三月 四月 五月 六月 七月 八月 九月 十月 十一月 十二月
製票户数 100.8%
抄表户数 100%
98.2% 收費户数
图例
抄表户数
製票户数
收費户数

抄表製票收費情形比較表

	抄表	製票			收費	
	户(張)数	户(張)数	度(瓩時)数	金(元)額	户(張)数	金(元)額
全年	136170	137310	34335520.24	59326718.97	136155	5260577.97 52,604,577.97
一月	10299	10.112	2,122,938.16	2,148,476.24	9.978	2,003,632.08
二月	10.495	10.447	2,766,508.05	2,796,958.07	7.766	1,462,632.69
三月	11.599	10.922	2,678,977.64	2,966,780.87	13.173	2,928,538.80
四月	11.640	10.912	2,097,295.61	2,153,830.78	11.570	2,969,994.35
五月	10.941	11.737	2,804,642.03	3,636,907.1[illegible]	11.348	2,792,774.32
六月	11.143	11.229	2,944,588.99	3,629,987.63	11.577	3,470,771.66
七月	11.136	11.294	2,680,955.78	5,424,407.08	11.126	4,269,103.06
八月	11.435	11.495	2,704,732.36	5,647,698.60	11.427	4,411,931.11
九月	11.620	11.961	3,308,328.25	6,460,410.18	11.460	5,411,209.74
十月	11.619	11.795	3,618,380.12	7,336,390.21	11.443	6,261,696.11
十一月	11.986	13.629	2,697,988.71	8,649,019.89	10.919	7,257,152.69
十二月	12.367	12.277	4,030,944.64	9,979,963.97	14.436	9,469,286.37

81

製票張数度数金額比較圖

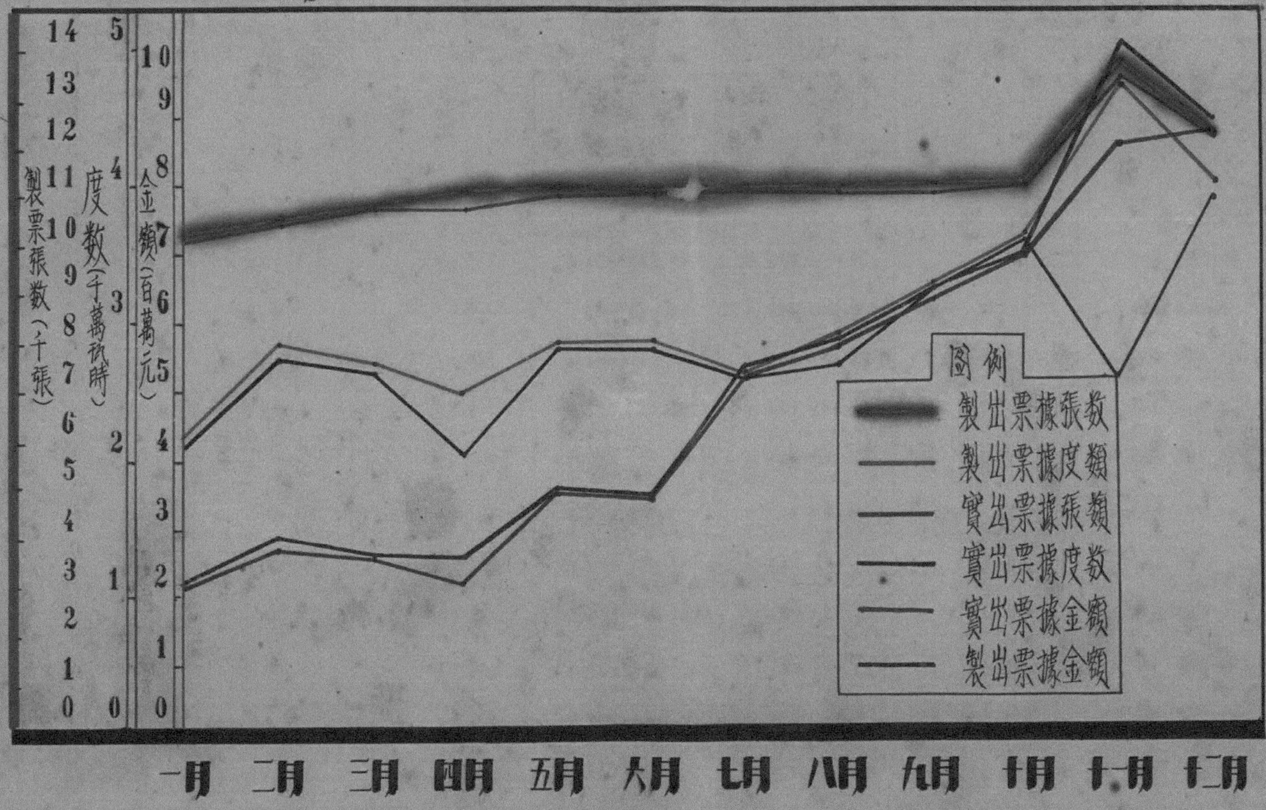

83

製票情形統計表

	製出票據			註銷票據			實出票據		
	户数(張)	度数(仟時)	金額(元)	户数(張)	度数(仟時)	金額(元)	户数(張)	度数(仟時)	金額(元)
全年	138481	3742559989	6208511328	[redacted]	[redacted]	[redacted]	[redacted]	[redacted]	5932671897
一月	[redacted]	219972793	223387054	118	7688973	278459430	10112	2122283816	2148847624
二月	10586	281539277	286010117	139	4938572	6314310	10447	276650805	279695897
三月	10931	270447956	259760245	59	2530192	3082158	10922	267892264	256678087
四月	11167	255496936	252338963	255	4576237	3695588	10912	209229362	215383675
五月	11335	285213129	370578767	98	4748926	6888049	11737	280454243	363690718
六月	11226	286899261	365999809	98	2448322	63000306	11129	284455889	362998663
七月	11322	268783321	543468849	28	697743	1028141	11294	268485578	542449798
八月	11593	292730335	581295196	98	2225709	16525336	11665	270473236	564769860
九月	11598	332114895	649013239	37	1281030	2972221	11561	330832825	646041018
十月	11811	394429487	736965986	16	2594475	3327965	11795	361835012	733638021
十一月	13741	450178735	104598391	112	210422864	183696532	13629	269755871	864901859
十二月	12369	44703764	891175432	92	1619300	3589095	12277	403084494	587586357

84

應收電費與實收電費比較圖

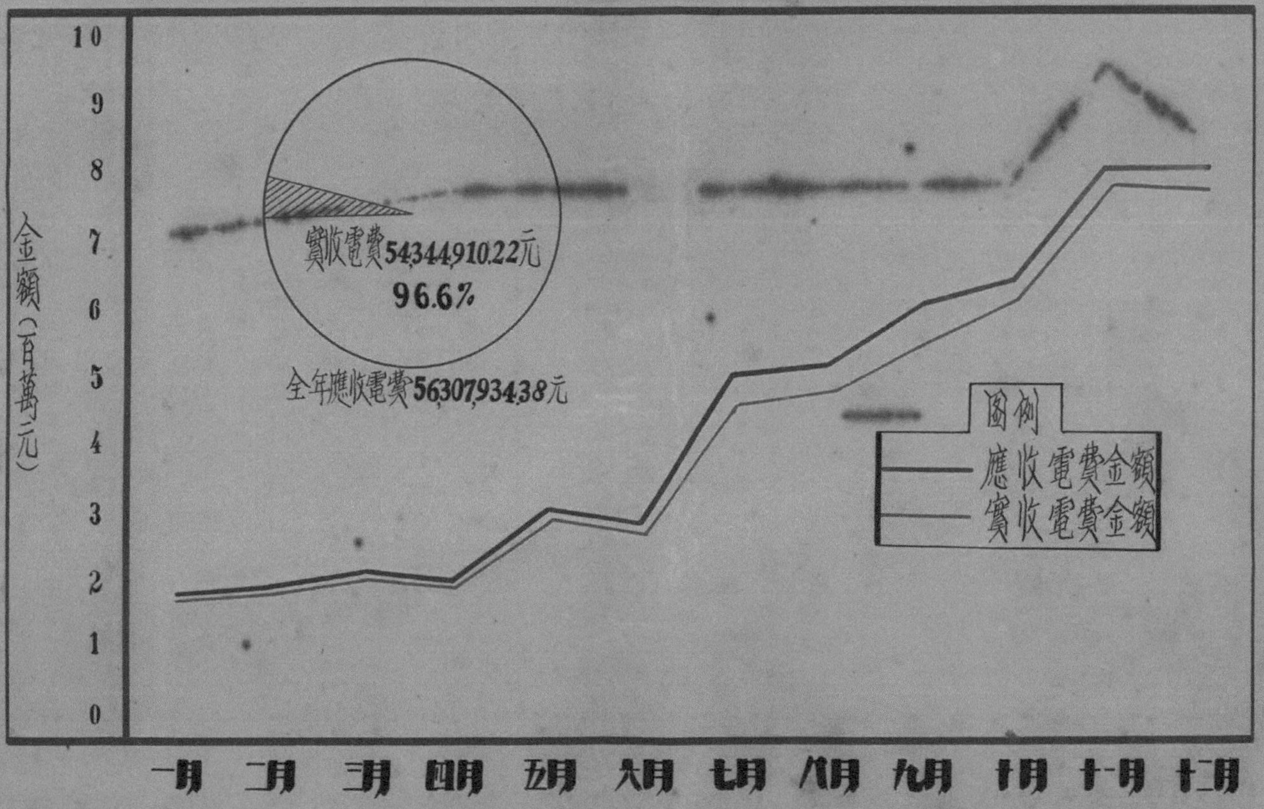

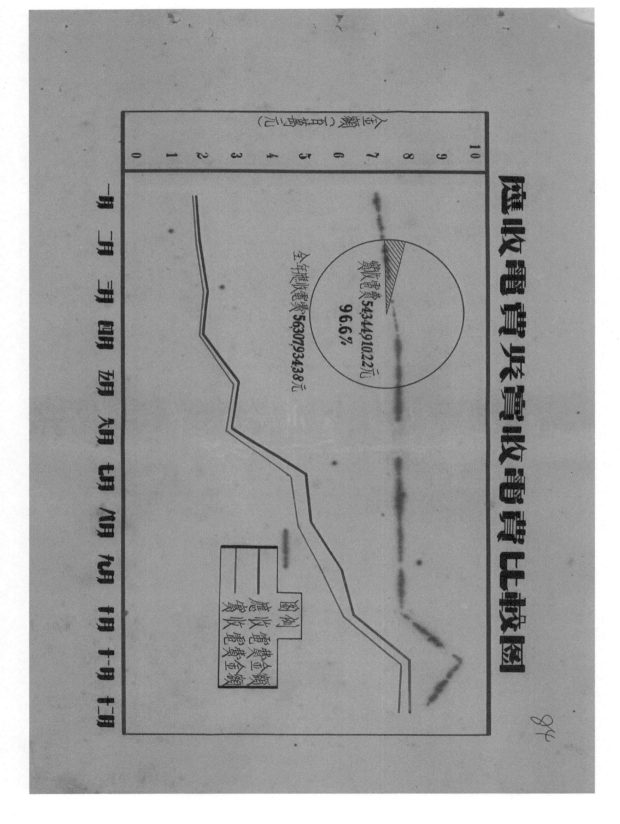

85

收費情形統計表

	應收電費		實收電費	
	户(張)数	金(元)額	户(張)数	金(元)額
全年	138,134	62,319,735.42	136,078	52,604,577.97
一月	7,251	710,796.39	9,978	1,083,632.08
二月	8,110	2,095,978.13	7,766	1,662,632.68
三月	13,930	3,236,474.16	13,173	1,925,535.80
四月	11,227	2,519,783.80	11,579	1,869,984.35
五月	10,947	2,603,919.81	11,345	2,792,874.32
六月	11,180	3,903,222.94	11,577	3,478,771.66
七月	13,350	4,754,546.19	11,126	4,268,103.06
八月	11,111	5,448,805.65	11,427	4,411,831.11
九月	10,939	5,791,584.49	11,660	5,411,209.74
十月	11,852	6,921,332.30	11,143	6,361,696.11
十一月	11,761	9,152,646.71	10,815	7,257,182.69
十二月	16,826	15,181,545.15	14,436	9,169,254.37

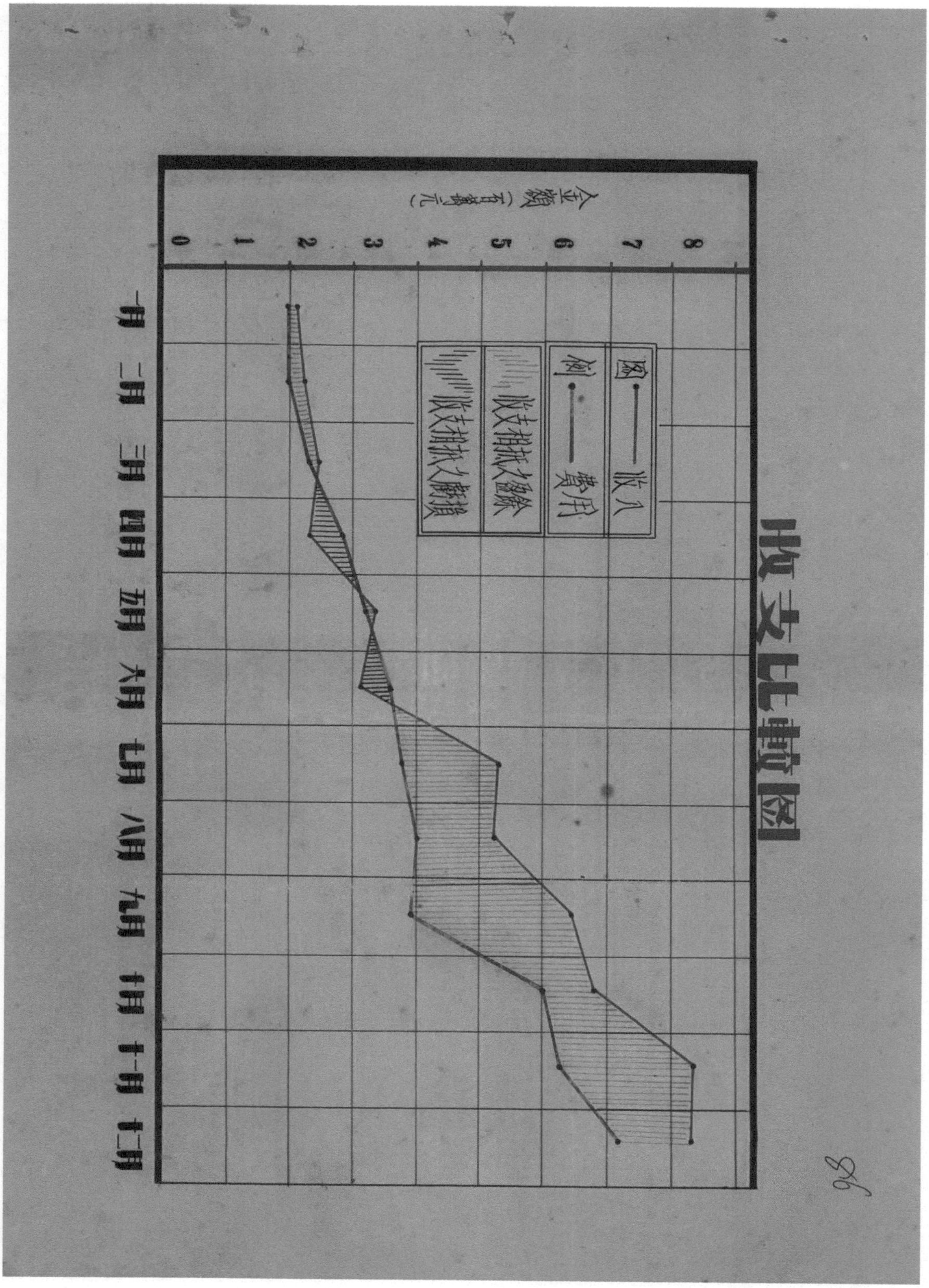
收支比較圖
圖例
——收入
—•—費用
收支相抵之盈餘
收支相抵之虧損
金額(百萬元)
0
1
2
3
4
5
6
7
8
一月
二月
三月
四月
五月
六月
七月
八月
九月
十月
十一月
十二月
98

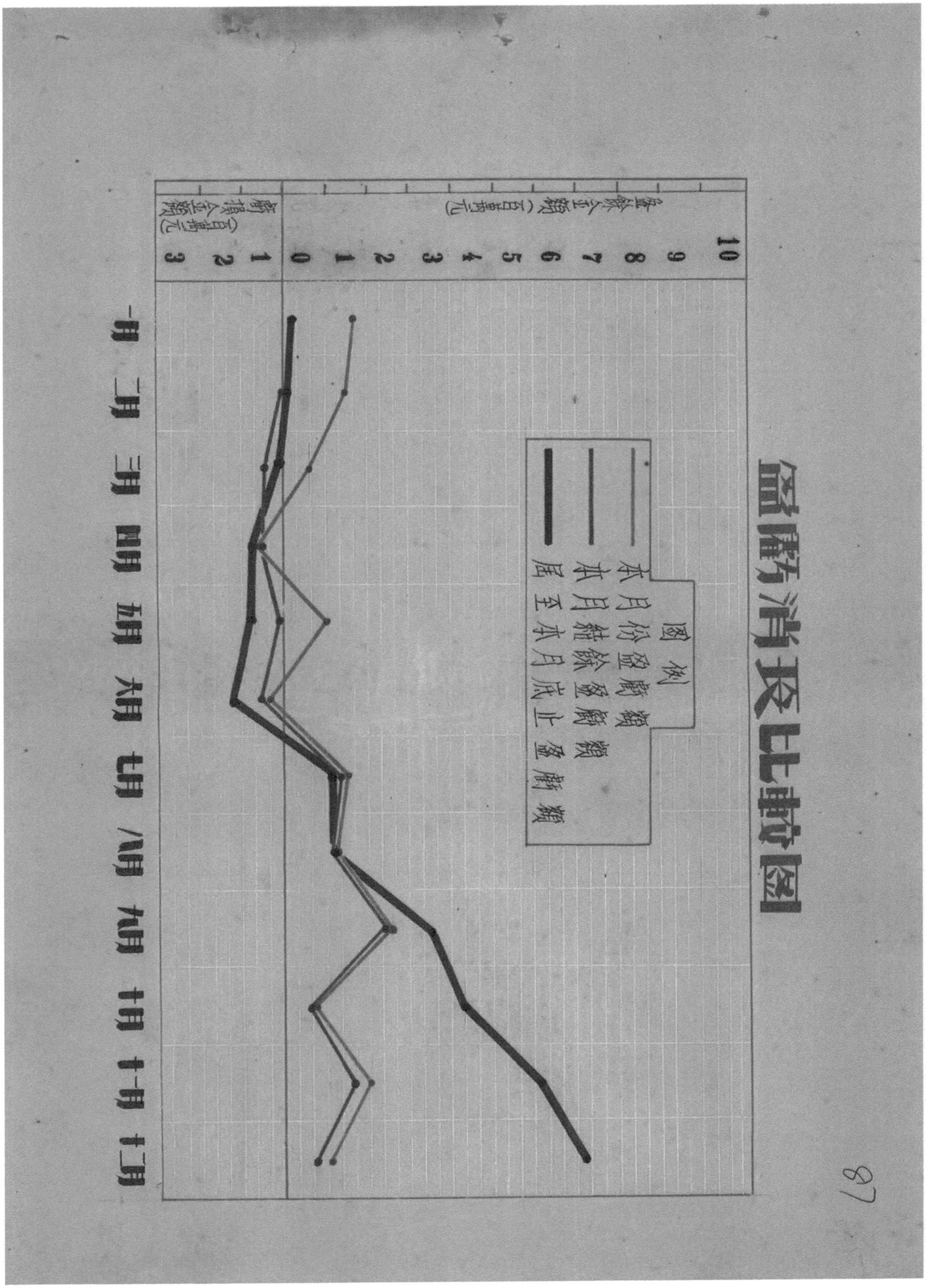
盈虧消長比較圖
圖例
本月份盈虧額
本月結餘盈虧額
屆至本月底止盈虧額
盈餘金額（百萬元）
虧損金額（百萬元）
10
9
8
7
6
5
4
3
2
1
0
1
2
3
一月
二月
三月
四月
五月
六月
七月
八月
九月
十月
十一月
十二月
87

88

盈虧消長比較表

	本月盈虧	本月結餘盈虧	届至本月底止盈虧
一月	179,363.33		38,959.19
二月	110,404.59	429.69	38,539.50
三月	78,204.09	62,630.19	24,190.69
四月	505,257.97	606,344.28	670,434.97
五月	130,747.88	10,338.43	680,773.40
六月	431,487.05	573,573.36	1,253,346.76
七月	1,532,169.28	1,391,982.97	137,736.21
八月	1,273,424.94	1,124,273.20	1,262,009.41
九月	2,552,805.86	2,403,655.12	3,665,664.53
十月	795,846.80	646,695.06	4,312,359.59
十一月	2,020,216.01	1,871,064.27	6,183,423.86
十二月	1,107,389.58	926,439.35	7,106,733.48

89

材料收存購入發出退回實用及結存價值比較表

	上月結存		購入		發出		退回		實用*		本月結存	
	金額(元)	%	金額(元)	%	金額(元)	%	金額	%	金額(元)	%	金額(元)	%
總計			29,047,809.02	100.00	23,562,090.33	100.00	2,954,889.36	100.00	25,607,204.97	100.00		
一月	2,016,309.54		802,882.30	2.76	1,091,326.82	3.82	23,482.01	0.79	1,067,844.81	4.17	1,751,347.03	
二月	1,751,347.03		972,660.35	3.35	990,489.44	3.47	6,805.48	0.23	983,683.96	3.84	1,740,323.42	
三月	1,740,323.42		1,182,088.26	4.07	1,257,489.47	4.40	98,578.45	3.34	1,158,911.02	4.53	1,763,500.66	
四月	1,763,500.66		2,190,047.06	7.54	1,735,765.20	6.08	122,037.52	4.13	1,613,727.68	6.30	2,339,820.04	
五月	2,339,820.04		2,204,707.42	7.59	2,111,084.49	7.39	156,679.17	5.30	1,954,405.82	7.63	2,590,122.14	
六月	2,590,122.14		2,144,016.95	7.38	2,240,191.75	7.84	55,991.87	1.90	2,184,199.88	8.53	2,549,939.21	
七月	2,549,939.21		2,805,111.40	9.66	2,910,497.61	10.19	1,651,700.74	55.90	1,258,796.87	4.92	4,096,253.74	
八月	4,096,253.74		2,931,610.57	10.09	3,133,169.37	10.97	415,574.64	14.06	2,717,594.73	10.61	4,310,299.58	
九月	4,310,269.58		2,832,250.24	9.75	2,989,447.33	10.47	138,093.80	4.67	2,851,353.53	11.13	4,291,166.29	
十月	4,291,166.29		4,518,218.44	15.55	4,134,127.49	14.47	71,460.82	2.42	4,062,667.17	15.87	4,740,717.56	
十一月	4,769,711.56		4,870,792.31	16.77	4,264,722.54	14.93	113,481.85	3.84	4,151,240.69	16.21	5,466,296.18	
十二月	4,769,514.64		1,593,423.72	5.49	1,703,778.82	5.97	101,083.51	3.42	1,602,775.81	6.26	4,760,163.05	

*係發出材料價值減去退回材料價值之計算額

90

值班經常出勤臨時出勤各種津貼比較表

	總計(元)		值班津貼(元)		經常出勤津貼(元)		臨時出勤津貼(元)	
共計	1,039,131	40	279,842	88	172,302	02	586,986	50
一月	39,617	60	10,491	20	8,724	70	20,401	70
二月	53,723	78	14,676	68	11,124	50	27,922	60
三月	55,972	30	11,422	70	11,803	20	32,746	40
四月	60,237	62	14,106	80	10,569	52	35,561	30
五月	64,095	70	17,067	70	10,950	00	35,988	00
六月	60,078	10	16,017	40	11,056	00	33,004	70
七月	112,391	60	29,389	40	18,559	00	64,443	20
八月	96,267	20	31,023	00	18,550	00	46,694	20
九月	134,305	40	35,581	50	17,846	00	80,778	90
十月	108,068	60	32,850	00	17,626	60	57,592	00
十一月	118,736	30	33,896	80	18,539	00	66,300	50
十二月	135,736	20	33,319	70	16,853	50	85,553	00

成本計算表

發電度数	48859187 瓩時	費用總額	4743410604 元
售電度数	48683567 瓩時	收入總額	5630793431 元
抄見度数	35856856 瓩時	盈餘	887382827 元

每發電一度 成本 0.971元	實收入 1.152	電費收入 1.112元
每售電一度 成本 0.974元	實收入 1.157	電費收入 1.116元
每抄見度数 成本 1.323元	實收入 1.570	電費收入 1.516元

全年抄見度数------------35,856,856 瓩時

實際平均售價每度--------------1.516 元

每度成本---------------------1.323 元

特項費用成本	其他費用成本	債款利息平均	事務費用成本	税損平均	材料消耗費用成本	燃料費用成本	薪工費用成本
〇・〇〇六元（0.5%）	〇・〇九二元（7.0%）	〇・〇五一元（3.9%）	〇・〇七三元（5.5%）	〇・〇五六元（4.2%）	〇・〇八一元（6.1%）	〇・六八二元（51.5%）	〇・二八二元（21.3%）

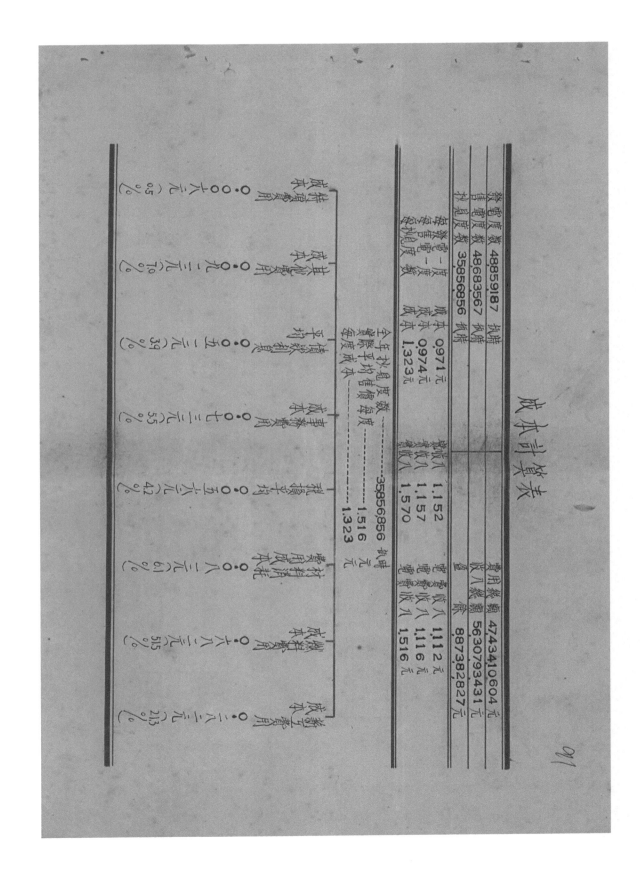

重庆电力股份有限公司给重庆市政府、经济部、国家总动员会议为拟具战后各厂计划呈请鉴核并恳准予借款买汇订购机器的代电

（一九四四年九月五日）　0219–2–187

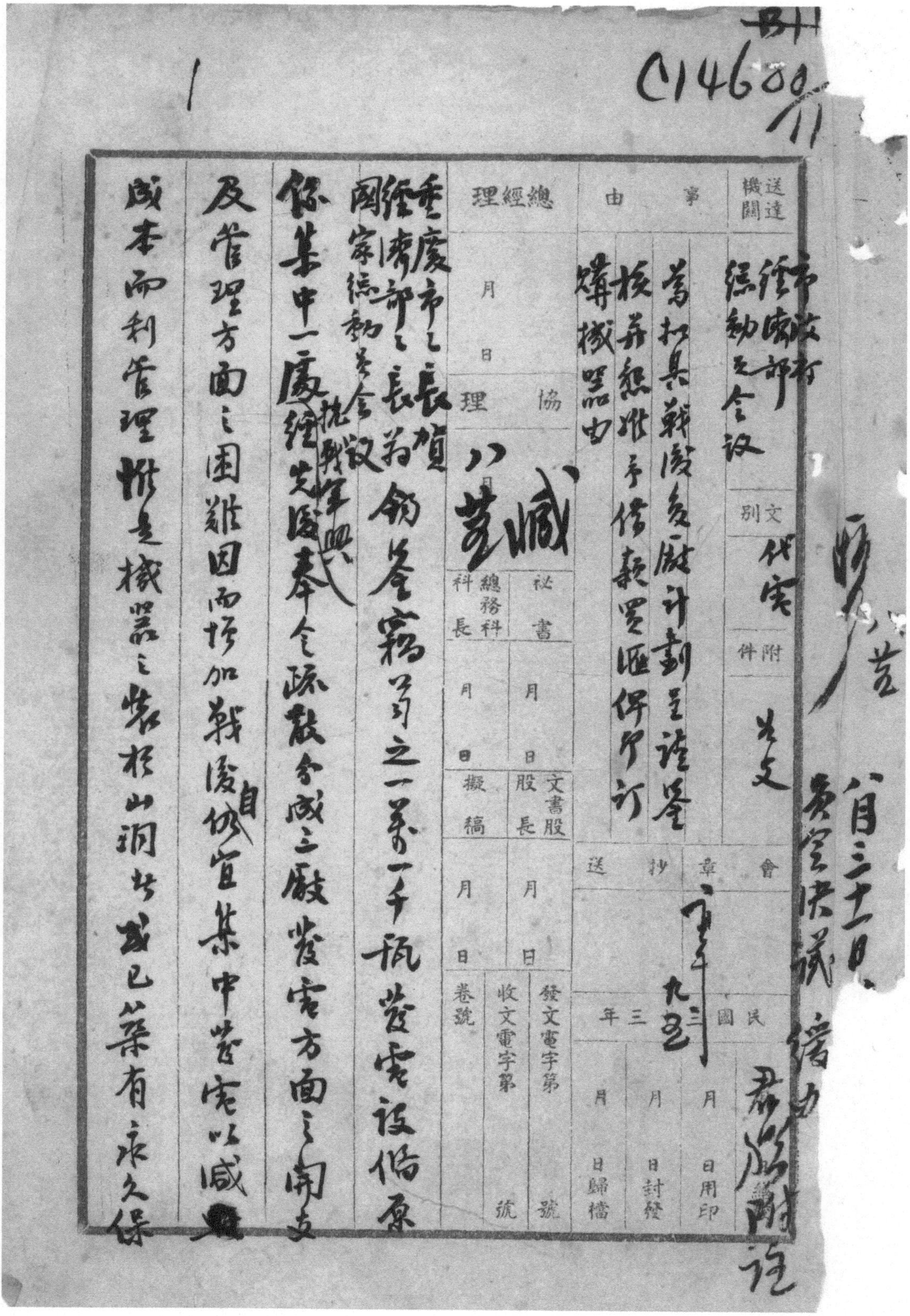

C14600

送達機關：市政府　經濟部　總動員會議

事由：為擬具戰後各廠計劃呈請鑒核並懇准予借款買匯訂購機器由

文別：代電

民國三十三年九月　日

重慶市市長賀、經濟部部長翁、國家總動員會議鈞鑒：竊公司之一第一手承營電設備原係集中一處，經先後奉令疏散分成三廠，發電方面之開支及管理方面之困難因而增加，戰後自以集中發電以減成本而利管理。惟是機器之裝於山洞者已築有永久保

2

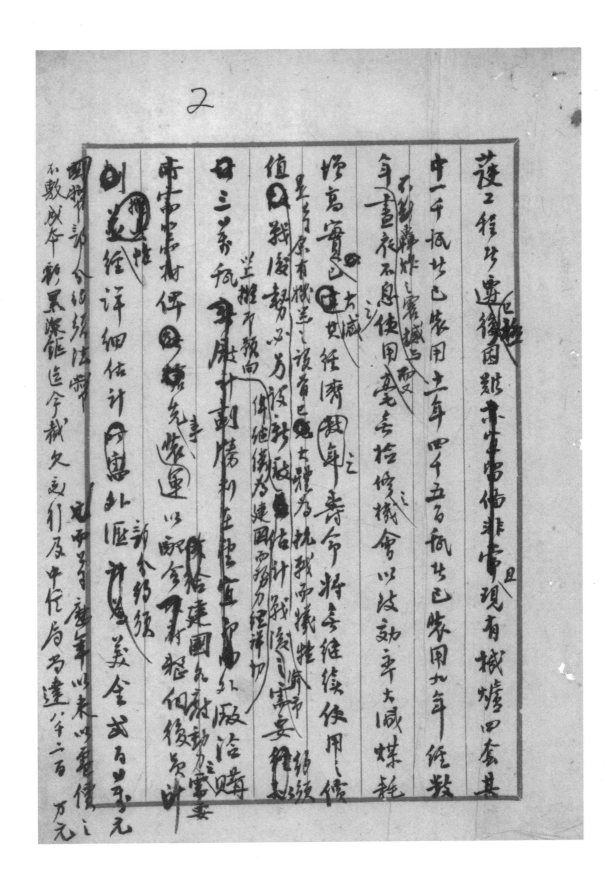

發工程步驟遷後困難常備非常且現有機爐四套其
中一千瓩者已裝用十二年四千五百瓩者已裝用九年經數
年晝夜不息使用毫無歇修機會以致效率大減煤耗（不斷轟炸之震撼與破壞）
增高實已達其經濟服年之壽命將無繼續使用之價
值以我後勢必另設新廠估計戰後之需要經（是項原有機器之設置已大體為抗戰而犧牲）
每三萬瓩計劃勝利在望即需外購器材（並擬有預向……俾繼續為建國而努力經詳切）
時需帶購併……以配合建國之需要（動力之需要）……
則經詳細估計……外匯……美金弍百卅萬元
國幣部份……自……以來……
不數成本……八千二百萬元

挪用保証金及各種準備金等又達　　元
委實無力舉行此必須即辦之工作，國用浩繁
亦不敢於此時增加國庫之負擔，再四思維，謹
擬辦法二項陳乞　鑒核
（一）擬請轉呈行政院令由主管機關俯賜利
用租借法案比為洽借一萬瓩之機組三套
一切條件並請政府洽示無不遵從
（二）擬請轉呈行政院函由四聯總處准予貸
辦撥借款四千萬元，五年為期，月息一分，由敝
會經理擔保，並准即將此項借款由承貸銀

則依照法價收結外匯存儲之俾洽購機件
之廠名類額通知匯予匯付
至該地建廠及在國內所製器材等之類項容
由其另每自籌除分呈經濟部國家總動員會議外
市政府國家總動員會議
經濟部市政府
謹檢具戰後復廠計劃暨乞
俯鑒其歷年以來不無貢獻原有機件已為抗
戰而犧牲亟須急速另籌以期銜接而利其用
簽賜照准不遑不勝屏營待命之至重慶電
由其等服務維持委員會叩（ ）印

5

抄舊問題子另者一文請核轉匯
問題應附前撥新廠計劃并出比

送達機關

事由：按準總裁數目（公家好附屬行往草）送請核 印存灌子儲能計劃由前〇三年備 還免使子匯抗戰而完結

文 附 會 章 抄 送

總經理 月 日

協理 月 日

秘書 月 日 總務科科長 月 日

文書股股長 月 日 擬稿 月 日

發文電字第 號 收文電字第 號 卷號

國三十三年 月 日繕校 月 日用印 月 日封發 月 日歸檔

重慶市市長賀
經濟部部長翁
國家總動員會議

鈞鑒：竊公司之一萬一千瓩發電設備原係集中一處，經先後奉令疏散分成三廠發電，方面之開支及管理方面之困難因而增加，戰後似宜集中發電以減輕成本而利管理，但機器之裝於山洞內者

6

或已築有永久保護工程者遷移困難不宜留備非常現有機爐四座其中一千瓩者已裝用十二年四千五百瓩者已裝用九年經數年晝夜不息使用毫無檢修機會效率大減煤耗增高實已達其經濟壽命將無繼續使用之價值故戰後勢必另設新廠以茲估計戰後之需要經擬定三萬瓩新廠計劃勝利在望宜即向外廠洽購所需器材俾能搶先運裝以配合政府整個復員计劃所需外滙約美金貳百

万元拟恳转咨财部准照法价如数核给以利进行
再增地建厂及在国内配制之器材因物价波动现时
无法准确预算三万根新厂所需全部经费其中三
分之二强（即重置一万一千根之价值）拟请自折旧准
备现政府准提之折旧每月仅约廿万元截至现在止
已提之折旧准备仅　　　元不足重置一百
根如不予救济公司必至破产之地步应恳转咨财经两部
准予提高折旧　　倍虽仍不敷重置亦稍可

8

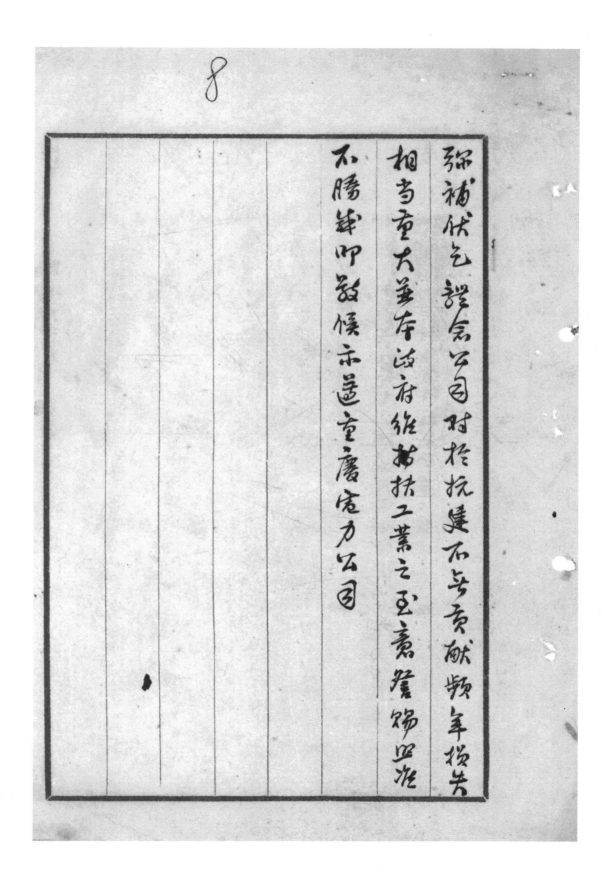

彌補伏乞諒念公司對於抗建不無貢獻頻年損失相當重大並本政府維護扶工業之至意賜飭照准不勝銘叩敬候示遵重慶電力公司

重庆电力公司关于战后本市电力供应之拟议

一、本市目前电力供应情形及战后五年内电力需要之估计

目前公司各厂最高负荷

第一厂	五,〇〇〇瓩
第二厂	一,二〇〇瓩
第三厂	四,五〇〇瓩
五十厂购电	一,二〇〇瓩
中央纸厂购电	三〇〇瓩

共计一二,二〇〇瓩

现等用公司电力之用户

裕華紗廠	六〇〇瓩
中國興業公司	六〇〇瓩
國際電台交通大學等	一〇〇瓩
第一兵工廠	二〇〇瓩
資渝鍊鋼廠	四〇〇瓩
資委會火磚廠	一〇〇瓩
經濟部已核准尚未接用者	五〇〇瓩
共計二、五〇〇瓩	
自有發電設備之用户	實際需用電力
裕華紗廠	一、〇〇〇瓩

10

裕豐紗廠	一，二〇〇瓩
中央造紙廠	六〇〇瓩
軍政部紡綫廠	六〇〇瓩
廿四兵工廠	一，五〇〇瓩
五十兵工廠	五〇〇瓩

共計五，四〇〇瓩

以上三項共計二〇，一〇〇瓩

11

二、公司現刻應有之準備及擬設新廠容量及機爐座數

根據第一項所列數字公司現刻負荷為一二,二〇〇瓩加上急須等用公司電力之用戶則共為一四,七〇〇瓩抗戰以後公司新廠成立設備完善器材充裕發電成本並為經濟斷電情事不復存在并能維持正常電壓俾用戶方便工作各自有動力之廠家均以機器陳舊效率欠佳且故障叢生勢必改用公司電力故公司辦理新發電廠時似應計及此項用電廠商而新廠最低限度須能經常供給二〇,〇〇〇瓩

抗戰結束後之一二年內民生疲弊購買能力薄弱規模較小之工廠或許無法生存然此項小型工廠數目甚多而所需電力有限在目

前估計不過三，〇〇〇瓩。其他較大之廠或直接隸屬於政府或由政府投資，當不至迁移或關閉。兼以現時多數電力用户因公司電力已超過機器負載容量，在最高負荷時多半全部或一部份停止使用，俟戰事結束此項限制應予取消，彼時公司最高電力當不至如何減少。至若電灯用電因政府迁移，勢不若目前之多，然彼時门灯、招牌灯當不至再事禁止，其所需電量或能與減少用户所需電量相若。過此四五年後，民生元氣逐漸恢復，大小市鎮有充足之電力，而政府對於內地廠商又能與以維護保障，使其出品能與舶来品競爭市場，則新興事業當必應運而生，所需電量當更增加矣。

適購機炉容量及数量之意見

現時公司機炉散置於大溪溝彈子石鵝公岩三厰管理既不方便費用又極浩繁抗戰以後勢必併成一厰而拆遷安装需時至少二年在此期内經常有一機炉不能使用本市電力更感不足故必須添購新機炉并俟此新機炉装好使用後方能陸續拆遷目前本市共需電力已達二〇,一〇〇瓩而公司機炉總量僅一二,〇〇〇瓩即使將來仍須全部留用亦必添購一〇,〇〇〇瓩機炉兩座以一座為備用方可應付裕如故公司新厰容量最低限度須在二〇,〇〇〇瓩以上鍋炉三〇,〇〇〇瓩以上當似機炉数量及每具容量為斷兹擬具計劃四種并比較其優劣於右：

甲、新購一〇，〇〇〇瓩透平發電機三部，六〇〇〇鍋炉六部，將現有機炉全部出售

乙、保留現有四五〇〇瓩機炉兩部，新購等容量透平四部，鍋炉六部

丙、新購二〇，〇〇〇瓩透平發電機二部，一〇，〇〇〇瓩鍋炉五部，將現有鍋炉全部出售

丁、保留現有四五〇〇瓩兩部，新購一〇，〇〇〇瓩二部，六五〇〇鍋炉四部，丙項費用較大，丁項與甲項類似，與其保留現有之四五〇〇瓩舊透平機二部，何若出售後另購一〇，〇〇〇瓩新透平機一部，故丙丁兩項均不加以考慮，茲僅就甲乙兩項比較論列於后

A、查公司現有之4500KW透平發電機兩部，因其設計不合於需

13

慮夏季實在情形故每年暑天該機至多只能發出3600KW.電力
鍋排較短須增加長度方適合於本地煤質且該機炉使用已及
七年在此抗戰期內因環境困難停電修理為時甚暫無法澈
底整理并為求迅速供電起見使用方法自不能照承平時候稍
理鍋炉壽命因以減短并在戰事結束後此次機炉仍須繼續
使用二年以上新廠方可完成使用已滿十年之機炉在公司辦理
新廠時似以全部出售為宜
B.該機容量較小兼使用已久煤耗太大在發電度較多時因每度
電煤耗太而每日所耗燃煤總量至為可觀如擇来新廠採用一○，
○○○瓩機炉每日發電三三六，○○○度（每十時平均以一四○○○KW

計)每度煤耗為一·八磅而4500 KW機炉煤耗為二·二磅(現時為三·三磅因煤質特壞機炉亦不整理)則每日多費煤六八噸

C.現有4500 KW透平發電機及鍋炉之電壓汽壓均不合該府規定且亦較低如添購新機炉時仍沿用舊電壓及汽壓則不惟效率低煤耗大且將來範圍愈大更正益感困難設新機炉採用較高之汽壓電壓而仍留用現有機炉則在同一廠內機炉規範不同彼此無法調用管理困難設備費用亦較多

D.採用甲項辦法較乙項辦法僅多購一二,〇〇〇瓩透平機九〇〇〇瓩鍋炉然可出售四,五〇〇瓩機炉各一部故實際添購者不過三,〇〇〇瓩透平平同時可少購4500 KVA. 5250/13200變壓器兩具蓋

14

新備之[illegible]造千瓩電機千伏電压必須提高而舊有者必須用
日昇高爰压器以資提高俾得彼此併車供電似此則採用甲項
辦法諒需款項恐与乙項辦法相差無幾故宜以採備一〇，〇〇〇
瓩透平發電機三部六〇〇〇瓩鍋炉六部為宜

三、新廠機炉規範簡略說明

A、鍋炉六部

汽压為四〇〇磅每平方吋

汽温為華氏八二五度

容量每小時須能繼續供給七万三千磅蒸汽（進水温度皆
定為華氏二五〇度）

每炉有備送风引风空氣加热等設備務使一炉或一附属設備發生故障不致影響其餘鍋炉

燃煤機用粉煤運煤出灰均以使用機器為原則

B. 鍋炉進水汞四部一部動力為蒸汽透平及馬達兩用式三部為馬達每部每小时須能供給二五二，〇〇〇磅水量於上述鍋炉（水溫暂定為華氏二六〇度）

C. 透平三部直接推動發電機不用減速齒輪

容量每部一〇，〇〇〇瓩

汽压每平方吋三八〇磅

汽温華氏八〇〇度

15

速度每秒三,〇〇〇轉

凝结罐压循環水温華氏九〇度及負荷八,〇〇〇瓩時須能維持

二十七吋以上之真空(以氣压表二九·五吋真空為標準

D. 發電機三部

容量每部一〇,〇〇〇瓩

氣压一三,二〇〇伏

三相

電力因数〇·八

週波五〇

E. 配電設備以適合於發電機数量容量及饋電线路為準

F. 此外如冷水塔冷水池及給水所需之沉澱池濾水池清水池河邊起水泵等設備大計未定後再為詳細規劃

16

四、廠址之選擇

鵝公岩及彈子石兩廠地勢甚狹無法擴充而大溪溝地位僅可容納四五〇〇瓩透平發電機三部而現存之一機炉因有防空保護設備使用起重設備較為困難一鍋炉地位之下置有防空洞現時出灰尚無法改良而河边灰渣巍然山立非另覓較遠之地即無法傾倒故大溪溝亦不合宜於建造大規模之新發廠新廠所在地似沿嘉陵江磁器口附近為宜因距煤場及距沙磁工業區甚近而距城內商業區亦不甚遠交通方便线路設施及維持均較便易

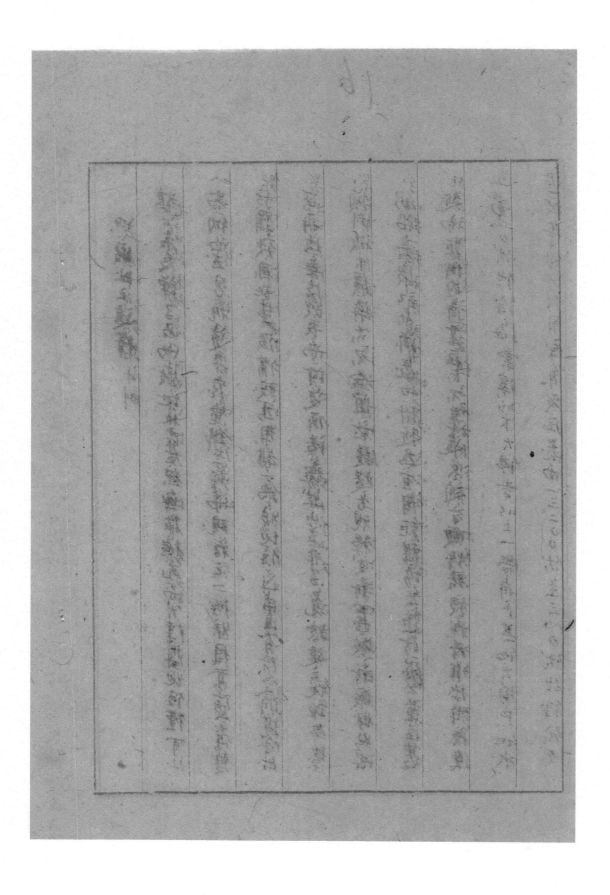

17

五、供电线路计划

如設廠於磁器口附近，進城及至南岸线路均利用发电機电压一三，二〇〇伏，勿須使用昇高发压器，進城线路一沿馬路（即現有线路）而至大溪溝，一沿江北河岸而至大溪溝，利用現有之4500 KVA.发压器將电压降低至五，二五〇伏送至城内，似此则公司該有线路及发压器均可利用，僅將大溪溝发电厰改為一分电站，電致南岸线路亦分兩路，一路利用現有跨子背过江线而至彈子石第二厰，一路沿江北至江北嘴过江而至彈子石，利用沿有之2250 KVA.发压器將电压降低至五，二五〇伏供給海棠溪以下大佛寺以上一帶用户，其他大用户如水泥厰等仍可利用原有发压器由一三，二〇〇伏至三八〇伏，故线路更

改至為有限，不過原有线路之較細者須換粗线，並換下之細线仍可
移用至送往李家沱大興場五十兵工廠等處電力，將在銅元局及龍
门浩兩處昇高為三三，〇〇〇伏，至彼處降低為一三，二〇〇伏，故該處變
壓器仍可使用，至沙磁區一帶用户即直接由廠内以一三，二〇〇伏供給
以後如有新线路或添置新設備，亦在必要时則改用六六，〇〇〇伏，逐
漸縮小或最後取消五，二五〇伏供電區域，以適合於政府規定為原則
設將來公司經濟充裕，所有高壓线路木桿將易以水泥電桿或鐵塔
最低限度沿馬路及城區之電桿必須採用水泥電桿以期減少損线
並美觀耐用也

九

18

六 費用估計

甲 透平發電機三部

每部價四五,000磅 共計一三五,000磅

乙 鍋炉六部

每部價二五,000磅 共計一五0,000磅

丙 附属設備（打水機 起重機 磨煤機 運煤機等）一五,000磅

丁 配電設備 六,000磅

戊 线路設備

A 高压電銅线 磁瓶 角鉄 避電器等 五0,000磅

B 洋灰桿 木桿等 一0,000,000元

巳、廠地（約六千方丈）廠房（鋼骨水泥柱磚牆

辦公室宿舍等）三〇〇〇〇〇〇元

庚、起水沿水土木工程（起水站沉澱池濾水池等）肆，〇〇〇，〇〇〇元

辛、冷凝設備（水塔水池）伍，〇〇〇，〇〇〇元

壬、運煤出灰 二，〇〇〇，〇〇〇元

癸、其他雜項如工具材料等 一，〇〇〇，〇〇〇元

關稅運費保險等約[illegible]計八九，〇〇〇磅（[illegible]）

共四四五，〇〇〇磅 折合國幣[illegible]〇〇，〇〇〇元

又國幣四四，〇〇〇，〇〇〇元

[illegible]國幣[illegible]六〇，〇〇〇，〇〇〇元

重庆市公用局关于检发重庆电力股份有限公司新电厂之计划书的训令、代电（一九四六年六月） 0219-2-187

32

C14600/11

重慶電力股份有限公司到文簽

收文電字第 號

35收文電字第3000號

來文機關	公用局 訓令 二公35字第二四〇號 中華民國 年 月 日 到
收到日期	中華民國卅五年六月廿八日收到
事由	令將新電廠之計劃書送局由
附件	
總經理	
協理	
關係部室處組廠（意見）	請總工程師檢出有關文件送局 六、廿六
	附新廠説明書一份
決定辦法	送局 六、廿八

33

重慶市公用局訓令

公三字第 號

中華民國卅五年六月十七日發

6240

事由：為令將重建新廠之蒸汽新發電廠计劃書送局呈核憑办由

令電力公司

案准重慶市參議會參議員鄒明初等提案關於重慶新廠調整電力取締竊電以減市民負担囑請政府協助辦理等由准此自應照办查関於本案業由該公司擬具建設新發電廠之計劃在案仰即呈局送核憑办為要！

此令。

局長 吳華甫

監印 陸長颿

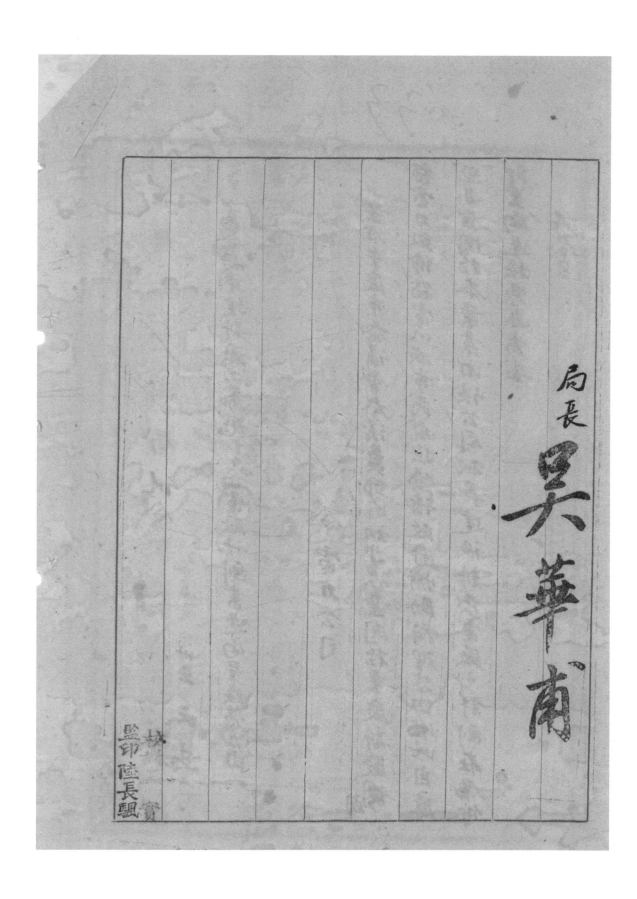

校[illegible]賓

34

送達機關	公用局
事由	為遵令檢呈新廠計劃書乙份請鑒察由
文別	代電
附件	
總經理	先诚
協理	
主任秘書	六、廿二
總務科科長	六、廿二
文書股股長	
擬稿	六、十九
會章	
抄送	
中華民國三十五年	中華民國卅五年六月廿四日發出
發文電字第	1001號
收文電字第	號
卷號	
繕校	六月廿日
用印	月日
封發	月日
歸檔	月日

重慶市公用局鈞鑒：案奉本年六月十七日(卅五)公二字第〇二四〇號訓令，飭將擴充擬具建設發電新廠計劃書送局核憑辦等因，自應遵辦，謹將該項計劃書賫呈一份，敬祈鑒核。重慶電力公司叩哿。附計劃書一份

整理重庆市电力方案

一、增加供电力量

公司发电量祇一万一千瓩，购电三千瓩，供给力量共祇一万四千瓩，而需要在二万瓩以上，不敷甚巨，致日间电压不足，晚间须轮流停电，且本公司之机炉经抗战八年来昼夜不息之过份使用，已损坏不堪，随时有发生严重故障之可能。胜利后即着手进行扩充，无如既无折旧准备，又无法增加资本，祇有请求政府贷款以事扩充。去年承政府两次核准贷款一四四亿元，临申请时之汇价原值一百三十万美元，公司即向外厂订购一万瓩发电设备一套，价美金一百万元，并订购线路器材约美金二十五万元，乃待借款通过后，外汇核准后汇价几度变动，一四四亿元仅结购美金五十余万元（附核准已结、待结外汇表各一份），而定一万瓩发电设备价付定金约三十万美元，按照合约规定，在签约后六个月应付第二期贷款美金二十万元，早已逾期，仅付美金九千余元，而定线路器材未付货款亦尚有十二万余美元。目前急待结付者约美金二十万元，以三十二万四千元汇价计算，需国币六百五十亿元，已电呈钧府转呈行政院请求准予照贷，尚未奉核示。现外厂订货要求撤销契约，照约付款势必发生纠纷，又交货日期重庆电荒如此严重，不容延误，恳请为催促行政院对发电设备贷款可否照明[illegible]，延迟新厂房等开始设计建筑，以争取时间，俾预算完成后再呈请转呈政院准予贷款兴建。

新机炉之最末期货款美金五十万元，俟输出入管理委员会核定，须明年方能结汇（附通知照片），现汇价不时调整，届时所需国币数字更难，拟请代向输管会请求准予提前结汇。

增加一万瓩发电设备后，虽供给情形大可改进，但未见能完全解决本市之电力问题，且新机炉尚须二年方能运来，缓不济急，请代求政府拨借日本赔偿物资或美国剩余物资中之发电设备。

二、缩小供电区域

公司为适应战时需要，故将供电区域扩展至[illegible]远处，如山洞、新开市、山清水溪等区域，已感重要，因线路过长，损失甚大，稽查困难，偷电甚多。在荣废重之情形下，应宜缩小供电区域[illegible]，而免影响兵工生产用电。公司曾拟具计划呈请[illegible]缩小供电区域计划，移布[illegible]

三、取缔窃电

本公司每月发电[illegible]度，而收费度数仅三百余万度，偷漏[illegible]之三十五以上[illegible]窃电[illegible]，公司[illegible]

[illegible]

[illegible]有[illegible]之处罚办法，使有所顾忌而不敢窃用，谨[illegible]

陈办法，请鉴核施行。

四、自備發電設備之工廠應盡量自給
在本市電力供不應求之際，自有發電設備之工廠不論其情形如何，應盡本廠能力設法自
用，其多餘電力並應開動，均應儘量發電，[illegible]市用不足，由市電廠補充，乃自有發電設
備之工廠[illegible]不用者，[illegible]有發電設備之工廠亦須負調整[illegible]開動者
請補充修理
五、節約用電
在本市電力未能增加以前，本市供應唯一可以消弭之法，[illegible]
[illegible]
[illegible]
[illegible]
[illegible]
[illegible]可以節省[illegible]之用
36
六、機關學校用電付費辦法
[illegible]
[illegible]三分之一[illegible]
[illegible]
[illegible]
[illegible]
[illegible]電費之三分之一[illegible]
分之三
七、路燈電費
[illegible]
[illegible]
[illegible]
[illegible]
[illegible]
八、自來水公司電價
[illegible]
[illegible]
[illegible]
[illegible]
[illegible]
[illegible]
九、[illegible]
[illegible]
[illegible]
[illegible]

[illegible]已达[illegible]
[illegible]
亦不[illegible]，合计不下百[illegible]元
六、提高[illegible]
因战[illegible]公司之[illegible]
[illegible]
[illegible]
[illegible]
[illegible]
[illegible]
[illegible]
[illegible]
[illegible]
[illegible]
[illegible]
[illegible]
[illegible]
[illegible]
[illegible]遂不付息
[illegible]

重庆电力股份有限公司一九四八年度业务状况（一九四八年） 0219-2-118

211

照印一百份 由三、十七

重庆电力公司三十七年度业务状况

212

三十七年度業務狀況

一、用户本年度十二月底止數

1. 電燈用户 壹萬捌仟柒佰陸拾户

2. 電力用户 捌佰壹拾陸户

3. 電熱用户 貳拾叁户

二、售電本年度迄十二月底止抄見售電度數

1. 電燈售電壹仟玖佰壹拾伍萬叁仟叁佰零柒點肆捌度

2. 電力售電貳仟捌佰貳拾叁萬玖仟肆佰伍拾點玖貳度

3. 電熱售電壹拾玖萬柒仟壹佰捌拾陸度

共計售電肆仟柒佰伍拾捌萬玖仟玖佰肆拾肆點肆零度

第十頁

重慶電力股份有限公司 業務 年

213

本年度共計發電柒仟柒佰柒拾叁萬零柒佰柒拾肆度

1、電灯售電等於發電度數 24.6% 售電度數 40.2%

2、電力售電等於發電度數 36.3% 售電度數 59.3%

3、電熱售電等於發電度數 0.2% 售電度數 0.5%

三、應收電費

本年度應收電費全額依據抄見售電度數計全圓壹仟叁佰伍拾伍萬肆仟捌佰陸拾壹圓正，以外副抄表損耗費全圓壹萬叁仟柒佰伍拾玖元伍角正

1、電灯：陸佰陸拾玖萬零叁佰貳拾叁元壹角貳分佔總收入 49.3%（外加抄表損耗費[illegible]）

2、電力：陸佰捌拾叁萬叁仟玖佰伍拾貳元伍角叁分佔總收入 50.4%（外抄表損耗費[illegible]）

3、電熱：叁萬零伍佰捌拾伍元叁角伍分佔總收入 0.3%

214

加上年度應收未收電費金圓捌仟弍佰玖拾弍元柒角玖分總計

本年度應收電費金圓壹仟叁佰伍拾陸萬叁仟壹佰伍拾叁元柒角玖分

四、預收煤費

本按照十二月份電價實用電度兩月平均預收煤費一月計叁佰弍拾萬零伍佰捌拾叁度點柒合金圓叁佰伍拾壹萬玖仟弍佰陸拾玖元四角

七分（機關學校自來水公司免收）

五、核退誤收電費

本年度辦理誤收電費金額計金圓柒佰零叁元壹角弍分

六、本年度收費股經辦收費情形如左：

1、接收上年度應收未收電費餘額金圓捌仟弍佰玖拾弍元柒角玖分

第二頁

及本年度各種新製電費收據合圓壹仟柒佰零柒萬肆仟柒
壹佰壹拾壹元玖角捌分~~[illegible]~~
~~[illegible]~~共計金圓壹仟柒佰零捌萬弍仟肆佰
零肆元柒角柒分

2、收進各種應收電費計金圓陸佰萬零零肆佰玖拾壹元玖角
一分佔應收電費總額35.1%

3、~~[illegible]~~歷年更複誤製等新舊電費收據計註銷金圓
弍萬捌仟壹佰零弍元玖角佔應收電費0.2%

4、本年度應收電費金額及上年度移來應收未收金額總計
除收繳款及註銷者外實存應收未收電費計金圓壹仟壹佰零

216

伍萬叁仟捌佰零玖元玖角肆分佔應收電費64.3%

應收未收電費包括下列各項

1. 自來水公司[redacted]叁拾玖萬捌仟捌佰壹拾陸元陸角

2. 特別用戶（機關法團等）[redacted]伍仟貳佰伍拾伍元肆角

3. 前火撤表[redacted]貳萬貳仟柒佰柒拾伍元陸角柒分

4. 整理零數（另法催收準備撥作呆帳者[redacted]壹仟零貳拾叁元陸角壹分

5. 准備銷改零數[redacted]柒萬貳仟貳佰貳拾貳元捌角肆分

6. 合約用戶十二月底拆表未能在本年度收進者全圖貳佰柒拾陸萬玖仟伍佰叁拾貳元零柒分

第三頁

會計

[illegible]

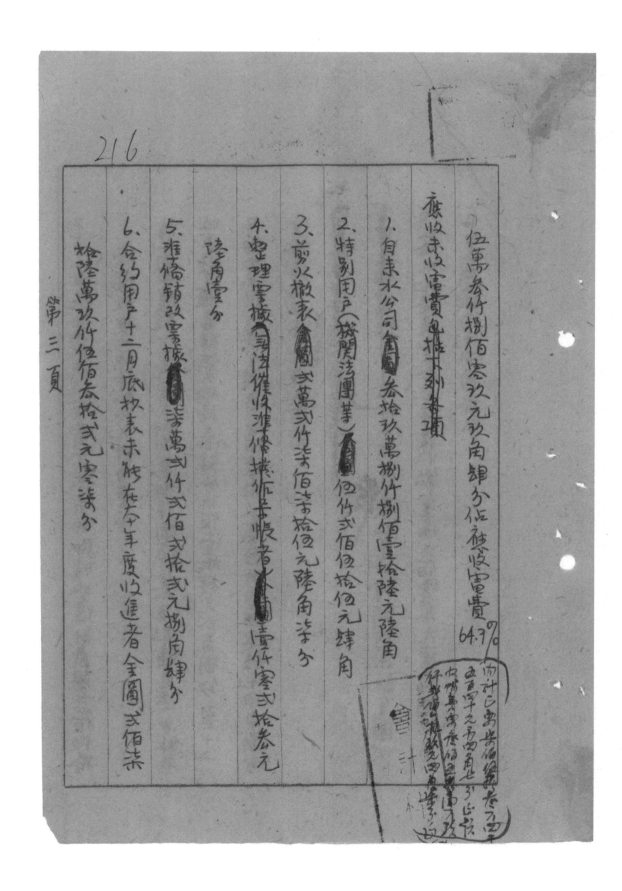

217

子、十二月底製出預收煤費實據未能即時收進計金圓叁佰伍拾壹萬玖仟貳佰陸拾玖元肆角柒分

除上開各項數字陸佰柒拾捌萬捌仟捌佰玖拾伍元陸角陸分外應收未收金額為肆佰貳拾陸萬肆仟玖佰壹拾肆元貳角捌分查十二月份電費實據金額為柒佰柒拾玖萬伍仟壹佰零伍元伍角捌分實際庫存尚不足一月之電費 營電

七、因本年收重置設備費經補情形

重置設備費係本年度三十六年度應收未收餘額移來計金圓貳佰貳拾玖元陸角壹分本年度收繳金圓貳佰零叁元柒角捌分尚存金圓貳拾伍元捌角叁分

重庆电力股份有限公司建设新厂计划书（时间不详）0219-2-180

重慶電力公司建設新廠計劃書

2

竊公司創辦於民國二十二年最初有一〇〇〇瓩發電設備三套嗣於民國二十五年增加四五〇〇瓩發電設備二套復於民國二十八年再添購四五〇〇瓩發電設備一套共有一六五〇〇瓩之發電力量而最後所添置之四五〇〇瓩機爐被敵在海防劫奪原有一〇〇〇瓩發電設備三套又為軍政部以三十萬元徵購一套迄今遂祇有二〇〇〇瓩之發電力量不但不足供應重慶之需要且經九年來晝夜不息之過量使用已損壞不堪非澈底整修隨時有不能繼續使用之危險後果將不堪設想故添置新機新爐之事實刻不容緩茲將需要情形計劃大概經費預算籌資方法及進行程序略敘於后

(一)需要

目前供給市用[illegible]之電力除本公司發電者外並購用兵工廠餘電轉供供給力量計有

本公司第一廠	四五〇〇瓩
本公司第二廠	二〇〇〇瓩
本公司第三廠	四五〇〇瓩
五十兵工廠餘電	一三〇〇瓩
廿四兵工廠餘電	一五〇〇瓩

共計一三八〇〇瓩

和平後大小工廠停工者不少故負荷暫見減輕現在白天及下半夜
已敷供給上半夜仍感不够除市郊仍須輪流停電外各處電壓均
不過大約尚差三〇〇〇餘瓩即須有一七〇〇〇瓩之發電力量方敷供應
惟市區內未供電之區域尚多紛紛要求光明城區電灯亦日見增加
如儘量供給電灯負荷至少可增加二〇〇〇瓩成渝鐵路兩江大橋等工
程開工後當有不少工廠可以復工增加二三千瓩之電力負荷亦極可能
需要量立可增至二萬二千瓩再目前電力自給之工廠計有

裕豐紗廠	一二〇〇瓩
裕華紗廠	一〇〇〇瓩
軍政部紡織廠	六〇〇瓩
中央造紙廠	六〇〇瓩
廿四兵工廠	一五〇〇瓩
五十兵工廠	五〇〇瓩
二十兵工廠	五〇〇瓩
李家渡工業區	七〇〇瓩

共計六六〇〇瓩

惟所有發電設備均極陳舊效率甚低發電成本甚高如市電供應

27

將來必有一部份改用本公司之電故即不計新工廠之產生與舊工廠之擴充需要量可能達二五8瓩加上備用力量以免機爐發生故障時之停電是至少須有能供應三〇〇〇〇瓩左右之設備方能繼續不斷供給

（二）計劃。擴充計劃有下列二途

1. 完全建設三萬瓩新廠俟新廠完成後現有發電設備即拆卸出賣

乙、添購一八〇〇〇瓩機爐俟新機新爐裝竣後現有設備徹底整修俾能繼續使用數年本市可有二七〇〇〇瓩之供給力量

第一計劃經研究之結果決定用每單位為一〇〇〇〇瓩之發電機及鍋炉擬置直接式發電機三部及鍋炉四座可供給三〇〇〇〇瓩之最高負荷並有一替換鍋炉以免因須修理而停電上煤出灰均用機器用每平方吋六百鎊之高汽壓及一三、八〇〇伏之標準電壓廠址須重選（附詳細規範書）

第二計劃現有設備既仍須留用則新機新炉之式樣宜與現有者相同汽壓電壓亦應仍採二七五鎊及五二五〇伏以利裝置與使用即每單位之大小擬仍用四五〇〇瓩現有九〇〇〇瓩（彈子石廠之一〇〇〇瓩兩部容量較小擬予出售）應添置四五〇〇瓩發電機四部及鍋炉五座可供給二七〇〇〇瓩之最高負荷大溪溝廠可勉強使用惟發電設備宜集中在一處以減低成本而利管理新機新炉裝竣後鵝公岩廠之設備應即遷回大溪溝舊

有設備並須徹底整修俾能繼續使用

以上兩個计劃均能達到解决本市電力問題之目的但從管理方面與經濟方面而言第一個計劃遠較第二個計劃為優優點如下

1、三部機器之管理較六部機器之管理為方便管理人工亦少管理費用低

2、汽壓高煤耗省發電成本低

3、可改用標準電壓符合中央所訂法規

4、以後電機可改用直接式減少故障機會

5、廠房較小建築費用較低

總言之如採用第一計劃則將來管理方便發電成本較低但投資較鉅而時間較久在目前籌資困難子金過高及電荒嚴重情形下第二計劃自有其可取之處

(三)預算

第一計劃、瑞士白朗拔代利廠之正式報價一〇〇〇〇瓩發電機三部連電壁不連鍋炉及起重機出廠總價約美金一四三萬元上海交貨價約美金一八三萬元美國西屋廠之非正式報價一〇〇〇〇瓩機炉三套連附屬設備(冷水起水起煤等設備不在內)之出廠總價約美金三六三萬元如用瑞士發電

機工部及美國鍋炉四座之三〇〇〇〇瓩之全部器材於上海交貨連關稅在内約需美金五八四萬元，照三三五〇滙價折合國幣一九五億，加到渝運費、建築費及安裝費，完成第一計劃估計須二四二億。美國器材價格向比歐洲爲高，因英國廠家尚未報價，故以美國價作根據。用英國鍋炉鍋爐部份預算或可減低百分之十，即約十億元（附預算表及報價書）

第二計劃之四五〇〇瓩發電機之價值戰前上海交貨價每部約英金一五〇〇〇。鑄鍋炉價相仿。本年二月安利洋行報價發電機每部出廠價爲英金三〇三四〇。鑄鍋炉爲三一七〇〇。該廠云因工資提高，最近價格須相當增加。新機之凝結器擬改大，假定再加百分之二十，並加百分之三十之運費保險，每部上海交貨價約英金四七五〇〇。鑄約合美金一九萬元，鍋炉加煤灰設備估計每座上海交貨價爲美金二二萬元，全閘英國器材四五〇〇瓩發電機四部與鍋炉五座連附屬設備之上海交貨價連關稅在内約美金二八〇萬元，折合國幣七九億，加到渝運費、建築費、安裝費及舊機炉之折裝費，完成第二計劃估計須一三三億元（附預算表及報價書）

（四）籌資

發電廠之各種設備之平均壽命約二十年。本公司之大部份資產已經過十三年之使用，四五〇〇瓩發電設備係二十六年購置，亦已十年，且經過傷使用與頻遭轟炸壽命縮短應已有重置原有設備之百份之七十以上之折舊準備無如政府為平抑電價不准改變折舊方法仍須照購入時所付國幣折舊致準備缺等於零新計劃中之超過原有設備之擴充部份自應由公司自籌經費但重置部份之經費即折舊不足之數理應由政府補助或仍取之於用戶去年估計重置原有發電設備及供用設備之平均約須美金一七〇萬元（根據最近英廠報價應約美金二八〇萬元）當時匯價為二〇二〇元故請求政府補助三十四億或全由國家銀行依利照貸以附加電費償還並請求酌加電價提高折舊俾原有設備之運輸建築安裝等費得有準備前奉經濟部行政院核准照貸但現在不但國外器材價格上漲且匯價變動三十四億僅合美金百萬元相差甚遠而現行電灯價僅及戰前之一千倍電力約二千倍無法多提折舊以作安裝建築費用如採用第一計劃即折舊不足之數能予全部補償公司尚須自籌百億以上現在核准借款祇三十四億籌措更為困難且向國外定購器材須一年半以上方能交貨一般合同外廠均須保留交貨時調整價格之權利屆時之價格如何匯價如何國內之工價物價如何均無法逆料無法預算照目前辦理公用事業之困難情形無合法利潤之保障恐投資者均將裹足不前是第一計劃似無實現之可能第二計劃雖有同樣困難但所需經費究少一半擴充部

5

備載一五〇〇瓩應由公司自籌之經費不多公司一日未解除使命此患不容緩之事自當盡力以赴之尚希社會人士予以同情與合作暫時似須增加用戶負担但亦可云係補救以往電費之不足且將來發電成本因而減低可減輕市民將來之負担新計劃愈早完成市民之負担亦愈輕也（附三十四億還本付息表）

（五）程序

目前國外廠家多忙於本國之戰後復興致交貨甚慢美廠須簽約後二十個月起方能開始絡續起運故新計劃之四部機器與五座鍋炉即同時定購亦不能同時交貨故擬先訂四五〇〇瓩機炉三套及所需之附屬設備尚須發電機一部及鍋炉二座或須定購較大機炉不妨緩半年或一年再決定訂購三套總價約美金一五〇萬元價款三十四億已過付定金不足之數及運輸建築安裝等費儘可在一年半內分期籌付機炉定妥後即開始建築外廠圖樣到後即動手做機炉底脚俾運抵重慶後即可安裝以省時間如能在年內定妥器材三十七年底可開始絡續運抵上海笨重部份應趕在三十八年洪水期間全部運抵重慶裝置一部機器之時間約需一個半月一座鍋炉之時間約需四個月加工趕裝三套機炉可能在八個月至十個月之內裝竣則三十九年春可全部完成届時本公司有二四五〇〇之供應量加备三廠餘電

约四〇〇 共有二八五〇〇瓩 發電鍋炉亦可繼之而來 本市應可大放光明而不致有停電情事矣

6

重慶電力公司第一計劃經費預算表

摘要	數量	美金	國幣	附註
10000瓩透平發電机及附屬設備	3	1,080,000		瑞士白朗拔代利厰報價
10000瓩透平机之河边抽水及循環水泵	3	240,000		
電壓控制設備及厰用变压器		49,000		
發電部份設備由瑞士至上海用費		411,000		
10000瓩蒸汽鍋炉	4	2,600,000	19,500,000,000	根據西屋報價估計
起煤起重設備		300,000		估計
鍋炉部份由美國至上海運費保險		580,000		以出厰價之20%估計
關稅		530,000		以上海交貨總價之10%計算
全部器材自上海至重慶運費			1,200,000,000	以2000噸每噸六十萬估計
新厰建築費			2,000,000,000	照目前工價料價估計
安裝費			1,500,000,000	〃
總計		$5,840,000	$24,200,000,000	

7

重慶電力公司第二計劃經費預算表　三十五年十月造

摘要	數量	美金	國幣	附註
4500瓩透平發電機	4	760,000.		上海交貨
4500瓩蒸汽鍋炉	5	1,100,000.		〃
增加電壓控制設備		40,000.		〃
起煤起水冷水設備		400,000.	9,380,000,000.	〃
現有機炉整修配件		250,000.		〃
關稅		255,000.		10%
全部器材自上海至重慶運費			840,000,000.	以1400噸每噸六十萬估計
建築費			1,500,000,000.	照目前工價料價估計
安裝用器材及工資			1,000,000,000.	〃
舊機炉拆裝費用			600,000,000.	〃
總計		U$2,800,000.	13,320,000,000.	

8

重慶電力公司借款卅四億元每月每度附加七十元還本付息表

月份	加收總額	應付利息	還本	結
1	280,000,000	136,000,000	144,000,000	3356,000,000
2	〃	130,000,000	150,000,000	3206,000,000
3	〃	124,000,000	156,000,000	3050,000,000
4	〃	118,000,000	162,000,000	2888,000,000
5	〃	111,000,000	169,000,000	2619,000,000
6	〃	105,000,000	175,000,000	2544,000,000
7	〃	98,000,000	182,000,000	2362,000,000
8	〃	90,000,000	190,000,000	2172,000,000
9	〃	83,000,000	197,000,000	1975,000,000
10	〃	75,000,000	205,000,000	1670,000,000
11	〃	67,000,000	213,000,000	1457,000,000
12	〃	58,000,000	222,000,000	1335,000,000
13	〃	49,000,000	231,000,000	1004,000,000
14	〃	40,000,000	241,000,000	764,000,000
15	〃	3[illegible],000,000	25[illegible],000,000	514,000,000
16	〃	21,000,000	25[illegible],000,000	255,000,000
17	〃	10,000,000	270,000,000	

附註　百萬以下數字省去